Python for
Data Analysis

파이썬 라이브러리를
활용한
데이터 분석 3판

| 표지 설명 |

표지 동물은 붓꼬리나무두더지(학명: *Ptilocercus lowii*)다. 붓꼬리나무두더지는 붓꼬리나무두더지과와 붓꼬리나무두더지속의 유일한 종이며 다른 모든 나무두더지 종은 투파이아과에 속한다. 나무두더지의 털은 부드러운 적갈색이고, 긴 꼬리를 가졌다. 꼬리는 깃펜의 깃털을 닮아 황금 꼬리라는 별명이 붙었다. 잡식성으로 곤충이나 과일, 씨앗, 소형 척추동물을 주로 먹는다.

인도네시아, 말레이시아, 태국에서 주로 서식하는 붓꼬리나무두더지는 알코올을 꽤장히 많이 섭취한다고 알려져 있다. 말레이시아에서 자연 발효된 야자즙을 몇 시간 동안 들이키는 나무두더지를 발견했고, 대략 알코올 3.8도의 와인 10~12잔 분량이었다. 그럼에도 붓꼬리나무두더지는 사람보다 훨씬 에탄올 분해 능력이 뛰어난 덕에 취하는 법이 없다. 또한 특이하게도 사람을 포함한 다른 포유류와 비교했을 때 몸집에 비해 뇌가 크다.

이름은 두더지이지만 사실 붓꼬리나무두더지는 두더지보다 영장류에 더 가깝다. 이런 점 때문에 근시, 스트레스, 간염 치료제 등의 동물 실험에 영장류 대신 붓꼬리나무두더지를 쓰기도 한다.

표지 그림은 『Cassel's Nature History』에서 가져왔다.

파이썬 라이브러리를 활용한 데이터 분석(3판)

영화 평점, 이름 통계, 선거 데이터 등 실사례 사용

초판 1쇄 발행 2013년 10월 01일
3판 1쇄 발행 2023년 05월 01일
3판 3쇄 발행 2025년 01월 22일

지은이 웨스 맥키니 / **옮긴이** 김영근 / **펴낸이** 전태호
펴낸곳 한빛미디어(주) / **주소** 서울시 서대문구 연희로2길 62 한빛미디어(주) IT출판2부
전화 02-325-5544 / **팩스** 02-336-7124
등록 1999년 6월 24일 제25100-2017-000058호 / **ISBN** 979-11-6921-097-3 93000

총괄 송경석 / **책임편집** 박지영 / **기획 · 편집** 정지수
디자인 표지 윤혜원 내지 박정화 / **전산편집** 도담북스
영업 김형진, 장경환, 조유미 / **마케팅** 박상용, 한종진, 이행은, 김선아, 고광일, 성화정, 김한솔 / **제작** 박성우, 김정우

이 책에 대한 의견이나 오탈자 및 잘못된 내용에 대한 수정 정보는 한빛미디어(주)의 홈페이지나 아래 이메일로
알려주십시오. 잘못된 책은 구입하신 서점에서 교환해드립니다. 책값은 뒤표지에 표시되어 있습니다.

한빛미디어 홈페이지 www.hanbit.co.kr / **이메일** ask@hanbit.co.kr

지금 하지 않으면 할 수 없는 일이 있습니다.
책으로 펴내고 싶은 아이디어나 원고를 메일(**writer@hanbit.co.kr**)로 보내주세요.
한빛미디어(주)는 여러분의 소중한 경험과 지식을 기다리고 있습니다.

Python for
Data Analysis

파이썬 라이브러리를
활용한
데이터 분석 3판

O'REILLY® 한빛미디어 Hanbit Media, Inc.

지은이 · 옮긴이 소개

지은이 **웨스 맥키니** Wes McKinney

미국 내슈빌에서 활동하고 있는 소프트웨어 개발자이자 기업가. 2007년 MIT 수학과 학부 과정을 마치고 코네티컷주 그리니치에 있는 AQR 캐피털 매니지먼트에서 금융 분석가로 근무했다. 복잡하고 느린 데이터 분석 도구에 실망해 2008년 파이썬을 배우면서 판다스 프로젝트를 시작했다. 파이썬 데이터 커뮤니티의 활발한 일원이며 데이터 분석, 금융, 통계 계산 애플리케이션에서 파이썬 사용을 독려하고 있다.

공동 창업한 DataPad가 2014년 클라우데라Cloudera에 인수된 이후 빅데이터 기술에 집중하기 시작했고, 아파치 소프트웨어 재단의 프로젝트인 아파치 애로Apache Arrow와 아파치 파케이Apache Parquet의 PMCProject Management Committee (프로젝트 관리 위원)로 합류했다. 2018년 R스튜디오RStudio, Two Sigma Investments와 협력해 아파치 애로 개발에 중점을 둔 비영리단체 Ursa Labs를 설립했다. 2021년에는 기술 스타트업인 Voltron Data를 공동 설립해 현재 최고 기술 책임자로 일하고 있다.

옮긴이 **김영근** iam@younggun.kim

애플 II에서 BASIC으로 처음 프로그래밍을 시작했고, 장래 희망은 항상 프로그래머라고 말하고 다니다 정신 차리고 보니 어느덧 20년 경력을 훌쩍 넘긴 개발자가 되었다. 리눅스 커뮤니티에서 오랫동안 활동했으며 임베디드 환경에서부터 미들웨어, 웹, 스마트폰 애플리케이션에 이르기까지 다양한 분야에서 개발했다. 아시아 최초의 파이썬 소프트웨어 재단의 이사로 활동했으며 2014년 '파이콘 한국PyCon Korea'을 처음 시작했다. 스타트업 CTO로 재직 중이며 소프트웨어 마에스트로의 기술 멘토이기도 하다. 현재의 장래 희망은 장학 재단 설립이다. 한빛미디어에서 『리눅스 시스템 프로그래밍(개정2판)』(2014), 『고성능 파이썬』(2016)을 번역했다.

옮긴이의 말

파이썬을 오래 알고 써오면서 10년 전 1판을 번역할 때도, 2019년에 2판을 번역할 때도 계속 높아지는 파이썬의 위상에 새삼 놀라기도 하고 오랜 팬으로서 흐뭇하기도 했는데 3판을 번역하는 2023년에도 여전히 같은 기분이라니 10년이 넘게 이어지는 이런 기시감을 어떻게 받아들여야 할지 도무지 알 수가 없다.

개발자로 커리어를 시작한 지 얼마 되지 않아 우연한 기회로 남들보다 조금 일찍 접하게 된 마이너한 언어였던 파이썬이 최근 10여년 사이에 등장한 빅데이터와 머신러닝, 인공지능 같은 굵직한 기술 트렌드의 핵심 도구가 되었다는 사실도 놀랍지만, 그 언어를 만들고 생태계를 지켜나가는 사람들을 가까이에서 보면서 알게 된 커뮤니티의 식지 않는 열정과 헌신은 말로 표현할 수 없을 정도로 경이롭다.

이 책의 초판이 출간되던 시기에 100여 명이었던 판다스 프로젝트의 기여자는 이제 3,000명을 바라보고 있고, 판다스를 직접 사용하고 있는 깃허브 저장소는 100만 개를 넘어섰다. 비단 판다스뿐만 아니라 이 시대의 중요한 시스템을 구성하고 있는 많은 파이썬 오픈 소스 라이브러리는 감사하게도 전 세계의 파이써니스타들의 자발적인 기여로 개발/유지되고 있다.

저자가 그렇듯 역자 또한 이 책이 오래 사랑받을 수 있기를 바라며 독자 여러분들이 이 책을 통해 파이썬 커뮤니티의 일원이 되어 배움을 나누고 더 나아가 파이썬 생태계의 선순환에 기여하게 되기를 바란다.

역자로, 또 판다스 기여자로 파이썬 생태계에 미약하나마 힘을 보탤 수 있어 큰 영광이라고 생각한다. 지난 10년간 계속 믿고 번역을 맡겨 주신 한빛미디어 IT출판부에 감사드리며 3판에서 새로 편집을 봐주신 정지수 님께도 감사하다는 말씀을 전하고 싶다. 원고를 마무리하고 반려인과 같이 산책을 나갔다가 개나리, 목련, 산수유, 벚꽃이 함께 피어 있어 이상한 봄이라며 오랜만에 웃었는데 매번 원고와 씨름하느라 예민해진 나를 이해해준 반쪽에게도 사랑한다는 말과 고마움을 전하고 싶다.

김영근

이 책에 대하여

이 책의 초판은 파이썬을 위한 오픈 소스 데이터 분석 라이브러리인 판다스^{pandas}가 막 공개되어 빠르게 변화하던 2012년에 출간되었다. 2판을 집필하던 2016년과 2017년에는 파이썬 3.6(초판에서는 파이썬 2.7을 사용했다)에 대한 내용과 더불어 5년의 세월 동안 누적된 판다스의 새로운 변경 사항을 포함시켜야 했다. 3판 집필 시점인 2022년에는 파이썬 언어 자체의 변경[1]은 많지 않지만 판다스는 여전히 계속 진화해왔다.

3판의 목표는 최신 버전의 파이썬, 넘파이^{NumPy}, 판다스 및 기타 프로젝트의 변경 사항에 맞춰 책의 내용을 업데이트하고, 최근 몇 년 사이에 새롭게 등장한 파이썬 프로젝트에 대한 내용은 상대적으로 보수적으로 다루는 것이다. 이 책은 많은 대학 과정에서 교재로 사용되며, 현업 종사자들도 많이 참고하는 자료인 만큼 1, 2년 사이에 시대에 뒤떨어질 수 있는 내용은 피하려고 한다. 그러면 2023년이나 2024년 혹은 그 이후에도 이 책의 내용이 시대에 너무 뒤쳐지지 않을 것이다.

3판에서는 저자의 홈페이지(https://wesmckinney.com/book)를 통해 출판본과 디지털판 소유자를 위한 온라인 버전을 함께 제공한다. 합리적인 수준에서 온라인 버전의 내용을 최신으로 유지할 계획이며, 출판본에서 제대로 작동하지 않는 문제가 발생한다면 홈페이지에서 최신 변경 사항을 확인해보자.

예제 코드

각 장에서 사용한 데이터 파일과 예제 코드는 깃허브 저장소(https://github.com/wesm/pydata-book)에서 제공한다. 깃허브에 접근할 수 없다면 Gitee(https://gitee.com/wesmckinn/pydata-book)에서 동일한 내용을 확인할 수 있다.

---

1 옮긴이_ 2022년 10월 25일, 파이썬 3.11이 공식 릴리스되었다.

감사의 말

이 책은 다년간에 걸친 유익한 토론과 협업, 그리고 전 세계 수많은 사람의 도움의 산물이다. 그중 일부에게 특별히 감사의 인사를 전하고 싶다.

존 D. 헌터(1968-2012)를 기리며

우리의 절친한 친구이자 동료인 존 D. 헌터는 이 책의 1판 최종 원고를 끝내고 얼마 지나지 않은 2012년 8월 28일 대장암으로 세상을 떠났다.

존이 파이썬 데이터 커뮤니티와 과학 계산 커뮤니티에 남긴 업적과 영향력은 이루 말로 다할 수 없다. 파이썬이 지금처럼 유명하지 않았던 2000년대 초반 그가 개발한 맷플롯립Matplotlib은 오늘날 파이썬 생태계의 거목들이 자랄 수 있는 오픈 소스 개발자들의 문화의 토양이 되었다.

2010년 1월, 필자가 판다스 0.1 버전을 릴리스하며 오픈 소스 커리어를 시작했을 때 그를 만날 수 있었던 건 큰 행운이었다. 그에게서 얻은 영감과 조언 덕분에 힘든 시기에도 판다스에 대한 나의 비전과 최고의 데이터 분석 언어로서의 파이썬을 향해 앞으로 나아갈 수 있었다.

존은 IPython과 주피터 프로젝트를 시작했던 페르난도 페레스Fernando Pérez, 브라이언 그레인저Brian Granger와 무척 가까운 사이였고 파이썬 커뮤니티 내 다른 많은 단체와도 가깝게 지냈다. 우리 넷이서 함께 책을 쓰길 바랐으나 결국은 여유 시간이 가장 많았던 나 혼자 작업을 하게 되었다. 나는 존이 한 개인이자 커뮤니티 구성원으로서 지난 5년간 이룩해낸 성과를 자랑스러워할 것이라 믿는다.

3판(2022)

이 책의 초판을 처음 쓰기 시작했던 때로부터 벌써 10년, 필자가 파이썬 개발자가 된 지도 15년이라는 세월이 흘렀다. 그 이후로 참 많은 것이 변했다. 데이터 분석 용도로는 비주류 언어였던 파이썬은 데이터 과학, 머신러닝, 그리고 인공지능 업무에 이르기까지 수많은 분야에서 널리 사용하는 인기 있는 언어가 되었다.

감사의 말

2013년부터 필자가 판다스 프로젝트에 활발히 기여하는 횟수는 줄었지만 전 세계의 판다스 개발자 커뮤니티는 꾸준히 커뮤니티 주도의 오픈 소스 개발 모델을 이어나가고 있다. 표로 나타낸 데이터를 다루는 많은 차세대 파이썬 프로젝트들은 판다스의 사용자 인터페이스를 그대로 따르고 있어, 파이썬 데이터 과학 생태계의 미래 궤적에 판다스가 지속적인 영향을 미치는 것으로 입증되었다.

이 책이 파이썬으로 데이터를 다루는 방법을 배우려는 학생과 개인에게 꾸준히 귀중한 리소스가 되기를 바란다.

필자의 홈페이지(https://wesmckinney.com/book)에 이 책의 공개 버전을 무료로 게시할 수 있도록 허용해준 오라일리에 특히 고마움을 전한다. 더 많은 사람들이 내용을 접하고 데이터 분석의 세계에서 기회를 확장하는 데 도움이 되기를 바란다.

기술 검수자인 폴 배리Paul Barry, 장-크리스토프 레이더Jean-Christophe Leyder, 압둘라 카라산Abdullah Karasan 그리고 이 책을 읽기 쉽고 이해하기 쉽도록 많은 의견을 준 윌리엄 자미르William Jamir에게 특별한 감사를 전한다.

2판(2017)

이 책의 1판 최종 원고를 2012년 7월에 마무리했으니 벌써 5년이나 흘렀다. 그동안 많은 것이 변했다. 파이썬 커뮤니티는 엄청나게 성장했고 이를 둘러싸고 있는 오픈 소스 소프트웨어 생태계 역시 크게 번창했다.

이번 2판은 지칠 줄 모르는 노력으로 판다스 프로젝트와 사용자 커뮤니티를 파이썬 데이터 과학 생태계의 주춧돌로 성장시킨 핵심 기여자들이 없었다면 결코 존재하지 않았을 것이다. 톰 아우크스퍼거Tom Augspurger, 요리스 판덴보서Joris van den Bossche, 크리스 바르탁Chris Bartak, 필립 클라우드Phillip Cloud, gfyoung, 앤디 헤이든Andy Hayden, 마사키 호리코시Masaaki Horikoshi, 스테판 호이어Stephan Hoyer, 애덤 클라인Adam Klein, 보우터 오페르마이레Wouter Overmeire, 제프 리백Jeff Reback,

창 셰Chang She, 스키퍼 시볼드Skipper Seabold, 제프 트라트너Jeff Tratner, y-p 그리고 지면 사정상 언급하지 못하는 모든 판다스 기여자에게 감사의 말을 전한다.

2판을 집필하는 과정에서 인내를 가지고 도와준 오라일리의 마리 보구로Marie Beaugureau, 벤 로리카Ben Lorica, 콜린 토포레크Colleen Toporek에게도 감사의 인사를 전한다. 또한 큰 도움이 되어준 기술 감수자 톰 아우크스퍼거, 폴 배리, 휴 브라운Hugh Brown, 조너선 코Jonathan Coe, 안드레아스 뮐러Andreas Müller에게도 감사를 전한다.

이 책의 초판은 중국어, 프랑스어, 독일어, 일본어, 한국어 그리고 러시아어로 번역되었다. 책에 담긴 모든 내용을 번역하고 더 많은 독자에게 전할 수 있도록 하는 작업은 많은 노력이 필요하다. 전 세계의 더 많은 사람이 프로그래밍하는 방법과 데이터 분석 도구 사용법을 배우는 데 도움을 주어서 감사하다.

지난 몇 년간 클라우데라와 투 시그마 인베스트먼트Two Sigma Investments로부터 오픈 소스 개발을 지속할 수 있도록 도움을 받았다. 사용자 규모에 비해 상대적으로 열악한 자원만으로 개발해야 하는 오픈 소스 소프트웨어 프로젝트에서 이런 지원은 사업적인 측면에서도 날이 갈수록 중요해지고 있으며 올바른 방향이라고 생각한다.

1판(2012)

많은 이들의 도움이 없었다면 이 책을 쓰는 일은 무척 힘들었을 것이다.

오라일리 편집자인 메건 블란쳇Meghan Blanchette과 출판 과정을 도와준 줄리 스틸Julie Steele에게 특히 감사의 말을 전한다. 마이크 루키데스Mike Loukides 역시 기획 단계에서 함께 일했고 이 책의 출간에 도움을 주었다.

여러 명에게 충분한 기술 검수를 받았는데, 특히 마틴 블레즈Martin Blais와 휴 브라운은 이 책의 예제와 정확성, 책의 시작부터 끝까지의 구성을 개선하는 데 많은 도움을 주었다. 제임스 롱James Long, 드루 콘웨이Drew Conway, 페르난도 페레스, 브라이언 그레인저, 토머스 클루이베르

감사의 말

Thomas Kluyver, 애덤 클라인, 조시 클라인Josh Klein, 창 셰 그리고 스테판 판데르발트Stéfan van der Walt는 각각 한 장 이상 검수해줬고 다양한 관점의 피드백을 주었다.

친구들과 데이터 커뮤니티의 동료인 마이크 듀어Mike Dewar, 제프 해머배커Jeff Hammerbacher, 제임스 존드로James Johndrow, 크리스티안 럼Kristian Lum, 애덤 클라인, 힐러리 메이슨Hilary Mason, 창 셰 그리고 애슐리 윌리엄스Ashley Williams로부터 예제와 데이터셋에 대한 많은 훌륭한 아이디어를 얻었다.

필자가 매일 사용하는 도구를 개발하고 이 책을 쓰는 동안 격려를 아끼지 않은 오픈 소스 과학 기술 커뮤니티의 수많은 리더와 IPython 코어 팀인 페르난도 페레즈, 브라이언 그레인저, 민 래건-켈리Min Ragan-Kelly, 토머스 클루이베르 그리고 다른 모든 이들과 존 헌터John Hunter, 스키퍼 시볼드, 트래비스 올리펀트Travis Oliphant, 피터 왕Peter Wang, 에릭 존스Eric Jones, 로버트 컨Robert Kern, 요제프 페르크톨트Josef Perktold, 프란체스크 알테드Francesc Alted, 크리스 폰스벡Chris Fonnesbeck 그리고 언급하지 못한 많은 사람에게 큰 신세를 졌다. 드루 콘웨이, 숀 테일러Sean Taylor, 주세페 팔레올로고Giuseppe Paleologo, 재러드 랜더Jared Lander, 데이비드 엡스타인David Epstein, 존 크로와스John Krowas, 조슈아 블룸Joshua Bloom, 덴 필스워스Den Pilsworth, 존 마일스-화이트John Myles-White 그리고 기억하지 못하는 다른 많은 이들이 여러 지원과 아이디어, 격려를 보내주었다.

또한 필자가 성장하는 데 도움을 줬던 사람들에게도 감사의 마음을 전한다. 먼저 나의 AQR 동료로 오랫동안 판다스 개발을 응원해준 앨릭스 레이프먼Alex Reyfman, 마이클 웡Michael Wong, 팀 사르겐Tim Sargen, 옥타이 쿠르바노프Oktay Kurbanov, 매슈 찬츠Matthew Tschantz, 로니 이즈라엘로프Roni Israelov, 마이클 카츠Michael Katz, 아리 러빈Ari Levine, 크리스 우가Chris Uga, 프라사드 라마난Prasad Ramanan, 테드 스퀘어Ted Square, 김훈Hoon Kim, 마지막으로 지도 교수인 헤인즈 밀러Haynes Miller(MIT)와 마이크 웨스트Mike West(Duke)에게도 감사한다.

2014년에 판다스 라이브러리의 변화에 맞춰 잘못된 부분을 수정하기 위해 예제 코드를 갱신하면서 필립 클라우드와 요리스 판덴보서로부터 많은 도움을 받았다.

개인적으로는 책을 쓰는 내내 도와주고 너무 늦어진 일정으로 짜증내며 마지막 원고와 씨름하고 있을 때 견뎌준 케이시Casey에게 감사한다. 마지막으로 부모님 빌Bill과 킴Kim은 항상 꿈을 좇고 현실에 안주하지 말라고 가르쳐주었다.

웨스 맥키니

CONTENTS

지은이 · 옮긴이 소개 ································· **4**

옮긴이의 말 ································· **5**

이 책에 대하여 ································· **6**

감사의 말 ································· **7**

CHAPTER **1** 시작하기 전에

1.1 다루는 내용 ································· **25**

　　1.1.1 사용하는 데이터 ································· **26**

1.2 데이터 분석에 파이썬을 사용하는 이유 ································· **26**

　　1.2.1 접착제처럼 쓰는 파이썬 ································· **27**

　　1.2.2 한 가지 언어만 사용하자 ································· **27**

　　1.2.3 파이썬을 사용하면 안 되는 경우 ································· **28**

1.3 필수 파이썬 라이브러리 ································· **29**

　　1.3.1 넘파이 ································· **29**

　　1.3.2 판다스 ································· **29**

　　1.3.3 맷플롯립 ································· **31**

　　1.3.4 IPython과 주피터 ································· **31**

　　1.3.5 사이파이 ································· **32**

　　1.3.6 사이킷런 ································· **33**

　　1.3.7 statsmodels ································· **33**

　　1.3.8 다른 패키지 ································· **34**

1.4 설치 및 설정 ································· **34**

　　1.4.1 윈도우 ································· **35**

　　1.4.2 GNU/리눅스 ································· **35**

　　1.4.3 macOS ································· **36**

　　1.4.4 필수 패키지 설치하기 ································· **37**

　　1.4.5 통합 개발 환경(IDE)과 텍스트 편집기 ································· **39**

1.5 커뮤니티와 콘퍼런스··· **39**

1.6 이 책을 살펴보는 방법 ··· **40**

1.6.1 예제 코드··· **41**

1.6.2 예제에 사용한 데이터··· **42**

1.6.3 import 컨벤션··· **42**

CHAPTER 2 파이썬 기초, IPython과 주피터 노트북

2.1 파이썬 인터프리터··· **46**

2.2 IPython 기초··· **47**

2.2.1 IPython 셸 실행하기··· **48**

2.2.2 주피터 노트북 실행하기··· **49**

2.2.3 탭 자동 완성··· **52**

2.2.4 자기관찰··· **54**

2.3 파이썬 기초··· **56**

2.3.1 시맨틱··· **56**

2.3.2 스칼라 자료형··· **67**

2.3.3 제어 흐름··· **77**

2.4 마치며··· **82**

CHAPTER 3 내장 자료구조, 함수, 파일

3.1 자료구조와 순차 자료형··· **83**

3.1.1 튜플··· **83**

3.1.2 리스트··· **88**

3.1.3 딕셔너리··· **94**

3.1.4 집합··· **99**

CONTENTS

3.1.5 내장 순차 자료형 함수 ································ **102**

3.1.6 리스트, 집합, 딕셔너리 표기법 ···················· **105**

3.2 함수 ··· **108**

3.2.1 네임스페이스, 스코프, 지역 함수 ·················· **110**

3.2.2 여러 값 반환하기 ······························ **111**

3.2.3 함수도 객체다 ································· **112**

3.2.4 익명(람다) 함수 ······························ **114**

3.2.5 제너레이터 ·································· **115**

3.2.6 오류와 예외 처리 ······························ **119**

3.3 파일과 운영체제 ····································· **122**

3.3.1 바이트와 유니코드 ···························· **127**

3.4 마치며 ··· **129**

CHAPTER **4** **넘파이 기본: 배열과 벡터 연산**

4.1 다차원 배열 객체 ndarray ·························· **133**

4.1.1 ndarray 생성하기 ····························· **135**

4.1.2 ndarray의 자료형 ····························· **138**

4.1.3 넘파이 배열의 산술 연산 ························ **141**

4.1.4 색인과 슬라이싱 기초 ·························· **142**

4.1.5 불리언 값으로 선택하기 ························ **149**

4.1.6 팬시 색인 ···································· **152**

4.1.7 배열 전치와 축 바꾸기 ························· **154**

4.2 난수 생성 ··· **156**

4.3 유니버설 함수: 배열의 각 원소를 빠르게 처리하는 함수 ············· **158**

4.4 배열을 이용한 배열 기반 프로그래밍 ······················ **162**

4.4.1 배열 연산으로 조건부 표현하기 ··················· **164**

4.4.2 수학 메서드와 통계 메서드 ······················ **166**

4.4.3 불리언 배열을 위한 메서드 ···································· **168**

4.4.4 정렬 ·· **169**

4.4.5 집합 관련 함수 ··· **171**

4.5 배열 데이터의 파일 입출력 ······································· **172**

4.6 선형대수 ·· **173**

4.7 계단 오르내리기 예제 ··· **175**

4.7.1 한 번에 많이 시뮬레이션하기 ······························ **177**

4.8 마치며 ·· **179**

CHAPTER **5** 판다스 시작하기

5.1 판다스 자료구조 소개 ··· **182**

5.1.1 Series ·· **182**

5.1.2 DataFrame ··· **188**

5.1.3 색인 객체 ·· **197**

5.2 핵심 기능 ·· **199**

5.2.1 재색인 ··· **200**

5.2.2 하나의 행이나 열 삭제하기 ·································· **203**

5.2.3 색인하기, 선택하기, 거르기 ································· **205**

5.2.4 산술 연산과 데이터 정렬 ···································· **218**

5.2.5 함수 적용과 매핑 ··· **226**

5.2.6 정렬과 순위 ·· **228**

5.2.7 중복 색인 ·· **233**

5.3 기술 통계 계산과 요약 ·· **235**

5.3.1 상관관계와 공분산 ·· **239**

5.3.2 유일값, 값 세기, 멤버십 ····································· **241**

5.4 마치며 ·· **246**

CONTENTS

CHAPTER 6 데이터 로딩과 저장, 파일 형식

6.1 텍스트 파일에서 데이터를 읽고 쓰는 법 ·················· **247**

6.1.1 텍스트 파일 조금씩 읽어오기 ·················· **256**

6.1.2 데이터를 텍스트 형식으로 기록하기 ·················· **258**

6.1.3 다른 구분자 형식 다루기 ·················· **260**

6.1.4 JSON 데이터 ·················· **262**

6.1.5 XML과 HTML: 웹 스크래핑 ·················· **265**

6.2 이진 데이터 형식 ·················· **270**

6.2.1 마이크로소프트 엑셀 파일 읽기 ·················· **272**

6.2.2 HDF5 형식 사용하기 ·················· **273**

6.3 웹 API와 함께 사용하기 ·················· **276**

6.4 데이터베이스와 함께 사용하기 ·················· **279**

6.5 마치며 ·················· **281**

CHAPTER 7 데이터 정제 및 준비

7.1 누락된 데이터 처리하기 ·················· **283**

7.1.1 누락된 데이터 골라내기 ·················· **286**

7.1.2 결측치 채우기 ·················· **289**

7.2 데이터 변형 ·················· **291**

7.2.1 중복 제거하기 ·················· **291**

7.2.2 함수나 매핑을 이용해서 데이터 변형하기 ·················· **293**

7.2.3 값 치환하기 ·················· **295**

7.2.4 축 색인 이름 바꾸기 ·················· **297**

7.2.5 이산화 ·················· **298**

7.2.6 이상치를 찾고 제외하기 ·················· **301**

7.2.7 뒤섞기와 임의 샘플링 ·················· **303**

7.2.8 표시자, 더미 변수 계산하기 ·· **306**

7.3 확장 데이터 유형 ·· **310**

7.4 문자열 다루기 ·· **314**

7.4.1 파이썬 내장 문자열 객체 메서드 ······························ **314**

7.4.2 정규 표현식 ··· **317**

7.4.3 판다스의 문자열 함수 ··· **320**

7.5 범주형 데이터 ·· **325**

7.5.1 개발 배경과 동기 ··· **325**

7.5.2 판다스의 Categorical 확장형 ································· **327**

7.5.3 Categorical 연산 ··· **330**

7.5.4 Categorical 메서드 ··· **333**

7.6 마치며 ··· **337**

CHAPTER 8 데이터 준비하기: 조인, 병합, 변형

8.1 계층적 색인 ··· **339**

8.1.1 계층의 순서를 바꾸고 정렬하기 ······························ **344**

8.1.2 계층별 요약 통계 ··· **345**

8.1.3 DataFrame의 열 사용하기 ···································· **345**

8.2 데이터 합치기 ·· **347**

8.2.1 데이터베이스 스타일로 DataFrame 합치기 ··············· **348**

8.2.2 색인 병합하기 ·· **354**

8.2.3 축 따라 이어 붙이기 ·· **360**

8.2.4 겹치는 데이터 합치기 ·· **366**

8.3 재구성과 피벗 ·· **368**

8.3.1 계층적 색인으로 재구성하기 ··································· **368**

8.3.2 긴 형식에서 넓은 형식으로 피벗하기 ························· **372**

8.3.3 넓은 형식에서 긴 형식으로 피벗하기 ························· **377**

CONTENTS

8.4 마치며 ··· **379**

CHAPTER 9 그래프와 시각화

9.1 맷플롯립 API 간략하게 살펴보기 ·· **382**

9.1.1 피겨와 서브플롯 ··· **383**

9.1.2 색상, 마커, 선 스타일 ··· **388**

9.1.3 눈금, 레이블, 범례 ·· **391**

9.1.4 주석과 그림 추가하기 ··· **394**

9.1.5 그래프를 파일로 저장하기 ··· **397**

9.1.6 맷플롯립 설정 ·· **397**

9.2 판다스에서 시본으로 그래프 그리기 ··· **398**

9.2.1 선 그래프 ·· **399**

9.2.2 막대그래프 ··· **402**

9.2.3 히스토그램과 밀도 그래프 ··· **409**

9.2.4 산포도 ·· **411**

9.2.5 패싯 그리드와 범주형 데이터 ·· **414**

9.3 다른 파이썬 시각화 도구 ·· **416**

9.4 마치며 ··· **417**

CHAPTER 10 데이터 집계와 그룹 연산

10.1 그룹 연산에 대한 고찰 ·· **420**

10.1.1 그룹 간 순회하기 ·· **425**

10.1.2 열이나 열의 일부만 선택하기 ·· **427**

10.1.3 딕셔너리와 Series에서 그룹화하기 ··· **428**

10.1.4 함수로 그룹화하기 ··· **430**

10.1.5 색인 단계로 그룹화하기 ··· **430**

10.2 데이터 집계 ·· **431**

    10.2.1 열에 여러 가지 함수 적용하기 ······································· **434**

    10.2.2 색인되지 않은 형태로 집계된 데이터 반환하기 ··········· **438**

10.3 apply 메서드: 일반적인 분리-적용-병합 ····························· **439**

    10.3.1 그룹 키 생략하기 ··· **442**

    10.3.2 사분위수 분석과 버킷 분석 ··· **442**

    10.3.3 그룹별 값으로 결측치 채우기 ······································· **445**

    10.3.4 랜덤 표본과 순열 ··· **448**

    10.3.5 그룹 가중평균과 상관관계 ··· **451**

    10.3.6 그룹별 선형 회귀 ··· **454**

10.4 그룹 변환과 래핑되지 않은 groupby ································· **455**

10.5 피벗 테이블과 교차표 ·· **460**

    10.5.1 교차표 ··· **463**

10.6 마치며 ·· **465**

CHAPTER **11** 시계열

11.1 날짜, 시간 자료형과 도구 ·· **468**

    11.1.1 문자열을 datetime으로 변환하기 ································ **470**

11.2 시계열 기초 ··· **473**

    11.2.1 색인, 선택, 부분 선택 ··· **474**

    11.2.2 중복된 색인을 갖는 시계열 ··· **478**

11.3 날짜 범위, 빈도, 이동 ·· **479**

    11.3.1 날짜 범위 생성하기 ·· **480**

    11.3.2 빈도와 날짜 오프셋 ·· **483**

    11.3.3 데이터 시프트 ·· **485**

11.4 시간대 다루기 ·· **489**

    11.4.1 시간대 지역화와 변환 ··· **490**

CONTENTS

11.4.2 시간대를 고려해서 Timestamp 객체 다루기 ············ **493**

11.4.3 서로 다른 시간대 간의 연산 ············ **495**

11.5 기간과 기간 연산 ············ **496**

11.5.1 Period의 빈도 변환 ············ **497**

11.5.2 분기 빈도 ············ **499**

11.5.3 타임스탬프와 기간 서로 변환하기 ············ **502**

11.5.4 배열로 PeriodIndex 생성하기 ············ **504**

11.6 리샘플링과 빈도 변환 ············ **506**

11.6.1 다운샘플링 ············ **507**

11.6.2 업샘플링과 보간 ············ **511**

11.6.3 기간 리샘플링 ············ **512**

11.6.4 그룹화된 시간 리샘플링 ············ **514**

11.7 이동창 함수 ············ **517**

11.7.1 지수 가중 함수 ············ **521**

11.7.2 이진 이동창 함수 ············ **522**

11.7.3 사용자 정의 이동창 함수 ············ **524**

11.8 마치며 ············ **525**

CHAPTER 12 파이썬 모델링 라이브러리

12.1 판다스와 모델 코드의 인터페이스 ············ **528**

12.2 patsy로 모델 생성하기 ············ **531**

12.2.1 patsy 용법으로 데이터 변환하기 ············ **534**

12.2.2 범주형 데이터와 patsy ············ **536**

12.3 statsmodels 소개 ············ **540**

12.3.1 선형 모델 예측하기 ············ **540**

12.3.2 시계열 처리 예측하기 ············ **545**

12.4 사이킷런 소개 ············ **546**

12.5 마치며 ··· **551**

CHAPTER **13 데이터 분석 예제**

13.1 Bitly의 1.USA.gov 데이터 ··· **553**

    13.1.1 순수 파이썬으로 표준 시간대 계산하기 ·· **555**

    13.1.2 판다스로 표준 시간대 계산하기 ·· **558**

13.2 무비렌즈의 영화 평점 데이터 ··· **566**

    13.2.1 평점 차이 구하기 ·· **571**

13.3 신생아 이름 ··· **575**

    13.3.1 이름 유행 분석 ··· **582**

13.4 미국 농무부 영양소 정보 ··· **593**

13.5 2012년 연방선거관리위원회 데이터베이스 ·· **600**

    13.5.1 직업과 고용주에 따른 기부 통계 ··· **604**

    13.5.2 기부 금액 통계 ··· **608**

    13.5.3 주별 기부 통계 ··· **611**

13.6 마치며 ··· **612**

APPENDIX **A 고급 넘파이**

A.1 ndarray 객체 구조 ··· **613**

    A.1.1 넘파이 자료형 구조 ··· **615**

A.2 고급 배열 조작 기법 ·· **616**

    A.2.1 배열 재구성하기 ··· **616**

    A.2.2 C 순서와 포트란 순서 ·· **619**

    A.2.3 배열 이어 붙이고 나누기 ··· **620**

    A.2.4 원소 반복하기: tile과 repeat ··· **623**

    A.2.4 팬시 색인: take와 put ·· **626**

CONTENTS

A.3 브로드캐스팅··· **627**

A.3.1 다른 축에 대해서 브로드캐스팅하기················· **630**

A.3.2 브로드캐스팅으로 배열에 값 대입하기············· **633**

A.4 고급 ufunc 사용법·· **634**

A.4.1 ufunc 인스턴스 메서드·································· **634**

A.4.2 파이썬으로 사용자 정의 ufunc 작성하기··········· **637**

A.5 구조화된 배열과 레코드 배열································· **638**

A.5.1 중첩된 자료형과 다차원 필드························· **639**

A.5.2 구조화된 배열을 사용해야 하는 이유················ **640**

A.6 정렬 더 알아보기·· **641**

A.6.1 간접 정렬: argsort와 lexsort······················· **643**

A.6.2 대안 정렬 알고리듬····································· **645**

A.6.3 배열 일부만 정렬하기································· **646**

A.6.4 numpy.searchsorted: 정렬된 배열에서 원소 찾기··· **647**

A.7 넘바를 이용해 빠른 넘파이 함수 작성하기·············· **648**

A.7.1 넘바를 이용한 사용자 정의 numpy.ufunc 만들기··· **651**

A.8 고급 배열 입출력·· **651**

A.8.1 메모리 맵 파일··· **651**

A.8.2 HDF5와 기타 배열 저장 옵션························· **653**

A.9 유용한 성능 팁·· **654**

A.9.1 인접 메모리의 중요성··································· **654**

APPENDIX B IPython 시스템 더 알아보기

B.1 터미널 키보드 단축키·· **657**

B.2 매직 명령어·· **658**

B.2.1 %run 명령어·· **661**

B.2.2 클립보드에 있는 코드 실행하기····················· **663**

B.3 명령어 히스토리 사용하기 ··· **664**

    B.3.1 명령어 검색과 재사용 ··· **664**

    B.3.2 입출력 변수 ··· **665**

B.4 운영체제와 함께 사용하기 ··· **666**

    B.4.1 셸 명령어와 별칭 ··· **667**

    B.4.2 디렉터리 북마크 시스템 ··· **669**

B.5 소프트웨어 개발 도구 ··· **669**

    B.5.1 대화형 디버거 ··· **670**

    B.5.2 실행 시간 측정: %time과 %timeit ······························ **675**

    B.5.3 기본적인 프로파일링: %prun과 %run −p ····················· **677**

    B.5.4 함수의 줄마다 프로파일링하기 ··································· **680**

B.6 IPython을 이용한 생산적인 코드 개발 팁 ······················· **683**

    B.6.1 모듈 의존성 리로딩하기 ··· **683**

    B.6.2 코드 설계 팁 ··· **684**

B.7 IPython 고급 기능 ··· **686**

    B.7.1 프로파일과 설정 ··· **686**

B.8 마치며 ··· **688**

찾아보기 ·· **689**

## CHAPTER 1

시작하기 전에

1.1 다루는 내용

이 책은 파이썬으로 데이터를 다루는 다양하고 기본적인 방법을 소개한다. 파이썬 프로그래밍 언어의 일부와 데이터 분석 문제를 효율적으로 해결하는 데 도움이 되는 몇 가지 라이브러리를 다룬다. '데이터 분석'이 이 책의 제목이긴 하지만 데이터 분석 방법론이 아니라 파이썬 프로그래밍, 라이브러리 그리고 사용하는 도구에 집중한다. 데이터 분석을 위해 여러분에게 필요한 것은 파이썬 프로그래밍이기 때문이다.

2012년 이 책의 초판을 출간하고 얼마 지나지 않아 사람들은 '데이터 과학'을 단순한 기술 통계부터 고급 통계분석, 머신러닝까지 아우르는 용어로 사용하기 시작했다. 데이터 분석(또는 데이터 과학)을 위한 파이썬 오픈 소스 생태계도 그 이후로 크게 확장했다. 지금은 고급 방법론에 초점을 맞춘 책이 많이 출간되었으며 필자는 이 책이 여러분이 도메인에 특화된 책으로 넘어가는 데 충분히 도움이 되는 책이기를 바란다.

> **NOTE_** 이 책에서 다루는 내용 대부분이 '데이터 분석'이 아니라 '데이터 조작'이라고 표현하는 사람도 있을 거라 생각한다. 여기서 '데이터 조작'은 데이터를 다듬고 정제하는 과정을 뜻한다.

1.1.1 사용하는 데이터

여기서 '데이터'는 정확히 무슨 뜻일까? 주된 의미는 **구조화된 데이터**structured data다. 일부러 구조화된 데이터라는 모호한 표현을 썼는데, 다음과 같은 여러 가지 형태의 일반적인 데이터를 포함한다.

- 각 열의 형식이 문자열, 숫자, 날짜 등으로 서로 다른 표 혹은 스프레드시트 형태의 데이터. 관계형 데이터베이스 또는 탭이나 쉼표로 구분된 텍스트 파일 형식으로 저장되는 대부분의 데이터를 포함한다.
- 다차원 배열(행렬)
- SQL에서 기본 키나 외래 키 같은 키 열에 의해 서로 연관되는 여러 표 형태의 데이터
- 일정하거나 일정하지 않은 간격의 시계열

이 목록에 있는 형식이 전부는 아니다. 항상 명백하지는 않겠지만 대부분의 데이터는 모델링이나 분석을 위해 좀 더 쉬운 구조로 형태를 바꿀 수 있다. 또는 데이터 안에서 어떤 특성을 추출해 구조화된 형태로 만들 수도 있다. 예를 들어 뉴스 기사 모음은 사용 단어 빈도표를 만들어 감성 분석에 사용할 수도 있다.

아마도 전 세계적으로 가장 널리 사용되는 데이터 분석 도구인 마이크로소프트 엑셀 같은 스프레드시트 프로그램 사용자는 이런 종류의 데이터가 낯설지 않을 것이다.

1.2 데이터 분석에 파이썬을 사용하는 이유

파이썬은 매력적인 언어다. 1991년 처음 발표된 이래로 파이썬은 펄Perl, 루비Ruby 같은 다른 언어들처럼 인기 있는 언어가 되었다. 특히 최근 몇 년 사이에 루비 온 레일즈Ruby on Rails (루비), 장고Django (파이썬) 같은 다양한 웹 프레임워크로 웹사이트를 만들면서 파이썬과 루비는 큰 인기를 얻었다. 이런 언어를 **스크립트 언어**라고 부르며 작은 프로그램이나 업무 자동화 스크립트를 빠르고 간단하게 만들 수 있다. 개인적으로 '스크립트 언어'라는 용어를 좋아하지 않는데, 이름 자체에 제대로 된 소프트웨어를 만드는 데는 사용하지 못한다는 의미를 담고 있기 때문이다. 인터프리터 언어 사이에서도 파이썬은 다양한 역사적, 문화적 이유로 인해 방대하고 활동적인 과학 계산과 데이터 분석 커뮤니티를 발전시켜 왔다. 지난 20년 동안 파이썬은 컴퓨터 과학 언어의 최첨단, 혹은 이른 기술이라는 위치에서부터 시작해 데이터 과학, 머신러닝, 범용 소

프트웨어 개발에 이르기까지 학계와 업계 모두에서 가장 중요한 프로그래밍 언어로 성장했다.

파이썬은 데이터 분석과 대화형interactive 컴퓨팅, 데이터 시각화에서 자주 사용하는 R, 매트랩MATLAB, SAS, Stata 같은 오픈 소스나 상용 언어, 도구와 비교해도 뒤지지 않는다. 최근에는 판다스나 사이킷런scikit-learn 같은 파이썬 라이브러리 지원이 개선되어 데이터 처리 업무에 두각을 나타내고 있다. 파이썬은 범용 프로그래밍 언어일 뿐만 아니라 과학 계산용으로도 손색이 없기에 데이터 애플리케이션 개발을 위한 최고의 언어라고 할 수 있다.

1.2.1 접착제처럼 쓰는 파이썬

파이썬이 과학기술 컴퓨팅 분야에서 성공을 거둔 이유는 C, C++, 포트란Fortran 코드와의 통합이 쉽다는 점을 들 수 있다. 대부분의 최신 컴퓨팅 환경에서는 선형대수, 최적화, 적분, 고속 푸리에 변환과 기타 알고리듬을 위해 C 라이브러리나 포트란 레거시legacy를 공유한다. 그런 연유로 많은 회사나 국가 연구소에서 수십 년이 지난 레거시 소프트웨어를 파이썬을 이용해 함께 사용하고 있다.

프로그램은 실행 시간 대부분을 차지하는 작은 부분의 코드와 실행 시간을 얼마 차지하지 않는 많은 양의 '글루 코드glue code'로 이루어져 있다. 대체로 글루 코드는 실행 시간에 영향을 주지 않을 만큼 비중이 낮다. 연산 병목을 최적화하기 위해 해당 부분을 C 언어 같은 저수준 언어로 바꾼다면 유익한 결과를 얻을 수 있다.

1.2.2 한 가지 언어만 사용하자

보통 많은 기관에서 R이나 SAS 같은 좀 더 특화된 언어로 새로운 아이디어를 검증하고 프로토타입을 만들어 연구한 후, 그 아이디어를 자바Java, C#, C++ 같은 언어로 작성된 더 큰 프로덕션 시스템의 일부로 포팅하는 게 일반적이다. 파이썬은 연구를 하거나 프로토타입을 만드는 데 적합한 언어인데다 실제 시스템을 개발하는 데도 적합하기에 갈수록 더 인기를 끌고 있다. 하나의 언어로 충분한데 별도의 다른 개발 환경을 유지할 필요는 없지 않은가. 연구자와 소프트웨어 엔지니어가 동일한 프로그래밍 도구를 사용함으로써 얻을 수 있는 장점이 많기에 앞으로 더 많은 기관에서 파이썬을 사용하게 될 것이라 믿는다.

지난 10년 동안 '두 가지 언어' 문제를 해결하는 방법으로 줄리아Julia 프로그래밍 언어 같은 새로운 접근 방식이 등장했다. 대부분의 경우 파이썬을 최대한 활용하려면 C 또는 C++ 같은 저수준 언어로 프로그래밍하고 해당 코드에 대한 파이썬 바인딩을 만들어야 한다. 넘바Numba 같은 라이브러리에서 제공하는 JITjust-in-time 컴파일러 기술은 파이썬 프로그래밍 환경을 벗어나지 않고도 여러 계산 알고리듬에서 뛰어난 성능을 달성할 수 있는 방법을 제공한다.

1.2.3 파이썬을 사용하면 안 되는 경우

파이썬이 분석 애플리케이션이나 범용 시스템을 개발하는 데 훌륭한 환경이긴 하지만 특수한 경우에는 파이썬이 아닌 다른 언어가 해답인 경우도 있다.

파이썬은 인터프리터 언어라 자바나 C++ 같은 컴파일 언어보다 훨씬 느리게 실행된다. 하지만 개발자의 시간 비용은 CPU의 시간 비용보다 비싸므로 대개는 이런 등가교환에 만족해한다. 그러나 실시간 거래 시스템처럼 매우 짧은 응답 시간이 필요한 애플리케이션에서는 가능한한 최고의 성능을 내기 위해 생산성은 떨어지지만 C++ 같은 저수준 언어로 개발한다.

파이썬은 동시다발적인 멀티스레드multithread를 처리하거나 CPU에 집중된 많은 스레드를 처리하는 애플리케이션에 적합하지 않다. 이는 GILglobal interpreter lock 때문이며, 이 매커니즘은 인터프리터가 한 번에 하나의 파이썬 명령만 실행하도록 한다. GIL이 존재하는 이유와 관련된 기술적인 설명은 이 책에서 다루고자 하는 내용을 벗어난다. 대체로 빅데이터 처리 애플리케이션에서는 단일 클러스터가 적절한 시간 안에 데이터를 처리해야만 하기에 단일 프로세스, 멀티스레드 시스템을 선호하는 경우도 있다.

하지만 엄밀히 말하자면 파이썬이 멀티스레드나 병렬 코드를 실행하지 못한다는 뜻은 아니다. 네이티브 수준(C 또는 C++)에서 멀티스레드를 활용하는 파이썬 C 확장을 통해 GIL에 구애받지 않고 병렬 코드를 실행할 수 있다.

1.3 필수 파이썬 라이브러리

파이썬 데이터 환경과 라이브러리에 익숙하지 않은 독자를 위해 간단히 라이브러리를 소개한다.

1.3.1 넘파이

넘파이NumPy는 Numerical Python의 준말로, 파이썬 산술 계산의 주춧돌 같은 라이브러리다. 자료구조, 알고리듬 산술 데이터를 다루는 대부분의 과학 계산 애플리케이션에서 필요한 라이브러리를 제공한다. 넘파이가 제공하는 기능은 다음과 같다.

- 빠르고 효율적인 다차원 배열 객체 ndarray
- 배열 원소를 다루거나 배열 간의 수학 계산을 수행하는 함수
- 디스크로부터 배열 기반의 데이터를 읽거나 쓸 수 있는 도구
- 선형대수 계산, 푸리에 변환, 난수 발생기
- 파이썬 확장과 C, C++ 코드에서 넘파이의 자료구조에 접근하고 계산 기능을 사용할 수 있도록 하는 C API

고속 배열 처리 외에도 넘파이는 데이터 분석 알고리듬에 사용할 데이터 컨테이너 역할을 한다. 수치 데이터라면 넘파이 배열은 파이썬 내장 자료구조보다 훨씬 효율적인 방법으로 데이터를 저장하고 다룬다. 또한 C나 포트란 같은 저수준 언어로 작성된 라이브러리는 넘파이 배열에 저장된 데이터를 복사하지 않고 바로 사용할 수도 있다. 따라서 파이썬을 위한 많은 산술 계산 도구는 넘파이 배열을 기본 자료구조로 가정하고 있거나 넘파이와 쉽게 연동하는 기능을 제공한다.

1.3.2 판다스

판다스pandas는 구조화된 데이터나 표 형식의 데이터를 직관적이고 유연하게 다룰 수 있도록 설계된 고수준의 자료구조와 함수를 제공한다. 2010년 처음 개발되었고, 파이썬으로 생산적이고 강력한 데이터 분석 환경을 구성하는 데 큰 도움을 주었다. 판다스의 주된 자료구조는 표 형태의 행과 열 이름을 가지는 DataFrame과 1차원 배열 객체인 Series가 있다.

판다스는 넘파이의 고성능과 배열 연산 아이디어를 스프레드시트나 SQL 같은 관계형 데이터 베이스의 유연한 데이터 처리 기능을 결합한 것이다. 세련된 색인 기능을 제공해 데이터 변형, 자르기, 취합 그리고 데이터의 부분집합subset을 선택할 수 있다. 데이터를 처리하고 준비하고 다듬는 과정은 데이터 분석에서 가장 중요한 부분이기에 판다스는 이 책에서 최우선으로 집중하는 라이브러리다.

판다스 라이브러리 개발 배경을 간단히 설명하자면, 필자가 2008년 AQR 캐피털 매니지먼트에서 퀀트quant로 근무하는 동안 다음과 같은 요구 사항을 만족하는 도구를 찾을 수가 없었고, 판다스를 개발하기 시작했다.

- 자동적으로 혹은 명시적으로 축의 이름에 따라 데이터를 정렬할 수 있는 자료구조. 이러한 자료구조는 잘못 정렬된 데이터에 의한 일반적인 오류를 예방하고 다양한 소스에서 가져온 여러 방식으로 색인된 데이터를 다룰 수 있다
- 통합된 시계열 기능
- 시계열 데이터와 비시계열 데이터를 함께 다룰 수 있는 통합 자료구조
- 메타데이터를 보존하는 산술 연산과 축약 연산
- 누락된 데이터를 유연하게 처리하는 기능
- SQL 같은 일반 데이터베이스처럼 데이터를 합치고 관계 연산을 수행하는 기능

필자는 이 모든 것을 하나로 처리하고, 범용 소프트웨어 개발에도 사용할 수 있는 언어를 원했다. 파이썬은 이 목적에 부합하는 좋은 후보였으나 당시에는 이러한 기능을 제공하는 통합 자료구조와 도구가 존재하지 않았다. 판다스는 금융 문제와 사업 분석 문제를 해결할 목적으로 개발되었기에 사업 진행에 따라 생성된 데이터를 다룰 수 있는 시계열 기능과 도구가 핵심 기능이 되었다.

이전 직장 AQR의 동료였던 애덤 클라인, 창 셰와 함께 판다스의 기능을 확장하는 데 2011년과 2012년 대부분을 보냈다. 2013년에는 더 이상 일상적인 프로젝트 개발에 관여하지 않았고 그 이후로 판다스는 전 세계 2천 명 이상의 기여자가 함께 개발하는 커뮤니티 프로젝트가 되었다.

통계 계산에 R 언어를 이용했던 사용자라면 R의 `data.frame` 객체에서 따온 DataFrame이 익숙할 것이다. 파이썬과는 다르게 `data.frame`은 R 언어의 표준 라이브러리에 포함되어 있다. 결과적으로 판다스의 많은 기능은 R 핵심 구현의 일부 또는 애드온 패키지에서 유래했다.

판다스라는 이름은 다차원으로 구조화된 데이터를 뜻하는 경제학 용어인 패널 데이터panel data 와 파이썬 데이터 분석Python data analysis에서 따온 이름이다.

1.3.3 맷플롯립

맷플롯립Matplotlib은 그래프나 2차원 데이터 시각화를 생성하는 유명한 파이썬 라이브러리다. 존 D. 헌터가 만들었고 지금은 여러 개발 팀에 의해 유지 관리된다. 출판물에 적합한 그래프를 만들도록 설계되었다. 현재 파이썬에서 사용할 수 있는 시각화 라이브러리는 많지만 생태계 속 다른 라이브러리와 맷플롯립이 잘 연동되어 있어 여전히 가장 많이 사용된다. 기본 시각화 도구로 가장 안전한 선택이라고 생각한다.

1.3.4 IPython과 주피터

IPython은 2001년 페르난도 페레스가 더 나은 대화형 파이썬 인터프리터를 만들기 위해 사이드 프로젝트로 시작한 프로젝트다. 그 이후 16년 동안 최신 파이썬 데이터 기술 스택에서 빠질 수 없는 가장 중요한 도구로 성장했다. IPython 자체는 계산이나 데이터 분석 도구로서의 기능을 제공하지는 않지만 대화형 컴퓨팅과 소프트웨어 개발 양쪽 모두에서 생산성을 극대화할 수 있도록 설계되었다. IPython은 많은 프로그래밍 언어의 특징인 전통적인 편집–컴파일–실행 방식 대신에 **실행–탐색 방식**을 장려하며 파일 시스템과 운영체제 셸에서도 쉽게 접근할 수 있다. 덕분에 터미널과 파이썬 창을 전환할 필요가 줄어든다. 대부분의 데이터 분석 코드를 작성하는 일은 탐색, 시행 착오를 포함해 반복적인 실행을 동반하므로 IPython을 이용하면 더 수월한 작업이 가능하다.

2014년 페르난도와 IPython 팀은 언어에 상관없이 대화형 컴퓨팅 도구를 설계할 수 있는 주피터Jupyter 프로젝트를 발표했다. IPython 웹 노트북은 주피터 노트북으로 이름을 바꾸었고 현재 40개가 넘는 프로그래밍 언어를 지원한다. IPython 시스템은 이제 주피터에서 파이썬을 사용할 수 있게 해주는 커널kernel(프로그래밍 언어 모드)로 역할을 변경했다.

IPython 자체는 이제 좀 더 큰 범위의 생산적인 대화형/탐색형 컴퓨팅 환경을 지원하는 주피터 오픈 소스 프로젝트의 컴포넌트가 되었다. 최초의 IPython은 파이썬 셸 기능을 확장해 더 편리하게 파이썬 코드를 작성하고 테스트하고 디버깅할 수 있도록 설계되었다. 주피터 노트북에서 IPython 시스템을 여전히 사용할 수 있다.

주피터 노트북 시스템은 그 내용을 마크다운이나 HTML로 저장할 수 있도록 지원한다. 이를 통해 코드와 텍스트를 포함하는 문서를 생성할 수 있다. 개인적으로 파이썬 코드를 실행하거나 디버깅, 테스트할 때는 거의 항상 IPython과 주피터를 사용한다. 이 책에서 사용된 모든 예제 코드는 깃허브[1]에서 주피터 노트북 파일로 내려받을 수 있다. 만약 깃허브에 접속할 수 없다면 Gitee[2]를 이용하자.

1.3.5 사이파이

사이파이SciPy는 과학 계산 영역의 여러 기본 문제를 다루는 패키지 모음이다. 다음은 사이파이에 포함된 패키지 중 일부다.

- scipy.integrate: 수치적분 루틴과 미분방정식 풀이법
- scipy.linalg: numpy.linalg에서 제공하는 것보다 더 확장된 선형대수 루틴과 매트릭스 분해
- scipy.optimize: 함수 최적화기optimizer와 방정식의 근을 구하는 알고리듬
- scipy.signal: 시그널 프로세싱 도구
- scipy.sparse: 희소 행렬sparse matrix과 희소 선형 시스템 풀이법
- scipy.special: 감마 함수처럼 흔히 사용되는 수학 함수를 구현한 포트란 라이브러리인 SPECFUN 래퍼wrapper
- scipy.stats: 표준 연속, 이산 확률분포(밀도 함수, 샘플러, 연속 분포 함수)와 다양한 통계 테스트 그리고 좀 더 기술적인 통계 도구

넘파이와 사이파이를 함께 사용하면 전통적인 과학 계산 애플리케이션에서 제공하는 거의 모든 기능들을 대체할 수 있다.

---

1 https://github.com/wesm/pydata-book
2 https://gitee.com/wesmckinn/pydata-book

1.3.6 사이킷런

사이킷런scikit-learn은 처음 개발되기 시작한 2010년부터 파이썬 개발자를 위한 범용 머신러닝 도구로 자리 잡기 시작했다. 집필 시점에는 전 세계 2,000명이 넘는 사람이 프로젝트에 기여하고 있다. 다음과 같은 모델을 위한 하위모듈submodule을 포함한다.

- **분류**: SVM, 최근접 이웃, 랜덤 포레스트, 로지스틱 회귀 등
- **회귀**: 라소Lasso, 리지 회귀ridge regression 등
- **클러스터링**: k-평균, 스펙트럼 클러스터링 등
- **차원 축소**: PCA, 특징 선택, 행렬 인수분해 등
- **모델 선택**: 격자 탐색, 교차 검증, 행렬
- **전처리**: 특징 추출, 정규화

판다스, statsmodels 그리고 IPython과 함께 사이킷런은 파이썬이 생산적인 데이터 과학 언어로 자리매김하는 데 일등공신 역할을 했다. 이 책에서 사이킷럿에 대한 자세한 내용을 담을 수는 없지만 몇몇 모델과 이 책에서 소개한 다른 도구를 함께 이용하는 방법을 간략하게 소개한다.

1.3.7 statsmodels

statsmodels은 다양한 R 언어용 회귀분석 모델을 구현한 스탠퍼드 대학의 통계학 교수 조너선 테일러Jonathan Taylor의 작업을 기반으로 만들어진 통계분석 패키지다. 스키퍼 시볼드Skipper Seabold와 요제프 페르크톨트Josef Perktold가 2010년에 새로운 statsmodels 프로젝트를 시작한 이후로 수많은 사용자와 오픈 소스 기여자에게 빼놓을 수 없는 프로젝트로 성장했다. 너새니얼 스미스Nathaniel Smith는 R 언어의 포뮬러 시스템에서 착안해 statsmodels용 포뮬러 또는 모델 명세 프레임워크를 제공하는 Patsy 프로젝트를 개발했다.

사이킷런과 비교하자면 statsmodels은 전통적인 통계(주로 빈도주의적 접근)와 계량경제학 알고리듬을 포함한다. 다음과 같은 하위모듈이 포함된다.

- **회귀 모델**: 선형 회귀, 일반화 선형 모델generalized linear model, 로버스트 선형 모델robust linear model, 선형 혼합 효과 모델linear mixed effects model 등
- 분산 분석(ANOVAanalysis of variance)

- **시계열 분석**: AR, ARMA, ARIMA, VAR 및 기타 모델
- **비모수 기법**: 커널 밀도 추정^{kernel density estimation}, 커널 회귀
- 통계 모델 결과의 시각화

statsmodels은 통계적 추론에 좀 더 초점을 맞춰 매개변수를 위한 불확실성 예측치와 p 값을 제공한다. 반면 사이킷런은 예측에 더 초점을 맞춘다.

사이킷런과 마찬가지로 statsmodels에 대해 간략히 소개하고 넘파이, 판다스와 함께 사용하는 방법을 알아보자.

1.3.8 다른 패키지

데이터 과학 책에서 언급할 수 있는 파이썬 라이브러리 종류는 매우 많다. 여기에는 머신러닝이나 인공지능 작업에 인기를 끌고 있는 텐서플로나 파이토치 같은 최신 프로젝트들도 포함된다. 이러한 프로젝트에 초점을 맞춘 책들은 시중에 이미 나와 있으므로, 이번 책을 통해서는 파이썬으로 데이터를 다듬는 기초를 쌓은 후에 다음 주제로 넘어가기를 추천한다.

1.4 설치 및 설정

저마다 다른 애플리케이션을 위해 파이썬을 사용하고 있으므로 필요한 추가 패키지나 파이썬 설정에 유일한 방법이 존재하지는 않는다. 많은 독자가 이 책을 따라 하는 데 완벽한 파이썬 개발 환경을 갖추고 있지 못할 것이므로 각 운영체제에 맞는 환경 설정 방법을 소개한다. 필자는 conda-forge[3]와 함께 콘다^{conda} 패키지 매니저의 가벼운 버전인 미니콘다^{Miniconda}를 사용할 것이다. 이 책에서는 파이썬 3.10 버전을 사용하지만 여러분은 책을 읽는 시점의 최신 파이썬 버전을 사용해도 된다.[4]

여러분이 이 책을 읽을 때 다음 설치 내용이 구식이 되어 버렸다면 이 책의 홈페이지[5]에서 최신 설치 방법을 찾을 수 있다.

---

3 https://conda-forge.org
4 옮긴이_ 예제 코드는 파이썬 3.11.2와 판다스 2.0에서 검증 완료했다.
5 https://wesmckinney.com/book

1.4.1 윈도우

윈도우에 미니콘다를 설치하려면 먼저 https://docs.conda.io/en/latest/miniconda.html에서 최신 파이썬 버전(집필 시점 3.10)[6]용 미니콘다 인스톨러를 다운로드한다. 설치 방법은 콘다 홈페이지[7] 내용이 가장 최신이므로 그대로 따라 하기를 추천한다. 대부분 64비트 버전을 설치하면 되지만, 만약 실행되지 않는다면 32비트 버전을 설치해보자.

전체 사용자(All Users)를 위해 설치할 것인지 혹은 현재 사용자(Just Me)를 위해 설치할지를 선택하는 창에서는 본인에게 적합한 옵션을 고르도록 하자. 현재 사용자를 위한 설치 옵션으로 진행하더라도 이 책을 공부하는 데는 아무런 문제가 없다. 다음으로 미니콘다를 시스템 PATH에 등록할 것인지 묻는 창이 나오는데, 이를 선택할 경우(필자는 보통 이 옵션을 선택한다) 이미 다른 버전의 파이썬이 설치되어 있다면 이 설정을 덮어 쓴다. 시스템 PATH에 추가하지 않기로 했다면 윈도우 시작 메뉴에서 설치된 미니콘다를 찾아서 실행해야 한다. 시작 메뉴에서 이름이 'Anaconda3 (64-bit)'로 뜨기도 한다.

미니콘다를 시스템 PATH에 추가하지 않았다고 가정하고 설치가 제대로 되었는지 확인하려면 시작 메뉴에서 [Anaconda3 (64-bit)]를 선택하고 [Anaconda Prompt (Miniconda3)] 메뉴를 실행해 python을 입력하고, 다음과 같은 메세지와 함께 파이썬 인터프리터가 실행되는지 확인하자.

```
(base) C:\Users\Wes>python
Python 3.9 [MSC v.1916 64 bit (AMD64)] :: Anaconda, Inc. on win32
Type "help", "copyright", "credits" or "license" for more information.
>>>
```

파이썬 인터프리터를 끝내려면 exit()를 입력하고 [Enter]를 누른다.

1.4.2 GNU/리눅스

리눅스 환경은 배포판에 따라 조금씩 다르기는 하지만 여기서는 데비안Debian, 우분투Ubuntu, CentOS, 페도라Fedora 같은 배포판을 기준으로 설명한다. 미니콘다가 설치되는 형태를 제외

---

6 옮긴이_ 번역 시점 파이썬 최신 버전은 3.11이다.

7 https://conda.io

하고는 macOS의 설치 방법과 크게 다르지 않다. 대부분의 독자는 x86 아키텍처용인 64비트 버전 인스톨러를 다운받겠지만 ARM 기반 리눅스를 사용하는 독자라면 aarch64 버전을 다운받아야 한다. 인스톨러는 터미널에서 실행해야 하는 간단한 셸 스크립트다. `Miniconda3-latest-Linux-x86_64.sh`와 비슷한 이름의 파일을 다운로드한 후에 `bash`를 이용해서 스크립트를 실행한다.

```
$ bash Miniconda3-latest-Linux-x86_64.sh
```

> **NOTE_** 일부 리눅스 배포판에는 필요한 파이썬 패키지(경우에 따라 오래된 버전일 수 있다)가 패키지 관리자에 포함되어 있으며 apt 같은 패키지 매니저를 통해 설치할 수 있다. 여기서는 미니콘다를 이용한 방법을 설명하며 미니콘다를 이용하면 배포판이 달라도 쉽게 재현 가능하고, 간단하게 최신 버전으로 패키지를 업그레이드할 수도 있다.

인스톨러를 실행하면 미니콘다 파일을 어디에 복사할 것인지 물어본다. 기본 위치인 홈 디렉터리(예를 들면 `/home/$USER/miniconda`)에 설치하기를 추천한다. 또한 자동으로 미니콘다를 활성화하도록 셸 스크립트를 변경할 것인지 물어보는데 편의를 위해 이 옵션도 'yes'를 선택하자.

설치가 끝나면 새 터미널을 열어서 미니콘다가 제대로 설치되었는지 확인하자.

```
(base) $ python
Python 3.9 | (main) [GCC 10.3.0] on linux
Type "help", "copyright", "credits" or "license" for more information.
>>>
```

파이썬 인터프리터를 종료하려면 [Ctrl + D]를 입력하거나 `exit()`를 입력하고 [Enter]를 누르자.

1.4.3 macOS

2020년 이후 출시된 애플 실리콘 기반의 Mac 컴퓨터일 경우에는 `Miniconda3-latest-MacOSX-arm64.sh` 인스톨러를, 2020년 이전에 출시된 인텔 기반의 Mac 컴퓨터일 경우에는 `Miniconda3-latest-MacOSX-x86_64.sh` 인스톨러를 다운로드한다. 터미널 프로그램을 열어서 `bash`를 이용해 인스톨러를 실행한다.

```
$ bash $HOME/Downloads/Miniconda3-latest-MacOSX-arm64.sh
```

인스톨러가 실행되면 기본적으로 기본 셸 프로파일의 기본 환경에서 자동으로 미니콘다를 구성한다. 대개 /User/$USER/.zshrc 파일에 기록되는데 만일 기본 셸 환경을 변경하는 것을 원치 않는다면 미니콘다 문서를 참조하며 진행하자.

설치가 제대로 끝나는지 확인하려면 터미널을 열고 파이썬을 실행한다.

```
$ python
Python 3.9 (main) [Clang 12.0.1 ] on darwin
Type "help", "copyright", "credits" or "license" for more information.
>>>
```

파이썬 인터프리터를 종료하려면 [Ctrl + D]를 입력하거나 exit()를 입력하고 [Enter]를 누른다.

1.4.4 필수 패키지 설치하기

이제 미니콘다를 설치했으니 이 책에서 사용할 필수 패키지를 설치할 차례다. 먼저 conda-forge를 기본 패키지 채널로 설정하자.

```
(base) $ conda config --add channels conda-forge
(base) $ conda config --set channel_priority strict
```

이제 conda create 명령을 이용해서 파이썬 3.10 버전을 사용하는 새로운 환경을 생성하자.

```
(base) $ conda create -y -n pydata-book python=3.10
```

설치가 모두 끝나면 conda activate 명령으로 새로 만든 환경을 활성화한다.

```
(base) $ conda activate pydata-book
(pydata-book) $
```

이제 conda install 명령으로 이 책에서 사용할 필수 패키지를 설치한다.

```
(pydata-book) $ conda install -y pandas jupyter matplotlib
```

다른 패키지도 사용하지만 나중에 필요할 때 설치하면 된다. 패키지 설치 방법에는 conda install 명령을 사용하는 방법과 pip install을 사용하는 두 가지 방법이 있는데 미니콘 다를 사용할 때는 항상 conda install이 우선이다. 하지만 몇몇 패키지는 conda로 설치할 수 없으므로 만일 conda install $package_name이 실패하는 경우에는 pip install $package_name을 이용하자.

conda update 명령을 사용하면 설치된 패키지를 업데이트할 수 있다.

```
conda update package_name
```

pip을 이용한 업데이트는 --upgrade 옵션을 사용한다.

```
pip install --upgrade package_name
```

이 책을 공부하는 동안 앞서 소개한 명령을 사용할 수 있는 기회가 많다.

1.4.5 통합 개발 환경(IDE)과 텍스트 편집기

필자의 기본 개발 환경에 대해서 물어오면 거의 항상 'IPython과 텍스트 편집기'를 사용한다고 대답한다. 보통 프로그램을 작성하고 나면 습관처럼 IPython에서 각 코드를 테스트하고 디버 깅하는데, 특정 데이터셋에 대한 조작이 제대로 진행되고 있는지 시각적이면서도 대화 형식으로 확인이 가능해서 상당히 유용하다. 판다스와 넘파이 같은 라이브러리는 셸에서 사용하기 쉽도록 설계되었다.

하지만 소프트웨어를 개발하는 경우라면 최소한의 환경만 제공하는 이맥스Emacs나 빔Vim 같은 텍스트 편집기 대신 통합 개발 환경(IDE)를 선호한다. 다음은 몇 가지 IDE다.

- **파이데브**PyDev: 이클립스Eclipse 플랫폼 기반의 무료 IDE
- **젯브레인스의 파이참**PyCharm: 상용 버전은 구독 방식이고 오픈 소스 개발자에게는 무료로 제공
- **PTVS**: 비주얼 스튜디오의 파이썬 도구, 윈도우 사용자용
- **스파이더**Spyder: 아나콘다와 함께 배포되는 무료 IDE
- **코모도**Komodo IDE: 유료

파이썬의 인기 덕분에 VS 코드나 서브라임 텍스트 2Sublime Text 2 같은 대부분의 텍스트 편집기가 파이썬을 아주 잘 지원한다.

1.5 커뮤니티와 콘퍼런스

인터넷 검색 외에도 과학 계산과 데이터 관련 파이썬 메일링 리스트에서는 질문에 대한 답을 구할 수 있으므로 매우 유용하다. 살펴보면 좋은 몇 가지를 소개하면 다음과 같다.

- **PyData**: 판다스와 파이썬 데이터 분석 관련 질문을 위한 구글 그룹
- **pystatsmodels**: 통계 모델이나 판다스 관련 질문을 올리는 곳
- 사이킷런과 일반적인 머신러닝의 메일링 리스트(scikit-learn@python.org)
- **numpy-discussion**: 넘파이 관련 질문을 올리는 곳
- **scipy-user**: 일반적인 사이파이나 과학 계산 파이썬 관련 질문을 올리는 곳

URL이 바뀔 수 있어서 일부러 링크를 담지 않았다. 관련 링크는 인터넷 검색을 통해 쉽게 찾을 수 있다.

매년 전 세계 파이썬 개발자를 대상으로 많은 콘퍼런스가 열린다. 다른 파이썬 개발자들과 교류하고 싶다면 꼭 참석하기를 추천한다. 대부분의 콘퍼런스는 참가 티켓이나 여행 경비를 부담할 수 없는 이들을 위한 재정 지원 프로그램도 함께 운영한다. 콘퍼런스 종류는 다음과 같다.

- **파이콘**PyCon**과 유로파이썬**EuroPython: 각각 북미 지역과 유럽에서 열리는 주요 파이썬 콘퍼런스. 아시아 지역에는 파이콘 APAC이 있다.
- **사이파이**SciPy**와 유로사이파이**EuroSciPy: 과학 계산 파이썬 콘퍼런스. 각각 북미와 유럽 지역에서 열린다. 국내에서는 처음으로 사이파이 한국이 2023년에 개최된다.
- **파이데이터**PyData: 데이터 과학과 데이터 분석 사례에 초점을 맞춘 콘퍼런스. 전 세계 각지에서 열린다.
- **각 국가의 파이콘**: 전체 목록은 `https://pycon.org`에서 확인할 수 있다.

1.6 이 책을 살펴보는 방법

파이썬 프로그래밍 경험이 없다면 파이썬에서 제공하는 기능과 IPython 셸 및 주피터 노트북에 대한 튜토리얼인 2장과 3장을 먼저 살펴보자. 2, 3장에서 다루는 내용은 이 책을 공부하는 데 필요한 사전 지식이다. 이미 파이썬을 사용해본 경험이 있다면 가볍게 훑어보거나 건너뛰어도 좋다.

다음으로 넘파이의 핵심 기능을 간단히 소개한다. 고급 넘파이 기능은 부록 A에 따로 담았다. 이어서 판다스를 소개하고 판다스와 넘파이, 시각화를 위한 맷플롯립을 적용한 데이터 분석 주제를 다뤄본다. 가능한 한 차근차근 읽어나갈 수 있도록 책을 구성했으나 가끔 가볍게 겹치는 내용이 있을 수 있다.

독자마다 최종적으로 원하는 목표가 다를 수 있지만 일반적으로 필요한 작업은 크게 다음과 같이 분류할 수 있다.

- **외부와 연동하기**: 다양한 파일 포맷과 데이터 저장소로부터 데이터를 읽고 쓰기
- **데이터 준비**: 데이터 분석을 위해 데이터를 정제, 조합, 정규화, 변형, 다듬는 작업

- **변환**: 수학이나 통계 작업을 통해 새로운 데이터셋을 도출(그룹 변수를 이용해 큰 테이블 데이터를 집계)

- **모델링과 연산**: 통계 모델, 머신러닝 알고리듬 또는 다른 연산 도구를 데이터와 연동하기

- **프레젠테이션**: 대화형, 정적 시각화 또는 텍스트 요약 생성

1.6.1 예제 코드

책에서 사용된 대부분의 예제 코드는 IPython 셸이나 주피터 노트북에서 실행했을 때처럼 입력과 출력을 다음과 같은 형식으로 보여준다.

```
In [5]: CODE EXAMPLE
Out[5]: OUTPUT
```

이런 형식의 예제 코드는 In 블록에 있는 코드를 입력하고 실행하라는 의미다. 실행은 [Enter]를 누르거나 주피터 환경에서는 [Shift + Enter]를 누르면 된다. 실행 결과는 Out 블록에 보이는 것처럼 나타난다.

이 책에서는 가독성과 간결성을 높이기 위해 넘파이와 판다스의 기본 출력 설정을 변경했다. 예를 들면 숫자 데이터에 더 많은 자릿수가 출력된다. 책에 표시된 출력 형식과 일치시키려면 예제 코드를 실행하기 전에 다음 파이썬 코드를 실행하면 된다.

```
import numpy as np
import pandas as pd
pd.options.display.max_columns = 20
pd.options.display.max_rows = 20
pd.options.display.max_colwidth = 80
np.set_printoptions(precision=4, suppress=True)
```

1.6.2 예제에 사용한 데이터

각 장에서 사용한 예제 데이터셋은 깃허브 저장소[8] 혹은 Gitee 미러[9]에서 구할 수 있다. git 명령을 사용하거나 저장소 웹사이트에서 zip 파일로 내려받을 수 있다. 만일 다운로드에 문제가 생긴다면 이 책의 웹사이트[10]에서 최신 버전의 설명과 예제를 찾을 수 있을 것이다.

예제 데이터셋이 포함된 zip 파일을 내려받았다면 이 책의 예제 코드를 실행하기 전에 디렉터리에서 zip 파일의 압축을 완전히 풀고 해당 디렉터리로 이동해서 실행해야 한다.

```
$ pwd
/home/wesm/book-materials

$ ls
appa.ipynb ch05.ipynb ch09.ipynb ch13.ipynb README.md
ch02.ipynb ch06.ipynb ch10.ipynb COPYING    requirements.txt
ch03.ipynb ch07.ipynb ch11.ipynb datasets
ch04.ipynb ch08.ipynb ch12.ipynb examples
```

예제를 실행하는 데 필요한 모든 것을 꼼꼼하게 확인했지만 실수나 누락이 있을 수도 있다. 그런 경우에는 저자[11]에게 메일을 보내주기를 바란다. 이 책에서 발견한 오류는 오라일리 웹사이트의 에라타 페이지[12]에 보고하면 된다.[13]

1.6.3 import 컨벤션

파이썬 커뮤니티는 자주 사용하는 몇 가지 모듈에 대해 다음과 같은 네이밍 컨벤션을 사용한다.

```
import numpy as np
import matplotlib.pyplot as plt
import pandas as pd
import seaborn as sns
import statsmodels as sm
```

----

8 https://github.com/wesm/pydata-book

9 https://gitee.com/wesmckinn/pydata-book

10 https://wesmckinney.com/book

11 book@wesmckinney.com

12 https://www.oreilly.com/catalog/errata.csp?isbn=0636920519829

13 옮긴이_ 번역서의 오탈자 정보는 한빛미디어 도서 홈페이지에서 확인하거나 직접 오류를 제보할 수 있다.

이렇게 하면 np.arange는 넘파이에 있는 arrange 함수를 참조한다는 뜻이다. 넘파이 같은 거대한 패키지에서 모든 것을 임포트하는 행위(from numpy import *)는 파이썬 소프트웨어 개발에서 나쁜 습관으로 간주된다.

## CHAPTER 2

파이썬 기초, IPython과 주피터 노트북

2011년과 2012에 걸쳐 이 책의 초판을 집필할 때는 데이터 분석을 위한 파이썬을 공부할 수 있는 자료가 충분치 않았다. 이는 닭과 달걀 문제와 비슷한데, 지금은 충분히 성숙한 판다스, 사이킷런 그리고 statsmodels 같은 라이브러리가 그 당시에는 상대적으로 불완전했었다. 2022년 기준으로 데이터 과학, 데이터 분석 그리고 머신러닝에 관한 문서가 많아졌고, 계산 과학자, 물리학자를 포함해 다른 연구 분야의 전문가를 위한 범용 과학 계산 작업을 위한 보충 자료도 많아졌다. 파이썬 프로그래밍 언어를 배우고 유효한 소프트웨어 엔지니어가 되기 위한 훌륭한 책도 많이 출간되었다.

이 책은 파이썬을 활용한 데이터 업무의 입문서 역할을 하기 위해 집필되었으므로 파이썬의 내장 자료구조와 라이브러리를 '데이터를 다루는 관점'에서 소개하는 것이 더 의미가 있을 것이라고 생각했다. 이번 장과 다음 장에서는 내용 이해에 필요한 최소한의 정보만 소개하려고 한다.

이 책의 내용 대부분은 개인용 컴퓨터에 들어갈 만큼 작은 데이터를 다루기 위한 표 기반 분석과 데이터 준비 도구에 초점을 맞추고 있다. 이 도구들을 사용하기 위해서는 제멋대로인 데이터를 처리하기 쉽도록 깔끔하게 구조화된 형태로 다듬어야 한다. 다행히도 파이썬은 그런 데이터를 원하는 모양으로 쉽게 다듬을 수 있는 이상적인 언어다. 파이썬을 사용하는 데 익숙해지면 분석을 위해 데이터를 준비하는 과정이 조금 더 수월해진다.

여기서 소개하는 일부 도구는 IPython 또는 주피터 노트북을 통해 살펴보는 것이 가장 효과적이다. IPython과 주피터 노트북 실행 방법을 배우고 난 다음에는 예제를 따라 해보고 여러 가지를 시도해보기를 추천한다. 키보드를 주로 사용하게 되는 콘솔 같은 환경에서는 일반적인 명령어에 완전히 익숙해지는 것도 학습 곡선에 포함된다.

> **NOTE_** 파이썬을 이용한 데이터 분석 과정에서 유용할 수 있는 클래스나 객체지향 프로그래밍 같은 파이썬 기본 개념은 이 책에서 다루지 않는다. 파이썬 언어에 대해 더 자세히 알아보고 싶다면 공식 파이썬 튜토리얼과 범용 파이썬 프로그래밍에 대한 훌륭한 다른 책을 살펴보며 보충하기를 추천한다. 추천 도서 목록은 다음과 같다.
>
> - 『Python Cookbook 3판』(인피니티북스, 2014)
> - 『전문가를 위한 파이썬』(한빛미디어, 2016)
> - 『파이썬 코딩의 기술(개정2판)』(길벗, 2020)

2.1 파이썬 인터프리터

파이썬은 **인터프리터 언어**다. 파이썬 인터프리터는 한 번에 하나의 명령어만 실행한다. 파이썬 표준 인터프리터는 명령줄에서 python을 입력해서 실행한다.

```
$ python
Python 3.10.4 | packaged by conda-forge | (main, Mar 24 2022, 17:38:57)
[GCC 10.3.0] on linux
Type "help", "copyright", "credits" or "license" for more information.
>>> a = 5
>>> print(a)
5
```

>>>는 파이썬 인터프리터의 프롬프트prompt이며 여기에 코드를 입력한다. 파이썬 인터프리터를 종료하고 명령줄 프롬프트로 돌아가려면 exit()를 입력하거나 [Ctrl + D]를 누른다(리눅스와 맥OS에서만 작동한다).

파이썬 프로그램을 실행하는 방법은 실행할 때 첫 번째 인수로 .py 파일을 넘기는 것이다. 다음처럼 hello_world.py 파일을 작성했다고 가정하자.

```
print("Hello world")
```

터미널에서 다음과 같이 실행할 수 있다(hello_world.py 파일은 반드시 현재 작업하고 있는 터미널의 디렉터리에 존재해야 한다).

```
$ python hello_world.py
Hello world
```

일부 파이썬 개발자는 이런 식으로 파이썬 코드를 실행하며 데이터 분석이나 과학 계산을 수행하는 파이썬 개발자는 향상된 대화형 파이썬 인터프리터인 IPython 또는 IPython 프로젝트에서 만든 웹 기반의 주피터 노트북을 사용한다. 이번 장에서는 IPython과 주피터를 간단히 소개하고 부록 A에서 IPython에 대해 더 자세히 살펴본다. %run 명령어를 사용하면 IPython은 지정된 파일의 코드를 동일한 프로세스 안에서 실행해 실행이 끝났을 때 그 결과를 인터렉티브하게 탐색할 수 있게 한다.

```
$ ipython
Python 3.10.4 | packaged by conda-forge | (main, Mar 24 2022, 17:38:57)
Type 'copyright', 'credits' or 'license' for more information
IPython 7.31.1 -- An enhanced Interactive Python. Type '?' for help.

In [1]: %run hello_world.py
Hello world

In [2]:
```

표준 프롬프트는 >>>인 반면, IPython의 프롬프트는 In [2]: 같은 형식으로 번호가 붙는다.

2.2 IPython 기초

이 절에서는 IPython 셸과 주피터 노트북을 실행하는 방법과 몇 가지 필수 개념을 소개한다.

2.2.1 IPython 셀 실행하기

IPython은 일반 파이썬 인터프리터를 실행하는 것처럼 ipython 명령어를 입력해 실행한다.

```
$ ipython
Python 3.10.4 | packaged by conda-forge | (main, Mar 24 2022, 17:38:57)
Type 'copyright', 'credits' or 'license' for more information
IPython 7.31.1 -- An enhanced Interactive Python. Type '?' for help.

In [1]: a = 5

In [2]: a
Out[2]: 5
```

파이썬 코드를 아무거나 입력하고 [Enter]를 눌러서 실행할 수 있다. 그냥 변수 이름만 입력하면 그 객체에 대한 문자열 표현이 출력된다.

```
In [5]: import numpy as np

In [6]: data = [np.random.standard_normal() for i in range(7)]

In [7]: data
Out[7]:
[-0.20470765948471295,
 0.47894333805754824,
 -0.5194387150567381,
 -0.55573030434749,
 1.9657805725027142,
 1.3934058329729904,
 0.09290787674371767]
```

첫 두 줄의 코드는 파이썬 코드다. 두 번째 줄에서 이름이 data인 변수를 생성하고 새로 생성한 파이썬 리스트를 참조하도록 했다. 마지막 줄은 data 변수의 값을 출력한다.

대부분의 파이썬 객체는 print를 이용한 보통의 출력 결과와는 달리 좀 더 읽기 편하거나 보기 좋은 형태로 출력된다. 앞선 예제를 표준 파이썬 인터프리터에서 출력하면 다소 읽기 불편한 형태로 출력된다.

```
>>> import numpy as np
>>> data = [np.random.standard_normal() for i in range(7)]
>>> print(data)
>>> data
[-0.5767699931966723, -0.1010317773535111, -1.7841005313329152,
 -1.524392126408841, 0.22191374220117385, -1.9835710588082562,
 -1.6081963964963528]
```

IPython은 약간 개선된 복사/붙여 넣기 기능을 통한 일부 코드 블록이나 전체 파이썬 스크립트를 쉽게 실행할 수 있는 기능을 제공한다. 또한 많은 분량의 코드를 주피터 노트북으로 다룰 수 있는데 이에 관해서는 나중에 더 살펴보기로 하자.

2.2.2 주피터 노트북 실행하기

주피터 프로젝트의 주요 구성 요소 중 하나인 노트북은 코드, 텍스트, 데이터 시각화를 비롯한 다른 출력을 대화형으로 구성할 수 있는 대화형 문서 형식이다. 주피터 노트북은 어떤 프로그래밍 언어로도 작성 가능한 주피터 대화형 컴퓨팅 프로토콜의 구현체인 **커널**과 상호작용한다. 파이썬 주피터 커널은 IPython 시스템을 이용해 작동된다.

주피터를 실행하려면 터미널에서 jupyter notebook을 입력한다.

```
$ jupyter notebook
[I 15:20:52.739 NotebookApp] Serving notebooks from local directory: /home/wesm/code/
pydata-book
[I 15:20:52.739 NotebookApp] 0 active kernels
[I 15:20:52.739 NotebookApp] The Jupyter Notebook is running at: http://localhost:8888/
?token=0a77b52fefe52ab83e3c35dff8de121e4bb443a63f2d...
[I 15:20:52.740 NotebookApp] Use Control-C to stop this server and shut down all
kernels (twice to skip confirmation).
Created new window in existing browser session.
    To access the notebook, open this file in a browser:
        file:///home/wesm/.local/share/jupyter/runtime/nbserver-185259-open.html
    Or copy and paste one of these URLs:
        http://localhost:8888/?token=0a77b52fefe52ab83e3c35dff8de121e4...
     or http://127.0.0.1:8888/?token=0a77b52fefe52ab83e3c35dff8de121e4...
```

대부분의 플랫폼에서 --no-browser 옵션을 지정하지 않는다면 자동으로 기본 웹 브라우저에서 주피터가 실행된다. 그렇지 않으면 노트북을 실행했을 때 출력되는 웹 주소(여기서는 http://localhost:8888/?token=0a77b52fefe52ab83e3c35dff8de121e4bb443a63f 2d3055)로 접속하면 된다. 구글 크롬 브라우저에서 실행된 화면은 [그림 2-1]과 같다.

> NOTE_ 많은 사람이 주피터를 로컬 개발 환경으로 사용하고 있지만 서버에 설치해두고 원격으로 접속해서 사용하는 것도 가능하다. 이 책에서는 원격 접속 설정 방법을 다루지 않지만 필요하다면 인터넷에서 관련 주제를 검색해보기를 추천한다.

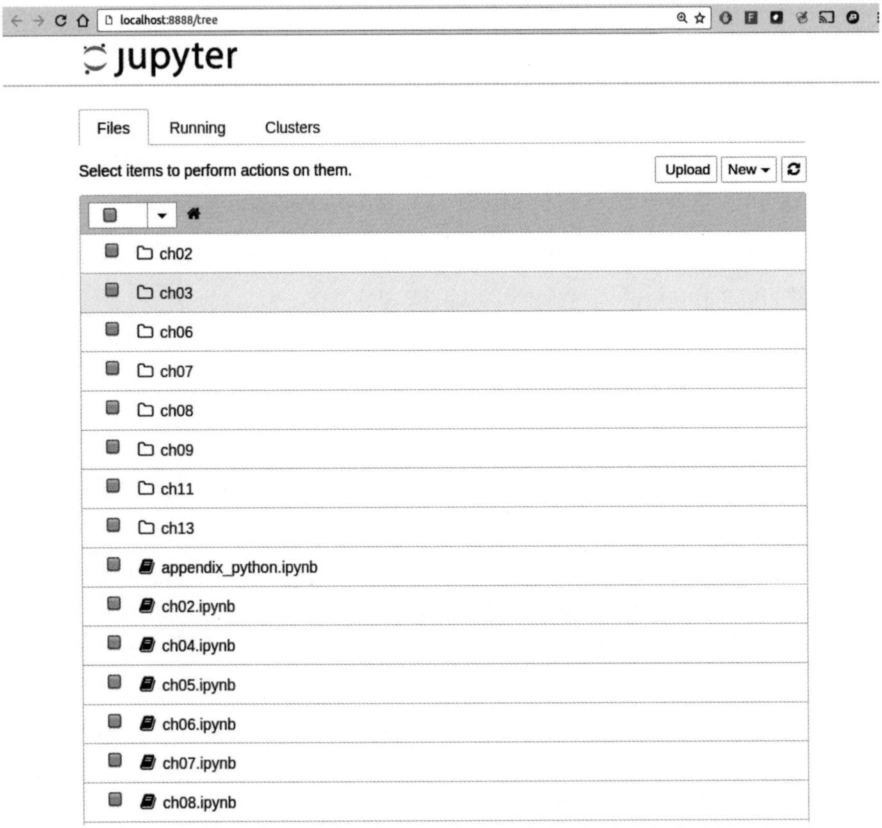

그림 2-1 주피터 노트북 랜딩 페이지

새로운 노트북을 생성하려면 [New] 버튼을 클릭하고 [Python 3]나 [conda[default]] 옵션을
선택한다. 이렇게 하면 [그림 2-2]와 유사한 화면을 보게 될 것이다. 처음 실행한다면 비어 있
는 코드 '셀ᶜᵉˡˡ'을 클릭하고 파이썬 코드를 입력해보자. [Shift+Enter]를 누르면 코드가 실행된다.

그림 2-2 새로운 주피터 노트북 화면

[File] 메뉴에서 [Save and Checkpoint]를 클릭해 노트북 파일을 저장하면 확장자가 `.ipynb`
인 파일이 만들어진다. 이 파일에는 현재 노트북 화면에 포함된 모든 내용이 담겨있다. 다른 주
피터 사용자들이 불러와서 편집할 수 있는 파일이다.

열린 노트북의 이름을 변경하려면 페이지 상단의 노트북 제목을 클릭하고 새로운 제목을 입력
한 다음 [Enter]를 누르면 된다.

기존 노트북 파일을 불러오려면 주피터 노트북을 실행한 경로 혹은 그 하위 폴더에 파일을 옮
겨두고 랜딩 페이지에서 해당 파일을 더블클릭하면 된다. 깃허브 저장소 `wesm/pydata-book`
에 올려둔 노트북 파일로 실습해봐도 좋다. [그림 2-3]을 보자.

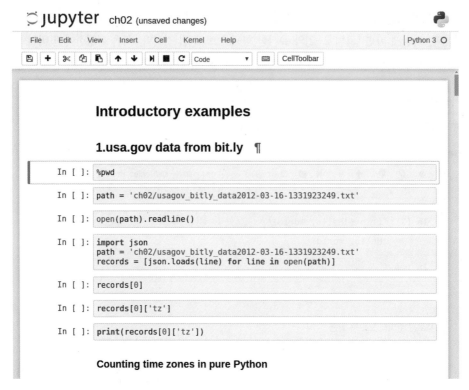

그림 2-3 기존 노트북 파일을 불러온 화면

노트북을 닫고 싶으면 [File] 메뉴를 누르고 [Close and Halt]를 선택한다. 단순히 브라우저 탭을 닫으면 해당 노트북과 연관된 파이썬 프로세스는 백그라운드에서 계속 실행된다.

주피터 노트북은 IPython과는 완전히 다른 경험을 선사하기는 하지만 이 장에서 설명하는 거의 모든 명령과 도구는 양쪽 환경에서 모두 사용할 수 있다.

2.2.3 탭 자동 완성

겉으로 보기에 IPython은 표준 파이썬 인터프리터와는 조금 다르게 생겼다. 표준 파이썬 셸에 비해 가장 두드러진 개선 사항은 탭을 통한 자동 완성 기능으로, 대부분의 통합 개발 환경이나 대화형 데이터 분석 환경에 구현되어 있는 기능이다. 셸에서 입력하는 동안 [Tab]을 누르면 네임스페이스에서 그 시점까지 입력한 내용과 맞아떨어지는 변수(객체, 함수 등)를 자동으로 찾아 편리한 드롭다운 메뉴 형태로 보여준다.

```
In [1]: an_apple = 27

In [2]: an_example = 42

In [3]: an[Tab]    # an을 입력하고 [Tab]을 누른다.
an_apple   an_example  any
```

이 예제에서 IPython은 필자가 정의한 두 변수와 내장 함수인 **any**를 확인할 수 있다. 또한 어떤 객체의 메서드나 속성 뒤에 마침표를 입력한 후 자동 완성 기능을 활용할 수도 있다.

```
In [3]: b = [1, 2, 3]

In [4]: b.[Tab]
append()   count()   insert()   reverse()
clear()    extend()  pop()      sort()
copy()     index()   remove()
```

모듈도 동일하게 작동한다.

```
In [1]: import datetime

In [2]: datetime.[Tab]
date            MAXYEAR       timedelta
datetime        MINYEAR       timezone
datetime_CAPI   time          tzinfo
```

NOTE_ IPython은 출력이 너무 복잡해지지 않도록 (그리고 초보 사용자가 당황하지 않도록) 매직 메서드나 내부용 프라이빗 메서드와 속성처럼 _로 시작하는 내부 메서드와 속성을 기본적으로 숨긴다. 물론 먼저 _를 입력하면 해당 메서드와 속성도 자동 완성할 수 있다. 기본으로 이런 메서드를 탭 자동 완성 목록에 넣고 싶다면 IPython 환경 설정에서 설정할 수 있다. 자세한 내용은 IPython 문서[1]를 참고하자.

탭 자동 완성은 대화형 네임스페이스 검색과 객체 및 모듈 속성의 자동 완성뿐만 아니라 파일 경로(파이썬 문자열 안에서도)를 입력한 후 [Tab]을 누르면 입력한 문자열에 맞는 파일 경로를 컴퓨터의 파일 시스템 안에서 찾아서 보여준다.

----

1 https://ipython.readthedocs.io/en/stable

나중에 살펴볼 **%run** 명령어(부록 B.2절 참고)와 이 기능을 조합하면 키 입력을 줄일 수 있다.

자동 완성 기능을 사용하면 함수에서 이름을 가진 인수도 = 기호까지 포함해서 보여준다. [그림 2-4]를 참고하자.

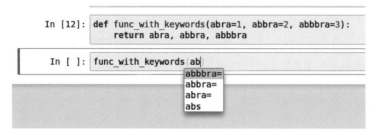

그림 2-4 주피터 노트북에서 함수 키워드 자동 완성

이 함수에 관해서는 나중에 좀 더 살펴보기로 하자.

2.2.4 자기관찰

변수 이름 앞이나 뒤에 물음표(?)를 붙이면 그 객체에 대한 일반 정보를 출력한다.

```
In [1]: b = [1, 2, 3]

In [2]: b?
Type:        list
String form: [1, 2, 3]
Length:      3
Docstring:
Built-in mutable sequence.

If no argument is given, the constructor creates a new empty list.
The argument must be an iterable if specified.

In [3]: print?
Docstring:
print(value, ..., sep=' ', end='\n', file=sys.stdout, flush=False)

Prints the values to a stream, or to sys.stdout by default.
Optional keyword arguments:
```

```
file:  a file-like object (stream); defaults to the current sys.stdout.
sep:   string inserted between values, default a space.
end:   string appended after the last value, default a newline.
flush: whether to forcibly flush the stream.
Type:      builtin_function_or_method
```

이 기능은 객체의 **자기관찰**(인트로스펙션introspection)이라 부르며 만약 객체가 함수이거나 인스턴스 메서드라면 정의되어 있는 문서(독스트링docstring)가 출력된다. IPython이나 주피터에서 사용 가능한 아래와 같은 함수를 작성했다고 가정해보자.

```
def add_numbers(a, b):
    """
    Add two numbers together

    Returns
    -------
    the_sum : type of arguments
    """
    return a + b
```

물음표를 사용해 문서를 출력해보자.

```
In [6]: add_numbers?
Signature: add_numbers(a, b)
Docstring:
Add two numbers together
Returns
-------
the_sum : type of arguments
File:      <ipython-input-9-6a548a216e27>
Type:      function
```

물음표는 표준 유닉스나 윈도우 명령줄에서와 마찬가지로 IPython의 네임스페이스를 검색하는 데 사용할 수도 있다. 별표(*)로 문자열을 둘러싸게 되면, 해당 문자열이 포함된 모든 이름을 보여준다. 예를 들어 다음은 넘파이의 최상단 네임스페이스 안에서 **load**를 포함하는 모든 함수 목록을 가져오는 코드다.

```
In [9]: import numpy as np

In [10]: np.*load*?
np.__loader__
np.load
np.loads
np.loadtxt
```

2.3 파이썬 기초

이 절에서는 파이썬 프로그래밍의 기초 개념과 원리를 살펴보고, 다음 장에서 파이썬의 자료구조와 함수, 내장 도구에 대해서 자세히 살펴본다.

2.3.1 시맨틱

파이썬은 가독성과 명료성, 명백함을 강조하는 언어다. 어떤 사람들은 파이썬을 '실행 가능한 의사코드'라고 표현하기도 한다.

들여쓰기

파이썬은 R, C++, 자바, 펄 같은 다른 많은 언어와는 다르게 중괄호 대신 공백 문자(탭이나 스페이스)를 사용해 코드를 구조화한다. 앞서 살펴봤던 정렬 알고리듬에서 for 반복문을 살펴보자.

```
for x in array:
    if x < pivot:
        less.append(x)
    else:
        greater.append(x)
```

콜론(:)은 코드 블록의 시작을 의미하며 블록이 끝날 때까지 블록 안에 있는 코드는 모두 같은 크기만큼 들여쓰기 해야 한다.

좋든 싫든 공백 문자가 의미를 가진다는 사실은 파이썬 개발자에게는 일상과 같은 일이며, 개인적으로 이 덕분에 필자가 사용했던 다른 언어보다 파이썬의 가독성이 훨씬 뛰어나다고 생각한다. 처음에는 괴이하게 생각되겠지만 차차 익숙해질 것이다.

> **NOTE_** 필자는 기본 들여쓰기로 스페이스 4칸을 사용하고 텍스트 편집기는 탭 너비를 스페이스로 치환하기를 강력히 추천한다. 대부분의 텍스트 편집기는 탭 너비를 자동으로 스페이스로 변환하는 설정을 지원한다(이를 활용하자). IPython과 주피터 노트북은 콜론이 끝난 다음 줄부터 자동으로 4칸을 들여쓰고, 탭을 스페이스 4칸으로 변환한다.

파이썬 문장은 세미콜론(;)으로 끝낼 필요가 없다. 하지만 다음과 같이 한 줄에서 여러 문장을 구분하기 위해서는 세미콜론을 사용한다.

```
a = 5; b = 6; c = 7
```

한 줄에 여러 문장을 쓰면 가독성을 해치기 때문에 파이썬에서는 이를 지양한다.

모든 것은 객체

파이썬 언어의 중요한 특징 중 하나는 **객체 모델의 일관성**이다. 모든 숫자, 문자열, 자료구조, 함수, 클래스, 모듈 등은 파이썬 인터프리터에서 **파이썬 객체**라 부르는 어떤 상자 안에 저장된다. 각 객체는 연관된 자료형(예를 들면 문자열이나 함수)과 내부 데이터를 갖는다. 실제로 이 특징은 심지어 함수마저도 하나의 객체로 간주함으로써 파이썬을 매우 유연한 언어로 만든다.

주석

뒤에 오는 글자는 모두 파이썬 인터프리터에서 무시된다. 이 특징을 이용해 코드의 주석을 달 수 있다. 또한 코드를 지우지 않고 실행만 되지 않도록 남겨두고 싶을 때도 이를 활용한다.

```
results = []
for line in file_handle:
    # 빈 줄은 건너뛰자.
    # if len(line) == 0:
    #     continue
    results.append(line.replace("foo", "bar"))
```

다음 코드처럼 실행되는 코드 다음에 주석을 적기도 한다. 이 방식을 선호하는 개발자도 있는데 종종 유용한 경우가 있다.

```python
print("Reached this line") # 단순 상태 리포트
```

함수와 객체 메서드 호출

함수는 괄호와 0개 이상의 인수를 전달해서 호출할 수 있다. 반환되는 값은 선택적으로 변수에 대입할 수 있다.

```python
result = f(x, y, z)
g()
```

파이썬의 거의 모든 객체는 함수를 포함하고 있는데 이를 **메서드**라 부르며 메서드를 통해 객체의 내부 데이터에 접근할 수 있다. 메서드는 다음 문법으로 호출한다.

```python
obj.some_method(x, y, z)
```

함수는 순서를 나타내는 위치 인수와 키워드 인수를 모두 받을 수 있다.

```python
result = f(a, b, c, d=5, e="foo")
```

이와 관련된 내용은 나중에 자세히 살펴본다.

변수와 인수 전달

파이썬에서 변수(혹은 이름)에 값을 대입하면 대입 연산자 오른쪽에 있는 객체에 대한 **참조** reference를 생성한다. 다음과 같이 정수가 담긴 리스트를 생각해보자.

```python
In [8]: a = [1, 2, 3]
```

a를 변수 b에 대입한다고 가정하자.

```
In [9]: b = a

In [10]: b
Out[10]: [1, 2, 3]
```

일부 언어에서는 이렇게 대입하면 [1, 2, 3]이라는 데이터가 복사된다. 하지만 파이썬에서는 a와 b는 [그림 2-5]처럼 실제로 같은 객체인 [1, 2, 3] 리스트를 가리킨다. 이를 확인하기 위해 a에 원소를 추가한 다음 b를 확인해보자.

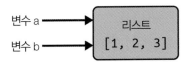

그림 2-5 동일한 객체에 대한 두 가지 참조

```
In [11]: a.append(4)

In [12]: b
Out[12]: [1, 2, 3, 4]
```

파이썬에서 참조의 의미와 언제, 어떻게, 왜 데이터가 복사되는지를 이해하는 것은 대규모 데이터셋을 다룰 때 특히 중요하다.

> **NOTE_** 변수에 값을 할당하는 것은 한 이름이 하나의 객체로 연결되므로 **바인딩**binding이라고 부른다. 값이 할당된 변수 이름은 때때로 종속 변수bound variables라고 부르기도 한다.

객체를 함수의 인수로 넘기면 복사가 일어나지 않고 새로운 지역 변수가 생성되고 원래 객체를 복사하지 않고 참조만 하게 된다. 만일 함수 안에 있는 어떤 변수에 새로운 객체를 연결하면 함수 바깥에는 영향을 끼치지 않는다. 즉, 함수에서 인수의 내부 값은 변경할 수 있다는 뜻이다. 다음과 같은 함수가 있다고 가정하자.

```
In [13]: def append_element(some_list, element):
   ....:     some_list.append(element)
```

함수의 실행 결과는 다음과 같다.

```
In [14]: data = [1, 2, 3]

In [15]: append_element(data, 4)

In [16]: data
Out[16]: [1, 2, 3, 4]
```

동적 참조와 강한 타입

파이썬의 변수에는 변수와 연관된 고유한 타입이 없으며 변수는 단순히 할당을 통해서 다른 타입의 객체를 참조할 수 있다. 아래 코드는 전혀 문제가 되지 않는다.

```
In [17]: a = 5

In [18]: type(a)
Out[18]: int

In [19]: a = "foo"

In [20]: type(a)
Out[20]: str
```

변수는 특정한 네임스페이스 안에 존재하는 객체의 이름이며 자료형에 대한 정보는 객체 그 자체에 저장되어 있다. 어떤 사람은 파이썬을 자료형이 없는 언어라고 성급하게 단정 짓곤 하지만 이는 사실이 아니다. 다음 예제를 살펴보자.

```
In [21]: "5" + 5
---------------------------------------------------------------------------
TypeError                                 Traceback (most recent call last)
<ipython-input-21-7fe5aa79f268> in <module>
----> 1 "5" + 5
TypeError: can only concatenate str (not "int") to str
```

일부 언어에서는 문자열 '5'가 묵시적으로 정수형으로 변환^{cast}되어서 10이라는 결과를 도출한다. 또 다른 언어에서는 정수 5가 문자열로 변환되어 '55'라는 문자열을 반환한다. 파이썬에서는 이러한 묵시적인 변환이 허용되지 않는다. 이런 측면에서 볼 때 파이썬은 강한 타입 strongly typed 언어라고 말할 수 있다. 즉, 모든 객체는 특정한 자료형(또는 클래스)를 가지며 다음 예제와 같은 명백한 상황에서만 묵시적인 변환이 발생한다.

```
In [22]: a = 4.5

In [23]: b = 2

# 문자열 출력 형식을 지정한다. 나중에 자세히 살펴본다.
In [24]: print(f"a is {type(a)}, b is {type(b)}")
a is <class 'float'>, b is <class 'int'>

In [25]: a / b
Out[25]: 2.25
```

여기서 b는 정수이지만 나누기 연산을 위해 묵시적으로 float로 변환된다.

객체의 자료형을 아는 것은 중요하며 다양한 종류의 입력을 처리하는 함수를 작성할 때 유용하다. isinstance 함수를 이용해 어떤 객체가 무슨 자료형인지 검사할 수 있다.

```
In [26]: a = 5

In [27]: isinstance(a, int)
Out[27]: True
```

isinstance에 튜플을 넘겨서 객체의 자료형이 주어진 튜플 중 하나인지 검사할 수도 있다.

```
In [28]: a = 5; b = 4.5

In [29]: isinstance(a, (int, float))
Out[29]: True

In [30]: isinstance(b, (int, float))
Out[30]: True
```

속성과 메서드

파이썬에서 객체는 일반적으로 그 객체 내부에 저장된 다른 파이썬 객체인 '속성'과 그 객체의 내부 데이터에 접근할 수 있는 함수인 '메서드'를 갖는다. 속성과 메서드는 `obj.attribute_name` 문법으로 접근할 수 있다.

```
In [1]: a = "foo"

In [2]: a.[Tab]     # a.을 입력하고 [Tab]을 누른다.
capitalize()   index()          isspace()       removesuffix()  startswith()
casefold()     isprintable()    istitle()       replace()       strip()
center()       isalnum()        isupper()       rfind()         swapcase()
count()        isalpha()        join()          rindex()        title()
encode()       isascii()        ljust()         rjust()         translate()
endswith()     isdecimal()      lower()         rpartition()
expandtabs()   isdigit()        lstrip()        rsplit()
find()         isidentifier()   maketrans()     rstrip()
format()       islower()        partition()     split()
format_map()   isnumeric()      removeprefix()  splitlines()
```

속성과 메서드는 `getattr` 함수를 통해 이름으로 접근할 수도 있다.

```
In [32]: getattr(a, "split")
Out[32]: <function str.split(sep=None, maxsplit=-1)>
```

이 책에서는 `getattr` 함수와 이와 관련된 `hasattr`, `setattr` 함수를 많이 사용하지 않지만, 이 함수들은 범용적이고 재사용이 가능한 코드를 작성할 때 아주 유용하다.

덕 타이핑

객체의 자료형에는 관심이 없고 그 객체가 어떤 메서드나 행동을 지원하는지만 알고 싶은 경우가 있다. 이를 **덕 타이핑**duck typing이라고 부르며 '만약 어떤 새가 오리처럼 걷고 오리처럼 꽥꽥 운다면 그것은 오리다'라는 의미에서 유래한 용어다. 예를 들어 어떤 객체가 이터레이터 프로토콜iterator protocol을 구현했다면 순회가 가능한 객체인지 검증할 수 있다. 대부분의 객체에서는 `__iter__`라는 매직 메서드magic method를 가지고 있는지 확인하면 된다. 좀 더 나은 방법은 `iter` 함수를 이용해서 검사하는 것이다.

```
In [33]: def isiterable(obj):
   ....:     try:
   ....:         iter(obj)
   ....:         return True
   ....:     except TypeError: # iterable 객체 아님
   ....:         return False
```

이 함수는 문자열과 여러 개의 값을 저장하는 대부분의 파이썬 컬렉션 자료형에 대해서 True
를 반환한다.

```
In [34]: isiterable("a string")
Out[34]: True

In [35]: isiterable([1, 2, 3])
Out[35]: True

In [36]: isiterable(5)
Out[36]: False
```

모듈 import

파이썬에서 모듈은 파이썬 코드가 담긴 .py 파일이다. 다음과 같은 모듈이 있다고 가정하자.

```
# some_module.py
PI = 3.14159

def f(x):
    return x + 2

def g(a, b):
    return a + b
```

some_module.py에 정의된 변수와 함수에 접근하려면 동일한 디렉터리에 있는 다른 파일에서
다음과 같이 작성한다.

```
import some_module
result = some_module.f(5)
pi = some_module.PI
```

또는 다음과 같이 작성한다.

```
from some_module import g, PI
result = g(5, PI)
```

as 예약어를 사용하면 모듈을 다른 이름으로 import할 수 있다.

```
import some_module as sm
from some_module import PI as pi, g as gf

r1 = sm.f(pi)
r2 = gf(6, pi)
```

이항 연산자

이항 연산자의 산술 연산자와 비교 연산자는 다른 프로그래밍 언어에서 사용하는 방식과 별반
다르지 않다.

```
In [37]: 5 - 7
Out[37]: -2

In [38]: 12 + 21.5
Out[38]: 33.5

In [39]: 5 <= 2
Out[39]: False
```

파이썬에서 사용 가능한 이항 연산자는 [표 2-1]을 참고하자.

표 2-1 이항 연산자

연산자	설명
a + b	a와 b를 더한다.
a - b	a에서 b를 뺀다.
a * b	a와 b를 곱한다.
a / b	a를 b로 나눈다.

연산자	설명
a // b	a를 b로 나눈 몫을 취한다(즉, 소수점 이하는 버린다).
a ** b	a의 b 승을 구한다.
a & b	a와 b 모두 True인 경우 True를 반환한다. 정수인 경우 비트 단위 AND를 구한다.
a ¦ b	a 혹은 b가 True인 경우 True를 반환한다. 정수인 경우 비트 단위 OR를 구한다.
a ^ b	불리언의 경우 a 혹은 b 중 하나만 True인 경우 True를 반환한다. 정수인 경우 비트 단위 EXCLUSIVE-OR을 구한다.
a == b	a와 b가 같은 경우 True
a != b	a와 b가 다른 경우 True
a < b, a <= b	각각 a가 b보다 작은 경우, a가 b와 같거나 작은 경우 True
a > b, a >= b	각각 a가 b보다 큰 경우, a가 b와 같거나 큰 경우 True
a is b	a와 b가 같은 파이썬 객체를 참조할 경우 True
a is not b	a와 b가 다른 파이썬 객체를 참조할 경우 True

두 참조 변수가 동일한 객체를 참조하는지 검사하려면 is 예약어를 사용한다. is not을 사용하면 두 객체가 같지 않은지 검사할 수 있다.

```
In [40]: a = [1, 2, 3]

In [41]: b = a

In [42]: c = list(a)

In [43]: a is b
Out[43]: True

In [44]: a is not c
Out[44]: True
```

list는 항상 새로운 파이썬 리스트를 생성하므로 c는 a와 구별된다는 것을 명심하자. is로 비교하는 것과 == 연산자로 구분하는 것은 다르다. 앞선 예제에서 == 연산자의 결과는 다음과 같다.

```
In [45]: a == c
Out[45]: True
```

is와 is not은 변수가 None인지 검사하기 위해 흔히 사용하는데, None 인스턴스는 하나만 존재하기 때문이다.

```
In [46]: a = None

In [47]: a is None
Out[47]: True
```

가변 객체와 불변 객체

파이썬에서 리스트, 딕셔너리dictionary, 넘파이 배열, 또는 사용자 정의 클래스 같은 대부분의 객체는 변경 가능mutable하다. 즉, 객체나 값의 내용을 바꿀 수 있다.

```
In [48]: a_list = ["foo", 2, [4, 5]]

In [49]: a_list[2] = (3, 4)

In [50]: a_list
Out[50]: ['foo', 2, (3, 4)]
```

문자열이나 튜플은 변경 불가능immutable하다. 즉, 내부 값은 변경할 수 없다.

```
In [51]: a_tuple = (3, 5, (4, 5))

In [52]: a_tuple[1] = "four"
---------------------------------------------------------------------------
TypeError                                 Traceback (most recent call last)
<ipython-input-52-cd2a018a7529> in <module>
----> 1 a_tuple[1] = "four"
TypeError: 'tuple' object does not support item assignment
```

객체가 변경 가능하다고 해서 언제든지 변경해도 된다는 의미는 아니다. 그런 방식의 사용은 프로그래밍에서 부작용을 유발한다. 어떤 함수를 작성할 때 발생할 수 있는 부작용에 대해 함수의 문서나 주석으로 명시적으로 남겨두어야 한다. 가능하다면 변경 가능한 객체를 많이 사용하더라도 부작용을 최대한 피하고 불변성을 잘 활용하기를 추천한다.

2.3.2 스칼라 자료형

파이썬은 숫자 데이터와 문자열, 불리언 값 그리고 날짜와 시간을 다룰 수 있는 몇몇 내장 자료형을 제공한다. 이런 단일 값을 담는 타입을 스칼라 자료형scalar type이라고 부른다. [표 2-2]에 주로 사용하는 스칼라 자료형의 목록을 정리했다. 날짜와 시간을 다루는 방법은 표준 라이브러리의 datetime 모듈에서 제공하므로 이후에 설명한다.

표 2-2 표준 파이썬 스칼라 자료형

자료형	설명
None	파이썬의 null 값(하나의 유일한 None 인스턴스만 존재한다)
str	문자열 자료형. 유니코드(UTF-8 인코딩) 문자열
bytes	원시 이진 데이터
float	배정밀도(64비트) 부동소수점수. double형이 따로 존재하지 않는다는 점을 기억하자.
bool	참(True) 또는 거짓(False)
int	부호가 있는(음수 표현이 가능한) 정수. 값의 범위는 플랫폼에 의존적이다.

숫자 자료형

파이썬에서 숫자를 위한 주요한 자료형은 int와 float다. int는 임의의 숫자를 저장할 수 있다.

```
In [53]: ival = 17239871

In [54]: ival ** 6
Out[54]: 26254519291092456596965462913230729701102721
```

부동소수점 숫자는 float 자료형으로 나타낸다. 내부적으로 배정밀도double-precision(64비트)를 갖는 값이다. float는 과학적 표기법으로 나타낼 수도 있다.

```
In [55]: fval = 7.243

In [56]: fval2 = 6.78e-5
```

정수 나눗셈은 정수를 반환하지 않고 부동소수점 숫자를 반환한다.

```
In [57]: 3 / 2
Out[57]: 1.5
```

나눗셈의 결과가 정수가 아닐 경우 소수 부분을 삭제하고 몫만 돌려주는 C 형식의 정수 나눗셈은 // 연산자를 통해 계산한다.

```
In [58]: 3 // 2
Out[58]: 1
```

문자열

파이썬의 강력하고 유연한 문자열 처리 기능 때문에 파이썬을 애용하는 이들이 많다. 작은따옴표(')나 큰따옴표(")로 둘러싸서 문자열을 나타낼 수 있다(일반적으로 큰따옴표가 더 선호된다).

```
a = 'one way of writing a string'
b = "another way"
```

파이썬의 문자열 타입은 str이다.

개행 문자가 포함된 여러 줄에 걸친 문자열은 세 개의 작은따옴표나 큰따옴표로 둘러싼다.

```
c = """
This is a longer string that
spans multiple lines
"""
```

문자열 c가 실제로 4줄의 텍스트를 담고 있다는 사실에 놀랄 수도 있다. """ 뒤에 오는 개행 문자도 c에 포함된다. 개행 문자의 개수는 count 메서드를 이용해 확인할 수 있다.

```
In [60]: c.count("\n")
Out[60]: 3
```

파이썬의 문자열은 변경이 불가능하다.

```
In [61]: a = "this is a string"

In [62]: a[10] = "f"
---------------------------------------------------------------------------
TypeError                                 Traceback (most recent call last)
<ipython-input-62-3b2d95f10db4> in <module>
----> 1 a[10] = "f"
TypeError: 'str' object does not support item assignment
```

오류 메세지는 아래에서부터 위로 읽으면 된다. 10번 위치의 문자를 f로 바꾸려고 했지만 문자열 객체는 변경 불가능하다. 문자열을 변경하려면 replace 같은 메서드를 사용해 변경된 새로운 문자열을 생성해야 한다.

```
In [63]: b = a.replace("string", "longer string")

In [64]: b
Out[64]: 'this is a longer string'
```

이 작업 이후 변수 a는 변경되지 않는다.

```
In [65]: a
Out[65]: 'this is a string'
```

str 함수를 이용해 여러 파이썬 객체를 문자열로 변환할 수 있다.

```
In [66]: a = 5.6

In [67]: s = str(a)

In [68]: print(s)
5.6
```

문자열은 일련의 유니코드 문자이며 리스트나 튜플 같은 다른 순차적인 자료형처럼 취급된다.

```
In [69]: s = "python"
```

```
In [70]: list(s)
Out[70]: ['p', 'y', 't', 'h', 'o', 'n']

In [71]: s[:3]
Out[71]: 'pyt'
```

슬라이싱slicing이라고 부르는 s[:3] 문법은 대부분의 파이썬 시퀀스 자료구조에 구현되어 있다. 이 문법은 이 책에서 자주 사용할 것이므로 나중에 더 자세히 살펴보자.

역슬래시(\)는 이스케이프 문자escape character로, 개행 문자 \n이나 유니코드 문자 같은 특수한 목적의 문자를 나타내기 위해 사용한다. 역슬래시를 나타내려면 다음처럼 역슬래시 자체를 이스케이프한다.

```
In [72]: s = "12\\34"

In [73]: print(s)
12\34
```

특수 문자 없이 역슬래시가 많이 포함된 문자열을 나타내려면 약간 귀찮을 수 있다. 하지만 다행히도 문자열 앞에 r을 사용하면 문자열을 있는 그대로 해석하도록 할 수 있다.

```
In [74]: s = r"this\has\no\special\characters"

In [75]: s
Out[75]: 'this\\has\\no\\special\\characters'
```

여기서 r은 raw를 뜻한다.

두 문자열을 더하면 두 문자열을 이어 붙인 새로운 문자열이 생성된다.

```
In [76]: a = "this is the first half "

In [77]: b = "and this is the second half"

In [78]: a + b
Out[78]: 'this is the first half and this is the second half'
```

문자열의 템플릿이나 형식을 지정하는 것은 또 다른 중요한 주제다. 파이썬 3에서 이 방식이 많이 확장되었지만 여기서는 주요 인터페이스 하나만 간단하게 설명한다. 문자열 객체에는 포맷에 따라 문자열을 대체해 새로운 문자열을 반환하는 `format` 메서드가 있다.

```
In [79]: template = "{0:.2f} {1:s} are worth US${2:d}"
```

이 문자열을 자세히 살펴보자.

- {0:.2f}는 첫 번째 인수를 소수점 아래 두 자리까지만 표시하는 부동소수점 형태로 출력하라는 의미다.
- {1:s}는 두 번째 인수를 문자열로 포맷하라는 의미다.
- {2:d}는 세 번째 인수를 정수로 포맷하라는 의미다.

이런 포맷 매개변수를 통해 대치하고 싶은 인수를 `format` 메서드에 전달한다.

```
In [80]: template.format(88.46, "Argentine Pesos", 1)
Out[80]: '88.46 Argentine Pesos are worth US$1'
```

파이썬 3.6부터 문자열 포맷을 편리하게 지정할 수 있는 **f-string**(formatted string의 줄임말) 기능이 새롭게 추가되었다. f-string을 만들려면 문자열을 감싸는 따옴표 앞에 f를 붙이면 된다. 문자열 안에서 중괄호 {}로 파이썬 표현식을 묶으면 해당 표현식의 값이 문자열로 대체된다.

```
In [81]: amount = 10

In [82]: rate = 88.46

In [83]: currency = "Pesos"

In [84]: result = f"{amount} {currency} is worth US${amount / rate}"
```

위에서 살펴본 문자열 템플릿과 동일한 방법으로 각 표현식 뒤에 포맷을 지정할 수 있다.

```
In [85]: f"{amount} {currency} is worth US${amount / rate:.2f}"
Out[85]: '10 Pesos is worth US$0.11'
```

문자열 포맷은 매우 광범위한 주제이며 결과 문자열에서 값을 어떻게 표시할 것인지에 대한 다양한 옵션과 메서드, 팁이 있다. 더 알아보고 싶다면 파이썬 공식 문서[2]를 살펴보자.

바이트와 유니코드

파이썬 3.0부터는 아스키[ASCII]와 아스키가 아닌 텍스트를 일관되게 다루기 위해서 유니코드가 최상위 문자열 타입이 되었다. 파이썬 구 버전에서 문자열은 유니코드 인코딩을 명시하지 않은 바이트였다. 문자열 인코딩을 알고 있다는 가정하에 유니코드로 변환할 수 있었다. 다음 예제는 아스키가 아닌 문자가 포함된 유니코드 문자열이다.

```
In [86]: val = "español"

In [87]: val
Out[87]: 'español'
```

encode 메서드를 사용해 유니코드 문자열을 UTF-8 바이트 표현으로 변환할 수 있다.

```
In [88]: val_utf8 = val.encode("utf-8")

In [89]: val_utf8
Out[89]: b'espa\xc3\xb1ol'

In [90]: type(val_utf8)
Out[90]: bytes
```

bytes 객체의 유니코드 인코딩을 알고 있다면 decode 메서드를 이용해 다시 거꾸로 되돌릴 수 있다.

```
In [91]: val_utf8.decode("utf-8")
Out[91]: 'español'
```

모든 인코딩에 UTF-8을 사용하는 것이 선호되는 추세이긴 하지만, 여러 가지 다른 인코딩을 사용하는 데이터를 만나게 될 수도 있다.

---

2 https://docs.python.org/3/library/string.html

```
In [92]: val.encode("latin1")
Out[92]: b'espa\xf1ol'

In [93]: val.encode("utf-16")
Out[93]: b'\xff\xfee\x00s\x00p\x00a\x00\xf1\x00o\x00l\x00'

In [94]: val.encode("utf-16le")
Out[94]: b'e\x00s\x00p\x00a\x00\xf1\x00o\x00l\x00'
```

파일을 다룰 때 bytes 객체를 만나게 되는 경우가 흔한데, 이때는 모든 데이터를 유니코드 문자열로 취급하는 방식이 바람직하지는 않다.

불리언

파이썬에서 불리언 값은 True와 False다. 비교와 다른 조건식은 True 아니면 False로 해석된다. 불리언 값은 and와 or 예약어로 조합할 수 있다.

```
In [95]: True and True
Out[95]: True

In [96]: False or True
Out[96]: True
```

불리언 값을 숫자로 변환하면 False는 0이 되고 True는 1이 된다.

```
In [97]: int(False)
Out[97]: 0

In [98]: int(True)
Out[98]: 1
```

not 예약어는 불리언 값을 반대로 뒤바꾼다.

```
In [99]: a = True

In [100]: b = False

In [101]: not a
```

```
Out[101]: False

In [102]: not b
Out[102]: True
```

형 변환

str, bool, int, float 자료형은 형 변환을 위한 함수로 사용된다.

```
In [103]: s = "3.14159"

In [104]: fval = float(s)

In [105]: type(fval)
Out[105]: float

In [106]: int(fval)
Out[106]: 3

In [107]: bool(fval)
Out[107]: True

In [108]: bool(0)

Out[108]: False
```

0이 아닌 값은 bool로 변환하면 True가 된다.

None

None은 파이썬에서 사용하는 널null 값이다.

```
In [109]: a = None

In [110]: a is None
Out[110]: True

In [111]: b = 5
```

```
In [112]: b is not None
Out[112]: True
```

또한 None은 함수 인수의 기본값으로 흔히 사용된다.

```
def add_and_maybe_multiply(a, b, c=None):
    result = a + b

    if c is not None:
        result = result * c

    return result
```

날짜와 시간

파이썬 내장 datetime 모듈은 datetime, date, time 자료형을 지원한다. datetime은 이름에서 알 수 있듯이 date와 time 정보를 함께 저장하며 가장 흔하게 사용되는 자료형이다.

```
In [113]: from datetime import datetime, date, time

In [114]: dt = datetime(2011, 10, 29, 20, 30, 21)

In [115]: dt.day
Out[115]: 29

In [116]: dt.minute
Out[116]: 30
```

datetime 인스턴스에서 date 메서드와 time 메서드를 사용해 해당 datetime의 날짜와 시간을 추출할 수 있다.

```
In [117]: dt.date()
Out[117]: datetime.date(2011, 10, 29)

In [118]: dt.time()
Out[118]: datetime.time(20, 30, 21)
```

strftime 메서드는 datetime을 문자열로 포맷한다.

```
In [119]: dt.strftime("%Y-%m-%d %H:%M")
Out[119]: '2011-10-29 20:30'
```

strptime 함수를 이용하면 문자열을 해석해 datetime 객체로 만든다.

```
In [120]: datetime.strptime("20091031", "%Y%m%d")
Out[120]: datetime.datetime(2009, 10, 31, 0, 0)
```

모든 포맷 규칙은 [표 11-2]에서 확인할 수 있다.

시계열 데이터를 집계하거나 그룹화할 때 datetime의 필드를 치환하는 것이 유용한 경우가
종종 있다. 예를 들어 분과 초 필드를 0으로 치환해서 새로운 객체를 생성할 수 있다.

```
In [121]: dt_hour = dt.replace(minute=0, second=0)

In [122]: dt_hour
Out[122]: datetime.datetime(2011, 10, 29, 20, 0)
```

datetime.datetime은 변경이 불가능하므로 이 메서드는 항상 새로운 객체를 반환한다. 따라
서 이전 예제에서 dt는 replace에 의해 변경되지 않는다.

```
In [123]: dt
Out[123]: datetime.datetime(2011, 10, 29, 20, 30, 21)
```

두 datetime 객체의 차가 datetime.timedelta 객체가 된다.

```
In [124]: dt2 = datetime(2011, 11, 15, 22, 30)

In [125]: delta = dt2 - dt

In [126]: delta
Out[126]: datetime.timedelta(days=17, seconds=7179)

In [127]: type(delta)
Out[127]: datetime.timedelta
```

`timedelta(17, 7179)`의 결과는 17일과 7,179초만큼의 시간 차이를 나타낸다.

`timedelta` 객체를 `datetime` 객체에 더하면 그만큼 시간이 미뤄진 `datetime` 객체를 얻을 수 있다.

```
In [128]: dt
Out[128]: datetime.datetime(2011, 10, 29, 20, 30, 21)

In [129]: dt + delta
Out[129]: datetime.datetime(2011, 11, 15, 22, 30)
```

2.3.3 제어 흐름

다른 프로그래밍 언어처럼 파이썬에도 조건문과 반복문, 표준 제어 흐름^{control flow}를 위한 예약어가 있다.

if, elif, else

`if` 문은 아주 잘 알려진 제어 흐름 구문이다. `if` 문은 조건을 검사해 True일 경우 `if` 블록 내의 코드를 수행한다.

```
x = -5
if x < 0:
    print("It's negative")
```

`if` 문은 부가적으로 하나 이상의 `elif` 블록과 다른 모든 조건이 False인 경우 수행될 `else` 블록을 갖는다.

```
if x < 0:
    print("It's negative")
elif x == 0:
    print("Equal to zero")
elif 0 < x < 5:
    print("Positive but smaller than 5")
else:
    print("Positive and larger than or equal to 5")
```

만약에 이 중 하나의 조건이라도 True라면 이후의 elif나 else 블록은 검사하지 않는다. and 나 or와 함께 if 문을 사용하면 왼쪽에서부터 오른쪽 순서로 조건을 검사하고, 앞선 조건이 True인 경우 다음 조건은 검사하지 않는다.

```
In [130]: a = 5; b = 7

In [131]: c = 8; d = 4

In [132]: if a < b or c > d:
   .....:     print("Made it")
Made it
```

위 예제에서 앞선 조건이 True이므로 c > d 조건은 검사하지 않는다.

다음과 같이 여러 조건을 연결해서 사용할 수도 있다.

```
In [133]: 4 > 3 > 2 > 1
Out[133]: True
```

for 문

for 문은 리스트나 튜플 같은 컬렉션이나 이터레이터를 순회한다. for 문의 기본 문법은 다음과 같다.

```
for value in collection:
    # 여기서 value 변수를 사용할 수 있다.
```

for 문은 continue 예약어를 사용해서 남은 블록을 건너뛰고 다음 순회로 넘어갈 수 있다. None 값은 건너뛰고 리스트에 있는 정수를 모두 더하는 다음 코드를 살펴보자.

```
sequence = [1, 2, None, 4, None, 5]
total = 0
for value in sequence:
    if value is None:
        continue
    total += value
```

for 문은 break 예약어를 사용해서 빠져나갈 수 있다. 다음은 5를 만날 때까지 모든 원소를 더하는 코드다.

```
sequence = [1, 2, 0, 4, 6, 5, 2, 1]
total_until_5 = 0
for value in sequence:
    if value == 5:
        break
    total_until_5 += value
```

break 예약어는 가장 안쪽에 있는 for 문만 빠져나간다. 바깥쪽에 있는 for 문은 계속 실행된다.

```
In [134]: for i in range(4):
   .....:     for j in range(4):
   .....:         if j > i:
   .....:             break
   .....:         print((i, j))
   .....:
(0, 0)
(1, 0)
(1, 1)
(2, 0)
(2, 1)
(2, 2)
(3, 0)
(3, 1)
(3, 2)
(3, 3)
```

이후에 더 자세히 살펴보겠지만, 컬렉션의 원소나 이터레이터가 튜플이나 리스트처럼 순차적인 자료라면 for 문 안에서 여러 개의 변수로 꺼낼 수 있다.

```
for a, b, c in iterator:
    # 필요한 코드 작성
```

while 문

while 문은 조건을 명시하고 해당 조건이 False가 되거나 break 문을 사용해서 명시적으로 반복을 끝낼 때까지 블록 내의 코드를 수행한다.

```python
x = 256
total = 0
while x > 0:
    if total > 500:
        break
    total += x
    x = x // 2
```

pass

pass는 파이썬에서 아무것도 하지 않음을 나타낸다. 또는 아직 구현하지 않은 코드를 나중에 추가하기 위한 플레이스홀더placeholder로도 사용한다. pass는 블록 내에서 어떠한 작업도 실행하지 않을 때 사용하며, 파이썬이 공백 문자를 사용해 블록을 구분하는 경우에만 필요하다.

```python
if x < 0:
    print("negative!")
elif x == 0:
    # TODO: 여기에 내용 추가
    pass
else:
    print("positive!")
```

range

range 함수는 균일한 간격의 연속된 정수를 반환하는 이터레이터를 반환한다.

```python
In [135]: range(10)
Out[135]: range(0, 10)

In [136]: list(range(10))
Out[136]: [0, 1, 2, 3, 4, 5, 6, 7, 8, 9]
```

시작과 끝, 간격(음수가 될 수도 있다) 값을 지정할 수도 있다.

```
In [137]: list(range(0, 20, 2))
Out[137]: [0, 2, 4, 6, 8, 10, 12, 14, 16, 18]

In [138]: list(range(5, 0, -1))
Out[138]: [5, 4, 3, 2, 1]
```

위 코드에서 확인할 수 있듯이 range는 마지막 값 바로 이전 정수까지의 값을 반환한다. 일반적으로 range 함수는 색인으로 시퀀스를 반복하기 위해 사용한다.

```
In [139]: seq = [1, 2, 3, 4]

In [140]: for i in range(len(seq)):
   .....:     print(f"element {i}: {seq[i]}")
element 0: 1
element 1: 2
element 2: 3
element 3: 4
```

list 같은 함수를 이용해 range 함수에서 생성되는 모든 정수를 다른 자료구조에 저장할 수도 있지만, 보통은 기본적인 이터레이터의 용법으로 이를 사용한다. 다음 예제는 0부터 99,999까지의 모든 정수 중 3 또는 5의 배수인 수를 모두 더하는 코드다.

```
In [141]: total = 0

In [142]: for i in range(100_000):
   .....:     # %는 나머지 연산자다.
   .....:     if i % 3 == 0 or i % 5 == 0:
   .....:         total += i

In [143]: print(total)
2333316668
```

range 함수는 임의의 큰 크기로 값을 생성해낼 수 있지만 메모리 사용량은 매우 적다.

2.4 마치며

이 장에서는 파이썬 언어의 기본 개념과 IPython과 주피터 프로그래밍 환경에 대해 간략히 소개했다. 다음 장에서는 이 책 전반에 걸쳐 사용하게 될 다양한 내장 자료형과 함수, 입출력 유틸리티에 대해 알아본다.

## CHAPTER 3

내장 자료구조, 함수, 파일

이번 장에서는 책 전반에 걸쳐 사용하게 될 파이썬 언어에 내장된 기능을 설명한다. 판다스나 넘파이 같은 애드온 라이브러리는 대규모 데이터 계산을 위한 진보된 기능을 제공하지만, 이 내장되어 있는 기능은 파이썬 내장 자료 처리 도구와 함께 사용해야 한다.

먼저 파이썬의 기본 자료구조인 튜플, 리스트, 딕셔너리, 집합부터 알아보고 재사용이 가능한 파이썬 함수를 작성하는 방법을 살펴본다. 마지막으로 파이썬의 file 객체의 원리를 살펴보고 하드 디스크에 직접 파일을 읽고 쓰는 방식을 알아보자.

3.1 자료구조와 순차 자료형

파이썬의 자료구조는 단순하지만 강력하다. 이 자료구조의 사용법을 숙지하는 것이 파이썬의 고수가 되는 지름길이다. 가장 자주 사용되는 순차 자료형인 튜플, 리스트, 딕셔너리부터 살펴보자.

3.1.1 튜플

튜플은 한 번 할당되면 변경할 수 없는, 고정 길이를 갖는 파이썬의 순차 자료형이다. 튜플을 생성하는 가장 쉬운 방법은 쉼표로 구분되는 일련의 값을 괄호로 감싸는 것이다.

```
In [2]: tup = (4, 5, 6)

In [3]: tup
Out[3]: (4, 5, 6)
```

다음과 같이 괄호를 생략할 수 있는 경우도 있다.

```
In [4]: tup = 4, 5, 6

In [5]: tup
Out[5]: (4, 5, 6)
```

모든 순차 자료형이나 이터레이터는 tuple 메서드를 통해 튜플로 변환할 수 있다.

```
In [6]: tuple([4, 0, 2])
Out[6]: (4, 0, 2)

In [7]: tup = tuple('string')

In [8]: tup
Out[8]: ('s', 't', 'r', 'i', 'n', 'g')
```

튜플의 각 원소는 대괄호 []를 이용해서 다른 순차 자료형처럼 접근할 수 있다. C, C++, 자바 그리고 다른 많은 언어처럼 순차 자료형의 색인은 0부터 시작한다.

```
In [9]: tup[0]
Out[9]: 's'
```

좀 더 복잡한 표현식, 예를 들어 아래 예제처럼 튜플의 튜플을 생성하는 경우에는 괄호로 값을 묶어줄 필요가 있다.

```
In [10]: nested_tup = (4, 5, 6), (7, 8)

In [11]: nested_tup
Out[11]: ((4, 5, 6), (7, 8))

In [12]: nested_tup[0]
```

```
Out[12]: (4, 5, 6)

In [13]: nested_tup[1]
Out[13]: (7, 8)
```

튜플에 저장된 객체 자체는 변경이 가능하지만 한 번 생성되면 각 슬롯에 저장된 객체를 변경하는 것은 불가능하다. 다음 예제를 보자.

```
In [14]: tup = tuple(['foo', [1, 2], True])

In [15]: tup[2] = False
---------------------------------------------------------------------------
TypeError                                 Traceback (most recent call last)
<ipython-input-15-b89d0c4ae599> in <module>
----> 1 tup[2] = False
TypeError: 'tuple' object does not support item assignment
```

튜플 내에 저장된 객체는 그 위치에서 바로 변경이 가능하다.

```
In [16]: tup[1].append(3)

In [17]: tup
Out[17]: ('foo', [1, 2, 3], True)
```

+ 연산자를 이용해서 튜플을 이어 붙일 수 있다.

```
In [18]: (4, None, 'foo') + (6, 0) + ('bar',)
Out[18]: (4, None, 'foo', 6, 0, 'bar')
```

튜플에 정수를 곱하면 리스트와 마찬가지로 여러 개의 튜플의 복사본이 반복되어 늘어난다.

```
In [19]: ('foo', 'bar') * 4
Out[19]: ('foo', 'bar', 'foo', 'bar', 'foo', 'bar', 'foo', 'bar')
```

튜플 안에 있는 객체는 복사되지 않고 그 객체에 대한 참조만 복사된다는 점을 기억하자.

튜플에서 값 분리하기

만약 튜플 같은 표현의 변수에 튜플을 대입하면 파이썬은 등호(=) 오른쪽에 있는 변수에서 값을 분리한다.

```
In [20]: tup = (4, 5, 6)

In [21]: a, b, c = tup

In [22]: b
Out[22]: 5
```

중첩된 튜플을 포함하는 순차 자료형에서도 값을 분리할 수 있다.

```
In [23]: tup = 4, 5, (6, 7)

In [24]: a, b, (c, d) = tup

In [25]: d
Out[25]: 7
```

다른 언어에서는 다음 코드처럼 변수의 이름을 바꿔야 하지만, 이 기능을 활용하면 더욱 쉽게 해결할 수 있다.

```
tmp = a
a = b
b = tmp
```

파이썬에서는 다음과 같이 두 변수의 값을 바꿀 수 있다.

```
In [26]: a, b = 1, 2

In [27]: a
Out[27]: 1

In [28]: b
Out[28]: 2
```

```
In [29]: b, a = a, b

In [30]: a
Out[30]: 2

In [31]: b
Out[31]: 1
```

튜플이나 리스트를 순회할 때도 흔히 이 기능을 활용한다.

```
In [32]: seq = [(1, 2, 3), (4, 5, 6), (7, 8, 9)]

In [33]: for a, b, c in seq:
   ....:     print(f'a={a}, b={b}, c={c}')
a=1, b=2, c=3
a=4, b=5, c=6
a=7, b=8, c=9
```

함수에서 여러 개의 값을 반환할 때도 이 기능을 자주 사용하는데 이와 관련된 내용은 나중에 살펴보자.

튜플의 시작 부분에서 값을 일부 끄집어내야 하는 상황이 종종 발생한다. 이때 특수한 문법인 *rest를 사용하며 함수의 시그니처에서 길이를 알 수 없는 긴 인수를 담기 위한 방법으로도 사용된다.

```
In [34]: values = 1, 2, 3, 4, 5

In [35]: a, b, *rest = values

In [36]: a
Out[36]: 1

In [37]: b
Out[37]: 2

In [38]: rest
Out[38]: [3, 4, 5]
```

rest는 필요 없는 값을 무시하기 위해 사용하기도 한다. rest라는 이름 자체에는 특별한 의미가 없다. 불필요한 변수라는 것을 나타내기 위해 _를 사용하는 관습도 있다.

```
In [39]: a, b, *_ = values
```

튜플 메서드

튜플의 크기와 내용은 변경이 불가능하므로 인스턴스 메서드도 많지 않다. 유용하게 사용되는 메서드 중 하나는 주어진 값과 같은 값의 개수를 반환하는 count 메서드다(리스트에서도 사용 가능하다).

```
In [40]: a = (1, 2, 2, 2, 3, 4, 2)

In [41]: a.count(2)
Out[41]: 4
```

3.1.2 리스트

튜플과는 대조적으로 리스트는 크기나 내용을 변경할 수 있다. 리스트는 대괄호([])나 list 함수를 사용해서 생성한다.

```
In [42]: a_list = [2, 3, 7, None]

In [43]: tup = ("foo", "bar", "baz")

In [44]: b_list = list(tup)

In [45]: b_list
Out[45]: ['foo', 'bar', 'baz']

In [46]: b_list[1] = "peekaboo"

In [47]: b_list
Out[47]: ['foo', 'peekaboo', 'baz']
```

리스트와 튜플은 의미적으로 비슷하며(비록 튜플은 수정할 수 없지만) 많은 함수에서 교차적으로 사용할 수 있다.

list 함수는 이터레이터나 제너레이터 표현에서 실젯값을 모두 담기 위한 용도로도 사용된다.

```
In [48]: gen = range(10)

In [49]: gen
Out[49]: range(0, 10)

In [50]: list(gen)
Out[50]: [0, 1, 2, 3, 4, 5, 6, 7, 8, 9]
```

원소 추가하고 삭제하기

append 메서드를 사용해서 리스트의 끝에 새로운 값을 추가한다.

```
In [51]: b_list.append("dwarf")

In [52]: b_list
Out[52]: ['foo', 'peekaboo', 'baz', 'dwarf']
```

insert 메서드를 사용하면 리스트의 특정 위치에 값을 추가할 수 있다.

```
In [53]: b_list.insert(1, "red")

In [54]: b_list
Out[54]: ['foo', 'red', 'peekaboo', 'baz', 'dwarf']
```

값을 추가하려는 위치는 0부터 리스트의 길이 사이의 값이어야 한다.

> **WARNING_** insert는 추가된 값 이후의 값을 모두 이동시켜야 하므로 append에 비해 연산 비용이 많이 든다. 추가된 위치 이후의 원소들이 새로 추가될 원소를 위해 모든 자리를 옮겨야 하기 때문이다. 순차 자료형의 시작과 끝 지점에 원소를 추가하고 싶다면 파이썬 표준 라이브러리에 포함된 양방향 큐인 collections.deque를 사용하자.

insert 메서드와 반대 개념으로 pop 메서드가 있다. pop 메서드는 특정 위치의 값을 반환하고 해당 값을 리스트에서 삭제한다.

```
In [55]: b_list.pop(2)
Out[55]: 'peekaboo'

In [56]: b_list
Out[56]: ['foo', 'red', 'baz', 'dwarf']
```

remove 메서드를 이용해서 원소를 삭제할 수 있는데, 삭제는 리스트의 제일 앞에 위치한 값부터 이루어진다.

```
In [57]: b_list.append("foo")

In [58]: b_list
Out[58]: ['foo', 'red', 'baz', 'dwarf', 'foo']

In [59]: b_list.remove("foo")

In [60]: b_list
Out[60]: ['red', 'baz', 'dwarf', 'foo']
```

성능이 중요하지 않다면 리스트의 **append**와 **remove** 메서드를 사용해 리스트를 집합^{set}처럼 사용할 수도 있다(실제로 파이썬에는 집합(set) 객체가 존재한다. 관련된 내용은 나중에 설명한다).

in 예약어를 사용해서 리스트에 해당 값이 있는지 검사한다.

```
In [61]: "dwarf" in b_list
Out[61]: True
```

not 예약어는 in 예약어를 반대 의미로 사용된다.

```
In [62]: "dwarf" not in b_list
Out[62]: False
```

리스트에서 어떤 값이 있는지 검사하는 작업은 리스트의 모든 값을 일일이 검사해야 하므로 해시 테이블을 사용한 파이썬의 딕셔너리나 집합처럼 빠르지 않다는 점을 기억하자.

리스트 이어 붙이기

튜플과 마찬가지로 + 연산자를 이용하면 두 개의 리스트를 합칠 수 있다.

```
In [63]: [4, None, "foo"] + [7, 8, (2, 3)]
Out[63]: [4, None, 'foo', 7, 8, (2, 3)]
```

만일 리스트를 미리 정의했다면 extend 메서드를 통해 여러 개의 값을 추가할 수 있다.

```
In [64]: x = [4, None, "foo"]

In [65]: x.extend([7, 8, (2, 3)])

In [66]: x
Out[66]: [4, None, 'foo', 7, 8, (2, 3)]
```

리스트를 이어 붙이면 새로운 리스트를 생성하고 값을 복사하게 되므로 상대적으로 연산 비용이 높다. 큰 리스트일수록 extend 메서드를 사용해 기존의 리스트에 값을 추가하는 것이 일반적으로 더 나은 선택이다.

```
everything = []
for chunk in list_of_lists:
    everything.extend(chunk)
```

따라서 위 코드가 다음 코드보다 좀 더 빠르다.

```
everything = []
for chunk in list_of_lists:
    everything = everything + chunk
```

정렬

sort 함수를 이용해서 새로운 리스트를 생성하지 않고 있는 그대로 리스트를 정렬할 수 있다.

```
In [67]: a = [7, 2, 5, 1, 3]
```

```
In [68]: a.sort()

In [69]: a
Out[69]: [1, 2, 3, 5, 7]
```

sort는 편의를 위해 몇 가지 옵션을 제공한다. 그중 하나는 정렬 기준으로 사용할 값을 반환하는 함수다. 예를 들면 다음과 같이 문자열이 들어 있는 리스트를 문자열 길이가 짧은 순서대로 정렬할 수 있다.

```
In [70]: b = ["saw", "small", "He", "foxes", "six"]

In [71]: b.sort(key=len)

In [72]: b
Out[72]: ['He', 'saw', 'six', 'small', 'foxes']
```

일반적인 순차 자료형의 정렬된 복사본을 생성하는 sorted 함수도 나중에 살펴본다.

슬라이싱

리스트와 같은 자료형(배열, 튜플, ndarray)은 색인 연산자 [] 안에 start:stop을 지정해서 원하는 크기만큼 잘라낼 수 있다.

```
In [73]: seq = [7, 2, 3, 7, 5, 6, 0, 1]

In [74]: seq[1:5]
Out[74]: [2, 3, 7, 5]
```

슬라이싱에 다른 순차 자료형을 대입할 수도 있다.

```
In [75]: seq[3:5] = [6, 3]

In [76]: seq
Out[76]: [7, 2, 3, 6, 3, 6, 0, 1]
```

색인의 시작(start) 위치에 있는 값은 포함되지만 끝(stop) 위치에 있는 값은 포함되지 않는다. 따라서 슬라이싱 결과의 개수는 stop - start다.

색인의 시작값이나 끝값이 생략될 수도 있다. 시작값이 생략되면 순차 자료형의 맨 처음 값이 시작이 되고, 끝값이 생략되면 제일 마지막 값이 끝값이 된다.

```
In [77]: seq[:5]
Out[77]: [7, 2, 3, 6, 3]

In [78]: seq[3:]
Out[78]: [6, 3, 6, 0, 1]
```

음수 색인은 순차 자료형의 끝에서부터의 위치를 나타낸다.

```
In [79]: seq[-4:]
Out[79]: [3, 6, 0, 1]

In [80]: seq[-6:-2]
Out[80]: [3, 6, 3, 6]
```

R이나 매트랩 사용자라면 슬라이싱 문법에 익숙해지는 데 시간이 걸릴 수 있다. 파이썬의 슬라이싱 개념을 [그림 3-1]에 나타냈다. 그림에서는 슬라이싱의 가장자리에 색인을 표시해 어디에서부터 슬라이싱이 시작되고 끝나는지 양수와 음수 색인으로 확인할 수 있다.

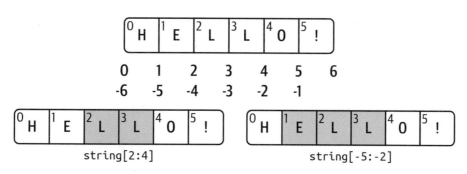

그림 3-1 파이썬의 슬라이싱 개념

두 번째 콜론 다음에 간격(step)을 지정할 수 있는데, 하나 걸러 다음 원소를 선택하려면 다음과 같이 표현한다.

```
In [81]: seq[::2]
Out[81]: [7, 3, 3, 0]
```

값으로 −1을 사용하면 리스트나 튜플을 역순으로 반환한다.

```
In [82]: seq[::-1]
Out[82]: [1, 0, 6, 3, 6, 3, 2, 7]
```

3.1.3 딕셔너리

딕셔너리(dict)는 파이썬 내장 자료구조 중에서 가장 중요한 자료구조다. 다른 프로그래밍 언어에서는 해시 맵hash map, 또는 연관 배열associative array이라고 알려져 있다. 딕셔너리는 키–값 쌍을 저장하며 키와 값은 모두 파이썬 객체다. 각 키는 값과 연관되어 특정 키가 주어지면 값을 편리하게 검색, 삽입, 수정 또는 삭제할 수 있다. 중괄호 {}를 사용해 콜론으로 구분된 키와 값을 둘러싸면 딕셔너리가 생성된다.

```
In [83]: empty_dict = {}

In [84]: d1 = {"a": "some value", "b": [1, 2, 3, 4]}

In [85]: d1
Out[85]: {'a': 'some value', 'b': [1, 2, 3, 4]}
```

리스트나 튜플을 사용하는 것처럼 딕셔너리 값에 접근하거나 값을 입력할 수 있다.

```
In [86]: d1[7] = "an integer"

In [87]: d1
Out[87]: {'a': 'some value', 'b': [1, 2, 3, 4], 7: 'an integer'}

In [88]: d1["b"]
Out[88]: [1, 2, 3, 4]
```

리스트와 튜플에서 사용한 동일한 문법으로 딕셔너리에 들어 있는 키를 확인할 수 있다.

```
In [89]: "b" in d1
Out[89]: True
```

del 예약어나 pop 메서드(값을 반환함과 동시에 해당 키를 삭제한다)를 통해 딕셔너리의 값을 삭제할 수 있다.

```
In [90]: d1[5] = "some value"

In [91]: d1
Out[91]:
{'a': 'some value',
 'b': [1, 2, 3, 4],
 7: 'an integer',
 5: 'some value'}

In [92]: d1["dummy"] = "another value"

In [93]: d1
Out[93]:
{'a': 'some value',
 'b': [1, 2, 3, 4],
 7: 'an integer',
 5: 'some value',
 'dummy': 'another value'}

In [94]: del d1[5]

In [95]: d1
Out[95]:
{'a': 'some value',
 'b': [1, 2, 3, 4],
 7: 'an integer',
 'dummy': 'another value'}

In [96]: ret = d1.pop("dummy")

In [97]: ret
Out[97]: 'another value'
```

```
In [98]: d1
Out[98]: {'a': 'some value', 'b': [1, 2, 3, 4], 7: 'an integer'}
```

keys와 values 메서드는 각각 키와 값이 담긴 이터레이터를 반환한다. 키의 순서는 삽입 순서에 따라 다르며 이러한 함수는 키와 값을 각각 동일한 순서로 출력한다.

```
In [99]: list(d1.keys())
Out[99]: ['a', 'b', 7]

In [100]: list(d1.values())
Out[100]: ['some value', [1, 2, 3, 4], 'an integer']
```

키와 값에 대해 반복 작업을 해야 하는 경우 items 메서드를 사용하면 키와 값의 쌍을 갖는 튜플로 이를 사용할 수 있다.

```
In [101]: list(d1.items())
Out[101]: [('a', 'some value'), ('b', [1, 2, 3, 4]), (7, 'an integer')
```

update 메서드를 사용하면 하나의 딕셔너리를 다른 딕셔너리와 합칠 수 있다.

```
In [102]: d1.update({"b": "foo", "c": 12})

In [103]: d1
Out[103]: {'a': 'some value', 'b': 'foo', 7: 'an integer', 'c': 12}
```

update 메서드는 딕셔너리의 값을 그 자리에서 바꾸므로 이미 존재하는 키에 대해 update를 호출하면 이전 값은 사라진다.

순차 자료형에서 딕셔너리 생성하기

두 개의 순차 자료형의 각 원소를 짝지어서 딕셔너리로 만드는 일은 흔히 접하게 된다. 이 작업을 위해 다음과 같은 코드를 작성할 것이다.

```
mapping = {}
for key, value in zip(key_list, value_list):
    mapping[key] = value
```

본질적으로 딕셔너리는 두 개짜리 튜플로 구성되므로, dict 함수가 두 개짜리 튜플의 리스트를 인수로 받아 딕셔너리를 생성하는 일은 그다지 놀라운 일이 아니다.

```
In [104]: tuples = zip(range(5), reversed(range(5)))

In [105]: tuples
Out[105]: <zip at 0x7fd3a4fc9000>

In [106]: mapping = dict(tuples)

In [107]: mapping
Out[107]: {0: 4, 1: 3, 2: 2, 3: 1, 4: 0}
```

3.1.6절에서 딕셔너리를 생성하는 세련된 방법인 딕셔너리 표기법(또는 내포라고도 부름)^{dict comprehension}에 대해서 알아본다.

기본값

다음은 매우 일반적인 로직이다.

```
if key in some_dict:
    value = some_dict[key]
else:
    value = default_value
```

딕셔너리 메서드인 get과 pop은 반환할 기본값을 받을 수 있으므로 위 코드의 if-else 블록을 아래처럼 간단하게 작성할 수 있다.

```
value = some_dict.get(key, default_value)
```

get 메서드는 기본적으로 해당 키가 존재하지 않을 경우 None을 반환하며, pop 메서드는 예외를 발생시킨다. 일반적으로 딕셔너리에 값을 대입할 때는 리스트 같은 다른 컬렉션에 있는 값을 이용한다. 예를 들어 여러 단어를 시작 글자에 따라 딕셔너리에 리스트로 저장하고 싶다면 다음처럼 수행할 수 있다.

```
In [108]: words = ["apple", "bat", "bar", "atom", "book"]

In [109]: by_letter = {}

In [110]: for word in words:
   .....:     letter = word[0]
   .....:     if letter not in by_letter:
   .....:         by_letter[letter] = [word]
   .....:     else:
   .....:         by_letter[letter].append(word)
   .....:

In [111]: by_letter
Out[111]: {'a': ['apple', 'atom'], 'b': ['bat', 'bar', 'book']}
```

딕셔너리의 **setdefault** 메서드가 바로 이 목적으로 사용된다. 위 코드의 **if-else** 블록을 다음처럼 작성할 수 있다.

```
In [112]: by_letter = {}

In [113]: for word in words:
   .....:     letter = word[0]
   .....:     by_letter.setdefault(letter, []).append(word)
   .....:

In [114]: by_letter
Out[114]: {'a': ['apple', 'atom'], 'b': ['bat', 'bar', 'book']}
```

내장 **collections** 모듈에는 위 과정을 좀 더 쉽게 만드는 **defaultdict**라는 유용한 클래스가 있다. 자료형 혹은 딕셔너리의 각 슬롯에 담길 기본값을 생성하는 함수를 넘겨서 딕셔너리를 생성한다.

```
In [115]: from collections import defaultdict

In [116]: by_letter = defaultdict(list)

In [117]: for word in words:
   .....:     by_letter[word[0]].append(word)
```

유효한 딕셔너리 키

딕셔너리의 값으로는 어떤 파이썬 객체라도 가능하지만, 키는 스칼라 자료형(정수, 실수, 문자열)이나 튜플(튜플에 저장된 값 역시 값이 바뀌지 않는 객체여야 한다)처럼 값이 바뀌지 않는 객체만 가능하다. 기술적으로는 해시가 가능hashability해야 한다는 뜻이다. 어떤 객체가 해시가 가능한지는(즉, 딕셔너리의 키로 사용할 수 있는지) hash 함수를 사용해서 검사할 수 있다.

```
In [118]: hash("string")
Out[118]: -2343563706010950905

In [119]: hash((1, 2, (2, 3)))
Out[119]: -9209053662355515447

In [120]: hash((1, 2, [2, 3])) # 리스트는 변경 가능하므로 실패함
---------------------------------------------------------------------------
TypeError                                 Traceback (most recent call last)
<ipython-input-120-473c35a62c0b> in <module>
----> 1 hash((1, 2, [2, 3])) # 리스트는 변경 가능하므로 실패함
TypeError: unhashable type: 'list'
```

일반적으로 hash 함수를 사용할 때 표시되는 해시 값은 사용 중인 파이썬 버전에 따라 다르다.

리스트를 키로 사용하기 위한 한 가지 방법은 리스트를 튜플로 변경하는 것이다.

```
In [121]: d = {}

In [122]: d[tuple([1, 2, 3])] = 5

In [123]: d
Out[123]: {(1, 2, 3): 5}
```

3.1.4 집합

집합set은 고유한 원소만 담는 정렬되지 않은 자료형이다. 집합은 두 가지 방법으로 생성할 수 있으며 set 함수를 이용하거나 중괄호({})를 이용해서 생성할 수 있다.

```
In [124]: set([2, 2, 2, 1, 3, 3])
Out[124]: {1, 2, 3}

In [125]: {2, 2, 2, 1, 3, 3}
Out[125]: {1, 2, 3}
```

집합은 합집합, 교집합, 차집합, 대칭차집합 같은 산술 집합 연산을 제공한다. 다음과 같은 두 개의 집합이 있다고 가정하자.

```
In [126]: a = {1, 2, 3, 4, 5}

In [127]: b = {3, 4, 5, 6, 7, 8}
```

합집합은 두 집합의 모든 원소를 모은 집합이다. union 메서드를 사용하거나 | 이항 연산자로 합집합을 구한다.

```
In [128]: a.union(b)
Out[128]: {1, 2, 3, 4, 5, 6, 7, 8}

In [129]: a | b
Out[129]: {1, 2, 3, 4, 5, 6, 7, 8}
```

교집합은 두 집합에 공통으로 존재하는 원소만 모은 집합이다. intersection 메서드를 사용하거나 & 이항 연산자로 교집합을 구한다.

```
In [130]: a.intersection(b)
Out[130]: {3, 4, 5}

In [131]: a & b
Out[131]: {3, 4, 5}
```

[표 3-1]에 일반적인 집합 메서드를 정리했다.

표 3-1 파이썬 집합 연산

함수	대체 문법	설명
a.add(x)	N/A	a에 원소 x를 추가한다.
a.clear()	N/A	모든 원소를 제거하고 빈 상태로 되돌린다.
a.remove(x)	N/A	a에서 원소 x를 제거한다.
a.pop()	N/A	a에서 임의의 원소를 제거한다. 비어 있는 경우 KeyError를 발생시킨다.
a.union(b)	a ¦ b	a와 b의 합집합
a.update(b)	a ¦= b	a에 a와 b의 합집합을 대입한다.
a.intersection(b)	a & b	a와 b의 교집합
a.intersection_update(b)	a &= b	a에 a와 b의 교집합을 대입한다.
a.difference(b)	a - b	a와 b의 차집합
a.difference_update(b)	a -= b	a에 a와 b의 차집합을 대입한다.
a.symmetric_difference(b)	a ^ b	a와 b의 대칭차집합
a.symmetric_difference_update(b)	a ^= b	a에 a와 b의 대칭차집합을 대입한다.
a.issubset(b)	<=	a의 모든 원소가 b에 속할 경우 True
a.issuperset(b)	>=	a가 b의 모든 원소를 포함할 경우 True
a.isdisjoint(b)	N/A	a와 b 모두에 속하는 원소가 없을 경우 True

> **NOTE_** 집합이 아닌 값을 union이나 intersection 메서드에 넘기면 파이썬은 연산을 수행하기 전에 입력값을 집합으로 변환한다. 이항 연산자를 사용할 때는 두 객체가 모두 집합이어야 한다.

모든 논리 집합 연산은 연산 결과를 좌항에 대입하는 함수도 따로 제공한다. 큰 집합을 다룰 때 유용하게 사용할 수 있다.

```
In [132]: c = a.copy()

In [133]: c ¦= b

In [134]: c
Out[134]: {1, 2, 3, 4, 5, 6, 7, 8}

In [135]: d = a.copy()
```

```
In [136]: d &= b

In [137]: d
Out[137]: {3, 4, 5}
```

딕셔너리처럼 집합 원소들도 일반적으로 변경이 불가능해야 하며, 해시 가능해야 한다(즉, hash 함수를 호출했을 때 예외가 발생하지 않아야 한다). 집합에 리스트 같은 원소(혹은 변경 가능한 다른 순차형 자료구조)를 담으려면 튜플로 변경해야 한다.

```
In [138]: my_data = [1, 2, 3, 4]

In [139]: my_set = {tuple(my_data)}

In [140]: my_set
Out[140]: {(1, 2, 3, 4)}
```

어떤 집합이 다른 집합의 부분집합인지 상위집합superset인지도 검사할 수 있다.

```
In [141]: a_set = {1, 2, 3, 4, 5}

In [142]: {1, 2, 3}.issubset(a_set)
Out[142]: True

In [143]: a_set.issuperset({1, 2, 3})
Out[143]: True
```

만일 집합의 내용이 같다면 두 집합은 동일하다.

```
In [144]: {1, 2, 3} == {3, 2, 1}
Out[144]: True
```

3.1.5 내장 순차 자료형 함수

파이썬은 순차 자료형에 사용할 수 있는 매우 유용한 함수를 제공한다. 이 함수를 잘 숙지해 기회가 될 때마다 사용할 수 있어야 한다.

enumerate

이 함수는 순차 자료형에서 현재 아이템의 색인을 함께 추적할 때 흔히 사용된다. 다음 코드를 살펴보자.

```
index = 0
for value in collection:
    # 여기서 value 변수를 사용할 수 있다.
    index += 1
```

이는 매우 흔한 코드이므로 파이썬에는 (i, value) 튜플을 반환하는 enumerate 함수가 있다. 위 코드를 enumerate를 사용해 작성하면 다음과 같다.

```
for index, value in enumerate(collection):
    # 여기서 value 변수를 사용할 수 있다.
```

sorted

sorted 함수는 정렬된 새로운 순차 자료형을 반환한다.

```
In [145]: sorted([7, 1, 2, 6, 0, 3, 2])
Out[145]: [0, 1, 2, 2, 3, 6, 7]

In [146]: sorted("horse race")
Out[146]: [' ', 'a', 'c', 'e', 'e', 'h', 'o', 'r', 'r', 's']
```

sorted 함수는 리스트의 sort 메서드와 같은 인수를 취한다.

zip

zip 함수는 여러 개의 리스트나 튜플 또는 다른 순차 자료형을 서로 짝지어서 튜플 리스트를 생성한다.

```
In [147]: seq1 = ["foo", "bar", "baz"]

In [148]: seq2 = ["one", "two", "three"]
```

```
In [149]: zipped = zip(seq1, seq2)

In [150]: list(zipped)
Out[150]: [('foo', 'one'), ('bar', 'two'), ('baz', 'three')]
```

zip 함수는 여러 개의 순차 자료형을 받을 수 있고, 반환되는 리스트의 길이는 넘겨받은 순차 자료형 중 가장 짧은 길이를 가진다.

```
In [151]: seq3 = [False, True]

In [152]: list(zip(seq1, seq2, seq3))
Out[152]: [('foo', 'one', False), ('bar', 'two', True)]
```

zip 함수는 여러 개의 순차 자료형을 동시에 순회할 때 자주 사용되며, enumerate와 함께 사용되기도 한다.

```
In [153]: for index, (a, b) in enumerate(zip(seq1, seq2)):
     .....:     print(f"{index}: {a}, {b}")
     .....:
0: foo, one
1: bar, two
2: baz, three
```

reversed

reversed는 순차 자료형을 역순으로 순회한다.

```
In [154]: list(reversed(range(10)))
Out[154]: [9, 8, 7, 6, 5, 4, 3, 2, 1, 0]
```

reversed는 제너레이터라는 점을 기억하자(이와 관련된 자세한 내용은 나중에 설명한다). 따라서 list()나 for 문을 통해 모든 값을 다 받아오기 전까지는 역순의 순차 자료형을 생성하지 않는다.

3.1.6 리스트, 집합, 딕셔너리 표기법

리스트 표기법은 파이썬 언어에서 가장 사랑받는 기능 중 하나다. 이를 이용하면 간결한 표현
으로 새로운 리스트를 만들 수 있다. 기본 형식은 다음과 같다.

```
[expr for value in collection if condition]
```

이를 반복문으로 구현하면 다음과 같다.

```
result = []
for value in collection:
    if condition:
        result.append(expr)
```

필터 조건은 생략 가능하다. 예를 들어 문자열 리스트가 있다면, 다음 코드처럼 문자열의 길이
가 2 이하인 문자열은 제외하고 나머지를 대문자로 변환할 수 있다.

```
In [155]: strings = ["a", "as", "bat", "car", "dove", "python"]

In [156]: [x.upper() for x in strings if len(x) > 2]
Out[156]: ['BAT', 'CAR', 'DOVE', 'PYTHON']
```

집합과 딕셔너리도 리스트 표기법과 동일한 방식을 적용할 수 있다. 딕셔너리 표기법은 다음과
같다.

```
dict_comp = {key-expr: value-expr for value in collection
             if condition}
```

집합 표기법은 대괄호 대신 중괄호를 쓴다는 점만 빼면 리스트 표기법과 동일하다.

```
set_comp = {expr for value in collection if condition}
```

리스트 표기법과 마찬가지로 집합과 딕셔너리 표기법 역시 문법적 관용으로, 간결한 코드 작성
을 통해 코드의 가독성을 높인다. 위에서 살펴본 문자열 리스트를 생각해보자. 리스트 내 문자
열들의 길이를 담고 있는 집합을 생성하려면 집합 표기법을 이용해 다음과 같이 처리한다.

```
In [157]: unique_lengths = {len(x) for x in strings}

In [158]: unique_lengths
Out[158]: {1, 2, 3, 4, 6}
```

map 함수를 이용해서 함수적으로 표현할 수도 있다.

```
In [159]: set(map(len, strings))
Out[159]: {1, 2, 3, 4, 6}
```

간단한 딕셔너리 표기법의 예제로 리스트에서 문자열의 위치를 담고 있는 딕셔너리를 생성해 보자.

```
In [160]: loc_mapping = {value: index for index, value in enumerate(strings)}

In [161]: loc_mapping
Out[161]: {'a': 0, 'as': 1, 'bat': 2, 'car': 3, 'dove': 4, 'python': 5}
```

중첩된 리스트 표기법

다음은 영어와 스페인어 이름 리스트를 담고 있는 리스트다.

```
In [162]: all_data = [["John", "Emily", "Michael", "Mary", "Steven"],
    ....:             ["Maria", "Juan", "Javier", "Natalia", "Pilar"]]
```

각 이름에서 알파벳 a가 두 개 이상 포함된 이름의 리스트를 구한다고 가정하자. 다음과 같은 간단한 반복문으로 리스트를 구할 수 있다.

```
In [163]: names_of_interest = []

In [164]: for names in all_data:
    ....:     enough_as = [name for name in names if name.count("a") >= 2]
    ....:     names_of_interest.extend(enough_as)
    ....:

In [165]: names_of_interest
```

```
Out[165]: ['Maria', 'Natalia']
```

위 코드 전체를 중첩된 리스트 표기법^{nested list comprehension}을 이용해서 다음처럼 한 번에 구현할 수 있다.

```
In [166]: result = [name for names in all_data for name in names
    .....:           if name.count("a") >= 2]

In [167]: result
Out[167]: ['Maria', 'Natalia']
```

중첩된 리스트 표기법을 처음 접하면 머릿속에서 그려내기가 조금 어려울 수 있다. 리스트 표기법에서 for 부분은 중첩의 순서에 따라 나열되며 필터 조건은 끝에 위치한다. 다음은 숫자 튜플이 담긴 리스트를 단순한 리스트로 변환하는 예제다.

```
In [168]: some_tuples = [(1, 2, 3), (4, 5, 6), (7, 8, 9)]

In [169]: flattened = [x for tup in some_tuples for x in tup]

In [170]: flattened
Out[170]: [1, 2, 3, 4, 5, 6, 7, 8, 9]
```

리스트 표기법 대신 for 문을 사용할 경우 for 표현식의 순서도 리스트 표기법의 순서와 동일함을 기억하자.

```
flattened = []

for tup in some_tuples:
    for x in tup:
        flattened.append(x)
```

몇 단계의 중첩이라도 가능하지만 만약 2단계 이상의 중첩이 필요하다면 자료구조 설계에 대해서 다시 한번 생각해봐야 한다. 위 문법과 리스트 표기법 안에서 리스트 표기법을 사용하는 것의 차이를 구별하는 것은 매우 중요하다.

```
In [172]: [[x for x in tup] for tup in some_tuples]
Out[172]: [[1, 2, 3], [4, 5, 6], [7, 8, 9]]
```

위 코드는 내부 리스트의 원소를 모두 끄집어낸 리스트를 생성하는 것이 아니라 리스트의 리스트를 생성한다.

3.2 함수

함수는 파이썬에서 코드를 재사용하고 조직화하기 위한 가장 중요한 수단이다. 경험에 비추어 볼 때, 같은 일을 반복하거나 비슷한 코드가 한 번 이상 실행될 거라고 예상된다면 재사용이 가능한 함수를 작성하는 것이 더 낫다. 또한 함수는 파이썬 명령들의 집합에 이름을 지어 좀 더 가독성이 좋은 코드를 작성할 수 있도록 돕는다.

함수는 def 예약어로 정의한다. 함수에는 선택적으로 return 예약어를 사용하는 코드 블록이 포함된다.

```
In [173]: def my_function(x, y):
   .....:     return x + y
```

코드 실행이 return이 있는 곳에 도달하면 return 뒤에 있는 값이나 표현식의 결과가 이 함수를 호출한 컨텍스트로 전달된다. 예를 들면 다음과 같다.

```
In [174]: my_function(1, 2)
Out[174]: 3

In [175]: result = my_function(1, 2)

In [176]: result
Out[176]: 3
```

return 문이 몇 개가 되든 상관없다. 함수 블록이 끝날 때까지 return 문이 없다면 자동으로 None이 반환된다. 다음 예제를 살펴보자.

```
In [177]: def function_without_return(x):
   .....:     print(x)

In [178]: result = function_without_return("hello!")
hello!

In [179]: print(result)
None
```

각 함수는 여러 개의 위치 인수positional argument와 키워드 인수를 받을 수 있다. 키워드 인수는 기본값이나 선택적인 인수로 흔히 사용된다. 다음은 기본값 1.5를 갖는 선택적인 z 인수를 사용해 함수를 정의했다.

```
def my_function2(x, y, z=1.5):
    if z > 1:
        return z * (x + y)
    else:
        return z / (x + y)
```

키워드 인수는 선택 사항이지만 함수를 호출할 때 위치 인수는 반드시 지정해야 한다.

키워드 인수의 이름을 사용하지 않고 z 인수에 값을 넘길 수 있지만 이름을 사용하는 것이 좋다.

```
In [181]: my_function2(5, 6, z=0.7)
Out[181]: 0.06363636363636363

In [182]: my_function2(3.14, 7, 3.5)
Out[182]: 35.49

In [183]: my_function2(10, 20)
Out[183]: 45.0
```

함수의 키워드 인수는 항상 위치 인수 다음에 와야 한다는 규칙이 있다. 키워드 인수의 순서에는 제약이 없으므로 키워드 인수의 이름만 기억하고 있다면 순서를 기억할 필요는 없다.

3.2.1 네임스페이스, 스코프, 지역 함수

함수는 전역global과 지역local, 두 가지 스코프scope에서 변수를 참조한다. 변수의 스코프를 설명하는 다른 용어로 네임스페이스namespace가 있다. 함수 내에서 선언된 변수는 기본적으로 모두 지역 네임스페이스에 속한다. 지역 네임스페이스는 함수가 호출될 때 생성되며 함수의 인수를 통해 즉시 생성된다. 함수의 실행이 끝나면 지역 네임스페이스는 사라진다(예외가 있는데 이 장에서 다루는 내용을 벗어난다). 다음 함수를 살펴보자.

```python
def func():
    a = []
    for i in range(5):
        a.append(i)
```

func() 함수를 호출하면 비어 있는 리스트 a가 생성되고 다섯 개의 원소가 리스트에 추가된다. 그리고 함수가 끝나면 리스트 a는 사라진다. 하지만 리스트 a를 다음과 같이 선언했다고 가정하자.

```python
In [184]: a = []

In [185]: def func():
    .....:     for i in range(5):
    .....:         a.append(i)
```

func()를 호출할 때마다 리스트 a가 변경된다.

```python
In [186]: func()

In [187]: a
Out[187]: [0, 1, 2, 3, 4]

In [188]: func()

In [189]: a
Out[189]: [0, 1, 2, 3, 4, 0, 1, 2, 3, 4]
```

함수의 범위 밖에서 변수에 값을 대입하려면 해당 변수를 global이나 nonlocal 예약어를 통해서 명시적으로 선언해야 한다.

```
In [190]: a = None

In [191]: def bind_a_variable():
   .....:     global a
   .....:     a = []
   .....: bind_a_variable()
   .....:

In [192]: print(a)
[]
```

nonlocal을 사용하면 함수가 전역이 아닌 상위 수준 스코프에서 정의된 변수를 수정할 수 있다. 사용법이 다소 난해하기 때문에 이 책에서는 사용하지 않으며, 자세히 이해하고 싶다면 파이썬 공식 문서를 참고하기 바란다.

> **WARNING_** 필자는 global 예약어의 사용을 권장하지 않는다. 일반적으로 전역 변수는 시스템의 어떤 상태를 저장하는 데 사용된다. 만일 전역 변수를 많이 사용하고 있다면 클래스를 이용한 객체지향 프로그래밍이 필요하다는 반증일 것이다.

3.2.2 여러 값 반환하기

자바와 C++로 프로그래밍을 하다가 처음으로 파이썬을 접했을 때 필자가 가장 좋아했던 기능은 하나의 함수에서 여러 개의 값을 반환하는 기능이었다. 예제를 살펴보자.

```
def f():
    a = 5
    b = 6
    c = 7
    return a, b, c

a, b, c = f()
```

데이터 분석과 과학 계산 애플리케이션에서는 여러 개의 값을 반환하는 일이 매우 잦다. 앞서 살펴본 튜플을 생각해보면 이 함수는 하나의 객체, 말하자면 튜플을 반환한다고 생각할 수 있다. 즉, 앞선 예제에서는 튜플을 반환하며 다음 코드처럼 변수에 대입할 수 있다.

```
return_value = f()
```

여기서 return_value는 짐작한 대로 반환된 세 개의 값을 갖는 튜플이 된다. 다른 매력적인
대안으로는 여러 값을 반환하는 대신 딕셔너리 형태로 반환하는 것이다.

```python
def f():
    a = 5
    b = 6
    c = 7
    return {"a" : a, "b" : b, "c" : c}
```

경우에 따라서는 딕셔너리를 반환하는 방식이 더 유용할 수도 있다.

3.2.3 함수도 객체다

파이썬에서 함수는 객체이므로 다른 언어에서는 표현하기 어려운 객체 생성을 쉽게 나타낼 수
있다. 데이터를 정제하기 위해서 다음과 같은 문자열 리스트를 변형해야 한다고 가정하자.

```
In [193]: states = ["   Alabama ", "Georgia!", "Georgia", "georgia", "FlOrIda",
   .....:          "south   carolina##", "West virginia?"]
```

사용자가 입력한 설문 조사 데이터를 다뤄본 적이 있다면 이처럼 엉망인 데이터를 많이 봤을
것이다. 분석을 위해 이런 문자열 리스트를 정형화할 필요가 있다. 주로 공백 문자나 구두점을
제거하거나 대소문자를 맞추는 등의 작업이 필요하다. 내장 문자열 메서드와 정규 표현식을 위
한 re 표준 라이브러리를 이용해서 쉽게 해결할 수 있다.

```python
import re

def clean_strings(strings):
    result = []
    for value in strings:
        value = value.strip()
        value = re.sub("[!#?]", "", value)
        value = value.title()
        result.append(value)
    return result
```

실행 결과는 다음과 같다.

```
In [195]: clean_strings(states)
Out[195]:
['Alabama',
 'Georgia',
 'Georgia',
 'Georgia',
 'Florida',
 'South   Carolina',
 'West Virginia']
```

다른 유용한 접근법으로는 적용할 함수를 리스트에 담아두고 각각의 문자열에 적용하는 것이다.

```python
def remove_punctuation(value):
    return re.sub("[!#?]", "", value)

clean_ops = [str.strip, remove_punctuation, str.title]

def clean_strings(strings, ops):
    result = []
    for value in strings:
        for func in ops:
            value = func(value)
        result.append(value)
    return result
```

다음과 같은 결과를 얻을 수 있다.

```
In [197]: clean_strings(states, clean_ops)
Out[197]:
['Alabama',
 'Georgia',
 'Georgia',
 'Georgia',
 'Florida',
 'South   Carolina',
 'West Virginia']
```

이처럼 좀 더 실용적인 패턴은 문자열 변형을 상위 레벨에서 쉽게 처리할 수 있다. 덕분에 clean_strings 함수는 재사용이 용이해졌다.

순차적 자료형에 대해 함수를 적용하는 내장 함수는 map 함수를 이용해서 함수를 인수로 사용할 수도 있다.

```
In [198]: for x in map(remove_punctuation, states):
   .....:     print(x)
Alabama
Georgia
Georgia
georgia
FlOrIda
south   carolina
West virginia
```

map 함수는 필터가 없는 리스트 표현식의 대안으로 map 함수를 사용할 수 있다.

3.2.4 익명(람다) 함수

파이썬은 익명anonymous 함수 혹은 람다lambda 함수라고 부르는 값을 반환하는 단순한 한 문장으로 이루어진 함수를 지원한다. lambda 예약어로 익명 함수를 정의하며, 이는 '익명 함수를 선언한다'라는 의미다.

```
In [199]: def short_function(x):
   .....:     return x * 2

In [200]: equiv_anon = lambda x: x * 2
```

앞으로 이 책에서는 익명 함수 대신 람다 함수라고 표현하려 한다. 앞으로 알게 되겠지만 데이터를 변형하는 함수에서 인수로 함수를 받아야 하는 경우가 매우 잦기 때문에 데이터 분석에서 람다 함수가 특히 편리하다. 즉, 람다 함수를 사용하면 실제 함수를 선언하거나 지역 변수에 람다 함수를 대입하는 것보다 코드가 적고 더 간결해지기 때문이다. 다음 예제를 보자.

```
In [201]: def apply_to_list(some_list, f):
   .....:         return [f(x) for x in some_list]

In [202]: ints = [4, 0, 1, 5, 6]

In [203]: apply_to_list(ints, lambda x: x * 2)
Out[203]: [8, 0, 2, 10, 12]
```

물론 [x * 2 for x in ints]라고 작성해도 되지만 여기서는 apply_to_list 함수에 사용자 정의 연산자를 간결하게 전달했다.

또 다른 예로 다음 문자열 리스트를 각 문자열에 사용된 문자가 적은 순서대로 정렬한다고 가정하자.

```
In [204]: strings = ["foo", "card", "bar", "aaaa", "abab"]
```

리스트의 sort 메서드에 람다 함수를 넘겨 다음과 같이 정렬할 수 있다.

```
In [205]: strings.sort(key=lambda x: len(set(x)))

In [206]: strings
Out[206]: ['aaaa', 'foo', 'abab', 'bar', 'card']
```

3.2.5 제너레이터

많은 파이썬 객체는 리스트 내의 객체나 파일의 각 행 같은 순차적인 자료를 순회하는 방법을 제공한다. 이터레이터 프로토콜iterator protocol을 이용해 순회 가능한 객체를 만들 수 있다. 예를 들어 딕셔너리를 순회하면 다음과 같이 딕셔너리 키가 반환된다.

```
In [207]: some_dict = {"a": 1, "b": 2, "c": 3}

In [208]: for key in some_dict:
   .....:         print(key)
a
b
c
```

`for key in some_dict`를 작성하면 파이썬 인터프리터는 `some_dict`에서 이터레이터를 생성한다.

```
In [209]: dict_iterator = iter(some_dict)

In [210]: dict_iterator
Out[210]: <dict_keyiterator at 0x7fd3a4ef2ca0>
```

이터레이터는 `for` 문 같은 컨텍스트에서 사용될 경우 객체를 반환한다. 리스트나 리스트와 유사한 객체를 취하는 대부분의 메서드는 순회가 가능한 객체도 허용한다. 여기에는 `min`, `max`, `sum` 같은 내장 메서드와 `list`, `tuple` 같은 자료구조를 생성하는 메서드도 포함된다.

```
In [211]: list(dict_iterator)
Out[211]: ['a', 'b', 'c']
```

제너레이터는 순회가 가능한 객체를 생성하는 간단한 방법이다. 일반 함수는 실행 시 단일 값을 반환하는 반면 제너레이터는 제너레이터를 사용할 때마다 실행을 중지했다가 다시 시작하며 순차적인 값을 반환한다. 제너레이터를 생성하려면 함수에서 `return`을 사용하는 대신 `yield` 예약어를 사용한다.

```python
def squares(n=10):
    print(f"Generating squares from 1 to {n ** 2}")
    for i in range(1, n + 1):
        yield i ** 2
```

제너레이터를 호출하면 코드가 즉각적으로 실행되지는 않는다.

```
In [213]: gen = squares()

In [214]: gen
Out[214]: <generator object squares at 0x7fd3a4df5620>
```

제너레이터로부터 값을 요청하면 그때서야 제너레이터의 코드가 실행된다.

```
In [215]: for x in gen:
```

```
    .....:     print(x, end=" ")
Generating squares from 1 to 100
1 4 9 16 25 36 49 64 81 100
```

> **NOTE_** 제너레이터는 한 번에 전체 목록이 아닌, 하나의 원소를 생성하기 때문에 프로그램이 더 적은 메모리를 사용할 수 있도록 한다.

제너레이터 표현식

제너레이터를 생성하는 더 간단한 방법은 제너레이터 표현식generator expression을 사용하는 것이다. 다음은 리스트, 딕셔너리, 집합 표현식과 유사한 방식으로 제너레이터를 생성한다. 리스트 표현식에서 대괄호를 사용하듯이 괄호를 사용해서 제너레이터를 생성한다.

```
In [216]: gen = (x ** 2 for x in range(100))

In [217]: gen
Out[217]: <generator object <genexpr> at 0x7fd3a4df5000>
```

다음은 위 코드와 동일한 코드다.

```
def _make_gen():
    for x in range(100):
        yield x ** 2
gen = _make_gen()
```

함수의 인수로 리스트 표현식을 사용하는 대신 제너레이터 표현식을 사용할 수 있다.

```
In [218]: sum(x ** 2 for x in range(100))
Out[218]: 328350

In [219]: dict((i, i ** 2) for i in range(5))
Out[219]: {0: 0, 1: 1, 2: 4, 3: 9, 4: 16}
```

얼마나 많은 원소를 생성하느냐에 따라 제너레이터 표현식을 사용하는 것이 속도 면에서 유의미하게 빠를 수 있다.

itertools 모듈

표준 라이브러리인 `itertools` 모듈은 일반적인 데이터 알고리듬을 위해 여러 제너레이터를 제공한다. 예를 들어 groupby는 순차 자료구조와 함수를 받아 인수로 받은 함수에서 반환하는 값에 따라 그룹을 지어준다. 다음 예제를 보자.

```
In [220]: import itertools

In [221]: def first_letter(x):
   .....:     return x[0]

In [222]: names = ["Alan", "Adam", "Wes", "Will", "Albert", "Steven"]

In [223]: for letter, names in itertools.groupby(names, first_letter):
   .....:     print(letter, list(names)) # names는 제너레이터다.
A ['Alan', 'Adam']
W ['Wes', 'Will']
A ['Albert']
S ['Steven']
```

필자가 유용하다고 생각하는 `itertools` 함수를 [표 3-2]에 정리해두었다. 유용한 내장 유틸리티 모듈에 대해서 더 자세히 알아보고 싶다면 공식 파이썬 문서[1]를 참고하자.

표 3-2 유용한 `itertools` 함수

함수	설명
chain(*iterables)	이터레이터를 서로 연결해 순차 자료형을 생성한다. 첫 번째 이터레이터에서 값을 모두 꺼내면 다음 이터레이터가 반환되는 식이다.
combinations(iterable, k)	iterable에서 순서를 고려하지 않고 길이가 k인 모든 가능한 조합을 생성한다.
permutations(iterable, k)	iterable에서 순서를 고려하여 길이가 k인 모든 가능한 조합을 생성한다.
groupby(iterable[, keyfunc])	iterable에서 각각의 고유한 키에 따라 그룹을 생성한다.
product(*iterables, repeat=1)	iterable에서 데카르트 곱을 구한다. 중첩된 for 문 사용과 유사하다.

---

1 https://docs.python.org/3/library/itertools.html

3.2.6 오류와 예외 처리

견고한 프로그램을 작성하려면 파이썬의 오류나 예외를 잘 처리해야 한다. 데이터 분석 애플리케이션에서는 많은 함수가 특정한 종류의 입력만 처리하도록 되어 있다. 예를 들어 파이썬의 float 함수는 문자열을 부동소수점수로 변환할 수 있지만 적절하지 않은 입력에 대해서는 ValueError와 함께 실패하게 된다.

```
In [224]: float("1.2345")
Out[224]: 1.2345

In [225]: float("something")
---------------------------------------------------------------------------
ValueError                                Traceback (most recent call last)
<ipython-input-225-5ccfe07933f4> in <module>
----> 1 float("something")
ValueError: could not convert string to float: 'something'
```

입력이 적절하지 않은 경우 입력을 그대로 반환하는 개선된 float 함수를 작성해보자. 이를 위해 try/except 블록을 사용해 float 함수를 호출한다(다음 코드를 IPython에서 실행시켜보자).

```
def attempt_float(x):
    try:
        return float(x)
    except:
        return x
```

except 블록에 있는 코드는 float(x)가 예외를 발생했을 때 실행된다.

```
In [227]: attempt_float("1.2345")
Out[227]: 1.2345

In [228]: attempt_float("something")
Out[228]: 'something'
```

float 함수가 ValueError가 아닌 다른 예외를 발생시키는 경우도 있다.

```
In [229]: float((1, 2))
---------------------------------------------------------------------------
TypeError                                 Traceback (most recent call last)
<ipython-input-229-82f777b0e564> in <module>
----> 1 float((1, 2))
TypeError: float() argument must be a string or a real number, not 'tuple'
```

입력이 문자열이나 숫자가 아니라는 뜻의 TypeError는 정당한 오류이므로 그대로 두고,
ValueError만 무시하고 싶다면 except 뒤에 처리할 예외의 종류를 적어준다.

```python
def attempt_float(x):
    try:
        return float(x)
    except ValueError:
        return x
```

이 함수는 다음처럼 작동한다.

```
In [231]: attempt_float((1, 2))
---------------------------------------------------------------------------
TypeError                                 Traceback (most recent call last)
<ipython-input-231-8b0026e9e6b7> in <module>
----> 1 attempt_float((1, 2))
<ipython-input-230-6209ddecd2b5> in attempt_float(x)
      1 def attempt_float(x):
      2     try:
----> 3         return float(x)
      4     except ValueError:
      5         return x
TypeError: float() argument must be a string or a real number, not 'tuple'
```

튜플을 사용해서 여러 개의 예외를 괄호로 묶어 한 번에 처리할 수도 있다.

```python
def attempt_float(x):
    try:
        return float(x)
    except (TypeError, ValueError):
        return x
```

만약 예외를 무시하지 않고, 해당 블록의 코드가 성공적으로 수행되었는지 여부와 관계없이 실행하고 싶은 코드가 있다면 finally 블록에 적는다.

```
f = open(path, mode="w")

try:
    write_to_file(f)
finally:
    f.close()
```

여기서 파일 핸들인 f는 항상 닫히게 된다. 이와 유사하게 try 블록이 성공적으로 수행되었을 때만 수행할 코드는 else 블록에 적는다.

```
f = open(path, mode="w")

try:
    write_to_file(f)
except:
    print("Failed")
else:
    print("Succeeded")
finally:
    f.close()
```

IPython에서 예외 처리

%run을 이용해서 코드를 실행하던 중에 예외가 발생하면 IPython은 기본적으로 전체 스택 트레이스stack trace(Traceback)를 출력하고 해당 위치 주변의 코드를 함께 보여준다.

```
In [10]: %run examples/ipython_bug.py
---------------------------------------------------------------------------
AssertionError                            Traceback (most recent call last)
/home/wesm/code/pydata-book/examples/ipython_bug.py in <module>()
     13         throws_an_exception()
     14
---> 15 calling_things()

/home/wesm/code/pydata-book/examples/ipython_bug.py in calling_things()
```

```
   11 def calling_things():
   12     works_fine()
---> 13     throws_an_exception()
   14
   15 calling_things()

/home/wesm/code/pydata-book/examples/ipython_bug.py in throws_an_exception()
    7     a = 5
    8     b = 6
----> 9     assert(a + b == 10)
   10
   11 def calling_things():

AssertionError:
```

추가 내용을 보여주지 않는 표준 파이썬 인터프리터에 비해 IPython은 추가 내용을 함께 보여주므로 매우 편리하다. **%xmode** 매직 명령어^{magic command}를 이용하면 표준 파이썬 인터프리터와 동일한 수준인 Plain에서부터 함수 인숫값 등을 포함해서 보여주는 **Verbose** 단계까지 직접 제어할 수 있다. 부록 B에서 살펴보겠지만 오류가 발생했을 때 **%debug**와 **%pdb** 매직 명령어를 이용한 대화형 디버깅을 통해 스택의 내용을 직접 살펴볼 수도 있다.

3.3 파일과 운영체제

이 책에서는 대부분 `pandas.read_csv` 같은 고수준의 도구를 사용해서 디스크로부터 데이터 파일을 읽어와 파이썬 자료구조에 저장한다. 하지만 파이썬에서 파일을 어떻게 다루는지 이해하는 것도 중요하다. 다행히 파이썬에서 파일을 다루는 방법은 전혀 어렵지 않다. 오히려 파이썬에서 파일을 읽어와서 처리하는 방식이 매우 쉽다는 점이 파이썬의 인기 요인이기도 하다.

파일을 읽고 쓰기 위해서는 내장 함수인 **open**을 이용해서 파일의 상대 경로나 절대 경로를 넘겨주어야 한다.

```
In [233]: path = "examples/segismundo.txt"

In [234]: f = open(path, encoding="utf-8")
```

여기에서는 파일 읽기를 위한 기본 유니코드 인코딩이 플랫폼마다 다르기 때문에 encoding="utf-8"을 넘겼다.

기본적으로 파일은 읽기 전용 모드인 r로 열린다. 파일 핸들 f는 리스트로 생각할 수 있으며 파일의 매 줄을 순회할 수 있다.

```
for line in f:
    print(line)
```

파일에서 읽은 줄에는 EOL[end-of-line] 문자가 그대로 남아 있으므로 이를 제거하는 다음과 같은 코드를 종종 보게 된다.

```
In [235]: lines = [x.rstrip() for x in open(path, encoding="utf-8")]

In [236]: lines
Out[236]:
['Sueña el rico en su riqueza,',
 'que más cuidados le ofrece;',
 '',
 'sueña el pobre que padece',
 'su miseria y su pobreza;',
 '',
 'sueña el que a medrar empieza,',
 'sueña el que afana y pretende,',
 'sueña el que agravia y ofende,',
 '',
 'y en el mundo, en conclusión,',
 'todos sueñan lo que son,',
 'aunque ninguno lo entiende.',
 '']
```

파일 객체를 생성하기 위해 open을 사용했다면 작업이 끝났을 때 명시적으로 닫아야 한다. 파일을 닫으면 해당 자원을 운영체제로 되돌려준다.

```
In [237]: f.close()
```

with 문을 사용하면 파일 작업이 끝났을 때 필요한 작업을 쉽게 처리할 수 있다.

```
In [238]: with open(path, encoding="utf-8") as f:
   .....:     lines = [x.rstrip() for x in f]
```

이렇게 하면 with 블록이 끝나는 시점에서 파일 핸들 f가 자동으로 닫힌다. 파일이 제대로 닫히지 않았더라도 대부분의 작은 프로그램이나 스크립트에서는 문제가 되지 않는다. 하지만 많은 파일을 다뤄야 하는 프로그램에서는 문제가 될 수 있다.

만일 파일을 f = open(path, 'w')로 연다면 examples/segismundo.txt 파일이 새롭게 생성되고 파일의 내용을 새로운 내용으로 덮어 쓴다. x 파일 모드는 쓰기 목적으로 파일을 새로 만들지만 이미 해당 파일이 존재한다면 생성되지 않는다. [표 3-3]에 파일의 읽기/쓰기 모드를 정리해두었다.

표 3-3 파이썬 파일 모드

모드	설명
r	읽기 전용 모드
w	쓰기 전용 모드. 새로운 파일을 생성한다(같은 이름의 파일이 존재하면 덮어 쓴다).
x	쓰기 전용 모드. 새로운 파일을 생성한다. 이미 존재할 경우 실패한다.
a	기존 파일에 추가한다(파일이 존재하지 않을 경우 새로 생성한다).
r+	읽기/쓰기 모드
b	이진 파일 모드. 읽기/쓰기 모드에 추가해서 rb 또는 wb처럼 사용한다.
t	텍스트 모드(자동으로 바이트를 유니코드로 디코딩한다). 모드를 지정하지 않으면 t가 기본 모드로 지정된다. 다른 모드에 추가해서 rt 또는 xt처럼 사용한다.

파일을 읽을 때는 read, seek, tell 메서드를 주로 사용하며 read 메서드는 해당 파일에서 특정 개수 만큼의 문자를 반환한다. 여기서 '문자'는 파일 인코딩에 의해 결정되거나 이진 모드 binary mode인 경우에는 단순히 바이트로 결정된다.

```
In [239]: f1 = open(path)

In [240]: f1.read(10)
Out[240]: 'Sueña el r'

In [241]: f2 = open(path, mode="rb")  # 이진 모드
```

```
In [242]: f2.read(10)
Out[242]: b'Sue\xc3\xb1a el '
```

read 메서드는 읽은 바이트만큼 파일 핸들의 위치를 옮긴다. 다음 코드의 tell 메서드는 현재 위치를 알려준다.

```
In [243]: f1.tell()
Out[243]: 11

In [244]: f2.tell()
Out[244]: 10
```

파일에서 10개의 문자를 읽었어도 위치가 11인 이유는 기본 인코딩에서 10개의 글자를 디코딩하기 위해 그 만큼의 바이트가 필요했기 때문이다. 기본 인코딩은 sys 모듈을 통해 확인할 수 있다.

```
In [245]: import sys

In [246]: sys.getdefaultencoding()
Out[246]: 'utf-8'
```

플랫폼에 상관없는 일관된 동작을 위해서는 파일을 열 때 인코딩(예를 들면 널리 사용되는 encoding="utf-8")을 넘겨주는 것이 가장 좋다.

seek 메서드는 파일 핸들의 위치를 해당 파일에서 지정한 바이트 위치로 옮긴다.

```
In [247]: f1.seek(3)
Out[247]: 3

In [248]: f1.read(1)
Out[248]: 'ñ'

In [249]: f1.tell()
Out[249]: 5
```

마지막으로 파일 닫기를 잊지 말자.

```
In [250]: f1.close()

In [251]: f2.close()
```

파일에 텍스트를 기록하려면 write나 writelines 메서드를 이용한다. 예를 들어 다음과 같이 빈 줄이 없는 examples/segismundo.txt를 작성할 수 있다.

```
In [252]: path
Out[252]: 'examples/segismundo.txt'

In [253]: with open("tmp.txt", mode="w") as handle:
    .....:     handle.writelines(x for x in open(path) if len(x) > 1)

In [254]: with open("tmp.txt") as f:
    .....:     lines = f.readlines()

In [255]: lines
Out[255]:
['Sueña el rico en su riqueza,\n',
 'que más cuidados le ofrece;\n',
 'sueña el pobre que padece\n',
 'su miseria y su pobreza;\n',
 'sueña el que a medrar empieza,\n',
 'sueña el que afana y pretende,\n',
 'sueña el que agravia y ofende,\n',
 'y en el mundo, en conclusión,\n',
 'todos sueñan lo que son,\n',
 'aunque ninguno lo entiende.\n']
```

[표 3-4]에 자주 사용하는 파일 메서드를 정리했다.

표 3-4 중요한 파일 메서드와 속성

메서드	설명
read([size])	파일에서 데이터를 읽어서 문자열로 반환한다. size 인수를 사용해서 몇 바이트를 읽을 것인지 지정할 수 있다.
readable()	읽기 작업이 가능한 경우 True를 반환한다.
readlines([size])	파일의 매 줄을 모두 읽어 리스트로 반환한다. size 인수를 사용해서 얼마나 읽을 것인지 지정할 수 있다.

메서드	설명
write(string)	전달받은 문자열을 파일에 기록한다.
writable()	쓰기 작업이 가능한 경우 True를 반환한다.
writelines(strings)	전달받은 일련의 문자열을 파일에 기록한다.
close()	파일 핸들을 닫는다.
flush()	내부 I/O 버퍼를 디스크로 비운다.
seek(pos)	파일 내에서 지정한 위치(정수)로 이동한다.
seekable()	파일 객체가 탐색 및 랜덤 액세스를 지원하면 True를 반환한다(일부 유사 파일 객체는 지원하지 않음).
tell()	현재 파일의 위치를 정수 형태로 반환한다.
closed	파일 핸들이 닫힌 경우 True를 반환한다.
encoding	파일 내 바이트를 유니코드로 해석하는 데 사용되는 인코딩이다(일반적으로 UTF-8).

3.3.1 바이트와 유니코드

읽기든 쓰기든 파이썬 파일은 파이썬 문자열을 다루기 위한 **텍스트 모드**를 기본으로 한다. 이는 파일 모드에 b를 추가해서 열 수 있는 이진 모드와는 다르다. 이전 절에서 살펴본 UTF-8 인코딩을 사용하는 비아스키non-ASCII 문자가 포함된 파일을 다시 한번 살펴보자.

```
In [258]: with open(path) as f:
   .....:     chars = f.read(10)

In [259]: chars
Out[259]: 'Sueña el r'

In [260]: len(chars)
Out[260]: 10
```

UTF-8은 가변 길이 유니코드 인코딩이므로 파일에서 일부 문자를 읽어오도록 한다면 파이썬은 필요한 만큼의 바이트(최소 10바이트에서 최대 40바이트까지)를 파일에서 읽은 다음 10문자로 디코딩한다. 만일 파일을 rb모드로 열었다면 read는 딱 10바이트만 읽어온다.

```
In [261]: with open(path, mode="rb") as f:
    .....:     data = f.read(10)

In [262]: data
Out[262]: b'Sue\xc3\xb1a el '
```

텍스트 인코딩에 따라 읽어온 바이트를 str 객체로 직접 디코딩할 수도 있지만 온전한 유니코드 문자로 인코딩되어 있을 경우에만 가능하다.

```
In [263]: data.decode("utf-8")
Out[263]: 'Sueña el '

In [264]: data[:4].decode("utf-8")
--------------------------------------------------------------------------
UnicodeDecodeError                       Traceback (most recent call last)
<ipython-input-264-846a5c2fed34> in <module>
----> 1 data[:4].decode("utf-8")
UnicodeDecodeError: 'utf-8' codec can't decode byte 0xc3 in position 3: unexpecte
d end of data
```

open 메서드에 encoding 옵션을 지정한 텍스트 모드에서는 유니코드 인코딩을 다른 인코딩으로 쉽게 변경할 수 있는 방법을 제공한다.

```
In [265]: sink_path = "sink.txt"

In [266]: with open(path) as source:
    .....:     with open(sink_path, "x", encoding="iso-8859-1") as sink:
    .....:         sink.write(source.read())

In [267]: with open(sink_path, encoding="iso-8859-1") as f:
    .....:     print(f.read(10))
Sueña el r
```

이진 모드가 아닐 경우에는 열린 파일에서 seek 메서드를 호출할 때 주의해야 한다. 유니코드 문자를 정의하는 바이트 사이로 파일 위치를 지정하게 되면 뒤이은 읽기에서 오류가 발생한다.

```
In [269]: f = open(path, encoding='utf-8')

In [270]: f.read(5)
```

```
Out[270]: 'Sueña'

In [271]: f.seek(4)
Out[271]: 4

In [272]: f.read(1)
---------------------------------------------------------------------------
UnicodeDecodeError                        Traceback (most recent call last)
<ipython-input-272-5a354f952aa4> in <module>
----> 1 f.read(1)
/miniconda/envs/book-env/lib/python3.10/codecs.py in decode(self, input, final)
    320         # decode input (taking the buffer into account)
    321         data = self.buffer + input
--> 322         (result, consumed) = self._buffer_decode(data, self.errors, final
)
    323         # keep undecoded input until the next call
    324         self.buffer = data[consumed:]
UnicodeDecodeError: 'utf-8' codec can't decode byte 0xb1 in position 0: invalid s
tart byte

In [273]: f.close()
```

비아스키 텍스트 데이터가 포함된 데이터를 자주 다뤄야 한다면 파이썬의 유니코드 관련 내용을 숙지해두는 편이 좋다. 더 자세한 내용은 파이썬 공식 문서[2]를 참고하자.

3.4 마치며

이제 기본적인 내용은 모두 습득했다. 다음 장에서는 넘파이를 알아보고 파이썬에서 배열 기반 연산을 하는 방법에 대해 배워보자.

---

2 https://docs.python.org/3

## CHAPTER 4

넘파이 기본: 배열과 벡터 연산

Numerical Python의 준말인 넘파이[NumPy]는 파이썬에서 산술 계산을 위한 가장 중요한 필수 패키지 중 하나다. 과학 계산을 위한 대부분의 패키지는 넘파이의 배열 객체를 데이터 교환을 위한 공통 언어처럼 사용한다. 이 책에서 다루는 넘파이와 관련된 대부분의 지식은 판다스에도 그대로 적용할 수 있다.

다음은 넘파이에서 제공하는 기능이다.

- 빠른 배열 계산과 유연한 브로드캐스팅[broadcasting] 기능을 제공하는 효율적인 다차원 배열인 ndarray
- 반복문을 작성할 필요 없이 전체 데이터 배열을 빠르게 계산하는 표준 수학 함수
- 배열 데이터를 디스크에 쓰거나 읽을 수 있는 도구와 메모리에 적재된 파일을 다루는 도구
- 선형대수, 난수 생성기, 푸리에 변환 기능
- C, C++, 포트란으로 작성된 코드를 넘파이와 연결하는 C API

넘파이는 포괄적이고 잘 문서화된 C API를 제공하므로 저수준 언어로 작성된 외부 라이브러리에 데이터를 전달하거나 외부 라이브러리에서 데이터를 넘파이 배열로 파이썬에 전달하기가 용이하다. 이러한 기능 덕분에 파이썬으로 레거시 C, C++, 포트란 코드를 감싸서 동적이면서도 접근이 가능한 인터페이스를 제공할 수 있다.

넘파이 자체는 모델링이나 과학 계산을 위한 기능을 제공하지 않으므로 먼저 넘파이 배열과 배열 기반[array-oriented] 연산에 대해 이해한 다음 판다스 같은 배열 기반 도구를 사용하면 훨씬 더 효율적이다. 넘파이만으로도 방대한 주제이므로 브로드캐스팅 같은 넘파이의 고급 기능은 부

록 A에서 살펴본다. 이러한 고급 기능 대부분은 이 책의 나머지 내용을 공부하는 데 필요하지는 않지만 파이썬의 과학 계산 영역을 더 깊이 이해하는 데 도움이 된다.

대부분의 데이터 분석 애플리케이션에서 필자가 중요하게 생각하는 기능은 다음과 같다.

- 데이터 먼징munging(데이터 랭글링), 정제, 부분집합, 필터링, 변형 그리고 다른 여러 종류의 연산을 빠르게 수행하는 배열 기반 작업
- 정렬, 유일 원소 찾기, 집합 연산 같은 일반적인 배열 처리 알고리듬
- 효과적인 기술 통계와 데이터의 수집, 요약
- 다양한 종류의 데이터를 병합하고 엮기 위한 데이터 정렬과 데이터 간의 관계 조작
- if-elif-else를 사용하는 반복문 대신 배열 표현식으로 조건부 로직 표현
- 수집, 변형, 함수 적용 같은 그룹별 데이터 조작

넘파이는 일반적인 산술 데이터 처리를 위한 기반 라이브러리를 제공하지만, 여러분 중 대부분은 통계나 분석, 특히 표 형식의 데이터를 처리하기 위해 판다스를 사용하고 싶을 것이다. 또한 판다스는 넘파이에는 없는 시계열 처리 기능 같은 다양한 도메인 특화 기능을 제공한다.

> **NOTE_** 파이썬에서 배열 기반 연산을 시도했던 기록은 짐 휴그닌Jim Hugunin이 Numeric 라이브러리를 작성했던1995년까지 거슬러 올라간다. 이후로 10년이 지나고 많은 과학 계산 커뮤니티는 배열 프로그래밍에 파이썬을 사용하기 시작했으나 라이브러리 생태계는 2000년대 초에 갈라지게 된다. 2005년 트래비스 올리펀트Travis Oliphant가 당시의 Numeric과 Numarray 프로젝트를 통합해 넘파이 프로젝트를 시작했고, 이러한 단일 배열 컴퓨팅 프레임워크 중심으로 커뮤니티를 통합하게 되었다.

넘파이는 대용량 데이터 배열을 효율적으로 다루도록 설계되었기에 파이썬 산술 계산 영역에서 중요한 위치를 차지하게 되었다. 이에 대해서 조금 더 설명해보면 다음과 같다.

- 넘파이는 내부적으로 데이터를 다른 내장 파이썬 객체와는 구분된 연속된 메모리 블록에 저장한다. 넘파이의 각종 알고리듬은 모두 C로 작성되어 타입 검사나 다른 오버헤드 없이 메모리를 직접 조작할 수 있다. 또한 넘파이 배열은 내장 파이썬의 연속된 자료형보다 훨씬 더 적은 메모리를 사용한다.
- 넘파이 연산은 큰 배열을 다루는 경우 속도가 느려질 수 있는 파이썬 반복문을 사용하지 않고, 전체 배열에 대한 복잡한 계산을 수행한다. 넘파이는 C 기반 알고리듬을 사용해 일반 파이썬 코드 실행에서 발생하는 오버헤드를 줄임으로써 더 빠르게 작동한다.

성능 차이를 확인하기 위해 1백만 개의 정수를 저장하는 넘파이 배열과 파이썬 리스트를 비교해보자.

```
In [7]: import numpy as np

In [8]: my_arr = np.arange(1_000_000)

In [9]: my_list = list(range(1_000_000))
```

이제 각 배열과 리스트 원소에 2를 곱해보자.

```
In [10]: %timeit my_arr2 = my_arr * 2
721 us +- 7.49 us per loop (mean +- std. dev. of 7 runs, 1000 loops each)

In [11]: %timeit my_list2 = [x * 2 for x in my_list]
49 ms +- 1.02 ms per loop (mean +- std. dev. of 7 runs, 10 loops each)
```

넘파이를 사용한 코드가 순수 파이썬으로 작성한 코드보다 열 배에서 백 배 이상 빠르고 메모리도 더 적게 사용한다.

4.1 다차원 배열 객체 ndarray

넘파이의 핵심 기능은 ndarray라고 하는 N차원의 배열 객체다. ndarray는 파이썬에서 사용할 수 있는 대규모 데이터셋을 담을 수 있는 빠르고 유연한 자료구조다. 배열을 사용하면 스칼라 원소 간의 연산에 사용하는 문법과 비슷한 방식을 사용해 전체 데이터 블록에 수학적 연산을 수행할 수 있다.

파이썬 내장 객체의 스칼라 값을 다루는 것과 유사한 방법으로 넘파이에서 배치 계산을 처리하는 방법을 알아보기 위해 먼저 넘파이 패키지를 임포트하고 임의의 값이 들어 있는 작은 배열을 만들어보자.

```
In [12]: import numpy as np
```

```
In [13]: data = np.array([[1.5, -0.1, 3], [0, -3, 6.5]])

In [14]: data
Out[14]:
array([[ 1.5, -0.1,  3. ],
       [ 0. , -3. ,  6.5]])
```

그리고 그 값에 산술 연산을 수행해보자.

```
In [15]: data * 10
Out[15]:
array([[ 15.,  -1.,  30.],
       [  0., -30.,  65.]])

In [16]: data + data
Out[16]:
array([[ 3. , -0.2,  6. ],
       [ 0. , -6. , 13. ]])
```

첫 번째 예제에서는 모든 원소의 값에 10을 곱했다. 두 번째 예제에서는 **data** 배열의 같은 위치의 값끼리 서로 더했다.

> **NOTE_** 이번 장과 책 전체에서 넘파이를 임포트할 경우 `import numpy as np` 컨벤션(관습)을 사용한다. `from numpy import *`를 사용해서 **np**를 입력하지 않아도 되지만 이런 습관을 지양하기를 바란다. 넘파이 네임스페이스는 방대하고 파이썬 내장 함수와 동일한 이름을 사용하는 경우(**min**과 **max**처럼)도 있기 때문이다. 이런 표준 규칙(컨벤션)을 따르는 것은 좋은 습관이다.

ndarray는 같은 종류의 데이터를 담을 수 있는 포괄적인 다차원 배열이다. 즉, ndarray의 모든 원소는 같은 자료형이어야 한다. 모든 배열은 각 차원의 크기를 알려주는 shape 튜플과 배열에 저장된 자료형을 알려주는 dtype 객체를 갖는다.

```
In [17]: data.shape
Out[17]: (2, 3)

In [18]: data.dtype
Out[18]: dtype('float64')
```

이번 장에서는 넘파이 배열 기초 사용법을 소개하며 여러분이 앞으로 효과적으로 책을 읽을 수 있도록 돕는다. 대부분의 데이터 분석 애플리케이션을 작성하기 위해 필수로 넘파이에 대한 깊은 이해가 필요한 건 아니지만, 배열 기반의 프로그래밍과 사고방식에 능숙해져야만 파이썬 과학 계산의 고수가 될 수 있다.

> **NOTE_** 이 책에서 등장하는 배열, 넘파이 배열, ndarray는 아주 극소수의 예외를 제외하고 모두 ndarray 객체를 이르는 말이다.

4.1.1 ndarray 생성하기

배열을 생성하는 가장 쉬운 방법은 **array** 함수를 이용하는 것이다. 순차적인 객체(다른 배열도 포함해)를 받아서 넘겨받은 데이터가 들어 있는 새로운 넘파이 배열을 생성한다. 다음과 같이 파이썬 리스트는 변환하기 좋은 예다.

```
In [19]: data1 = [6, 7.5, 8, 0, 1]

In [20]: arr1 = np.array(data1)

In [21]: arr1
Out[21]: array([6. , 7.5, 8. , 0. , 1. ])
```

리스트 길이가 동일한 중첩된 순차 데이터는 다차원 배열로 변환 가능하다.

```
In [22]: data2 = [[1, 2, 3, 4], [5, 6, 7, 8]]

In [23]: arr2 = np.array(data2)

In [24]: arr2
Out[24]:
array([[1, 2, 3, 4],
       [5, 6, 7, 8]])
```

data2는 리스트를 담고 있는 리스트이므로 넘파이 배열인 **arr2**는 해당 데이터로부터 형태를 추론해 2차원 형태로 생성된다. **ndim**과 **shape** 속성을 검사해서 이를 확인할 수 있다.

```
In [25]: arr2.ndim
Out[25]: 2

In [26]: arr2.shape
Out[26]: (2, 4)
```

명시적으로 지정(4.1.2절에서 더 자세히 살펴본다)하지 않는 한 numpy.array는 생성될 때 적절한 자료형을 추론한다. 추론된 자료형은 dtype 객체에 저장되며 앞선 예제에서 확인해보면 다음과 같다.

```
In [27]: arr1.dtype
Out[27]: dtype('float64')

In [28]: arr2.dtype
Out[28]: dtype('int64')
```

또한 numpy.array는 새로운 배열을 생성하는 여러 함수를 가지고 있다. 예를 들면 zeros와 ones는 주어진 길이나 모양에 각각 0과 1이 들어 있는 배열을 생성한다. empty 함수는 초기화되지 않은 배열을 생성한다. 이런 메서드를 사용해서 다차원 배열을 생성하려면 원하는 형태의 튜플을 넘기면 된다.

```
In [29]: np.zeros(10)
Out[29]: array([0., 0., 0., 0., 0., 0., 0., 0., 0., 0.])

In [30]: np.zeros((3, 6))
Out[30]:
array([[0., 0., 0., 0., 0., 0.],
       [0., 0., 0., 0., 0., 0.],
       [0., 0., 0., 0., 0., 0.]])

In [31]: np.empty((2, 3, 2))
Out[31]:
array([[[0., 0.],
        [0., 0.],
        [0., 0.]],
       [[0., 0.],
        [0., 0.],
        [0., 0.]]])
```

> **WARNING_** numpy.empty가 0으로 초기화된 배열을 반환하리라 가정하는 것은 안전하지 않다. 이 함수는 초기화되지 않은 메모리를 반환하므로 0이 아닌 '가비지garbage' 값을 포함할 수 있다. 데이터를 새로 채우기 위해 배열을 생성하는 경우에만 이 함수를 사용해야 한다.

arange는 파이썬의 range 함수의 배열 버전이다.

```
In [32]: np.arange(15)
Out[32]: array([ 0,  1,  2,  3,  4,  5,  6,  7,  8,  9, 10, 11, 12, 13, 14])
```

[표 4-1]은 표준 배열 생성 함수 목록이다. 넘파이는 산술 연산에 초점이 맞춰져 있기 때문에 만약 자료형을 명시하지 않으면 float64(부동소수점)가 된다.

표 4-1 배열 생성 함수

함수	설명
array	데이터(리스트, 튜플, 배열 또는 다른 순차형 데이터)를 ndarray로 변환하며 dtype을 명시하지 않은 경우 자료형을 추론하여 저장한다. 기본적으로 입력 데이터는 복사된다.
asarray	입력 데이터를 ndarray로 변환하지만 입력 데이터가 이미 ndarray일 경우 복사가 일어나지 않는다.
arange	내장 range 함수와 유사하지만 리스트 대신 ndarray를 반환한다.
ones, ones_like	ones는 주어진 dtype과 모양을 가지는 배열을 생성하고 내용을 모두 1로 초기화한다. ones_like는 주어진 배열과 동일한 모양과 dtype을 갖는 배열을 새로 생성해 내용을 모두 1로 초기화한다.
zeros, zeros_like	ones, ones_like와 동일하지만 내용을 0으로 채운다.
empty, empty_like	메모리를 할당해 새로운 배열을 생성하지만 ones나 zeros처럼 값을 초기화하지 않는다.
full, full_like	인수로 받은 dtype과 배열의 모양을 가지는 배열을 생성하고 인수로 받은 값으로 배열을 채운다.
eye, identity	N x N 크기의 단위행렬을 생성한다(좌상단에서 우하단을 잇는 대각선은 1로 채워지고 나머지는 0으로 채워진다).

4.1.2 ndarray의 자료형

자료형(dtype)은 ndarray가 메모리에 있는 특정 데이터를 해석하는 데 필요한 정보(또는 메타데이터)를 담고 있는 특수한 객체다.

```
In [33]: arr1 = np.array([1, 2, 3], dtype=np.float64)

In [34]: arr2 = np.array([1, 2, 3], dtype=np.int32)

In [35]: arr1.dtype
Out[35]: dtype('float64')

In [36]: arr2.dtype
Out[36]: dtype('int32')
```

dtype 덕분에 넘파이가 강력하면서도 유연한 도구가 될 수 있었다. 대부분의 경우 디스크에서 읽고 쓰기 편하도록 데이터가 저수준의 표현에 직접적으로 맞춰져 있어서 C 언어나 포트란 같은 저수준 언어로 작성된 코드와 쉽게 연동 가능하다. 산술 데이터의 dtype은 float, int 같은 자료형의 이름과 하나의 원소가 차지하는 비트 수로 이루어진다. 파이썬의 float 객체에서 사용되는 표준 배정밀도 부동소수점double-precision floating point 값은 8바이트 혹은 64비트로 이루어지며 이 자료형은 넘파이에서 float64로 표현된다. [표 4-2]는 넘파이가 지원하는 모든 자료형 목록이다.

> **NOTE_** 넘파이의 모든 dtype을 외울 필요는 없다. 주로 사용하게 될 자료형의 일반적인 종류(부동소수점, 복소수, 정수, 불리언, 문자열, 일반 파이썬 객체)만 신경 쓰면 된다. 주로 대용량 데이터셋이 메모리나 디스크에 저장되는 방식을 제어해야 할 필요가 있을 때 알아두면 좋다.

표 4-2 넘파이 자료형

자료형	자료형 코드	설명
int8, uint8	i1, u1	부호가 있는 8비트(1바이트) 정수형과 부호가 없는 8비트 정수형
int16, uint16	i2, u2	부호가 있는 16비트 정수형과 부호가 없는 16비트 정수형
int32, uint32	i4, u4	부호가 있는 32비트 정수형과 부호가 없는 32비트 정수형
int64, uint64	i8, u8	부호가 있는 64비트 정수형과 부호가 없는 64비트 정수형
float16	f2	반정밀도 부동소수점

자료형	자료형 코드	설명
float32	f4 또는 f	단정밀도 부동소수점. C 언어의 float형과 호환
float64	f8 또는 d	배정밀도 부동소수점. C 언어의 double형과 파이썬의 float 객체와 호환
float128	f16 또는 g	확장정밀도 부동소수점
complex64, complex128, complex256	c8, c16, c32	각각 두 개의 32, 64, 128비트 부동소수점을 가지는 복소수
bool	?	True와 False 값을 저장하는 불리언형
object	O	파이썬 객체형
string_	S	고정 길이 아스키 문자열형(각 문자는 1바이트). 길이가 10인 문자열 dtype은 S10이 된다.
unicode_	U	고정 길이 유니코드형(플랫폼에 따라 문자별 바이트 수가 다르다). string_형과 같은 형식을 쓴다(예: U10).

> **NOTE_** 부호가 있는 정수형과 부호가 없는 정수형이 익숙하지 않은 독자도 있을 것이다. 부호가 있는 정수형은 양수와 음수를 모두 나타낼 수 있는 반면 부호가 없는 정수형은 음수를 나타낼 수 없다. 예를 들어 int8(부호가 있는 8비트 정수형)은 -128부터 127까지 나타낼 수 있으며 uint8(부호가 없는 8비트 정수형)은 0부터 255까지 나타낼 수 있다.

ndarray의 **astype** 메서드를 사용해 배열의 **dtype**을 다른 형으로 명시적으로 변환cast 가능하다.

```
In [37]: arr = np.array([1, 2, 3, 4, 5])

In [38]: arr.dtype
Out[38]: dtype('int64')

In [39]: float_arr = arr.astype(np.float64)

In [40]: float_arr
Out[40]: array([1., 2., 3., 4., 5.])

In [41]: float_arr.dtype
Out[41]: dtype('float64')
```

예제에서는 정수형을 부동소수점으로 변환했다. 만약 부동소수점수를 정수형으로 변환하면 소수점 아래 자리는 버려진다.

```
In [42]: arr = np.array([3.7, -1.2, -2.6, 0.5, 12.9, 10.1])

In [43]: arr
Out[43]: array([ 3.7, -1.2, -2.6,  0.5, 12.9, 10.1])

In [44]: arr.astype(np.int32)
Out[44]: array([ 3, -1, -2,  0, 12, 10], dtype=int32)
```

숫자 형식의 문자열을 담고 있는 배열이 있다면 astype을 사용해 숫자로 변환할 수 있다.

```
In [45]: numeric_strings = np.array(["1.25", "-9.6", "42"], dtype=np.string_)

In [46]: numeric_strings.astype(float)
Out[46]: array([ 1.25, -9.6 , 42.  ])
```

> **WARNING_** 넘파이에서 문자열 데이터는 고정 크기를 가지며 별다른 경고를 출력하지 않고 입력을 임의
> 로 잘라낼 수 있으므로 numpy.string_형을 이용할 때는 주의해야 한다. 판다스는 숫자 형식이 아닌 경우
> 에 좀 더 직관적인 사용성을 제공한다.

만일 문자열이 float64로 변환되지 않는 경우 같은 이유로 형 변환에 실패하면 ValueError
가 발생한다. 앞선 예제에서 귀찮아서 np.float64 대신 float라고 입력했다면 똑똑한 넘파
이는 파이썬 자료형을 알맞은 dtype으로 맞춰준다.

다른 배열의 dtype 속성을 사용할 수도 있다.

```
In [47]: int_array = np.arange(10)

In [48]: calibers = np.array([.22, .270, .357, .380, .44, .50], dtype=np.float64)

In [49]: int_array.astype(calibers.dtype)
Out[49]: array([0., 1., 2., 3., 4., 5., 6., 7., 8., 9.])
```

dtype으로 사용할 수 있는 축약 코드도 있다.

```
In [50]: zeros_uint32 = np.zeros(8, dtype="u4")
```

```
In [51]: zeros_uint32
Out[51]: array([0, 0, 0, 0, 0, 0, 0, 0], dtype=uint32)
```

> NOTE_ astype을 호출하면 새로운 dtype이 이전 dtype과 동일하더라도 항상 새로운 배열을 생성(데이터를 복사)한다.

4.1.3 넘파이 배열의 산술 연산

배열은 for 문을 작성하지 않고 데이터를 일괄 처리할 수 있어 매우 중요하다. 이를 벡터화 vectorization라고 부르며 크기가 동일한 배열 간의 산술 연산은 배열의 각 원소 단위로 적용된다.

```
In [52]: arr = np.array([[1., 2., 3.], [4., 5., 6.]])

In [53]: arr
Out[53]:
array([[1., 2., 3.],
       [4., 5., 6.]])

In [54]: arr * arr
Out[54]:
array([[ 1.,  4.,  9.],
       [16., 25., 36.]])

In [55]: arr - arr
Out[55]:
array([[0., 0., 0.],
       [0., 0., 0.]])
```

스칼라 인수가 포함된 산술 연산의 경우 배열 내의 모든 원소에 스칼라 인수가 적용된다.

```
In [56]: 1 / arr
Out[56]:
array([[1.    , 0.5   , 0.3333],
       [0.25  , 0.2   , 0.1667]])

In [57]: arr ** 2
```

```
Out[57]:
array([[ 1.,  4.,  9.],
       [16., 25., 36.]])
```

크기가 동일한 배열 간의 비교 연산은 불리언 배열을 반환한다.

```
In [58]: arr2 = np.array([[0., 4., 1.], [7., 2., 12.]])

In [59]: arr2
Out[59]:
array([[ 0.,  4.,  1.],
       [ 7.,  2., 12.]])

In [60]: arr2 > arr
Out[60]:
array([[False,  True, False],
       [ True, False,  True]])
```

크기가 다른 배열 간의 연산은 브로드캐스팅broadcating이라 부르며 부록 A에서 자세히 살펴본다. 이 책을 이해하기 위해 브로드캐스팅을 깊이 알고 있을 필요는 없다.

4.1.4 색인과 슬라이싱 기초

넘파이 배열의 색인에 대해서는 다룰 주제가 많다. 데이터의 부분집합이나 개별 원소를 선택하는 수많은 방법이 존재한다. 1차원 배열은 표면적으로 파이썬의 리스트와 유사하게 작동하므로 매우 간단하다.

```
In [61]: arr = np.arange(10)

In [62]: arr
Out[62]: array([0, 1, 2, 3, 4, 5, 6, 7, 8, 9])

In [63]: arr[5]
Out[63]: 5

In [64]: arr[5:8]
Out[64]: array([5, 6, 7])
```

```
In [65]: arr[5:8] = 12

In [66]: arr
Out[66]: array([ 0,  1,  2,  3,  4, 12, 12, 12,  8,  9])
```

arr[5:8] = 12로 배열 슬라이스slice에 스칼라 값을 대입하면 12가 선택 영역 전체로 전파된다(이후로는 브로드캐스팅이라고 표현한다).

> **NOTE_** 파이썬에 내장된 리스트와 중요한 차이점은 배열 슬라이스가 원본 배열의 뷰view라는 점이다. 즉, 데이터는 복사되지 않고 뷰에 대한 변경이 그대로 원본 배열에 반영된다는 의미다.

이에 대한 예제로 먼저 arr 배열의 슬라이스를 생성해보자.

```
In [67]: arr_slice = arr[5:8]

In [68]: arr_slice
Out[68]: array([12, 12, 12])
```

그리고 arr_slice의 값을 변경하면 원래 배열인 arr의 값도 바뀌어 있음을 확인할 수 있다.

```
In [69]: arr_slice[1] = 12345

In [70]: arr
Out[70]:
array([    0,     1,     2,     3,     4,    12, 12345,    12,     8,     9])
```

단순히 [:]로 슬라이스하면 배열의 모든 값에 할당된다.

```
In [71]: arr_slice[:] = 64

In [72]: arr
Out[72]: array([ 0,  1,  2,  3,  4, 64, 64, 64,  8,  9])
```

데이터 복사가 자주 일어나는 다른 배열 프로그래밍 언어를 사용해본 적이 있고 넘파이를 처음 접한다면 데이터가 복사되지 않는다는 점에 놀랄 것이다. 넘파이는 대용량 데이터 처리를 염두에 두고 설계되었으므로 만약 넘파이가 데이터 복사를 남발한다면 성능과 메모리 문제에 마주치게 될 것이다.

다차원 배열을 다룰 때는 좀 더 많은 옵션이 있다. 2차원 배열에서 각 색인에 해당하는 원소는 스칼라 값이 아닌 1차원 배열이다.

```
In [73]: arr2d = np.array([[1, 2, 3], [4, 5, 6], [7, 8, 9]])

In [74]: arr2d[2]
Out[74]: array([7, 8, 9])
```

따라서 개별 원소는 재귀적으로 접근해야 한다. 하지만 이는 매우 귀찮은 작업이므로 쉼표로 구분된 색인 리스트를 넘기면 된다. 그러므로 다음 두 표현은 동일하다.

```
In [75]: arr2d[0][2]
Out[75]: 3

In [76]: arr2d[0, 2]
Out[76]: 3
```

[그림 4-1]은 2차원 배열에 대한 색인을 나타낸 그림이다. 0번 축을 행row으로 생각하고 1번 축을 열column로 생각하면 이해하기 쉽다.

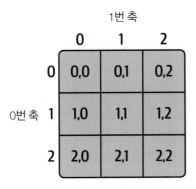

그림 4-1 넘파이 배열에서 원소 색인하기

다차원 배열에서 마지막 색인을 생략하면 반환되는 객체는 상위 차원의 데이터를 모두 포함한 한 차원 낮은 ndarray가 반환된다. 2×2×3 크기의 배열 arr3d가 있다고 가정하자.

```
In [77]: arr3d = np.array([[[1, 2, 3], [4, 5, 6]], [[7, 8, 9], [10, 11, 12]]])

In [78]: arr3d
Out[78]:
array([[[ 1,  2,  3],
        [ 4,  5,  6]],

       [[ 7,  8,  9],
        [10, 11, 12]]])
```

arr3d[0]은 2×3 크기의 배열이다.

```
In [79]: arr3d[0]
Out[79]:
array([[1, 2, 3],
       [4, 5, 6]])
```

arr3d[0]에는 스칼라 값과 배열 모두 할당할 수 있다.

```
In [80]: old_values = arr3d[0].copy()

In [81]: arr3d[0] = 42

In [82]: arr3d
Out[82]:
array([[[42, 42, 42],
        [42, 42, 42]],

       [[ 7,  8,  9],
        [10, 11, 12]]])

In [83]: arr3d[0] = old_values

In [84]: arr3d
Out[84]:
array([[[ 1,  2,  3],
        [ 4,  5,  6]],

       [[ 7,  8,  9],
        [10, 11, 12]]])
```

이런 방식으로 arr3d[1, 0]은 (1, 0)으로 색인되는 1차원 배열과 그 값을 반환한다.

```
In [85]: arr3d[1, 0]
Out[85]: array([7, 8, 9])
```

이 표현은 다음처럼 두 번에 걸쳐 인덱싱한 결과와 동일하다.

```
In [86]: x = arr3d[1]

In [87]: x
Out[87]:
array([[ 7,  8,  9],
       [10, 11, 12]])

In [88]: x[0]
Out[88]: array([7, 8, 9])
```

여기서 살펴본 선택된 배열의 부분집합은 모두 배열의 뷰를 반환한다는 점을 기억하자.

> **WARNING_** 넘파이 배열의 다차원 색인 구문은 리스트의 리스트 같은 일반적인 파이썬 객체에서는 작동하지 않는다.

슬라이스로 선택하기

파이썬의 리스트 같은 1차원 객체처럼 ndarray도 익숙한 문법으로 슬라이싱할 수 있다.

```
In [89]: arr
Out[89]: array([ 0,  1,  2,  3,  4, 64, 64, 64,  8,  9])

In [90]: arr[1:6]
Out[90]: array([ 1,  2,  3,  4, 64])
```

앞서 살펴본 2차원 배열 arr2d를 생각해보자. 이 배열을 슬라이싱하는 방법은 조금 다르다.

```
In [91]: arr2d
Out[91]:
```

```
array([[1, 2, 3],
       [4, 5, 6],
       [7, 8, 9]])

In [92]: arr2d[:2]
Out[92]:
array([[1, 2, 3],
       [4, 5, 6]])
```

첫 번째 축인 0번 축을 기준으로 슬라이싱되었다. 슬라이스는 축을 따라 선택 영역 내의 원소를 선택한다. arr2d[:2]는 arr2d의 시작부터 두 번째 행까지 선택한다는 뜻이다. 색인을 여러 개 넘겨서 다차원을 슬라이싱할 수도 있다.

```
In [93]: arr2d[:2, 1:]
Out[93]:
array([[2, 3],
       [5, 6]])
```

이렇게 슬라이싱하면 항상 동일한 차원의 배열 뷰를 얻게 된다. 정수 색인과 슬라이스를 함께 사용하면 한 차원 낮은 슬라이스를 얻을 수 있다.

예를 들어 두 번째 행의 처음 두 열만 선택하고 싶다면 아래처럼 하면 된다.

```
In [94]: lower_dim_slice = arr2d[1, :2]
```

여기서 arr2d는 2차원 배열이지만 lower_dim_slice는 1차원이고 축 크기가 하나인 튜플 모양이다.

```
In [95]: lower_dim_slice.shape
Out[95]: (2,)
```

이와 유사하게 처음 두 행에서 세 번째 열만 선택하고 싶다면 아래처럼 할 수 있다.

```
In [96]: arr2d[:2, 2]
Out[96]: array([3, 6])
```

[그림 4-2]를 참고하며 이해해보자. 열만 사용하면 전체 축을 선택한다는 의미이므로 원래 차원의 슬라이스를 얻게 된다.

```
In [97]: arr2d[:, :1]
Out[97]: array([[1],
                [4],
                [7]])
```

	코드	형태
	arr[:2,1:]	(2,2)
	arr[2]	(3,)
	arr[2, :]	(3,)
	arr[2:, :]	(1,3)
	arr[:, :2]	(3,2)
	arr[1, :2]	(2,)
	arr[1:2, :2]	(1,2)

그림 4-2 2차원 배열 슬라이싱

물론 슬라이싱 구문에 값을 대입하면 선택 영역 전체에 값이 할당된다.

```
In [98]: arr2d[:2, 1:] = 0

In [99]: arr2d
Out[99]:
array([[1, 0, 0],
       [4, 0, 0],
       [7, 8, 9]])
```

4.1.5 불리언 값으로 선택하기

다음과 같이 데이터를 가진 배열이 있고, 이름이 중복된 배열이 있다.

```
In [100]: names = np.array(["Bob", "Joe", "Will", "Bob", "Will", "Joe", "Joe"])

In [101]: data = np.array([[4, 7], [0, 2], [-5, 6], [0, 0], [1, 2],
   .....:                  [-12, -4], [3, 4]])

In [102]: names
Out[102]: array(['Bob', 'Joe', 'Will', 'Bob', 'Will', 'Joe', 'Joe'], dtype='<U4')

In [103]: data
Out[103]:
array([[  4,   7],
       [  0,   2],
       [ -5,   6],
       [  0,   0],
       [  1,   2],
       [-12,  -4],
       [  3,   4]])
```

각 이름은 data 배열의 각 행에 대응한다고 가정하자. 만약 전체 행에서 "Bob"과 동일한 이름을 선택하려면 산술 연산과 마찬가지로 배열에 대한 비교 연산(== 같은)도 벡터화된다. 따라서 names를 "Bob" 문자열과 비교하면 불리언 배열이 반환된다.

```
In [104]: names == "Bob"
Out[104]: array([ True, False, False,  True, False, False, False])
```

불리언 배열은 배열의 색인으로 사용할 수 있다.

```
In [105]: data[names == "Bob"]
Out[105]:
array([[4, 7],
       [0, 0]])
```

불리언 배열은 반드시 색인하려는 축의 길이와 길이가 동일해야 한다. 심지어 불리언 배열을 슬라이스나 정수를 선택하는 데 짜 맞출 수도 있다.

다음 예제에서 names == "Bob" 행에서 색인과 열을 함께 선택했다.

```
In [106]: data[names == "Bob", 1:]
Out[106]:
array([[7],
       [0]])

In [107]: data[names == "Bob", 1]
Out[107]: array([7, 0])
```

"Bob"이 아닌 항목을 모두 선택하려면 != 연산자를 사용하거나 ~를 사용해서 조건부를 부인하면 된다.

```
In [108]: names != "Bob"
Out[108]: array([False,  True,  True, False,  True,  True,  True])

In [109]: ~(names == "Bob")
Out[109]: array([False,  True,  True, False,  True,  True,  True])

In [110]: data[~(names == "Bob")]
Out[110]:
array([[  0,   2],
       [ -5,   6],
       [  1,   2],
       [-12,  -4],
       [  3,   4]])
```

~ 연산자는 변수가 참조하는 불리언 배열을 뒤집고 싶을 때 유용하다.

```
In [111]: cond = names == "Bob"

In [112]: data[~cond]
Out[112]:
array([[  0,   2],
       [ -5,   6],
       [  1,   2],
       [-12,  -4],
       [  3,   4]])
```

세 가지 이름 중에서 두 가지 이름을 선택하려면 &(and)와 ¦(or) 같은 논리 연산자를 사용해 여러 개의 불리언 조건을 사용하면 된다.

```
In [113]: mask = (names == "Bob") ¦ (names == "Will")

In [114]: mask
Out[114]: array([ True, False,  True,  True,  True, False, False])

In [115]: data[mask]
Out[115]:
array([[ 4,  7],
       [-5,  6],
       [ 0,  0],
       [ 1,  2]])
```

불리언 색인을 이용해 배열의 데이터를 선택하면 반환되는 배열의 내용이 바뀌지 않더라도 항상 데이터 복사가 발생한다.

> **WARNING_** 파이썬 예약어인 and와 or은 불리언 배열에서 사용할 수 없다. &와 ¦를 대신 사용하자.

불리언 배열에 값을 대입하면 오른쪽에 있는 값을 불리언 배열의 값이 True인 위치로 대체하여 작동한다. data에 저장된 모든 음수를 0으로 대입하려면 아래와 같이 수행한다.

```
In [116]: data[data < 0] = 0

In [117]: data
Out[117]:
array([[4, 7],
       [0, 2],
       [0, 6],
       [0, 0],
       [1, 2],
       [0, 0],
       [3, 4]])
```

1차원 불리언 배열을 사용해 전체 행이나 열의 값을 대입할 수 있다.

```
In [118]: data[names != "Joe"] = 7

In [119]: data
Out[119]:
array([[7, 7],
       [0, 2],
       [7, 7],
       [7, 7],
       [7, 7],
       [0, 0],
       [3, 4]])
```

나중에 살펴보겠지만 2차원 데이터의 이러한 연산은 판다스에서 처리하는 것이 편리하다.

4.1.6 팬시 색인

팬시 색인fancy indexing은 정수 배열을 사용한 색인을 설명하기 위해 넘파이에서 차용한 단어다.
8×4 크기의 배열이 있다고 가정하자.

```
In [120]: arr = np.zeros((8, 4))

In [121]: for i in range(8):
   .....:     arr[i] = i

In [122]: arr
Out[122]:
array([[0., 0., 0., 0.],
       [1., 1., 1., 1.],
       [2., 2., 2., 2.],
       [3., 3., 3., 3.],
       [4., 4., 4., 4.],
       [5., 5., 5., 5.],
       [6., 6., 6., 6.],
       [7., 7., 7., 7.]])
```

특정한 순서로 행의 하위집합을 선택하고 싶다면 원하는 순서가 명시된 정수가 담긴 ndarray
나 리스트를 넘기면 된다.

```
In [123]: arr[[4, 3, 0, 6]]
Out[123]:
array([[4., 4., 4., 4.],
       [3., 3., 3., 3.],
       [0., 0., 0., 0.],
       [6., 6., 6., 6.]])
```

코드가 여러분이 예상한 대로 실행되기를 바란다. 색인으로 음수를 사용하면 끝에서부터 행을 선택한다.

```
In [124]: arr[[-3, -5, -7]]
Out[124]:
array([[5., 5., 5., 5.],
       [3., 3., 3., 3.],
       [1., 1., 1., 1.]])
```

다차원 색인 배열을 넘기면 조금 다르게 작동한다. 각 색인 튜플에 대응하는 1차원 배열이 선택된다.

```
In [125]: arr = np.arange(32).reshape((8, 4))

In [126]: arr
Out[126]:
array([[ 0,  1,  2,  3],
       [ 4,  5,  6,  7],
       [ 8,  9, 10, 11],
       [12, 13, 14, 15],
       [16, 17, 18, 19],
       [20, 21, 22, 23],
       [24, 25, 26, 27],
       [28, 29, 30, 31]])

In [127]: arr[[1, 5, 7, 2], [0, 3, 1, 2]]
Out[127]: array([ 4, 23, 29, 10])
```

reshape 메서드는 부록 A에서 더 자세히 살펴본다.

결과를 살펴보면 (1, 0), (5, 3), (7, 1), (2, 2)에 대응하는 원소가 선택되었다. 배열이 몇 차원이든지(여기서는 2차원) 팬시 색인의 결과는 항상 1차원이다.

이 예제에서 행렬의 행과 열에 대응하는 사각형 모양의 값이 선택되기를 기대했지만, 팬시 색인이 우리의 예상과는 조금 다르게 작동했다. 우리가 예상한 것처럼 만들려면 아래처럼 수행하면 된다.

```
In [128]: arr[[1, 5, 7, 2]][:, [0, 3, 1, 2]]
Out[128]:
array([[ 4,  7,  5,  6],
       [20, 23, 21, 22],
       [28, 31, 29, 30],
       [ 8, 11,  9, 10]])
```

팬시 색인은 슬라이싱과는 달리 선택된 데이터를 새로운 배열로 복사한다. 팬시 색인으로 값을 대입하면 색인된 값이 변경된다.

```
In [129]: arr[[1, 5, 7, 2], [0, 3, 1, 2]]
Out[129]: array([ 4, 23, 29, 10])

In [130]: arr[[1, 5, 7, 2], [0, 3, 1, 2]] = 0

In [131]: arr
Out[131]:
array([[ 0,  1,  2,  3],
       [ 0,  5,  6,  7],
       [ 8,  9,  0, 11],
       [12, 13, 14, 15],
       [16, 17, 18, 19],
       [20, 21, 22,  0],
       [24, 25, 26, 27],
       [28,  0, 30, 31]])
```

4.1.7 배열 전치와 축 바꾸기

배열 전치transpose는 데이터를 복사하지 않고 데이터의 모양이 바뀐 뷰를 반환하는 특별한 기능이다. ndarray는 transpose 메서드와 T라는 이름의 특수한 속성을 갖는다.

```
In [132]: arr = np.arange(15).reshape((3, 5))

In [133]: arr
Out[133]:
array([[ 0,  1,  2,  3,  4],
       [ 5,  6,  7,  8,  9],
       [10, 11, 12, 13, 14]])

In [134]: arr.T
Out[134]:
array([[ 0,  5, 10],
       [ 1,  6, 11],
       [ 2,  7, 12],
       [ 3,  8, 13],
       [ 4,  9, 14]])
```

행렬을 계산할 때 자주 사용하게 될 행렬의 내적은 numpy.dot을 이용해서 구한다.

```
In [135]: arr = np.array([[0, 1, 0], [1, 2, -2], [6, 3, 2], [-1, 0, -1], [1, 0, 1]])

In [136]: arr
Out[136]:
array([[ 0,  1,  0],
       [ 1,  2, -2],
       [ 6,  3,  2],
       [-1,  0, -1],
       [ 1,  0,  1]])

In [137]: np.dot(arr.T, arr)
Out[137]:
array([[39, 20, 12],
       [20, 14,  2],
       [12,  2, 10]])
```

@ 연산자는 행렬 곱셈을 수행하는 또 다른 방법이다.

```
In [138]: arr.T @ arr
Out[138]:
array([[39, 20, 12],
       [20, 14,  2],
       [12,  2, 10]])
```

.T 속성을 이용하는 간단한 전치는 축을 뒤바꾸는 특별한 경우다. ndarray에는 swapaxes라는 메서드를 통해 두 개의 축 번호를 받아서 배열을 뒤바꾼다.

```
In [139]: arr
Out[139]:
array([[ 0,  1,  0],
       [ 1,  2, -2],
       [ 6,  3,  2],
       [-1,  0, -1],
       [ 1,  0,  1]])

In [140]: arr.swapaxes(0, 1)
Out[140]:
array([[ 0,  1,  6, -1,  1],
       [ 1,  2,  3,  0,  0],
       [ 0, -2,  2, -1,  1]])
```

swapaxes도 마찬가지로 데이터를 복사하지 않고 원래 데이터에 대한 뷰를 반환한다.

4.2 난수 생성

numpy.random 모듈은 파이썬 내장 random 모듈을 보강해 다양한 종류의 확률분포로부터 효과적으로 표본값을 생성하는 데 주로 사용한다. 예를 들어 numpy.random.standard_normal을 사용해 표준정규분포로부터 4×4 크기의 표본을 생성할 수 있다.

```
In [141]: samples = np.random.standard_normal(size=(4, 4))

In [142]: samples
Out[142]:
array([[-0.2047,  0.4789, -0.5194, -0.5557],
       [ 1.9658,  1.3934,  0.0929,  0.2817],
       [ 0.769 ,  1.2464,  1.0072, -1.2962],
       [ 0.275 ,  0.2289,  1.3529,  0.8864]])
```

이와 대조적으로 파이썬 내장 random 모듈은 한 번에 하나의 값만 생성한다. 다음 성능 비교에서 확인할 수 있듯이 numpy.random은 매우 큰 표본을 생성하지만 파이썬 내장 모듈보다 수십 배 이상 빠르다.

```
In [143]: from random import normalvariate

In [144]: N = 1_000_000

In [145]: %timeit samples = [normalvariate(0, 1) for _ in range(N)]
1.05 s +- 14.5 ms per loop (mean +- std. dev. of 7 runs, 1 loop each)

In [146]: %timeit np.random.standard_normal(N)
21.8 ms +- 212 us per loop (mean +- std. dev. of 7 runs, 10 loops each)
```

이러한 난수는 엄밀하게 말하자면 진정한 난수가 아니며 유사난수pseudorandom라고 부른다. 난수 생성기의 시드seed 값에 따라 정해진 난수를 알고리듬으로 생성하기 때문이다. numpy. random.standard_normal 같은 함수는 numpy.random 모듈의 기본 난수 생성기를 사용하지만 사용할 생성기를 명시적으로 설정할 수 있다.

```
In [147]: rng = np.random.default_rng(seed=12345)

In [148]: data = rng.standard_normal((2, 3))
```

seed 인수는 난수 생성기의 초기 상태를 결정하며 rng 객체가 데이터를 생성할 때마다 상태가 변경된다. 생성기 객체인 rng는 numpy.random 모듈을 사용할 수 있는 다른 코드와도 분리되어 있다.

```
In [149]: type(rng)
Out[149]: numpy.random._generator.Generator
```

rng 같은 난수 생성기 객체에 사용할 수 있는 일부 메서드를 [표 4-3]에 요약했다. 이 장에서는 앞서 생성한 rng 객체를 이용해 난수 데이터를 생성할 예정이다.

표 4-3 넘파이 난수 생성 메서드

메서드	설명
permutation	주어진 크기의 임의 순열을 반환하거나 주어진 리스트 순서를 뒤섞는다.
shuffle	리스트나 배열의 순서를 뒤섞는다.
integers	주어진 상하한값 내에서 임의의 정숫값 몇 개를 뽑는다.
standard_normal	평균 0, 표준편차 1의 정규분포에서 표본을 추출한다.
binomial	이항분포에서 표본을 추출한다.
normal	정규분포(가우시안)에서 표본을 추출한다.
beta	베타 분포에서 표본을 추출한다.
chisquare	카이제곱 분포에서 표본을 추출한다.
gamma	감마 분포에서 표본을 추출한다.
uniform	균등[0, 1) 분포에서 표본을 추출한다.

4.3 유니버설 함수: 배열의 각 원소를 빠르게 처리하는 함수

ufunc라고도 부르는 유니버설universal 함수는 ndarray 안의 데이터 원소별로 연산을 수행하는 함수다. 유니버설 함수는 하나 이상의 스칼라 값을 받아서 하나 이상의 스칼라 결괏값을 반환하는 간단한 함수를 빠르게 수행하는 벡터화된 래퍼 함수라고 생각하면 된다.

많은 ufunc는 numpy.sqrt나 numpy.exp 같은 간단한 변형을 전체 원소에 적용할 수 있다.

```
In [150]: arr = np.arange(10)

In [151]: arr
Out[151]: array([0, 1, 2, 3, 4, 5, 6, 7, 8, 9])

In [152]: np.sqrt(arr)
Out[152]:
array([0.    , 1.    , 1.4142, 1.7321, 2.    , 2.2361, 2.4495, 2.6458,
       2.8284, 3.    ])

In [153]: np.exp(arr)
Out[153]:
array([   1.    ,    2.7183,    7.3891,   20.0855,   54.5982,  148.4132,
        403.4288, 1096.6332, 2980.958 , 8103.0839])
```

앞의 함수들은 단항unary 유니버설 함수다. numpy.add나 numpy.maximum처럼 2개의 매개변수를 취해서 단일 배열을 반환하는 함수는 이항binary 유니버설 함수다.

```
In [154]: x = rng.standard_normal(8)

In [155]: y = rng.standard_normal(8)

In [156]: x
Out[156]:
array([-1.3678,  0.6489,  0.3611, -1.9529,  2.3474,  0.9685, -0.7594,  0.9022])

In [157]: y
Out[157]:
array([-0.467 , -0.0607,  0.7888, -1.2567,  0.5759,  1.399 ,  1.3223, -0.2997])

In [158]: np.maximum(x, y)
Out[158]:
array([-0.467 ,  0.6489,  0.7888, -1.2567,  2.3474,  1.399 ,  1.3223,  0.9022])
```

예제에서 numpy.maximum은 x와 y의 원소별로 가장 큰 값을 계산한다.

흔하지는 않지만 여러 개의 배열을 반환하는 유니버설 함수도 있다. numpy.modf는 파이썬 내장 함수인 math.modf의 벡터화 버전이며 분수를 받아서 몫과 나머지를 함께 반환한다.

```
In [159]: arr = rng.standard_normal(7) * 5

In [160]: arr
Out[160]: array([ 4.5146, -8.1079, -0.7909,  2.2474, -6.718 , -0.4084,  8.6237])

In [161]: remainder, whole_part = np.modf(arr)

In [162]: remainder
Out[162]: array([ 0.5146, -0.1079, -0.7909,  0.2474, -0.718 , -0.4084,  0.6237])

In [163]: whole_part
Out[163]: array([ 4., -8., -0.,  2., -6., -0.,  8.])
```

유니버설 함수는 선택적으로 out 인수를 사용해 계산 결과를 새로운 배열로 만들지 않고 기존 배열에 할당할 수도 있다.

```
In [164]: arr
Out[164]: array([ 4.5146, -8.1079, -0.7909,  2.2474, -6.718 , -0.4084,  8.6237])

In [165]: out = np.zeros_like(arr)

In [166]: np.add(arr, 1)
Out[166]: array([ 5.5146, -7.1079,  0.2091,  3.2474, -5.718 ,  0.5916,  9.6237])

In [167]: np.add(arr, 1, out=out)
Out[167]: array([ 5.5146, -7.1079,  0.2091,  3.2474, -5.718 ,  0.5916,  9.6237])

In [168]: out
Out[168]: array([ 5.5146, -7.1079,  0.2091,  3.2474, -5.718 ,  0.5916,  9.6237])
```

[표 4-4]와 [표 4-5]에 사용 가능한 유니버설 함수 몇 가지를 정리했다. 새로운 유니버설 함수가 계속 추가되므로 넘파이 온라인 문서를 참조하며 최신 목록을 확인해보길 추천한다.

표 4-4 단항 유니버설 함수

함수	설명
abs, fabs	각 원소(정수, 부동소수점수, 복소수)의 절댓값을 구한다. 복소수가 아닌 경우에는 빠른 연산을 위해서 fabs를 사용한다.
sqrt	각 원소의 제곱근을 계산한다. arr ** 0.5와 동일하다.
square	각 원소의 제곱을 계산한다. arr ** 2와 동일하다.
exp	각 원소에서 지수 ex을 계산한다.
log, log10, log2, log1p	각각 자연로그, 로그 10, 로그 2, 로그 (1+x)
sign	각 원소의 부호를 계산한다. 1(양수), 0(영), -1(음수)
ceil	각 원소의 소수부를 올린다. 각 원소의 값보다 같거나 큰 정수 중 가장 작은 정수를 반환한다.
floor	각 원소의 소수부를 내린다. 각 원소의 값보다 작거나 같은 정수 중 가장 작은 수를 반환한다.
rint	각 원소의 소수부를 반올림한다. dtype은 유지된다.
modf	각 원소의 몫과 나머지를 각각의 배열로 반환한다.
isnan	각 원소가 숫자가 아닌지(NaN)를 나타내는 불리언 배열을 반환한다.
isfinite, isinf	각 배열의 각 원소가 유한한지(non-inf, non-NaN) 무한한지 나타내는 불리언 배열을 반환한다.
cos, cosh, sin, sinh, tan, tanh	일반 삼각함수와 쌍곡선삼각함수

함수	설명
arccos, arccosh, arcsin, arcsinh, arctan, arctanh	역삼각함수
logical_not	각 원소의 논리 부정(not) 값을 계산한다. ~arr과 동일하다.

표 4-5 이항 유니버설 함수

함수	설명
add	두 배열에서 같은 위치의 원소끼리 더한다.
subtract	첫 번째 배열의 원소에서 두 번째 배열의 원소를 뺀다.
multiply	배열의 원소끼리 곱한다.
divide, floor_divide	첫 번째 배열의 원소를 두 번째 배열의 원소로 나눈다. floor_divide는 몫만 취한다.
power	첫 번째 배열의 원소를 두 번째 배열의 원소만큼 제곱한다.
maximum, fmax	각 배열의 두 원소 중 큰 값을 반환한다. fmax는 NaN을 무시한다.
minimum, fmin	각 배열의 두 원소 중 작은 값을 반환한다. fmin은 NaN을 무시한다.
mod	첫 번째 배열의 원소를 두 번째 배열의 원소로 나눈 나머지를 구한다.
copysign	첫 번째 배열의 원소의 기호를 두 번째 배열의 원소의 기호로 바꾼다.
greater, greater_equal, less, less_equal, equal, not_equal	각 두 원소 간의 >, >=, <, <=, ==, != 비교 연산 결과를 불리언 배열로 반환한다.
logical_and	각 두 원소 간의 AND(&) 논리 연산 결과를 반환한다.
logical_or	각 두 원소 간의 OR(¦)논리 연산 결과를 반환한다.
logical_xor	각 두 원소 간의 XOR (^) 논리 연산 결과를 반환한다.

4.4 배열을 이용한 배열 기반 프로그래밍

넘파이 배열을 사용하면 반복문을 작성하지 않고 간결한 배열 연산을 통해 많은 종류의 데이터 처리 작업을 할 수 있다. 배열 연산을 사용해서 반복문을 명시적으로 제거하는 기법을 흔히 벡터라고 부르는데, 일반적으로 벡터화된 배열에 대한 산술 연산은 순수 파이썬 연산에 비해 2~3배에서 많게는 수십, 수백 배까지 빠르다. 이후 부록 A에서 살펴볼 브로드캐스팅은 아주 강력한 벡터 연산 방법이다.

간단한 예로 값이 놓여 있는 그리드에서 sqrt(x^2 + y^2)를 계산한다고 하자. numpy.meshgrid 함수는 두 개의 1차원 배열을 받아서 모든 (x, y) 짝을 만들 수 있는 2차원 배열 두 개를 반환한다.

```
In [169]: points = np.arange(-5, 5, 0.01) # -5부터 4.99까지 0.01씩 증가하는 값의 배열

In [170]: xs, ys = np.meshgrid(points, points)

In [171]: ys
Out[171]:
array([[-5.  , -5.  , -5.  , ..., -5.  , -5.  , -5.  ],
       [-4.99, -4.99, -4.99, ..., -4.99, -4.99, -4.99],
       [-4.98, -4.98, -4.98, ..., -4.98, -4.98, -4.98],
       ...,
       [ 4.97,  4.97,  4.97, ...,  4.97,  4.97,  4.97],
       [ 4.98,  4.98,  4.98, ...,  4.98,  4.98,  4.98],
       [ 4.99,  4.99,  4.99, ...,  4.99,  4.99,  4.99]])
```

이제 그리드상의 두 점을 가지고 간단하게 계산해볼 수 있다.

```
In [172]: z = np.sqrt(xs ** 2 + ys ** 2)

In [173]: z
Out[173]:
array([[7.0711, 7.064 , 7.0569, ..., 7.0499, 7.0569, 7.064 ],
       [7.064 , 7.0569, 7.0499, ..., 7.0428, 7.0499, 7.0569],
       [7.0569, 7.0499, 7.0428, ..., 7.0357, 7.0428, 7.0499],
       ...,
       [7.0499, 7.0428, 7.0357, ..., 7.0286, 7.0357, 7.0428],
       [7.0569, 7.0499, 7.0428, ..., 7.0357, 7.0428, 7.0499],
       [7.064 , 7.0569, 7.0499, ..., 7.0428, 7.0499, 7.0569]])
```

9장에서 살펴보겠지만 여기서 맷플롯립을 이용해서 2차원 배열을 시각화할 수 있다.

```
In [174]: import matplotlib.pyplot as plt

In [175]: plt.imshow(z, cmap=plt.cm.gray, extent=[-5, 5, -5, 5])
Out[175]: <matplotlib.image.AxesImage at 0x7f7132db3ac0>

In [176]: plt.colorbar()
Out[176]: <matplotlib.colorbar.Colorbar at 0x7f713a5833a0>

In [177]: plt.title("Image plot of $\sqrt{x^2 + y^2}$ for a grid of values")
Out[177]: Text(0.5, 1.0, 'Image plot of $\\sqrt{x^2 + y^2}$ for a grid of values')
```

[그림 4-3]은 계산된 값이 들어 있는 2차원 배열로부터 그래프 이미지를 생성하기 위해 맷플롯립의 imshow 함수를 사용한 결과물이다.

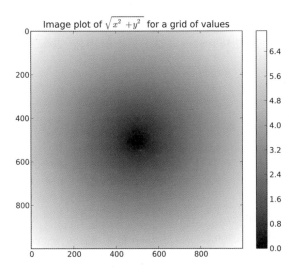

그림 4-3 그리드에 적용한 함수의 그래프

IPython에서 작업하는 경우 plt.close("all")을 실행해 열려 있는 모든 플롯plot 창을 닫을 수 있다.

```
In [179]: plt.close("all")
```

4.4.1 배열 연산으로 조건부 표현하기

numpy.where 함수는 x if 조건 else y 같은 삼항식의 벡터화된 버전이다. 다음과 같이 불리언 배열 하나와 값이 들어 있는 배열 두 개가 있다고 하자.

```
In [180]: xarr = np.array([1.1, 1.2, 1.3, 1.4, 1.5])

In [181]: yarr = np.array([2.1, 2.2, 2.3, 2.4, 2.5])

In [182]: cond = np.array([True, False, True, True, False])
```

cond의 값이 True일 때는 xarr의 값을 취하고, 반대로 yarr의 값을 취하고 싶다면 리스트 표기법을 이용해 다음처럼 작성한다.

```
In [183]: result = [(x if c else y)
    .....:           for x, y, c in zip(xarr, yarr, cond)]

In [184]: result
Out[184]: [1.1, 2.2, 1.3, 1.4, 2.5]
```

다만 이 방법에는 몇 가지 문제가 있다. 첫 번째로는 순수 파이썬으로 수행되기 때문에 큰 배열을 빠르게 처리하지 못한다. 두 번째로는 다차원 배열에서는 사용할 수 없다. numpy.where를 사용하면 아주 간결하게 작성할 수 있다.

```
In [185]: result = np.where(cond, xarr, yarr)

In [186]: result
Out[186]: array([1.1, 2.2, 1.3, 1.4, 2.5])
```

numpy.where의 두 번째와 세 번째 인수는 배열이 아니여도 괜찮다. 둘 중 하나 혹은 둘 다 스칼라 값이더라도 작동한다. 데이터 분석에서는 다른 배열에 기반한 새로운 배열을 생성하기 위해 일반적으로 where를 사용한다. 임의로 생성된 데이터가 있는 행렬이 있고 모든 양수는 2로, 모든 음수는 −2로 바꾸려면 numpy.where로 쉽게 처리할 수 있다.

```
In [187]: arr = rng.standard_normal((4, 4))

In [188]: arr
Out[188]:
array([[ 2.6182,  0.7774,  0.8286, -0.959 ],
       [-1.2094, -1.4123,  0.5415,  0.7519],
       [-0.6588, -1.2287,  0.2576,  0.3129],
       [-0.1308,  1.27  , -0.093 , -0.0662]])

In [189]: arr > 0
Out[189]:
array([[ True,  True,  True, False],
       [False, False,  True,  True],
       [False, False,  True,  True],
       [False,  True, False, False]])

In [190]: np.where(arr > 0, 2, -2)
Out[190]:
array([[ 2,  2,  2, -2],
       [-2, -2,  2,  2],
       [-2, -2,  2,  2],
       [-2,  2, -2, -2]])
```

numpy.where를 사용할 때 스칼라 값과 배열을 조합할 수 있다. 예를 들어 arr의 모든 양수를 2로 바꿀 수 있다.

```
In [191]: np.where(arr > 0, 2, arr) # 양수인 경우에만 값을 2로 변경
Out[191]:
array([[ 2.    ,  2.    ,  2.    , -0.959 ],
       [-1.2094, -1.4123,  2.    ,  2.    ],
       [-0.6588, -1.2287,  2.    ,  2.    ],
       [-0.1308,  2.    , -0.093 , -0.0662]])
```

4.4.2 수학 메서드와 통계 메서드

배열 전체 혹은 배열의 한 축에 속하는 자료에서 통계를 계산하는 수학 함수는 배열 클래스의 메서드로 사용할 수 있다. 전체의 합(sum)이나 평균(mean), 표준편차(std)는 넘파이의 최상위 함수를 이용하거나 배열의 인스턴스 메서드를 사용해서 구한다. numpy.sum 같은 넘파이 함수를 사용할 때는 첫 번째 인수로 계산하려는 배열을 넘겨주어야 한다.

임의의 정규분포 데이터를 생성하고 집계해보자.

```
In [192]: arr = rng.standard_normal((5, 4))

In [193]: arr
Out[193]:
array([[-1.1082,  0.136 ,  1.3471,  0.0611],
       [ 0.0709,  0.4337,  0.2775,  0.5303],
       [ 0.5367,  0.6184, -0.795 ,  0.3   ],
       [-1.6027,  0.2668, -1.2616, -0.0713],
       [ 0.474 , -0.4149,  0.0977, -1.6404]])

In [194]: arr.mean()
Out[194]: -0.08719744457434529

In [195]: np.mean(arr)
Out[195]: -0.08719744457434529

In [196]: arr.sum()
Out[196]: -1.743948891486906
```

mean이나 sum 같은 함수는 선택적으로 axis 인수를 받아서 해당 axis에 대한 통계를 계산하고 한 차수 낮은 배열을 반환한다.

```
In [197]: arr.mean(axis=1)
Out[197]: array([ 0.109 ,  0.3281,  0.165 , -0.6672, -0.3709])

In [198]: arr.sum(axis=0)
Out[198]: array([-1.6292,  1.0399, -0.3344, -0.8203])
```

arr.mean(axis=1)은 모든 열의 평균을 구하라는 의미이며, arr.sum(axis=0)은 행의 합을 구하라는 의미다.

cumsum과 cumprod 메서드는 중간 계산값을 담고 있는 배열을 반환한다.

```
In [199]: arr = np.array([0, 1, 2, 3, 4, 5, 6, 7])

In [200]: arr.cumsum()
Out[200]: array([ 0,  1,  3,  6, 10, 15, 21, 28])
```

다차원 배열에서 cumsum 같은 누적 함수는 크기가 동일한 배열을 반환한다. 하지만 축을 지정해 부분적으로 계산을 하면 낮은 차수의 슬라이스를 반환한다.

```
In [201]: arr = np.array([[0, 1, 2], [3, 4, 5], [6, 7, 8]])

In [202]: arr
Out[202]:
array([[0, 1, 2],
       [3, 4, 5],
       [6, 7, 8]])
```

arr.cumsum(axis=0)은 행의 누적합을 구하고 arr.cumsum(axis=1)은 열의 누적합을 구한다.

```
In [203]: arr.cumsum(axis=0)
Out[203]:
array([[ 0,  1,  2],
       [ 3,  5,  7],
       [ 9, 12, 15]])

In [204]: arr.cumsum(axis=1)
Out[204]:
array([[ 0,  1,  3],
       [ 3,  7, 12],
       [ 6, 13, 21]])
```

[표 4-6]에 모든 함수를 정리했다. 메서드와 관련된 다양한 예제는 다음 장에서 더 살펴본다.

표 4-6 기본 배열 통계 메서드

메서드	설명
sum	배열 전체 혹은 특정 축에 대한 모든 원소의 합을 계산한다. 크기가 0인 배열의 sum 결과는 0이다.
mean	산술 평균을 구한다. 크기가 0인 배열의 mean 결과는 NaN이다.
std, var	각각 표준편차(std)와 분산(var)을 구한다. 선택적으로 자유도를 줄 수 있으며 분모의 기본값은 n이다.
min, max	최솟값과 최댓값
argmin, argmax	최소 원소의 색인값과 최대 원소의 색인값
cumsum	0부터 시작하는 각 원소의 누적합
cumprod	1부터 시작하는 각 원소의 누적곱

4.4.3 불리언 배열을 위한 메서드

이전 메서드의 불리언 값은 1(True) 또는 0(False)으로 강제된다. 따라서 불리언 배열에서 sum 메서드를 실행하면 True인 원소의 개수가 반환된다.

```
In [205]: arr = rng.standard_normal(100)

In [206]: (arr > 0).sum() # 양수인 값의 개수
Out[206]: 48

In [207]: (arr <= 0).sum() # 0 이하인 값의 개수
Out[207]: 52
```

(arr > 0).sum() 구문에서 사용된 괄호는 arr > 0의 임시 결과를 sum() 호출할 수 있도록 하는 데 필요하다.

any, all 메서드는 불리언 배열에서 특히 유용하다. any 메서드는 하나 이상의 True 값이 있는지 검사하고, all 메서드는 모든 원소가 True인지 검사한다.

```
In [208]: bools = np.array([False, False, True, False])

In [209]: bools.any()
Out[209]: True
```

```
In [210]: bools.all()
Out[210]: False
```

이 메서드는 불리언 배열이 아니어도 작동하며 0이 아닌 원소는 모두 True로 간주한다.

4.4.4 정렬

파이썬의 내장 리스트 자료형처럼 넘파이 배열 역시 sort 메서드를 이용해 정렬할 수 있다.

```
In [211]: arr = rng.standard_normal(6)

In [212]: arr
Out[212]: array([ 0.0773, -0.6839, -0.7208,  1.1206, -0.0548, -0.0824])

In [213]: arr.sort()

In [214]: arr
Out[214]: array([-0.7208, -0.6839, -0.0824, -0.0548,  0.0773,  1.1206])
```

다차원 배열을 정렬할 때는 sort 메서드에 넘긴 축의 값에 따라 1차원 부분을 정렬한다. 다음 예제를 살펴보자.

```
In [215]: arr = rng.standard_normal((5, 3))

In [216]: arr
Out[216]:
array([[ 0.936 ,  1.2385,  1.2728],
       [ 0.4059, -0.0503,  0.2893],
       [ 0.1793,  1.3975,  0.292 ],
       [ 0.6384, -0.0279,  1.3711],
       [-2.0528,  0.3805,  0.7554]])
```

arr.sort(axis=0) 구문은 각 열의 값을 정렬하고 arr.sort(axis=1)은 각 행의 값을 정렬한다.

```
In [217]: arr.sort(axis=0)

In [218]: arr
Out[218]:
array([[-2.0528, -0.0503,  0.2893],
       [ 0.1793, -0.0279,  0.292 ],
       [ 0.4059,  0.3805,  0.7554],
       [ 0.6384,  1.2385,  1.2728],
       [ 0.936 ,  1.3975,  1.3711]])

In [219]: arr.sort(axis=1)

In [220]: arr
Out[220]:
array([[-2.0528, -0.0503,  0.2893],
       [-0.0279,  0.1793,  0.292 ],
       [ 0.3805,  0.4059,  0.7554],
       [ 0.6384,  1.2385,  1.2728],
       [ 0.936 ,  1.3711,  1.3975]])
```

numpy.sort 메서드는 배열을 직접 변경하지 않고 정렬된 결과를 가지고 있는 복사본을 반환한다(파이썬의 내장 함수 sorted와 유사하다). 예제를 살펴보자.

```
In [221]: arr2 = np.array([5, -10, 7, 1, 0, -3])

In [222]: sorted_arr2 = np.sort(arr2)

In [223]: sorted_arr2
Out[223]: array([-10,  -3,   0,   1,   5,   7])
```

넘파이의 정렬 메서드에 관한 자세한 내용과 간접 정렬 같은 고급 기법은 부록 A를 참고하자. 표 형식의 데이터를 하나 이상의 열로 정렬하는 것처럼 정렬과 관련된 다른 여러 가지 데이터 처리 방법은 판다스에서 살펴본다.

4.4.5 집합 관련 함수

넘파이는 1차원 ndarray를 위한 몇 가지 기본적인 집합 연산을 제공한다. 가장 자주 사용하는 함수는 배열 내에서 중복된 원소를 제거하고 남은 원소를 정렬된 형태로 반환하는 numpy.unique다.

```
In [224]: names = np.array(["Bob", "Will", "Joe", "Bob", "Will", "Joe", "Joe"])

In [225]: np.unique(names)
Out[225]: array(['Bob', 'Joe', 'Will'], dtype='<U4')

In [226]: ints = np.array([3, 3, 3, 2, 2, 1, 1, 4, 4])

In [227]: np.unique(ints)
Out[227]: array([1, 2, 3, 4])
```

numpy.unique를 순수 파이썬으로 구현하면 다음과 같다.

```
In [228]: sorted(set(names))
Out[228]: ['Bob', 'Joe', 'Will']
```

대부분의 경우 넘파이 버전이 더 빠르고, 파이썬 리스트가 아닌 넘파이 배열을 반환한다.

또 다른 함수인 numpy.in1d는 인수로 받은 배열의 원소가 기존 배열에 포함되는지 검사한 후 불리언 배열로 반환한다.

```
In [229]: values = np.array([6, 0, 0, 3, 2, 5, 6])

In [230]: np.in1d(values, [2, 3, 6])
Out[230]: array([ True, False, False,  True,  True, False,  True])
```

넘파이에서 제공하는 집합 함수를 [표 4-7]에 정리했다.

표 4-7 배열 집합 연산

메서드	설명
unique(x)	배열 x에서 중복된 원소를 제거한 뒤 정렬해 반환한다.
intersect1d(x, y)	배열 x와 y에 공통적으로 존재하는 원소를 정렬해 반환한다.
union1d(x, y)	두 배열의 합집합을 반환한다.
in1d(x, y)	x의 원소가 y의 원소에 포함되는지 나타내는 불리언 배열을 반환한다.
setdiff1d(x, y)	x와 y의 차집합을 반환한다.
setxor1d(x, y)	한 배열에는 포함되지만 두 배열 모두에는 포함되지 않는 원소들의 집합인 대칭차집합을 반환한다.

4.5 배열 데이터의 파일 입출력

넘파이는 디스크에서 텍스트나 바이너리 형식의 데이터를 불러오거나 저장할 수 있다. 여기서는 넘파이의 내장 이진 형식에 대해서만 살펴본다. 대부분이 텍스트나 표 형식의 데이터를 판다스나 다른 도구로 처리하는 편을 선호하므로 6장에서 더 자세히 살펴보도록 하자.

numpy.save와 numpy.load는 배열 데이터를 효과적으로 디스크에 저장하고 불러오는 함수다. 배열은 기본적으로 압축되지 않은 원시raw 바이너리 형식의 .npy 파일로 저장된다.

```
In [231]: arr = np.arange(10)

In [232]: np.save("some_array", arr)
```

저장되는 파일 경로가 .npy로 끝나지 않으면 자동적으로 확장자가 추가된다. 이렇게 저장된 배열은 numpy.load를 이용해 불러온다.

```
In [233]: np.load("some_array.npy")
Out[233]: array([0, 1, 2, 3, 4, 5, 6, 7, 8, 9])
```

numpy.savez 함수를 이용하면 여러 개의 배열을 압축된 형식으로 저장할 수 있다. 저장하려는 배열은 키워드 인수 형태로 전달한다.

```
In [234]: np.savez("array_archive.npz", a=arr, b=arr)
```

.npz 파일을 불러올 때는 각 배열을 필요할 때 불러올 수 있도록 딕셔너리 형식의 객체에 저장한다.

```
In [235]: arch = np.load("array_archive.npz")

In [236]: arch["b"]
Out[236]: array([0, 1, 2, 3, 4, 5, 6, 7, 8, 9])
```

압축이 잘되는 형식의 데이터라면 numpy.savez_compressed를 사용하자.

```
In [237]: np.savez_compressed("arrays_compressed.npz", a=arr, b=arr)
```

4.6 선형대수

행렬의 곱셈, 분할, 행렬식, 정사각행렬 계산 같은 선형대수는 배열을 다루는 라이브러리에서 매우 중요한 부분이다. 두 개의 2차원 배열을 * 연산자로 곱하면 행렬 곱셈이 아니라 대응하는 각각의 원소의 곱을 계산한다. 따라서 배열 메서드이자 넘파이 네임스페이스 안에 있는 함수인 dot 함수를 이용해 행렬 곱셈을 계산해야 한다.

```
In [241]: x = np.array([[1., 2., 3.], [4., 5., 6.]])

In [242]: y = np.array([[6., 23.], [-1, 7], [8, 9]])

In [243]: x
Out[243]:
array([[1., 2., 3.],
       [4., 5., 6.]])

In [244]: y
Out[244]:
array([[ 6., 23.],
       [-1.,  7.],
```

```
       [ 8.,  9.]])

In [245]: x.dot(y)
Out[245]:
array([[ 28.,  64.],
       [ 67., 181.]])
```

x.dot(y)는 np.dot(x, y)와 동일하다.

```
In [246]: np.dot(x, y)
Out[246]:
array([[ 28.,  64.],
       [ 67., 181.]])
```

2차원 배열과 곱셈이 가능한 크기의 1차원 배열 간의 행렬 곱셈의 결과는 1차원 배열이다.

```
In [247]: x @ np.ones(3)
Out[247]: array([ 6., 15.])
```

numpy.linalg는 행렬의 분할과 역행렬, 행렬식과 같은 것을 포함한다.

```
In [248]: from numpy.linalg import inv, qr

In [249]: X = rng.standard_normal((5, 5))

In [250]: mat = X.T @ X

In [251]: inv(mat)
Out[251]:
array([[  3.4993,   2.8444,   3.5956, -16.5538,   4.4733],
       [  2.8444,   2.5667,   2.9002, -13.5774,   3.7678],
       [  3.5956,   2.9002,   4.4823, -18.3453,   4.7066],
       [-16.5538, -13.5774, -18.3453,  84.0102, -22.0484],
       [  4.4733,   3.7678,   4.7066, -22.0484,   6.0525]])

In [252]: mat @ inv(mat)
Out[252]:
array([[ 1.,  0., -0.,  0., -0.],
       [ 0.,  1.,  0.,  0., -0.],
       [ 0., -0.,  1., -0., -0.],
```

```
       [ 0., -0.,  0.,  1., -0.],
       [ 0., -0.,  0., -0.,  1.]])
```

X.T.dot(X)는 X의 전치행렬(X.T)과 X의 곱을 계산한다.

[표 4-8]에 자주 사용하는 선형대수 함수를 정리했다.

표 4-8 자주 사용하는 `numpy.linalg` 함수

함수	설명
diag	정사각 행렬의 대각/비대각 원소를 1차원 배열로 반환하거나, 1차원 배열을 대각선 원소로 하고 나머지는 0으로 채운 단위행렬을 반환한다.
dot	행렬 곱셈
trace	행렬의 대각선 원소의 합을 계산한다.
det	행렬식을 계산한다.
eig	정사각 행렬의 고윳값과 고유 벡터를 계산한다.
inv	정사각 행렬의 역행렬을 계산한다.
pinv	정사각 행렬의 무어–펜로즈 유사역행렬을 구한다.
qr	QR 분해를 계산한다.
svd	특잇값 분해(SVD)를 계산한다.
solve	A가 정사각 행렬일 때 Ax = b를 만족하는 x를 구한다.
lstsq	Ax = b를 만족하는 최소제곱해를 구한다.

4.7 계단 오르내리기 예제

계단 오르내리기 예제[1]는 배열 연산의 활용법을 보여주는 간단한 애플리케이션이다. 계단의 중간에서 같은 확률로 한 계단 올라가거나(+1) 내려간다고(−1) 가정하자.

순수 파이썬으로 내장 random 모듈을 사용해 계단 오르내리기를 1,000번 수행하는 코드는 다음처럼 작성한다.

----

1 옮긴이_ 원서는 Random Walk(무작위 행보)라는 표현을 사용하지만 이해하기 쉬운 표현으로 바꾸다 보니 1판부터 꾸준히 '계단 오르내리기 예제'로 번역했다.

```
#! 블록 시작
import random
position = 0
walk = [position]
nsteps = 1000
for _ in range(nsteps):
    step = 1 if random.randint(0, 1) else -1
    position += step
    walk.append(position)
#! 블록 끝
```

[그림 4-4]는 처음 100회 동안의 계단 오르내리기 현황을 그래프로 나타낸 것이다.

```
In [255]: plt.plot(walk[:100])
```

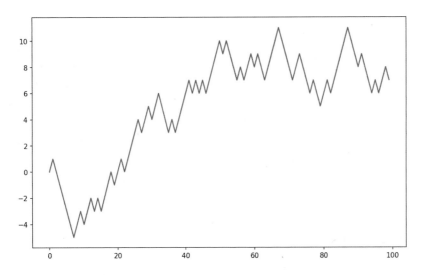

그림 4-4 간단한 계단 오르내리기

walk는 계단을 오르거나(+1) 내려간(-1) 값의 누적 합이며 배열 표현식으로 나타낼 수 있다. numpy.random 모듈을 사용해 한 번에 1,000번 수행한 결과를 저장하고 누적 합을 계산한다.

```
In [256]: nsteps = 1000
```

```
In [257]: rng = np.random.default_rng(seed=12345)  # 새로운 난수 생성기

In [258]: draws = rng.integers(0, 2, size=nsteps)

In [259]: steps = np.where(draws == 0, 1, -1)

In [260]: walk = steps.cumsum()
```

이 시점에서부터 계단을 오르내린 위치의 최솟값/최댓값 같은 간단한 통계를 구할 수 있다.

```
In [261]: walk.min()
Out[261]: -8

In [262]: walk.max()
Out[262]: 50
```

계단에서 특정 위치에 도달하기까지의 시간과 같은 좀 더 복잡한 통계도 구할 수 있다. 계단의 처음 위치에서 최초로 10칸 떨어지기까지 얼마나 걸렸는지 확인해보자. np.abs(walk) >= 10을 통해 처음 위치에서 10칸 이상 떨어진 시점을 알려주는 불리언 배열을 얻을 수 있다. 하지만 우리는 최초의 10 혹은 -10인 시점을 구해야 하므로 불리언 배열에서 최댓값의 첫 번째 색인을 반환하는 argmax를 사용하자(True가 최댓값이다).

```
In [263]: (np.abs(walk) >= 10).argmax()
Out[263]: 155
```

여기서 argmax를 사용하긴 했지만, argmax는 배열 전체를 모두 확인하기 때문에 효과적인 방법은 아니다. 또한 이 예제에서는 True가 최댓값임을 이미 알고 있었다.

4.7.1 한 번에 많이 시뮬레이션하기

계단 오르내리기를 대략 5,000회 정도 상당히 많은 횟수로 시뮬레이션해야 한다면, 앞선 코드를 조금만 수정해서 해결할 수 있다. numpy.random 함수에 크기가 2인 튜플을 넘기면 2차원 배열이 생성되고 각 열에서 누적 합을 구해서 5,000회의 시뮬레이션을 한 번에 처리할 수 있다.

```
In [264]: nwalks = 5000

In [265]: nsteps = 1000

In [266]: draws = rng.integers(0, 2, size=(nwalks, nsteps)) # 0 또는 1

In [267]: steps = np.where(draws > 0, 1, -1)

In [268]: walks = steps.cumsum(axis=1)

In [269]: walks
Out[269]:
array([[  1,   2,   3, ...,  22,  23,  22],
       [  1,   0,  -1, ..., -50, -49, -48],
       [  1,   2,   3, ...,  50,  49,  48],
       ...,
       [ -1,  -2,  -1, ..., -10,  -9, -10],
       [ -1,  -2,  -3, ...,   8,   9,   8],
       [ -1,   0,   1, ...,  -4,  -3,  -2]])
```

이제 모든 시뮬레이션에 대한 최댓값과 최솟값을 구해보자.

```
In [270]: walks.max()
Out[270]: 114

In [271]: walks.min()
Out[271]: -120
```

이 데이터에서 누적 합이 30 혹은 −30이 되는 최소 시점을 계산해보자. 5,000회의 시뮬레이션 중 모든 경우가 30에 도달하지 않기 때문에 약간 까다롭지만 any 메서드를 이용해서 해결할 수 있다.

```
In [272]: hits30 = (np.abs(walks) >= 30).any(axis=1)

In [273]: hits30
Out[273]: array([False,  True,  True, ...,  True, False,  True])

In [274]: hits30.sum() # 누적 합이 30 혹은 -30이 되는 횟수
Out[274]: 3395
```

불리언 배열을 사용해서 walks에서 행을 선택하고 절댓값이 30이 넘는 경우에 대해 축 1의 argmax 값을 구하면 처음 위치에서 30칸 이상 멀어지는 최소 횟수를 구할 수 있다.

```
In [275]: crossing_times = (np.abs(walks[hits30]) >= 30).argmax(axis=1)

In [276]: crossing_times
Out[276]: array([201, 491, 283, ..., 219, 259, 541])
```

마지막으로 평균 최소 누적 합을 계산한다.

```
In [277]: crossing_times.mean()
Out[277]: 500.5699558173785
```

다른 분포를 사용해서 여러 가지 시도를 해보자. standard_normal 함수에 표준편차와 평균 값을 넣어 정규분포에서 표본을 추출하는 것처럼 다른 난수 생성 함수를 사용하기만 하면 된다.

```
In [278]: draws = 0.25 * rng.standard_normal((nwalks, nsteps))
```

NOTE_ 이런 벡터화 접근은 nwalks * nsteps 원소가 있는 배열을 만들어야 하고 대량의 시뮬레이션을 수행하기 위해 메모리가 많이 필요할 수도 있다. 만일 메모리가 제한적이라면 다른 접근법이 필요하다.

4.8 마치며

이 책에서는 데이터를 다루기 위해 판다스를 주로 사용하지만 배열 기반의 방식에 대해서도 쭉 살펴볼 것이다. 부록 A에서는 배열 계산 실력을 향상할 수 있는 넘파이의 기능을 더 자세히 살펴본다.

## CHAPTER 5

판다스 시작하기

판다스는 앞으로 가장 자주 살펴볼 라이브러리다. 판다스는 고수준의 자료구조와 파이썬을 통한 빠르고 쉬운 데이터 분석 도구를 제공한다. 다른 산술 계산 도구인 넘파이나 사이파이, 분석 라이브러리인 statsmodels와 사이킷런, 시각화 도구인 맷플롯립과 함께 사용하는 경우가 많다. 판다스는 for 문을 사용하지 않고 데이터를 처리한다거나 배열 기반의 함수를 제공하는 등 넘파이의 배열 기반의 계산 스타일을 많이 차용했다.

판다스가 넘파이의 스타일을 많이 차용했지만 가장 큰 차이점은 판다스는 표 형식의 데이터나 다양한 형태의 데이터를 다루는 데 초점을 맞춰 설계했다는 점이다. 반면에 넘파이는 단일 산술 배열 데이터를 다루는 데 특화되어 있다.

판다스는 2010년 오픈 소스로 공개된 이후, 여러 실전 환경에서 사용할 수 있는 매우 큰 라이브러리로 성장했다. 2,500명이 넘는 프로젝트 기여자가 스스로 매일 풀고 있는 데이터 문제를 더 편리하게 처리하기 위해 직접 판다스 프로젝트에 참여했고, 이런 열성적인 판다스 개발자와 사용자 커뮤니티가 판다스의 성공을 이끌게 되었다.

> **NOTE_** 필자가 2013년부터 판다스 개발에 적극적으로 개입하지 않았다는 사실을 모르는 이들이 많다. 그 시점부터 판다스는 온전히 커뮤니티가 관리하는 프로젝트였다. 핵심 개발자들과 모든 기여자의 노고에 감사를 전한다.

이 책에서는 앞으로 넘파이와 판다스의 import 컨벤션을 다음과 같이 사용한다.

```
In [1]: import numpy as np

In [2]: import pandas as pd
```

앞으로 예제 코드에서 pd.를 발견하게 된다면 판다스를 지칭하는 것으로 이해하자. Series와
DataFrame은 로컬 네임스페이스로 임포트하는 것이 훨씬 편하므로 다음과 같이 사용한다.

```
In [3]: from pandas import Series, DataFrame
```

5.1 판다스 자료구조 소개

판다스에 대해서 알아보려면 두 가지 자료구조 Series와 DataFrame에 익숙해질 필요가 있다.
두 자료구조로 모든 문제를 해결할 수는 없지만 대부분의 데이터 업무에서 사용하기 쉽고 탄탄
한 기반을 제공한다.

5.1.1 Series

Series는 일련의 객체를 담을 수 있는 1차원 배열 같은 자료구조다(어떤 넘파이 자료형이라
도 담을 수 있다). 그리고 색인^{index}이라고 하는 배열의 데이터와 연관된 이름을 갖는다. 가장
간단한 Series 객체는 배열 데이터로부터 생성할 수 있다.

```
In [14]: obj = pd.Series([4, 7, -5, 3])

In [15]: obj
Out[15]:
0    4
1    7
2   -5
3    3
dtype: int64
```

Series 객체의 문자열 표현을 살펴보면 왼쪽에는 색인을, 오른쪽에는 해당 색인의 값을 보여준다. 예제에서는 데이터의 색인을 지정하지 않았으니 기본 색인인 정수 0에서부터 N-1(N은 데이터의 길이이다)까지의 숫자가 표시된다. Series의 배열과 색인 객체는 각각 array와 index 속성을 통해 얻을 수 있다.

```
In [16]: obj.array
Out[16]:
<PandasArray>
[4, 7, -5, 3]
Length: 4, dtype: int64

In [17]: obj.index
Out[17]: RangeIndex(start=0, stop=4, step=1)
```

일반적으로 .array 속성의 결과는 넘파이 배열을 감싸는 PandasArray다. 이는 특별한 확장 배열 타입으로 7.3절에서 더 자세히 설명한다.

각 데이터를 지칭하는 색인을 지정해 Series 객체를 생성해야 할 때는 다음처럼 생성한다.

```
In [18]: obj2 = pd.Series([4, 7, -5, 3], index=["d", "b", "a", "c"])

In [19]: obj2
Out[19]:
d    4
b    7
a   -5
c    3
dtype: int64

In [20]: obj2.index
Out[20]: Index(['d', 'b', 'a', 'c'], dtype='object')
```

넘파이 배열과 비교하자면, 단일 값을 선택하거나 여러 개의 값을 선택할 때 색인으로 레이블(라벨)label을 사용할 수 있다.

```
In [21]: obj2["a"]
Out[21]: -5
```

```
In [22]: obj2["d"] = 6

In [23]: obj2[["c", "a", "d"]]
Out[23]:
c    3
a   -5
d    6
dtype: int64
```

예제 코드에서 ["c", "a", "d"]에는 정수가 아닌 문자열이 포함되어 있지만 색인의 배열로
해석된다.

불리언 배열을 사용해서 값을 걸러내거나, 스칼라 곱셈을 수행하거나, 수학 함수를 적용하는
등 넘파이 배열 연산을 수행해도 색인과 값 연결은 유지된다.

```
In [24]: obj2[obj2 > 0]
Out[24]:
d    6
b    7
c    3
dtype: int64

In [25]: obj2 * 2
Out[25]:
d    12
b    14
a   -10
c     6
dtype: int64

In [26]: import numpy as np

In [27]: np.exp(obj2)
Out[27]:
d     403.428793
b    1096.633158
a       0.006738
c      20.085537
dtype: float64
```

Series를 이해하는 다른 방법은 고정 길이의 정렬된 딕셔너리라고 생각하는 것이다. Series 는 색인값에 데이터 값을 매핑하고 있으므로 파이썬의 딕셔너리와 비슷하다. 파이썬의 딕셔너리가 필요한 곳에 Serise 객체를 사용할 수 있다.

```
In [28]: "b" in obj2
Out[28]: True

In [29]: "e" in obj2
Out[29]: False
```

파이썬 딕셔너리에 데이터를 저장해야 한다면 파이썬 딕셔너리 객체로부터 Series 객체를 생성할 수도 있다.

```
In [30]: sdata = {"Ohio": 35000, "Texas": 71000, "Oregon": 16000, "Utah": 5000}

In [31]: obj3 = pd.Series(sdata)

In [32]: obj3
Out[32]:
Ohio      35000
Texas     71000
Oregon    16000
Utah       5000
dtype: int64
```

to_dict 메서드를 사용해 Series를 다시 딕셔너리로 변환할 수도 있다.

```
In [33]: obj3.to_dict()
Out[33]: {'Ohio': 35000, 'Texas': 71000, 'Oregon': 16000, 'Utah': 5000}
```

딕셔너리 객체만 가지고 Series 객체를 생성하면 생성된 Series 객체의 색인은 딕셔너리의 key 메서드에서 반환하는 키의 값 순서대로 들어간다. 색인을 직접 지정하고 싶다면 원하는 순서대로 색인을 넘길 수도 있다.

```
In [34]: states = ["California", "Ohio", "Oregon", "Texas"]

In [35]: obj4 = pd.Series(sdata, index=states)
```

```
In [36]: obj4
Out[36]:
California        NaN
Ohio         35000.0
Oregon       16000.0
Texas        71000.0
dtype: float64
```

예제를 보면 sdata에 있는 값 중 3개만 확인할 수 있는데, California에 대한 값을 찾을 수 없기 때문이다. 이 값은 NaN^not a number^으로 표시되고 판다스에서는 누락된 값 또는 NA 값으로 취급된다. Utah는 states에 포함되어 있지 않으므로, 실행 결과에서는 빠지게 된다.

앞으로 누락된 데이터를 지칭할 때는 '누락되다', 'NA', 'null'이라는 표현을 사용할 예정이다. 판다스의 isnull과 notnull 함수는 누락된 데이터를 찾을 때 사용한다.

```
In [37]: pd.isna(obj4)
Out[37]:
California     True
Ohio          False
Oregon        False
Texas         False
dtype: bool

In [38]: pd.notna(obj4)
Out[38]:
California     False
Ohio          True
Oregon        True
Texas         True
dtype: bool
```

Series에는 다음과 같은 인스턴스 메서드도 존재한다.

```
In [39]: obj4.isna()
Out[39]:
California     True
Ohio          False
Oregon        False
Texas         False
dtype: bool
```

누락된 데이터를 처리하는 방법은 7장에서 좀 더 자세히 살펴본다.

Series의 유용한 기능은 산술 연산에서 색인과 레이블로 자동 정렬하는 기능이다.

```
In [40]: obj3
Out[40]:
Ohio      35000
Texas     71000
Oregon    16000
Utah       5000
dtype: int64

In [41]: obj4
Out[41]:
California       NaN
Ohio        35000.0
Oregon      16000.0
Texas       71000.0
dtype: float64

In [42]: obj3 + obj4
Out[42]:
California        NaN
Ohio         70000.0
Oregon       32000.0
Texas       142000.0
Utah             NaN
dtype: float64
```

데이터 정렬과 관련된 내용은 나중에 조금 더 살펴보자. 데이터베이스를 사용해본 경험이 있다면 join 연산과 비슷하다고 생각할 것이다.

Series 객체와 색인은 모두 name 속성을 가지며 이 속성은 판다스의 다른 기능들과 통합되어 있다.

```
In [43]: obj4.name = "population"

In [44]: obj4.index.name = "state"

In [45]: obj4
Out[45]:
```

```
state
California       NaN
Ohio          35000.0
Oregon        16000.0
Texas         71000.0
Name: population, dtype: float64
```

대입으로 Series의 색인을 변경할 수 있다.

```
In [46]: obj
Out[46]:
0    4
1    7
2   -5
3    3
dtype: int64

In [47]: obj.index = ["Bob", "Steve", "Jeff", "Ryan"]

In [48]: obj
Out[48]:
Bob      4
Steve    7
Jeff    -5
Ryan     3
dtype: int64
```

5.1.2 DataFrame

DataFrame은 표 같은 스프레드시트 형식의 자료구조다. 여러 개의 열이 있고 서로 다른 종류의 값(숫자, 문자열, 불리언 등)을 담을 수 있다. DataFrame은 행과 열에 대한 색인을 가지며, 색인의 모양이 같은 Series 객체를 담고 있는 파이썬 딕셔너리로 생각하면 편하다.

> **NOTE_** 물리적으로 DataFrame은 2차원이지만 계층적hierarchical 색인을 이용해 고차원의 데이터를 표현할 수도 있다. 관련된 내용과 판다스에서 데이터를 다루는 고급 기법은 8장에서 자세히 살펴본다.

여러 가지 방법으로 DataFrame 객체를 생성할 수 있지만 가장 흔한 방법은 동일한 길이의 리스트에 담긴 딕셔너리를 이용하거나 넘파이 배열을 이용하는 방법이다.

```
data = {"state": ["Ohio", "Ohio", "Ohio", "Nevada", "Nevada", "Nevada"],
        "year": [2000, 2001, 2002, 2001, 2002, 2003],
        "pop": [1.5, 1.7, 3.6, 2.4, 2.9, 3.2]}
frame = pd.DataFrame(data)
```

만들어진 DataFrame의 색인은 Series와 동일한 방식으로 자동 할당되며 열은 data의 키 순서에 따라 정렬되어 저장된다(딕셔너리의 삽입 순서에 따라 다르다).

```
In [50]: frame
Out[50]:
    state  year  pop
0    Ohio  2000  1.5
1    Ohio  2001  1.7
2    Ohio  2002  3.6
3  Nevada  2001  2.4
4  Nevada  2002  2.9
5  Nevada  2003  3.2
```

NOTE_ 주피터 노트북을 사용할 경우, DataFrame 객체는 [그림 5-1]처럼 브라우저에서 보기 편한 HTML 표 형식으로 출력된다.

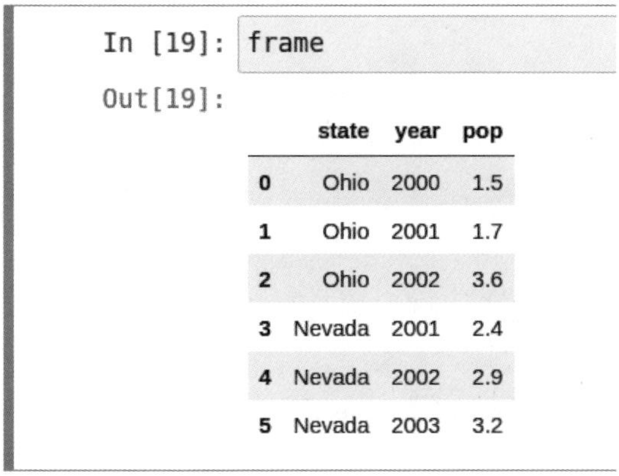

```
In [19]: frame
Out[19]:
      state  year  pop
0      Ohio  2000  1.5
1      Ohio  2001  1.7
2      Ohio  2002  3.6
3    Nevada  2001  2.4
4    Nevada  2002  2.9
5    Nevada  2003  3.2
```

그림 5-1 주피터에서 나타나는 판다스 DataFrame

큰 DataFrame을 다룰 때는 head 메서드를 이용해 처음 5개의 행만 출력할 수 있다.

```
In [51]: frame.head()
Out[51]:
    state  year  pop
0    Ohio  2000  1.5
1    Ohio  2001  1.7
2    Ohio  2002  3.6
3  Nevada  2001  2.4
4  Nevada  2002  2.9
```

마찬가지로 마지막 5개의 행을 출력할 수도 있다.

```
In [52]: frame.tail()
Out[52]:
    state  year  pop
1    Ohio  2001  1.7
2    Ohio  2002  3.6
3  Nevada  2001  2.4
4  Nevada  2002  2.9
5  Nevada  2003  3.2
```

columns을 원하는 순서대로 지정하면 해당 순서로 정렬된 DataFrame 객체가 생성된다.

```
In [53]: pd.DataFrame(data, columns=["year", "state", "pop"])
Out[53]:
   year   state  pop
0  2000    Ohio  1.5
1  2001    Ohio  1.7
2  2002    Ohio  3.6
3  2001  Nevada  2.4
4  2002  Nevada  2.9
5  2003  Nevada  3.2
```

딕셔너리에 없는 값을 columns에 넘기면 결과에 결측치^{missing value}가 표시된다.

```
In [54]: frame2 = pd.DataFrame(data, columns=["year", "state", "pop", "debt"])

In [55]: frame2
```

```
Out[55]:
   year   state  pop debt
0  2000    Ohio  1.5  NaN
1  2001    Ohio  1.7  NaN
2  2002    Ohio  3.6  NaN
3  2001  Nevada  2.4  NaN
4  2002  Nevada  2.9  NaN
5  2003  Nevada  3.2  NaN

In [56]: frame2.columns
Out[56]: Index(['year', 'state', 'pop', 'debt'], dtype='object')
```

DataFrame의 열은 Series처럼 딕셔너리 형식의 표기법이나 점 표기법으로 접근할 수 있다.

```
In [57]: frame2["state"]
Out[57]:
0      Ohio
1      Ohio
2      Ohio
3    Nevada
4    Nevada
5    Nevada
Name: state, dtype: object

In [58]: frame2.year
Out[58]:
0    2000
1    2001
2    2002
3    2001
4    2002
5    2003
Name: year, dtype: int64
```

NOTE_ 편의를 위해 IPython에서는 frame2.year처럼 속성에 접근하듯 사용하거나 탭을 이용한 자동 완성 기능을 제공한다. frame2[column] 형태를 사용하는 것은 어떤 열이든 가능하지만 frame2.column 형태는 파이썬에서 사용 가능한 변수 이름 형식이고 DataFrame의 다른 메서드 이름과 충돌하지 않을 때만 사용 가능하다. 예를 들어 열 이름에 공백이나 밑줄이 아닌 기호가 포함된 경우에는 점 표기법을 사용할 수 없다.

반환된 Series 객체가 DataFrame과 같은 색인을 가지면 알맞은 값으로 name 속성이 채워진다.

iloc이나 loc 같은 몇 가지 속성을 사용해 위치나 이름으로 행에 접근할 수 있다(5.2.3절에서 자세히 살펴본다).

```
In [59]: frame2.loc[1]
Out[59]:
year      2001
state     Ohio
pop        1.7
debt       NaN
Name: 1, dtype: object

In [60]: frame2.iloc[2]
Out[60]:
year      2002
state     Ohio
pop        3.6
debt       NaN
Name: 2, dtype: object
```

대입으로 열을 수정할 수 있다. 예를 들어 현재 비어 있는 debt 열에 스칼라 값이나 배열의 값을 대입할 수 있다.

```
In [61]: frame2["debt"] = 16.5

In [62]: frame2
Out[62]:
   year   state  pop  debt
0  2000    Ohio  1.5  16.5
1  2001    Ohio  1.7  16.5
2  2002    Ohio  3.6  16.5
3  2001  Nevada  2.4  16.5
4  2002  Nevada  2.9  16.5
5  2003  Nevada  3.2  16.5

In [63]: frame2["debt"] = np.arange(6.)

In [64]: frame2
Out[64]:
   year   state  pop  debt
```

```
0  2000    Ohio  1.5  0.0
1  2001    Ohio  1.7  1.0
2  2002    Ohio  3.6  2.0
3  2001  Nevada  2.4  3.0
4  2002  Nevada  2.9  4.0
5  2003  Nevada  3.2  5.0
```

리스트나 배열을 열에 대입할 때는 대입하려는 값의 길이가 DataFrame의 길이와 동일해야 한다. Series를 대입하면 DataFrame의 색인에 따라 값이 대입되며 존재하지 않는 색인에는 결측치가 대입된다.

```
In [65]: val = pd.Series([-1.2, -1.5, -1.7], index=["two", "four", "five"])

In [66]: frame2["debt"] = val

In [67]: frame2
Out[67]:
   year   state  pop debt
0  2000    Ohio  1.5  NaN
1  2001    Ohio  1.7  NaN
2  2002    Ohio  3.6  NaN
3  2001  Nevada  2.4  NaN
4  2002  Nevada  2.9  NaN
5  2003  Nevada  3.2  NaN
```

존재하지 않는 열을 대입할 경우에는 새로운 열이 생성된다.

파이썬 딕셔너리처럼 del 예약어를 사용해 열을 삭제할 수 있다. 예를 들어 state 열의 값이 "Ohio"인지 검사한 결과를 불리언 값으로 나타내는 새로운 열을 만들어보자.

```
In [68]: frame2["eastern"] = frame2["state"] == "Ohio"

In [69]: frame2
Out[69]:
   year   state  pop debt  eastern
0  2000    Ohio  1.5  NaN     True
1  2001    Ohio  1.7  NaN     True
2  2002    Ohio  3.6  NaN     True
3  2001  Nevada  2.4  NaN    False
4  2002  Nevada  2.9  NaN    False
```

```
5 2003 Nevada 3.2  NaN    False
```

del 예약어를 이용해 새롭게 만든 열을 삭제해보자.

```
In [70]: del frame2["eastern"]

In [71]: frame2.columns
Out[71]: Index(['year', 'state', 'pop', 'debt'], dtype='object')
```

중첩된 딕셔너리를 이용해서 데이터를 생성할 수 있다. 다음과 같은 중첩된 딕셔너리가 있다.

```
In [72]: populations = {"Ohio": {2000: 1.5, 2001: 1.7, 2002: 3.6},
    ....:               "Nevada": {2001: 2.4, 2002: 2.9}}
```

중첩된 딕셔너리를 DataFrame에 넘기면 바깥에 있는 딕셔너리의 키가 열이 되고 안에 있는 키는 행이 된다.

```
In [73]: frame3 = pd.DataFrame(populations)

In [74]: frame3
Out[74]:
      Ohio  Nevada
2000   1.5     NaN
2001   1.7     2.4
2002   3.6     2.9
```

넘파이 배열과 유사한 문법으로 데이터를 전치할 수 있다. 즉, 다음과 같이 행과 열을 뒤집는다.

```
In [75]: frame3.T
Out[75]:
        2000  2001  2002
Ohio     1.5   1.7   3.6
Nevada   NaN   2.4   2.9
```

> **WARNING_** 열의 자료형이 모두 같지 않을 경우 데이터를 전치하게 되면 이전 자료형에 대한 정보가 유실될 수 있다. 이 경우 열은 순수 파이썬 객체의 배열이 된다.

중첩된 딕셔너리를 이용해서 DataFrame을 생성하면 안쪽에 있는 딕셔너리 값은 키의 값별로 조합되어 결과의 색인이 되지만, 색인을 직접 지정하면 지정된 색인으로 DataFrame을 생성한다.

```
In [76]: pd.DataFrame(populations, index=[2001, 2002, 2003])
Out[76]:
      Ohio  Nevada
2001   1.7     2.4
2002   3.6     2.9
2003   NaN     NaN
```

Series 객체를 담고 있는 딕셔너리 데이터도 동일한 방식으로 취급된다.

```
In [77]: pdata = {"Ohio": frame3["Ohio"][:-1],
   ....:          "Nevada": frame3["Nevada"][:2]}

In [78]: pd.DataFrame(pdata)
Out[78]:
      Ohio  Nevada
2000   1.5     NaN
2001   1.7     2.4
```

DataFrame 생성자에 넘길 수 있는 자료형의 목록은 [표 5-1]을 참고하자.

표 5-1 DataFrame 생성을 위한 입력 데이터의 종류

자료형	설명
2차원 ndarray	데이터를 담고 있는 행렬. 선택적으로 행과 열의 이름을 전달할 수 있다.
배열, 리스트, 튜플의 딕셔너리	딕셔너리의 모든 항목은 길이가 동일해야 하며, 각 항목의 내용은 DataFrame의 열이 된다.
넘파이의 구조화 배열	배열의 딕셔너리와 동일한 방식으로 취급된다.
Series의 딕셔너리	Series의 각 값이 열이 된다. 명시적으로 색인을 넘겨주지 않으면 각 Series의 색인이 하나로 합쳐져서 행의 색인이 된다.
딕셔너리의 딕셔너리	내부에 있는 딕셔너리가 열이 된다. 키의 값은 'Series의 딕셔너리'와 마찬가지로 합쳐져서 행의 색인이 된다.
딕셔너리나 Series의 리스트	리스트의 각 항목이 DataFrame의 행이 된다. 합쳐진 딕셔너리의 키 값이나 Series의 색인이 DataFrame의 열 이름이 된다.
리스트나 튜플의 리스트	'2차원 ndarray'의 경우와 동일한 방식으로 취급된다.
다른 DataFrame	색인을 따로 지정하지 않으면 DataFrame의 색인이 그대로 사용된다.
넘파이 MaskedArray	'2차원 ndarray'의 경우와 동일한 방식으로 취급되지만 마스크 값은 반환되는 DataFrame에서 NA 값이 된다.

만약 DataFrame의 색인과 열에 name 속성이 설정되어 있다면 이 정보도 함께 출력된다.

```
In [79]: frame3.index.name = "year"

In [80]: frame3.columns.name = "state"

In [81]: frame3
Out[81]:
state  Ohio  Nevada
year
2000    1.5     NaN
2001    1.7     2.4
2002    3.6     2.9
```

Series와 달리 DataFrame에는 name 속성이 없다. DataFrame의 to_numpy 메서드는 DataFrame에 포함된 데이터를 2차원 형태의 ndarray로 반환한다.

```
In [82]: frame3.to_numpy()
Out[82]:
```

```
array([[1.5, nan],
       [1.7, 2.4],
       [3.6, 2.9]])
```

DataFrame의 열이 서로 다른 자료형을 갖는다면 모든 열을 수용하기 위해 반환된 배열의 자료형이 선택된다.

```
In [83]: frame2.to_numpy()
Out[83]:
array([[2000, 'Ohio', 1.5, nan],
       [2001, 'Ohio', 1.7, nan],
       [2002, 'Ohio', 3.6, nan],
       [2001, 'Nevada', 2.4, nan],
       [2002, 'Nevada', 2.9, nan],
       [2003, 'Nevada', 3.2, nan]], dtype=object)
```

5.1.3 색인 객체

판다스의 색인 객체는 축 레이블(DataFrame의 열 이름 포함)과 다른 메타데이터(축의 이름 등)를 저장하는 객체다. Series나 DataFrame 객체를 생성할 때 사용하는 배열이나 다른 순차적인 레이블은 내부적으로 색인으로 변환된다.

```
In [84]: obj = pd.Series(np.arange(3), index=["a", "b", "c"])

In [85]: index = obj.index

In [86]: index
Out[86]: Index(['a', 'b', 'c'], dtype='object')

In [87]: index[1:]
Out[87]: Index(['b', 'c'], dtype='object')
```

색인 객체는 변경이 불가능하다.

```
index[1] = "d"  # TypeError
```

불변성 덕분에 자료구조 사이에서 색인을 안전하게 공유할 수 있다.

```
In [88]: labels = pd.Index(np.arange(3))

In [89]: labels
Out[89]: Int64Index([0, 1, 2], dtype='int64')

In [90]: obj2 = pd.Series([1.5, -2.5, 0], index=labels)

In [91]: obj2
Out[91]:
0    1.5
1   -2.5
2    0.0
dtype: float64

In [92]: obj2.index is labels
Out[92]: True
```

WARNING_ 몇몇 독자는 색인이 제공하는 기능을 유용하게 사용할 일이 별로 없을 수 있지만 일부 연산의 경우 색인을 반환하기도 하므로 어떻게 작동하는지 이해하는 것은 매우 중요하다.

배열과 유사하게 Index 객체도 고정된 크기로 작동한다.

```
In [93]: frame3
Out[93]:
state  Ohio  Nevada
year
2000    1.5    NaN
2001    1.7    2.4
2002    3.6    2.9

In [94]: frame3.columns
Out[94]: Index(['Ohio', 'Nevada'], dtype='object', name='state')

In [95]: "Ohio" in frame3.columns
Out[95]: True

In [96]: 2003 in frame3.index
Out[96]: False
```

파이썬의 집합과는 달리 판다스의 색인은 중복되는 값을 허용한다.

```
In [97]: pd.Index(["foo", "foo", "bar", "bar"])
Out[97]: Index(['foo', 'foo', 'bar', 'bar'], dtype='object')
```

중복되는 값으로 선택하면 해당 값을 가진 모든 항목이 선택된다.

각각의 색인은 담고 있는 데이터에 대한 정보를 취급하는 여러 가지 메서드와 속성을 가지고 있다. 유용한 메서드와 속성을 [표 5-2]에 정리해놓았다.

표 5-2 색인 메서드와 속성

메서드/속성	설명
append()	추가적인 색인 객체를 덧붙여 새로운 색인을 반환한다.
difference()	색인의 차집합을 반환한다.
intersection()	색인의 교집합을 반환한다.
union()	색인의 합집합을 반환한다.
isin()	색인이 넘겨받은 색인에 존재하는지 알려주는 불리언 배열을 반환한다.
delete()	i 위치의 색인이 삭제된 새로운 색인을 반환한다.
drop()	넘겨받은 값이 삭제된 새로운 색인을 반환한다.
insert()	i 위치에 색인이 추가된 새로운 색인을 반환한다.
is_monotonic	색인이 단조성을 가진다면 True를 반환한다.
is_unique	중복되는 색인이 없다면 True를 반환한다.
unique()	색인에서 중복되는 요소를 제거하고 유일한 값만 반환한다.

5.2 핵심 기능

이번 절에서는 Series나 DataFrame에 저장된 데이터를 다루는 기본적인 방법을 설명한다. 앞으로 살펴볼 장에서는 판다스를 이용한 데이터 분석과 조작을 더 자세히 살펴본다. 이 책은 판다스 라이브러리에 대한 모든 것을 설명하기보다는 자주 사용하는 중요한 기능에 익숙해지는 데 중점을 둔다. 잘 사용하지 않는 내용은 온라인 판다스 문서[1]를 보며 학습하도록 하자.

---

1 https://pandas.pydata.org/docs

5.2.1 재색인

판다스 객체의 중요한 기능 중 하나는 reindex인데, 새로운 색인에 적합하도록 객체를 새로 생성하는 기능이다. 간단한 예제를 살펴보자.

```
In [98]: obj = pd.Series([4.5, 7.2, -5.3, 3.6], index=["d", "b", "a", "c"])

In [99]: obj
Out[99]:
d    4.5
b    7.2
a   -5.3
c    3.6
dtype: float64
```

Series 객체에 대해서 reindex를 호출하면 데이터를 새로운 색인에 맞게 재배열하고, 존재하지 않는 색인값이 있다면 비어 있는 값(NaN)을 새로 추가한다.

```
In [100]: obj2 = obj.reindex(["a", "b", "c", "d", "e"])

In [101]: obj2
Out[101]:
a   -5.3
b    7.2
c    3.6
d    4.5
e    NaN
dtype: float64
```

시계열 같은 순차적인 데이터를 재색인할 때, 값을 보간하거나 채워 넣어야 할 경우가 있다. method 옵션을 이용해서 이를 해결할 수 있으며 ffill 같은 메서드를 이용해 누락된 값을 직전의 값으로 채워 넣을 수 있다.

```
In [102]: obj3 = pd.Series(["blue", "purple", "yellow"], index=[0, 2, 4])

In [103]: obj3
Out[103]:
0      blue
2    purple
```

```
4    yellow
dtype: object

In [104]: obj3.reindex(np.arange(6), method="ffill")
Out[104]:
0      blue
1      blue
2    purple
3    purple
4    yellow
5    yellow
dtype: object
```

DataFrame에 대한 reindex는 행(색인), 열 또는 둘 다 변경 가능하다. 그냥 순서만 전달하면 행이 재색인된다.

```
In [105]: frame = pd.DataFrame(np.arange(9).reshape((3, 3)),
   .....:                      index=["a", "c", "d"],
   .....:                      columns=["Ohio", "Texas", "California"])

In [106]: frame
Out[106]:
   Ohio  Texas  California
a     0      1           2
c     3      4           5
d     6      7           8

In [107]: frame2 = frame.reindex(index=["a", "b", "c", "d"])

In [108]: frame2
Out[108]:
   Ohio  Texas  California
a   0.0    1.0         2.0
b   NaN    NaN         NaN
c   3.0    4.0         5.0
d   6.0    7.0         8.0
```

열은 columns 예약어를 사용해 재색인한다.

```
In [109]: states = ["Texas", "Utah", "California"]

In [110]: frame.reindex(columns=states)
Out[110]:
   Texas  Utah  California
a      1   NaN           2
c      4   NaN           5
d      7   NaN           8
```

Ohio는 states에 포함되어 있지 않으므로 결과에서 해당 열은 제외된다.

특정 축을 재색인하는 또 다른 방법은 새로운 축 레이블을 인수로 넘긴 다음 axis 키워드를 사용해 재색인할 축을 지정하는 것이다.

```
In [111]: frame.reindex(states, axis="columns")
Out[111]:
   Texas  Utah  California
a      1   NaN           2
c      4   NaN           5
d      7   NaN           8
```

reindex의 인수에 대해서는 [표 5-3]을 참고하자.

표 5-3 reindex 함수 인수

인수	설명
labels	색인으로 사용할 새로운 순서. Index 인스턴스나 다른 순차적인 파이썬 자료구조를 사용할 수 있다. Index는 복사가 이루어지지 않고 그대로 사용된다.
index	전달된 시퀀스를 새로운 행(index) 레이블로 지정한다.
columns	전달된 시퀀스를 새로운 열 레이블로 지정한다.
axis	색인으로 사용할 축(행 또는 열)을 지정한다. 기본값은 행(index)이다. reindex(index=new_labels) 또는 reindex(columns=new_labels)와 같이 사용할 수 있다.
method	채움 메서드. ffill은 직전 값을 채워 넣고 bfill은 다음 값을 채워 넣는다.
fill_value	재색인 과정 중에 새롭게 나타나는 비어 있는 데이터를 채우기 위한 값. 빈 곳의 결과에 null을 채워 넣으려면 fill_value="missing"을 이용한다.
limit	전/후 보간 시에 사용할 최대 갭 크기(채워 넣을 원소의 수)
tolerance	전/후 보간 시에 사용할 최대 갭 크기(값의 차이)

인수	설명
level	MultiIndex의 단계(level)에 단순 색인을 맞춘다. 그렇지 않으면 MultiIndex의 하위집합에 맞춘다.
copy	True인 경우 새로운 색인이 이전 색인과 동일하더라도 기본 데이터를 복사한다. False인 경우 새로운 색인이 이전 색인과 동일할 경우 복사하지 않는다.

5.2.3절에서 더 살펴보겠지만 loc 연산자를 이용해서 재색인할 수도 있으며 많은 사용자가 이 방법을 선호한다. 이 방법은 모든 새로운 색인 레이블이 DataFrame에 존재하는 경우에만 작동한다(reindex 함수는 새로운 레이블에 대한 결측치를 삽입한다).

```
In [112]: frame.loc[["a", "d", "c"], ["California", "Texas"]]
Out[112]:
   California  Texas
a          2      1
d          8      7
c          5      4
```

5.2.2 하나의 행이나 열 삭제하기

삭제하려는 축이 제외된 리스트를 이미 가지고 있거나, 색인 배열을 갖고 있다면 reindex 메서드나 .loc 기반의 색인을 이용할 수 있으므로 행이나 열을 쉽게 삭제할 수 있다. 다만 이 방법은 데이터의 모양을 변경하는 작업이 필요하다. drop 메서드를 사용하면 선택한 값들이 삭제된 새로운 객체를 얻을 수 있다.

```
In [113]: obj = pd.Series(np.arange(5.), index=["a", "b", "c", "d", "e"])

In [114]: obj
Out[114]:
a    0.0
b    1.0
c    2.0
d    3.0
e    4.0
dtype: float64

In [115]: new_obj = obj.drop("c")
```

```
In [116]: new_obj
Out[116]:
a    0.0
b    1.0
d    3.0
e    4.0
dtype: float64

In [117]: obj.drop(["d", "c"])
Out[117]:
a    0.0
b    1.0
e    4.0
dtype: float64
```

DataFrame에서는 행과 열 모두에서 색인값을 삭제할 수 있다. 다음 DataFrame 예제를 살펴
보자.

```
In [118]: data = pd.DataFrame(np.arange(16).reshape((4, 4)),
   .....:                      index=["Ohio", "Colorado", "Utah", "New York"],
   .....:                      columns=["one", "two", "three", "four"])

In [119]: data
Out[119]:
          one  two  three  four
Ohio        0    1      2     3
Colorado    4    5      6     7
Utah        8    9     10    11
New York   12   13     14    15
```

drop 함수 인수로 삭제하고 싶은 행 이름을 넘기면 해당 행의 값을 모두 삭제한다.

```
In [120]: data.drop(index=["Colorado", "Ohio"])
Out[120]:
          one  two  three  four
Utah        8    9     10    11
New York   12   13     14    15
```

열의 레이블을 삭제하려면 columns 키워드를 사용한다.

```
In [121]: data.drop(columns=["two"])
Out[121]:
          one  three  four
Ohio        0      2     3
Colorado    4      6     7
Utah        8     10    11
New York   12     14    15
```

열의 값을 삭제할 때는 넘파이처럼 axis=1 또는 axis="columns"를 인수로 넘겨주면 된다.

```
In [122]: data.drop("two", axis=1)
Out[122]:
          one  three  four
Ohio        0      2     3
Colorado    4      6     7
Utah        8     10    11
New York   12     14    15

In [123]: data.drop(["two", "four"], axis="columns")
Out[123]:
          one  three
Ohio        0      2
Colorado    4      6
Utah        8     10
New York   12     14
```

5.2.3 색인하기, 선택하기, 거르기

Series의 색인(obj[...])은 넘파이 배열의 색인과 유사하게 작동하지만 정수가 아니어도 된다는 점이 다르다. 몇 가지 예제를 살펴보자.

```
In [124]: obj = pd.Series(np.arange(4.), index=["a", "b", "c", "d"])

In [125]: obj
Out[125]:
a    0.0
b    1.0
c    2.0
```

```
d    3.0
dtype: float64

In [126]: obj["b"]
Out[126]: 1.0

In [127]: obj[1]
Out[127]: 1.0

In [128]: obj[2:4]
Out[128]:
c    2.0
d    3.0
dtype: float64

In [129]: obj[["b", "a", "d"]]
Out[129]:
b    1.0
a    0.0
d    3.0
dtype: float64

In [130]: obj[[1, 3]]
Out[130]:
b    1.0
d    3.0
dtype: float64

In [131]: obj[obj < 2]
Out[131]:
a    0.0
b    1.0
dtype: float64
```

이 방법으로 레이블별 데이터를 선택할 수 있지만 특수 연산자인 loc을 이용하는 방식이 더 선호된다.

```
In [132]: obj.loc[["b", "a", "d"]]
Out[132]:
b    1.0
a    0.0
d    3.0
```

```
dtype: float64
```

[]로 선택하는 경우 정수의 처리 방식이 다르기 때문에 loc을 선호하는 이들이 많다. 일반적으로 [] 기반의 색인은 정수가 포함될 경우 이를 레이블로 인식하고, 색인의 자료형에 따라 작동 방식이 달라진다. 다음 예제를 살펴보자.

```
In [133]: obj1 = pd.Series([1, 2, 3], index=[2, 0, 1])

In [134]: obj2 = pd.Series([1, 2, 3], index=["a", "b", "c"])

In [135]: obj1
Out[135]:
2    1
0    2
1    3
dtype: int64

In [136]: obj2
Out[136]:
a    1
b    2
c    3
dtype: int64

In [137]: obj1[[0, 1, 2]]
Out[137]:
0    2
1    3
2    1
dtype: int64

In [138]: obj2[[0, 1, 2]]
Out[138]:
a    1
b    2
c    3
dtype: int64
```

loc을 이용하면 색인에 정수가 포함되어 있지 않을 경우 `obj.loc[[0, 1, 2]]` 구문은 실패한다.

```
In [134]: obj2.loc[[0, 1]]
---------------------------------------------------------------------
KeyError                                    Traceback (most recent call last)
/tmp/ipykernel_804589/4185657903.py in <module>
----> 1 obj2.loc[[0, 1]]

^ LONG EXCEPTION ABBREVIATED ^

KeyError: "None of [Int64Index([0, 1], dtype="int64")] are in the [index]"
```

loc 연산자는 레이블로만 색인을 취하므로 색인이 정수를 포함하고 있는지 여부와 관계없이 일관되게 작동하도록 정수로만 색인을 취하는 iloc 연산자도 존재한다.

```
In [139]: obj1.iloc[[0, 1, 2]]
Out[139]:
2    1
0    2
1    3
dtype: int64

In [140]: obj2.iloc[[0, 1, 2]]
Out[140]:
a    1
b    2
c    3
dtype: int64
```

> **WARNING_** 레이블을 사용해 슬라이싱할 수 있지만 보통의 파이썬 슬라이싱과 다르게 엔드포인트가 포함된다.
>
> ```
> In [141]: obj2.loc["b":"c"]
> Out[141]:
> b    2
> c    3
> dtype: int64
> ```

이러한 방식으로 값을 할당하면 Series의 해당 부분이 수정된다.

```
In [142]: obj2.loc["b":"c"] = 5

In [143]: obj2
Out[143]:
a    1
b    5
c    5
dtype: int64
```

> **NOTE_** 초보자의 흔한 실수 중 하나는 loc 또는 iloc을 []를 사용해서 직접 선택하지 않고 함수처럼 호출하려고 하는 것이다. [] 표현식은 슬라이스 작업을 위해 사용하며 DataFrame 객체의 여러 축에 대한 선택을 가능하게 한다.

색인으로 DataFrame에서 하나 이상의 열의 값을 가져올 수 있다.

```
In [144]: data = pd.DataFrame(np.arange(16).reshape((4, 4)),
   .....:                      index=["Ohio", "Colorado", "Utah", "New York"],
   .....:                      columns=["one", "two", "three", "four"])

In [145]: data
Out[145]:
          one  two  three  four
Ohio        0    1      2     3
Colorado    4    5      6     7
Utah        8    9     10    11
New York   12   13     14    15

In [146]: data["two"]
Out[146]:
Ohio         1
Colorado     5
Utah         9
New York    13
Name: two, dtype: int64

In [147]: data[["three", "one"]]
Out[147]:
          three  one
Ohio          2    0
Colorado      6    4
```

```
Utah          10    8
New York      14   12
```

슬라이싱으로 행을 선택하거나 불리언 배열로 행을 선택할 수도 있다.

```
In [148]: data[:2]
Out[148]:
          one  two  three  four
Ohio        0    1      2     3
Colorado    4    5      6     7

In [149]: data[data["three"] > 5]
Out[149]:
          one  two  three  four
Colorado    4    5      6     7
Utah        8    9     10    11
New York   12   13     14    15
```

data[:2] 형식의 문법으로 편리하게 행을 선택할 수 있다. [] 연산자에 단일 값을 넘기거나 리스트를 넘겨서 여러 열을 선택할 수 있다.

또 다른 방법으로는 스칼라 비교를 통해 생성된 불리언 DataFrame을 사용해서 값을 선택하는 것이다. 다음 예제를 살펴보자.

```
In [150]: data < 5
Out[150]:
            one    two  three   four
Ohio       True   True   True   True
Colorado   True  False  False  False
Utah      False  False  False  False
New York  False  False  False  False
```

DataFrame을 사용해 True 값을 가진 위치에 0을 할당할 수 있다.

```
In [151]: data[data < 5] = 0

In [152]: data
Out[152]:
```

```
        one  two  three  four
Ohio      0    0      0     0
Colorado  0    5      6     7
Utah      8    9     10    11
New York 12   13     14    15
```

loc과 iloc으로 선택하기

Series와 마찬가지로 DataFrame에는 레이블과 정수 기반 색인을 위한 loc, iloc 속성이 존재한다. DataFrame은 2차원이므로 축 레이블(loc) 또는 정수 색인(iloc)을 이용해 행렬의 부분집합을 선택할 수 있다.

첫 번째 예로 레이블을 이용해 단일 행을 선택해보자.

```
In [153]: data
Out[153]:
        one  two  three  four
Ohio      0    0      0     0
Colorado  0    5      6     7
Utah      8    9     10    11
New York 12   13     14    15

In [154]: data.loc["Colorado"]
Out[154]:
one      0
two      5
three    6
four     7
Name: Colorado, dtype: int64
```

결괏값은 DataFrame의 열 레이블을 색인으로 하는 단일 행을 가진 Series다. 여러 행을 선택해서 새로운 DataFrame을 생성하려면 레이블의 리스트를 넘겨보자.

```
In [155]: data.loc[["Colorado", "New York"]]
Out[155]:
        one  two  three  four
Colorado  0    5      6     7
New York 12   13     14    15
```

loc에서 쉼표로 구분하여 행과 열을 조합해 선택할 수도 있다.

```
In [156]: data.loc["Colorado", ["two", "three"]]
Out[156]:
two      5
three    6
Name: Colorado, dtype: int64
```

iloc을 이용하면 정수 색인으로도 앞선 예제와 비슷하게 선택할 수 있다.

```
In [157]: data.iloc[2]
Out[157]:
one       8
two       9
three    10
four     11
Name: Utah, dtype: int64

In [158]: data.iloc[[2, 1]]
Out[158]:
          one  two  three  four
Utah        8    9     10    11
Colorado    0    5      6     7

In [159]: data.iloc[2, [3, 0, 1]]
Out[159]:
four    11
one      8
two      9
Name: Utah, dtype: int64

In [160]: data.iloc[[1, 2], [3, 0, 1]]
Out[160]:
          four  one  two
Colorado     7    0    5
Utah        11    8    9
```

두 색인 함수는 슬라이스도 지원할뿐더러 단일 레이블이나 레이블 리스트도 지원한다.

```
In [161]: data.loc[:"Utah", "two"]
Out[161]:
```

```
Ohio         0
Colorado     5
Utah         9
Name: two, dtype: int64

In [162]: data.iloc[:, :3][data.three > 5]
Out[162]:
          one  two  three
Colorado    0    5      6
Utah        8    9     10
New York   12   13     14
```

loc에는 불리언 배열을 사용할 수 있지만 iloc에서는 사용할 수 없다.

```
In [163]: data.loc[data.three >= 2]
Out[163]:
          one  two  three  four
Colorado    0    5      6     7
Utah        8    9     10    11
New York   12   13     14    15
```

지금까지 살펴봤듯이 판다스 객체에서 데이터를 선택하고 재배열하는 방법은 여러 가지다. [표 5-4]에 다양한 방법을 요약해두었다. 나중에 살펴볼 계층적 색인을 이용하면 조금 더 다양한 방법을 사용할 수 있다.

표 5-4 DataFrame 색인 옵션

자료형	설명
df[column]	DataFrame에서 하나의 열이나 여러 열을 선택한다. 편의를 위해 불리언 배열, 슬라이스, 불리언 DataFrame(어떤 기준에 근거해서 값을 대입해야 할 때)을 사용할 수 있다.
df.loc[rows]	DataFrame에서 레이블 값으로 하나의 행 또는 행의 부분집합을 선택한다.
df.loc[:, cols]	레이블 값으로 하나의 열 또는 열의 부분집합을 선택한다.
df.loc[rows, cols]	레이블 값으로 행과 열을 모두 선택한다.
df.iloc[rows]	DataFrame에서 정수 위치로 하나의 행 또는 행의 부분집합을 선택한다.
df.iloc[:, cols]	정수 위치로 하나의 열 또는 열의 부분집합을 선택한다.
df.iloc[rows, cols]	정수 위치로 행과 열을 모두 선택한다.
df.at[row, col]	행과 열의 레이블로 단일 스칼라 값을 선택한다.

자료형	설명
df.iat[row, col]	행과 열의 위치(정수)로 단일 스칼라 값을 선택한다.
reindex 메서드	행과 열 이름으로 DataFrame의 값을 선택한다.

정수 색인의 함정

정수 색인으로 판다스 객체를 다루다 보면 리스트나 튜플 같은 파이썬 내장 자료구조에서의 색인을 다루는 방법과의 차이점 때문에 실수하게 되는 경우가 있다. 예를 들어 다음 코드가 오류를 발생하지 않을 거라 생각할 것이다.

```
In [164]: ser = pd.Series(np.arange(3.))

In [165]: ser
Out[165]:
0    0.0
1    1.0
2    2.0
dtype: float64

In [166]: ser[-1]
---------------------------------------------------------------------------
ValueError                                Traceback (most recent call last)
/miniconda/envs/book-env/lib/python3.10/site-packages/pandas/core/indexes/range.p
y in get_loc(self, key, method, tolerance)
    384                try:
--> 385                    return self._range.index(new_key)
    386                except ValueError as err:
ValueError: -1 is not in range
The above exception was the direct cause of the following exception:
KeyError                                  Traceback (most recent call last)
<ipython-input-166-44969a759c20> in <module>
----> 1 ser[-1]
/miniconda/envs/book-env/lib/python3.10/site-packages/pandas/core/series.py in __
getitem__(self, key)
    956
    957        elif key_is_scalar:
--> 958            return self._get_value(key)
    959
    960        if is_hashable(key):
/miniconda/envs/book-env/lib/python3.10/site-packages/pandas/core/series.py in _g
```

```
et_value(self, label, takeable)
   1067
   1068          # Similar to Index.get_value, but we do not fall back to position
al
-> 1069          loc = self.index.get_loc(label)
   1070          return self.index._get_values_for_loc(self, loc, label)
   1071
/miniconda/envs/book-env/lib/python3.10/site-packages/pandas/core/indexes/range.p
y in get_loc(self, key, method, tolerance)
    385                       return self._range.index(new_key)
    386                   except ValueError as err:
--> 387                       raise KeyError(key) from err
    388               self._check_indexing_error(key)
    389               raise KeyError(key)
KeyError: -1
```

이 경우에 판다스는 레이블 색인을 찾는 데 실패하므로 정수 색인으로 값을 찾는다. 하지만 버그 없이 어떤 경우에서도 잘 작동하도록 구현하기란 쉽지 않다. 레이블 색인이 0, 1, 2를 포함하는 경우 사용자가 레이블 색인으로 선택하려는 것인지 정수 색인으로 선택하려는 것인지 추측하기 쉽지 않다.

```
In [167]: ser
Out[167]:
0    0.0
1    1.0
2    2.0
dtype: float64
```

반면에 정수가 아닌 색인을 사용하면 이런 모호함은 사라진다.

```
In [168]: ser2 = pd.Series(np.arange(3.), index=["a", "b", "c"])

In [169]: ser2[-1]
Out[169]: 2.0
```

정숫값을 담고 있는 축 색인이 있다면 우선적으로 레이블을 먼저 찾아보도록 구현되어 있다. 앞서 언급한 것처럼 레이블에 대해는 loc을 사용하고 정수 색인에 대해서는 iloc을 사용하면 원하는 것을 정확히 얻을 수 있다.

```
In [170]: ser.iloc[-1]
Out[170]: 2.0
```

반면에 정수 기반 슬라이싱은 우선석으로 정수를 먼저 찾도록 구현되어 있다.

```
In [171]: ser[:2]
Out[171]:
0    0.0
1    1.0
dtype: float64
```

이러한 함정들 때문에 항상 loc이나 iloc을 사용해 이런 모호함을 피하는 것이 최선이다.

연쇄 색인의 함정

이전 절에서 loc과 iloc을 사용해 유연한 선택을 수행하는 방법을 살펴봤다. 이러한 색인 속성은 DataFrame 객체의 값을 수정하는 데에도 사용할 수 있다. 하지만 약간의 주의가 필요하다.

예를 들어 앞선 DataFrame 예제에서 다음과 같이 하나의 열이나 행의 레이블이나 정수 위치에 값을 대입할 수 있다.

```
In [172]: data.loc[:, "one"] = 1

In [173]: data
Out[173]:
          one  two  three  four
Ohio        1    0      0     0
Colorado    1    5      6     7
Utah        1    9     10    11
New York    1   13     14    15

In [174]: data.iloc[2] = 5

In [175]: data
Out[175]:
          one  two  three  four
Ohio        1    0      0     0
Colorado    1    5      6     7
Utah        5    5      5     5
```

```
New York    1   13      14      15

In [176]: data.loc[data["four"] > 5] = 3

In [177]: data
Out[177]:
          one  two  three  four
Ohio        1    0      0     0
Colorado    3    3      3     3
Utah        5    5      5     5
New York    3    3      3     3
```

다음과 같이 값을 할당할 때 색인을 연결해서(연쇄 색인^{chained indexing}) 사용하게 되면 문제가 발생한다.

```
In [177]: data.loc[data.three == 5]["three"] = 6
<ipython-input-11-0ed1cf2155d5>:1: SettingWithCopyWarning:
A value is trying to be set on a copy of a slice from a DataFrame.
Try using .loc[row_indexer,col_indexer] = value instead
```

데이터 내용에 따라 SettingWithCopyWarning이 출력되는데, 의도한 대로 원본 DataFrame 에 값을 대입하는 것이 아니라 임싯값(비어 있지 않은 data.loc[data.three == 5]의 결 과)을 변경하려고 한다는 경고다. 다음 코드에서 data의 내용이 변경되지 않았음을 확인할 수 있다.

```
In [179]: data
Out[179]:
          one  two  three  four
Ohio        1    0      0     0
Colorado    3    3      3     3
Utah        5    5      5     5
New York    3    3      3     3
```

이 문제를 해결하려면 연쇄 색인을 피하기 위해 단일 loc 연산을 사용해야 한다.

```
In [180]: data.loc[data.three == 5, "three"] = 6

In [181]: data
```

```
Out[181]:
          one  two  three  four
Ohio        1    0      0     0
Colorado    3    3      3     3
Utah        5    5      6     5
New York    3    3      3     3
```

값을 할당할 때는 연쇄 색인을 피하는 것이 좋다. 판다스에서 연쇄 색인으로 인해 `Setting
WithCopyWarning`을 출력하는 또 다른 경우도 있는데, 관련된 내용은 온라인 판다스 문서[2]를
참조하자.

5.2.4 산술 연산과 데이터 정렬

판다스는 서로 다른 색인을 가지고 있는 객체 간의 산술 연산을 간단하게 처리할 수 있다. 예를 들
어 객체를 더할 때 짝이 맞지 않는 색인이 있다면 결과에 두 색인이 통합된다. 예제를 살펴보자.

```
In [182]: s1 = pd.Series([7.3, -2.5, 3.4, 1.5], index=["a", "c", "d", "e"])

In [183]: s2 = pd.Series([-2.1, 3.6, -1.5, 4, 3.1],
   .....:                index=["a", "c", "e", "f", "g"])

In [184]: s1
Out[184]:
a    7.3
c   -2.5
d    3.4
e    1.5
dtype: float64

In [185]: s2
Out[185]:
a   -2.1
c    3.6
e   -1.5
f    4.0
g    3.1
dtype: float64
```

----

2 https://pandas.pydata.org/docs

이 두 객체를 더하면 다음과 같은 결과를 얻는다.

```
In [186]: s1 + s2
Out[186]:
a    5.2
c    1.1
d    NaN
e    0.0
f    NaN
g    NaN
dtype: float64
```

서로 겹치는 색인이 없는 경우 데이터는 결측치가 된다. 추후 산술 연산 시 누락된 값이 전달된다.

DataFrame의 경우 행과 열 모두에 정렬이 적용된다.

```
In [187]: df1 = pd.DataFrame(np.arange(9.).reshape((3, 3)), columns=list("bcd"),
   .....:                    index=["Ohio", "Texas", "Colorado"])

In [188]: df2 = pd.DataFrame(np.arange(12.).reshape((4, 3)), columns=list("bde"),
   .....:                    index=["Utah", "Ohio", "Texas", "Oregon"])

In [189]: df1
Out[189]:
           b    c    d
Ohio     0.0  1.0  2.0
Texas    3.0  4.0  5.0
Colorado 6.0  7.0  8.0

In [190]: df2
Out[190]:
           b    d     e
Utah     0.0  1.0   2.0
Ohio     3.0  4.0   5.0
Texas    6.0  7.0   8.0
Oregon   9.0  10.0  11.0
```

두 DataFrame을 더하면 각 DataFrame에 있는 색인과 열이 하나로 합쳐진다.

```
In [191]: df1 + df2
Out[191]:
```

```
          b   c    d   e
Colorado  NaN NaN  NaN NaN
Ohio      3.0 NaN  6.0 NaN
Oregon    NaN NaN  NaN NaN
Texas     9.0 NaN  12.0 NaN
Utah      NaN NaN  NaN NaN
```

두 DataFrame 객체에 c와 e 열이 존재하지 않으므로 결과에서는 모두 없는 값(NaN)으로 나타 난다. 행 역시 마찬가지로 양쪽에 다 존재하지 않는 레이블에 대해서는 비어 있는 값으로 나타 난다.

공통 열이나 행 레이블이 없는 DataFrame을 더하면 결과는 아무것도 나타나지 않는다.

```
In [192]: df1 = pd.DataFrame({"A": [1, 2]})

In [193]: df2 = pd.DataFrame({"B": [3, 4]})

In [194]: df1
Out[194]:
   A
0  1
1  2

In [195]: df2
Out[195]:
   B
0  3
1  4

In [196]: df1 + df2
Out[196]:
    A   B
0  NaN NaN
1  NaN NaN
```

산술 연산 메서드에 채워 넣을 값 지정하기

색인이 서로 다른 객체 간의 산술 연산에서 존재하지 않는 축의 값을 0 같이 특수한 값으로 지 정하고 싶을 때가 있다. 다음은 특정 위치에 np.nan을 대입해 NA로 설정한 코드다.

```
In [197]: df1 = pd.DataFrame(np.arange(12.).reshape((3, 4)),
   .....:                     columns=list("abcd"))

In [198]: df2 = pd.DataFrame(np.arange(20.).reshape((4, 5)),
   .....:                     columns=list("abcde"))

In [199]: df2.loc[1, "b"] = np.nan

In [200]: df1
Out[200]:
     a    b     c     d
0  0.0  1.0   2.0   3.0
1  4.0  5.0   6.0   7.0
2  8.0  9.0  10.0  11.0

In [201]: df2
Out[201]:
      a     b     c     d     e
0   0.0   1.0   2.0   3.0   4.0
1   5.0   NaN   7.0   8.0   9.0
2  10.0  11.0  12.0  13.0  14.0
3  15.0  16.0  17.0  18.0  19.0
```

두 결과를 더하면 겹치지 않는 부분은 NA 값이 된다.

```
In [202]: df1 + df2
Out[202]:
      a    b     c     d    e
0   0.0  2.0   4.0   6.0  NaN
1   9.0  NaN  13.0  15.0  NaN
2  18.0  20.0  22.0  24.0  NaN
3   NaN  NaN   NaN   NaN  NaN
```

df1에 add 메서드를 사용해서 df2와 fill_value 값을 인수로 전달한다. 그러면 연산에서 누락된 값은 fill_value 값으로 대체된다.

```
In [203]: df1.add(df2, fill_value=0)
Out[203]:
      a    b     c     d    e
0   0.0  2.0   4.0   6.0  4.0
1   9.0  5.0  13.0  15.0  9.0
```

```
2   18.0   20.0   22.0   24.0   14.0
3   15.0   16.0   17.0   18.0   19.0
```

[표 5-5]에서 Series와 DataFrame의 산술 연산 메서드를 정리했다.

표 5-5 산술 연산 메서드

메서드	설명
add, radd	덧셈(+)을 위한 메서드
sub, rsub	뺄셈(-)을 위한 메서드
div, rdiv	나눗셈(/)을 위한 메서드
floordiv, rfloordiv	소수점 내림(//) 연산을 위한 메서드
mul, rmul	곱셈(*)을 위한 메서드
pow, rpow	거듭제곱(**)을 위한 메서드

각각의 산술 연산 메서드는 r로 시작하는 계산 인수를 뒤집어 계산하는 짝꿍 메서드를 갖는다.
따라서 다음 두 코드의 계산 결과는 같다.

```
In [204]: 1 / df1
Out[204]:
        a         b         c         d
0     inf  1.000000  0.500000  0.333333
1   0.250  0.200000  0.166667  0.142857
2   0.125  0.111111  0.100000  0.090909

In [205]: df1.rdiv(1)
Out[205]:
        a         b         c         d
0     inf  1.000000  0.500000  0.333333
1   0.250  0.200000  0.166667  0.142857
2   0.125  0.111111  0.100000  0.090909
```

Series나 DataFrame을 재색인할 때도 `fill_value`를 지정할 수 있다.

```
In [206]: df1.reindex(columns=df2.columns, fill_value=0)
Out[206]:
      a    b    c    d   e
```

```
0  0.0  1.0   2.0   3.0  0
1  4.0  5.0   6.0   7.0  0
2  8.0  9.0  10.0  11.0  0
```

DataFrame과 Series 간의 연산

다른 차원의 넘파이 배열과의 연산처럼 DataFrame과 Series 간의 연산도 잘 정의되어 있다. 먼저 예제를 살펴보며 2차원 배열과 해당 배열 중 한 행의 차이에 대해 생각해보자.

```
In [207]: arr = np.arange(12.).reshape((3, 4))

In [208]: arr
Out[208]:
array([[ 0.,  1.,  2.,  3.],
       [ 4.,  5.,  6.,  7.],
       [ 8.,  9., 10., 11.]])

In [209]: arr[0]
Out[209]: array([0., 1., 2., 3.])

In [210]: arr - arr[0]
Out[210]:
array([[0., 0., 0., 0.],
       [4., 4., 4., 4.],
       [8., 8., 8., 8.]])
```

arr에서 arr[0]을 빼면 계산은 각 행에 대해 한 번씩만 수행된다. 이를 브로드캐스팅broadcasting 이라 부르며 부록 A에서 더 자세히 살펴본다. DataFrame과 Series 간의 연산은 이와 유사 하다.

```
In [211]: frame = pd.DataFrame(np.arange(12.).reshape((4, 3)),
   .....:                      columns=list("bde"),
   .....:                      index=["Utah", "Ohio", "Texas", "Oregon"])

In [212]: series = frame.iloc[0]

In [213]: frame
Out[213]:
```

```
          b     d     e
Utah    0.0   1.0   2.0
Ohio    3.0   4.0   5.0
Texas   6.0   7.0   8.0
Oregon  9.0  10.0  11.0

In [214]: series
Out[214]:
b    0.0
d    1.0
e    2.0
Name: Utah, dtype: float64
```

기본적으로 DataFrame과 Series 간의 산술 연산은 Series의 색인을 DataFrame의 열에 맞추고 아래 행으로 브로드캐스팅한다.

```
In [215]: frame - series
Out[215]:
          b    d    e
Utah    0.0  0.0  0.0
Ohio    3.0  3.0  3.0
Texas   6.0  6.0  6.0
Oregon  9.0  9.0  9.0
```

만약 색인값을 DataFrame의 열이나 Series의 색인에서 찾을 수 없다면 그 객체는 형식을 맞추기 위해 재색인된다.

```
In [216]: series2 = pd.Series(np.arange(3), index=["b", "e", "f"])

In [217]: series2
Out[217]:
b    0
e    1
f    2
dtype: int64

In [218]: frame + series2
Out[218]:
          b    d     e    f
Utah    0.0  NaN   3.0  NaN
```

```
Ohio    3.0 NaN   6.0 NaN
Texas   6.0 NaN   9.0 NaN
Oregon  9.0 NaN  12.0 NaN
```

브로드캐스팅 대신 각 행에 대해 연산을 수행하고 싶다면 산술 연산 메서드를 사용해 색인이
일치하도록 지정하면 된다. 다음 코드를 살펴보자.

```
In [219]: series3 = frame["d"]

In [220]: frame
Out[220]:
          b     d     e
Utah    0.0   1.0   2.0
Ohio    3.0   4.0   5.0
Texas   6.0   7.0   8.0
Oregon  9.0  10.0  11.0

In [221]: series3
Out[221]:
Utah       1.0
Ohio       4.0
Texas      7.0
Oregon    10.0
Name: d, dtype: float64

In [222]: frame.sub(series3, axis="index")
Out[222]:
          b    d    e
Utah   -1.0  0.0  1.0
Ohio   -1.0  0.0  1.0
Texas  -1.0  0.0  1.0
Oregon -1.0  0.0  1.0
```

인수로 넘기는 axis 값은 연산을 적용할 축 번호다. 예제 코드에서 axis="index"는 DataFrame의
열을 따라 연산을 수행하라는 의미다.

5.2.5 함수 적용과 매핑

판다스 객체에도 넘파이의 유니버설 함수(배열의 각 원소에 적용되는 메서드)를 적용할 수 있다.

```
In [223]: frame = pd.DataFrame(np.random.standard_normal((4, 3)),
   .....:                       columns=list("bde"),
   .....:                       index=["Utah", "Ohio", "Texas", "Oregon"])

In [224]: frame
Out[224]:
               b         d         e
Utah   -0.204708  0.478943 -0.519439
Ohio   -0.555730  1.965781  1.393406
Texas   0.092908  0.281746  0.769023
Oregon  1.246435  1.007189 -1.296221

In [225]: np.abs(frame)
Out[225]:
               b         d         e
Utah    0.204708  0.478943  0.519439
Ohio    0.555730  1.965781  1.393406
Texas   0.092908  0.281746  0.769023
Oregon  1.246435  1.007189  1.296221
```

자주 사용하는 또 다른 연산은 각 행이나 열의 1차원 배열에 함수를 적용하는 것이다. DataFrame의 apply 메서드로 수행한다.

```
In [226]: def f1(x):
   .....:        return x.max() - x.min()

In [227]: frame.apply(f1)
Out[227]:
b    1.802165
d    1.684034
e    2.689627
dtype: float64
```

여기서 함수 f는 Series의 최댓값과 최솟값의 차이를 계산한다. frame의 각 열에 대해서 한 번만 수행되며 결괏값은 계산을 적용한 열을 색인으로 하는 Series를 반환한다.

apply 함수에서 axis="columns" 인수를 넘기면 각 행에 대해서 한 번씩만 수행된다. '열을 따라 적용된다'라고 이해하면 편하다.

```
In [228]: frame.apply(f1, axis="columns")
Out[228]:
Utah      0.998382
Ohio      2.521511
Texas     0.676115
Oregon    2.542656
dtype: float64
```

배열에 대한 일반적인 통계(합계(sum)나 평균(mean))는 DataFrame의 메서드로 존재하므로 apply 메서드를 사용해야만 하는 것은 아니다.

apply 메서드에 전달된 함수는 스칼라 값을 반환할 필요가 없다. 여러 값을 가진 Series를 반환해도 된다.

```
In [229]: def f2(x):
   .....:     return pd.Series([x.min(), x.max()], index=["min", "max"])

In [230]: frame.apply(f2)
Out[230]:
            b         d         e
min -0.555730  0.281746 -1.296221
max  1.246435  1.965781  1.393406
```

배열의 각 원소에 적용되는 파이썬 함수를 사용할 수도 있다. frame 객체에서 부동소수점을 문자열 포맷으로 변환하고 싶다면 applymap을 이용해서 다음과 같이 수행한다.

```
In [231]: def my_format(x):
   .....:     return f"{x:.2f}"

In [232]: frame.applymap(my_format)
Out[232]:
            b     d     e
Utah    -0.20  0.48 -0.52
Ohio    -0.56  1.97  1.39
Texas    0.09  0.28  0.77
Oregon   1.25  1.01 -1.30
```

메서드 이름이 applymap인 이유는 Series는 각 원소에 적용할 함수를 지정하기 위한 map 메서드를 갖기 때문이다.

```
In [233]: frame["e"].map(my_format)
Out[233]:
Utah      -0.52
Ohio       1.39
Texas      0.77
Oregon    -1.30
Name: e, dtype: object
```

5.2.6 정렬과 순위

어떤 기준에 근거해서 데이터를 정렬하는 것 역시 중요한 작업이다. 정렬된 새로운 객체를 반환하는 sort_index 메서드를 사용해 행과 열의 색인을 알파벳순으로 정렬할 수 있다.

```
In [234]: obj = pd.Series(np.arange(4), index=["d", "a", "b", "c"])

In [235]: obj
Out[235]:
d    0
a    1
b    2
c    3
dtype: int64

In [236]: obj.sort_index()
Out[236]:
a    1
b    2
c    3
d    0
dtype: int64
```

DataFrame은 행과 열 중 하나의 인덱스를 기준으로 정렬할 수 있다.

```
In [237]: frame = pd.DataFrame(np.arange(8).reshape((2, 4)),
```

```
     .....:                      index=["three", "one"],
     .....:                      columns=["d", "a", "b", "c"])

In [238]: frame
Out[238]:
       d  a  b  c
three  0  1  2  3
one    4  5  6  7

In [239]: frame.sort_index()
Out[239]:
       d  a  b  c
one    4  5  6  7
three  0  1  2  3

In [240]: frame.sort_index(axis="columns")
Out[240]:
       a  b  c  d
three  1  2  3  0
one    5  6  7  4
```

데이터는 기본적으로 오름차순으로 정렬되고 내림차순으로도 정렬할 수 있다.

```
In [241]: frame.sort_index(axis="columns", ascending=False)
Out[241]:
       d  c  b  a
three  0  3  2  1
one    4  7  6  5
```

Series 객체를 값에 따라 정렬하고 싶다면 sort_values 메서드를 사용하면 된다.

```
In [242]: obj = pd.Series([4, 7, -3, 2])

In [243]: obj.sort_values()
Out[243]:
2   -3
3    2
0    4
1    7
dtype: int64
```

정렬할 때 누락된 값(결측치)은 기본적으로 Series 객체의 가장 마지막에 위치한다.

```
In [244]: obj = pd.Series([4, np.nan, 7, np.nan, -3, 2])

In [245]: obj.sort_values()
Out[245]:
4   -3.0
5    2.0
0    4.0
2    7.0
1    NaN
3    NaN
dtype: float64
```

na_position 옵션을 사용해 누락된 값을 먼저 정렬할 수도 있다.

```
In [246]: obj.sort_values(na_position="first")
Out[246]:
1    NaN
3    NaN
4   -3.0
5    2.0
0    4.0
2    7.0
dtype: float64
```

DataFrame에서 하나 이상의 열에 있는 값으로 정렬하는 경우에는 sort_values 함수에 필요한 열의 이름을 넘기면 된다.

```
In [247]: frame = pd.DataFrame({"b": [4, 7, -3, 2], "a": [0, 1, 0, 1]})

In [248]: frame
Out[248]:
   b  a
0  4  0
1  7  1
2 -3  0
3  2  1

In [249]: frame.sort_values("b")
```

```
Out[249]:
   b  a
2 -3  0
3  2  1
0  4  0
1  7  1
```

여러 개의 열을 정렬하려면 열 이름의 리스트를 넘긴다.

```
In [250]: frame.sort_values(["a", "b"])
Out[250]:
   b  a
2 -3  0
0  4  0
3  2  1
1  7  1
```

순위는 가장 낮은 값부터 시작해 배열의 유효한 데이터 개수까지의 순서를 매긴다. 기본적으로 Series와 DataFrame의 rank 메서드는 동점인 항목에 대해서는 평균 순위를 매겨 책정한다.

```
In [251]: obj = pd.Series([7, -5, 7, 4, 2, 0, 4])

In [252]: obj.rank()
Out[252]:
0    6.5
1    1.0
2    6.5
3    4.5
4    3.0
5    2.0
6    4.5
dtype: float64
```

데이터상에서 나타나는 순서에 따라 순위를 매길 수도 있다.

```
In [253]: obj.rank(method="first")
Out[253]:
0    6.0
1    1.0
```

```
2    7.0
3    4.0
4    3.0
5    2.0
6    5.0
dtype: float64
```

0번째와 2번째 항목에 대해 평균 순위인 6.5를 적용하는 대신 먼저 출현한 순서대로 6과 7을 적용했다.

내림차순으로 순위를 매길 수도 있다.

```
In [254]: obj.rank(ascending=False)
Out[254]:
0    1.5
1    7.0
2    1.5
3    3.5
4    5.0
5    6.0
6    3.5
dtype: float64
```

[표 5-6]에 사용 가능한 동률 처리 메서드를 나열해두었다.

DataFrame에서는 행과 열에 대해서 순위를 정할 수 있다.

```
In [255]: frame = pd.DataFrame({"b": [4.3, 7, -3, 2], "a": [0, 1, 0, 1],
   .....:                       "c": [-2, 5, 8, -2.5]})

In [256]: frame
Out[256]:
     b  a    c
0  4.3  0 -2.0
1  7.0  1  5.0
2 -3.0  0  8.0
3  2.0  1 -2.5

In [257]: frame.rank(axis="columns")
Out[257]:
     b  a    c
```

```
0  3.0  2.0  1.0
1  3.0  1.0  2.0
2  1.0  2.0  3.0
3  3.0  2.0  1.0
```

표 5-6 순위의 동률을 처리하는 메서드

메서드	설명
"average"	기본값. 같은 값을 갖는 항목들의 평균값을 순위로 삼는다.
"min"	같은 값을 갖는 그룹을 낮은 순위로 매긴다.
"max"	같은 값을 갖는 그룹을 높은 순위로 매긴다.
"first"	데이터 내의 위치에 따라 순위를 매긴다.
"dense"	method="min"과 같지만 같은 그룹 내에서 모두 같은 순위를 적용하지 않고 1씩 증가시킨다.

5.2.7 중복 색인

지금까지 살펴본 모든 예제는 축의 이름(색인값)이 유일한 경우밖에 없었다. 판다스의 많은
함수(reindex 같은)에서 색인값은 유일해야 하지만, 이 조건이 의무는 아니다. 중복된 색인
값을 갖는 Series 객체를 살펴보자.

```
In [258]: obj = pd.Series(np.arange(5), index=["a", "a", "b", "b", "c"])

In [259]: obj
Out[259]:
a    0
a    1
b    2
b    3
c    4
dtype: int64
```

색인의 is_unique 속성은 해당 값이 유일한지 아닌지 알려준다.

```
In [260]: obj.index.is_unique
Out[260]: False
```

중복되는 색인값이 있다면 색인을 이용해서 데이터를 선택하는 것도 다르게 작동한다. 유일한 색인만 있다면 스칼라 값을 반환하고, 중복되는 색인값이 있을 때는 하나의 Series 객체를 반환한다.

```
In [261]: obj["a"]
Out[261]:
a    0
a    1
dtype: int64

In [262]: obj["c"]
Out[262]: 4
```

레이블이 반복되는지 여부에 따라 색인을 이용해 선택한 결과가 다를 수 있기 때문에 코드가 좀 더 복잡해질 수 있다.

DataFrame에서 행이나 열을 선택하는 것도 동일하다.

```
In [263]: df = pd.DataFrame(np.random.standard_normal((5, 3)),
   .....:                     index=["a", "a", "b", "b", "c"])

In [264]: df
Out[264]:
          0         1         2
a  0.274992  0.228913  1.352917
a  0.886429 -2.001637 -0.371843
b  1.669025 -0.438570 -0.539741
b  0.476985  3.248944 -1.021228
c -0.577087  0.124121  0.302614

In [265]: df.loc["b"]
Out[265]:
          0         1         2
b  1.669025 -0.438570 -0.539741
b  0.476985  3.248944 -1.021228

In [266]: df.loc["c"]
Out[266]:
0   -0.577087
1    0.124121
```

```
2    0.302614
Name: c, dtype: float64
```

5.3 기술 통계 계산과 요약

판다스 객체는 일반적인 수학 메서드와 통계 메서드를 가지고 있다. 이 메서드 대부분은 하나의 Series나 DataFrame의 행과 열에서 단일 값(합이나 평균 같은)을 구하는 축소reduction 혹은 요약 통계summary statistics 범주에 속한다. 순수 넘파이 배열에서 제공하는 동일한 메서드와는 다르게 판다스의 메서드는 처음부터 누락된 데이터를 제외하도록 설계되었다. 다음과 같은 DataFrame을 생각해보자.

```
In [267]: df = pd.DataFrame([[1.4, np.nan], [7.1, -4.5],
   .....:                     [np.nan, np.nan], [0.75, -1.3]],
   .....:                    index=["a", "b", "c", "d"],
   .....:                    columns=["one", "two"])

In [268]: df
Out[268]:
    one  two
a  1.40  NaN
b  7.10 -4.5
c   NaN  NaN
d  0.75 -1.3
```

DataFrame의 sum 메서드를 호출하면 각 열의 합을 담은 Series를 반환한다.

```
In [269]: df.sum()
Out[269]:
one    9.25
two   -5.80
dtype: float64
```

axis="columns" 또는 axis=1 옵션을 넘기면 각 열의 합을 반환한다.

```
In [270]: df.sum(axis="columns")
Out[270]:
a    1.40
b    2.60
c    0.00
d   -0.55
dtype: float64
```

전체 행과 열의 모든 값이 NA 값이라면 그 합은 0이 되고 값이 하나라도 NA라면 결괏값은 NA가
된다. 이는 skipna 옵션으로 비활성화할 수 있으며 이 경우 행과 열의 NA 값은 해당 결과를 NA
로 지정한다.

```
In [271]: df.sum(axis="index", skipna=False)
Out[271]:
one    NaN
two    NaN
dtype: float64

In [272]: df.sum(axis="columns", skipna=False)
Out[272]:
a     NaN
b    2.60
c     NaN
d   -0.55
dtype: float64
```

평균 같은 일부 집계에는 결괏값을 생성하기 위해 최소 하나 이상의 NA가 아닌 값이 필요하다.

```
In [273]: df.mean(axis="columns")
Out[273]:
a    1.400
b    1.300
c      NaN
d   -0.275
dtype: float64
```

[표 5-7]에서 공통적으로 사용하는 옵션을 확인할 수 있다.

표 5-7 축소 메서드의 옵션

옵션	설명
axis	축소할 축. DataFrame의 행은 index, 열은 columns이다.
skipna	누락된 값을 제외할 것인지 정하는 옵션. 기본값은 True다.
level	계산하려는 축이 계층적 색인(MultiIndex)이라면 레벨에 따라 묶어서 계산한다.

idxmin이나 idxmax같은 메서드는 최소 혹은 최댓값을 가진 색인값 같은 간접 통계indirect statistics를 반환한다.

```
In [274]: df.idxmax()
Out[274]:
one    b
two    d
dtype: object
```

또 다른 메서드로 누산accumulation이 있다.

```
In [275]: df.cumsum()
Out[275]:
    one   two
a  1.40   NaN
b  8.50  -4.5
c   NaN   NaN
d  9.25  -5.8
```

축소나 누산이 아닌 다른 종류의 메서드로는 describe가 있는데, 메서드는 한 번에 여러 개의 요약 통계를 만드는 메서드다.

```
In [276]: df.describe()
Out[276]:
            one       two
count  3.000000  2.000000
mean   3.083333 -2.900000
std    3.493685  2.262742
min    0.750000 -4.500000
25%    1.075000 -3.700000
50%    1.400000 -2.900000
```

```
75%    4.250000 -2.100000
max    7.100000 -1.300000
```

수치 데이터가 아닐 경우 describe는 다른 요약 통계를 생성한다

```
In [277]: obj = pd.Series(["a", "a", "b", "c"] * 4)

In [278]: obj.describe()
Out[278]:
count     16
unique     3
top        a
freq       8
dtype: object
```

[표 5-8]에 요약 통계와 관련된 메서드 전체 목록을 정리했다.

표 5-8 요약 통계 관련 메서드

메서드	설명
count	NA 값을 제외한 값의 수를 반환한다.
describe	Series나 DataFrame의 각 열에 대한 요약 통계를 계산한다.
min, max	최솟값과 최댓값을 계산한다.
argmin, argmax	각각 최솟값과 최댓값을 담고 있는 색인의 위치(정수)를 반환한다.
idxmin, idxmax	각각 최솟값과 최댓값을 담고 있는 색인의 값을 반환한다.
quantile	0부터 1까지의 사분위수를 계산한다.
sum	합을 계산한다.
mean	평균을 계산한다.
median	중앙값(50% 사분위수)을 반환한다.
mad	평균값에서 평균 절대 편차를 계산한다.
prod	모든 값의 곱이다.
var	표본 분산의 값을 계산한다.
std	표본 표준편차의 값을 계산한다.
skew	표본 비대칭도(3차 적률)의 값을 계산한다.
kurt	표본 첨도(4차 적률)의 값을 계산한다.

메서드	설명
cumsum	누적합을 계산한다.
cummin, cummax	각각 누적 최솟값과 누적 최댓값을 계산한다.
cumprod	누적곱을 계산한다.
diff	1차 산술차를 계산한다(시계열 데이터 처리 시 유용하다).
pct_change	퍼센트 변화율을 계산한다.

5.3.1 상관관계와 공분산

상관관계correlation나 공분산covariance 같은 요약 통계 계산은 두 쌍의 인수가 필요하다. 야후 금융 사이트[3]에서 가져오거나 이 책의 데이터셋으로 제공하는 파이썬 피클pickle 바이너리 파일에서 구할 수 있는 주식가격과 거래량을 담고 있는 다음 DataFrame을 생각해보자.

```
In [279]: price = pd.read_pickle("examples/yahoo_price.pkl")

In [280]: volume = pd.read_pickle("examples/yahoo_volume.pkl")
```

이제 각 주식의 가격 변화를 백분율로 계산해보자. 시계열을 다루는 법은 11장에서 자세히 살펴본다.

```
In [281]: returns = price.pct_change()

In [282]: returns.tail()
Out[282]:
                AAPL      GOOG       IBM      MSFT
Date
2016-10-17 -0.000680  0.001837  0.002072 -0.003483
2016-10-18 -0.000681  0.019616 -0.026168  0.007690
2016-10-19 -0.002979  0.007846  0.003583 -0.002255
2016-10-20 -0.000512 -0.005652  0.001719 -0.004867
2016-10-21 -0.003930  0.003011 -0.012474  0.042096
```

corr 메서드는 NA가 아니며 정렬된 색인에서 연속하는 두 Series의 상관관계를 계산하고 cov 메서드는 공분산을 계산한다.

---

3 https://finance.yahoo.com

```
In [283]: returns["MSFT"].corr(returns["IBM"])
Out[283]: 0.49976361144151144

In [284]: returns["MSFT"].cov(returns["IBM"])
Out[284]: 8.870655479703546e-05
```

MSFT는 파이썬 변수 이름 규칙에 어긋나지 않으므로 좀 더 편리한 문법으로 해당 열을 선택할 수 있다.

```
In [285]: returns["MSFT"].corr(returns["IBM"])
Out[285]: 0.49976361144151144
```

반면, DataFrame에서 corr과 cov 메서드는 각 DataFrame 행렬상의 상관관계와 공분산을 계산한다.

```
In [286]: returns.corr()
Out[286]:
          AAPL      GOOG       IBM      MSFT
AAPL  1.000000  0.407919  0.386817  0.389695
GOOG  0.407919  1.000000  0.405099  0.465919
IBM   0.386817  0.405099  1.000000  0.499764
MSFT  0.389695  0.465919  0.499764  1.000000

In [287]: returns.cov()
Out[287]:
          AAPL      GOOG       IBM      MSFT
AAPL  0.000277  0.000107  0.000078  0.000095
GOOG  0.000107  0.000251  0.000078  0.000108
IBM   0.000078  0.000078  0.000146  0.000089
MSFT  0.000095  0.000108  0.000089  0.000215
```

DataFrame의 corrwith 메서드를 사용하면 다른 Series나 DataFrame과의 상관관계를 계산한다. Series를 넘기면 각 열에 대해서 계산한 상관관계가 담긴 Series를 반환한다.

```
In [288]: returns.corrwith(returns["IBM"])
Out[288]:
AAPL    0.386817
GOOG    0.405099
```

```
IBM    1.000000
MSFT   0.499764
dtype: float64
```

DataFrame을 넘기면 맞아떨어지는 열 이름에 대한 상관관계를 계산한다. 여기서는 거래량과 백분율 변화에 대한 상관관계를 계산했다.

```
In [289]: returns.corrwith(volume)
Out[289]:
AAPL   -0.075565
GOOG   -0.007067
IBM    -0.204849
MSFT   -0.092950
dtype: float64
```

axis="columns" 옵션을 넘기면 각 열에 대한 상관관계와 공분산을 계산한다. 모든 경우 데이터는 상관관계를 계산하기 전에 색인의 이름순으로 정렬된다.

5.3.2 유일값, 값 세기, 멤버십

또 다른 종류의 메서드로는 1차원 Series에 담긴 값의 정보를 추출하는 메서드가 있다. 다음 예제를 살펴보자.

```
In [290]: obj = pd.Series(["c", "a", "d", "a", "a", "b", "b", "c", "c"])
```

다음 코드의 unique 함수는 Series에서 중복되는 값을 제거하고 유일한 값$^{unique\ value}$만 담은 Series를 반환한다.

```
In [291]: uniques = obj.unique()

In [292]: uniques
Out[292]: array(['c', 'a', 'd', 'b'], dtype=object)
```

유일값은 정렬된 순서로 반환되지 않지만 필요하다면 uniques.sort()를 이용해서 나중에 정렬할 수 있다. 다음 코드의 value_counts는 Series에서 도수^{frequency}(데이터의 개수)를 계산해 반환한다.

```
In [293]: obj.value_counts()
Out[293]:
c    3
a    3
b    2
d    1
dtype: int64
```

value_counts에서 반환하는 Series는 담고 있는 값을 내림차순 정렬한다. value_counts 메서드는 판다스의 최상위 메서드이며 어떤 배열이나 순차 자료구조에서도 사용할 수 있다.

```
In [294]: pd.value_counts(obj.to_numpy(), sort=False)
Out[294]:
c    3
a    3
d    1
b    2
dtype: int64
```

isin 메서드는 어떤 값이 Series에 존재하는지 나타내는 불리언 벡터를 반환한다. Series나 DataFrame의 열에서 값을 골라내고 싶을 때 유용하게 사용할 수 있다.

```
In [295]: obj
Out[295]:
0    c
1    a
2    d
3    a
4    a
5    b
6    b
7    c
8    c
dtype: object
```

```
In [296]: mask = obj.isin(["b", "c"])

In [297]: mask
Out[297]:
0     True
1    False
2    False
3    False
4    False
5     True
6     True
7     True
8     True
dtype: bool

In [298]: obj[mask]
Out[298]:
0    c
5    b
6    b
7    c
8    c
dtype: object
```

isin과 관련 있는 Index.get_indexer 메서드는 여러 값이 들어 있는 배열에서 유일한 값의 색인 배열을 구할 수 있다.

```
In [299]: to_match = pd.Series(["c", "a", "b", "b", "c", "a"])

In [300]: unique_vals = pd.Series(["c", "b", "a"])

In [301]: indices = pd.Index(unique_vals).get_indexer(to_match)

In [302]: indices
Out[302]: array([0, 2, 1, 1, 0, 2])
```

[표 5-9]에서 지금까지 살펴본 메서드를 참고하자.

표 5-9 유일값, 값 세기, 멤버십 메서드

메서드	설명
isin	Series의 각 원소가 넘겨받은 연속된 값에 속하는지 나타내는 불리언 배열을 반환한다.
get_indexer	각 값에 대해 유일한 값을 담고 있는 배열에서의 정수 색인을 계산한다. 데이터 정렬이나 조인 형태의 연산을 하는 경우에 유용하다.
unique	Series에서 중복되는 값을 제거하고 유일한 값만 포함하는 배열을 반환한다. 결과는 Series에서 발견된 순서대로 반환된다.
value_counts	Series에서 유일한 값에 대한 색인과 도수를 계산한다. 도수는 내림차순으로 정렬된다.

DataFrame의 여러 열에 대해서 히스토그램histogram을 계산해야 하는 경우가 있다. 다음 예제를 보자.

```
In [303]: data = pd.DataFrame({"Qu1": [1, 3, 4, 3, 4],
   .....:                       "Qu2": [2, 3, 1, 2, 3],
   .....:                       "Qu3": [1, 5, 2, 4, 4]})

In [304]: data
Out[304]:
   Qu1  Qu2  Qu3
0    1    2    1
1    3    3    5
2    4    1    2
3    3    2    4
4    4    3    4
```

다음과 같이 단일 열에 대한 값 개수를 계산할 수 있다.

```
In [305]: data["Qu1"].value_counts().sort_index()
Out[305]:
1    1
3    2
4    2
Name: Qu1, dtype: int64
```

모든 열에서 위와 같은 계산을 하려면 DataFrame의 apply 메서드에 pandas.value_counts를 넘기면 된다.

```
In [306]: result = data.apply(pd.value_counts).fillna(0)

In [307]: result
Out[307]:
   Qu1  Qu2  Qu3
1  1.0  1.0  1.0
2  0.0  2.0  1.0
3  2.0  2.0  0.0
4  2.0  0.0  2.0
5  0.0  0.0  1.0
```

전체 열의 유일한 값이 결괏값의 행 레이블이 된다. 각 값은 각 열에서 해당 값이 몇 번 출현했는지를 나타낸다.

DataFrame.value_counts 메서드도 있지만 DataFrame의 각 행을 튜플로 간주해 구별되는 행의 수를 계산한다.

```
In [308]: data = pd.DataFrame({"a": [1, 1, 1, 2, 2], "b": [0, 0, 1, 0, 0]})

In [309]: data
Out[309]:
   a  b
0  1  0
1  1  0
2  1  1
3  2  0
4  2  0

In [310]: data.value_counts()
Out[310]:
a  b
1  0    2
2  0    2
1  1    1
dtype: int64
```

이 예제의 결과는 계층적 색인으로 고유한 행을 표시하고 있다. 이와 관련된 자세한 내용은 8장에서 알아보자.

5.4 마치며

다음 장에서는 판다스를 이용해서 데이터셋을 읽고(또는 로딩) 쓰는 도구에 대해 설명한다. 그나음에는 데이터를 징제하고 분석하고 시각화히는 도구를 더 깊이 살펴본다.

## CHAPTER 6

데이터 로딩과 저장, 파일 형식

데이터를 읽고 접근 가능하도록 하는 작업인 데이터 로딩data loading은 이 책에서 사용하는 대부분의 도구를 사용하는 첫 번째 단계다. 유사한 용어인 파싱parsing(구문 분석)은 텍스트 데이터를 불러와서 표나 다른 데이터 형식으로 해석하는 과정을 의미한다. 다양한 형식의 데이터를 읽고 쓸 수 있는 라이브러리가 많지만 이 책에서는 판다스를 이용한 데이터 입출력에 초점을 맞춰 설명한다.

일반적으로 입출력은 몇 가지 작은 범주로 나뉘는데, 텍스트 파일을 이용하는 방법, 데이터베이스를 이용하는 방법, 웹 API를 이용해서 네트워크를 통해 불러오는 방법이 있다.

6.1 텍스트 파일에서 데이터를 읽고 쓰는 법

판다스는 표 형식의 자료를 DataFrame 객체로 읽어오는 몇 가지 기능을 제공한다. 이 책에서는 pandas.read_csv를 가장 자주 사용하지만 [표 6-1]에 다른 함수도 정리해두었다. 이진 데이터 형식을 다루는 방법은 6.2절에서 살펴본다.

표 6-1 판다스의 텍스트 및 이진 데이터 읽기 함수

함수	설명
read_csv	파일, URL 또는 파일과 유사한 객체로부터 구분된 데이터를 읽는다. 데이터 구분자는 쉼표(,)를 기본으로 한다.
read_fwf	고정폭 열 형식에서 데이터를 읽는다(구분자가 없는 데이터).
read_clipboard	클립보드에 있는 데이터를 읽는 read_csv 함수. 웹 페이지에서 표를 읽을 때 유용하다.
read_excel	엑셀 파일(XLS, XLSX)에서 표 형식의 데이터를 읽는다.
read_hdf	판다스에서 저장한 HDFS 파일의 데이터를 읽는다.
read_html	HTML 문서 내의 모든 테이블의 데이터를 읽는다.
read_json	JSON 문자열, 파일, URL에서 데이터를 읽는다.
read_feather	Feather 바이너리 파일 포맷으로부터 데이터를 읽는다.
read_orc	아파치 ORC 바이너리 파일 포맷의 데이터를 읽는다.
read_parquet	아파치 파케이 바이너리 파일 포맷의 데이터를 읽는다.
read_pickle	파이썬 피클 포맷으로 저장된 객체를 읽는다.
read_sas	SAS 시스템의 사용자 정의 저장 포맷으로 저장된 데이터를 읽는다.
read_spss	SPSS에서 생성한 데이터 파일에서 데이터를 읽는다.
read_sql	SQL 쿼리 결과를 판다스의 DataFrame 형식으로 읽는다.
read_sql_table	SQLAlchemy를 사용해 SQL 테이블 전체를 읽는다. read_sql에서 테이블 전체를 불러오는 쿼리를 사용한 것과 동일하게 작동한다.
read_stata	Stata 파일에서 데이터를 읽는다.
read_xml	XML 파일에서 데이터 표를 읽는다.

텍스트 데이터를 DataFrame으로 읽어오는 함수는 다음과 같은 몇 가지 옵션을 취한다.

- **색인**: 반환하는 DataFrame에서 하나 이상의 열을 색인으로 지정할 수 있다. 파일이나 사용자로부터 열 이름을 받거나 아무것도 받지 않을 수 있다.

- **자료형 추론과 데이터 변환**: 사용자 정의 값 변환과 비어 있는 값을 위한 사용자 리스트를 포함한다.

- **날짜 및 시간 분석**: 여러 열에 걸쳐 있는 날짜와 시간 정보를 하나의 열에 조합해서 결과에 반영한다.

- **반복**: 여러 개의 파일에 걸쳐 있는 자료를 반복적으로 읽어온다.

- **정제되지 않은 데이터 처리**: 행이나 꼬리말, 주석 건너뛰기 또는 천 단위마다 쉼표로 구분된 숫자 같은 사소한 요소를 처리한다.

실제 데이터는 엉망진창이므로 데이터를 불러오는 함수(특히 `pandas.read_csv`)는 개발이 계속됨에 따라 복잡도가 급속도로 증가한다. 넘쳐나는 함수 매개변수(`pandas.read_csv`의 함수 매개변수는 현재 50개가 넘는다)를 보고 있으면 두통이 오는 것만 같다. 판다스 온라인 문서[1]에는 다양한 예제와 함께 각 매개변수의 작동 방식을 설명하므로 특정 파일을 읽는 데 어려움을 느낀다면 공식 문서를 살펴보자.

함수 중에는 데이터 형식에 열의 자료형이 포함되어 있지 않아 타입 추론type inference을 수행하는 함수도 있다. 즉, 특정 열을 숫자, 정수, 불리언 또는 문자열로 지정하지 않아도 된다는 의미다. HDF5, ORC, 아파치 파케이Apache Parquet 같은 다른 데이터 형식에는 자료형이 포함되어 있다.

날짜나 다른 몇 가지 사용자 정의 자료형을 처리하려면 추가 작업이 조금 필요하다. 쉼표로 구분된 작은 CSV 파일을 살펴보자.

```
In [10]: !cat examples/ex1.csv
a,b,c,d,message
1,2,3,4,hello
5,6,7,8,world
9,10,11,12,foo
```

> **NOTE_** 여기서는 유닉스의 cat 명령어를 사용해 파일의 내용을 확인했다. 윈도우 사용자라면 터미널에 cat 대신 type 명령어를 사용해서 내용을 확인할 수 있다.

이 파일은 쉼표로 구분되어 있으므로 `pandas.read_csv`를 사용해 `DataFrame`으로 읽어올 수 있다.

```
In [11]: df = pd.read_csv("examples/ex1.csv")

In [12]: df
Out[12]:
   a  b  c  d message
0  1  2  3  4  hello
1  5  6  7  8  world
```

---

[1] https://pandas.pydata.org/docs

```
2  9  10  11  12    foo
```

모든 파일에 헤더^{header} 행이 있는 건 아니다. 다음 파일을 보자.

```
In [13]: !cat examples/ex2.csv
1,2,3,4,hello
5,6,7,8,world
9,10,11,12,foo
```

파일을 읽어오는 몇 가지 옵션이 있다. 판다스가 자동으로 열 이름을 생성하도록 하거나 직접
열 이름을 지정할 수 있다.

```
In [14]: pd.read_csv("examples/ex2.csv", header=None)
Out[14]:
   0   1   2   3      4
0  1   2   3   4  hello
1  5   6   7   8  world
2  9  10  11  12    foo

In [15]: pd.read_csv("examples/ex2.csv", names=["a", "b", "c", "d", "message"])
Out[15]:
   a   b   c   d message
0  1   2   3   4   hello
1  5   6   7   8   world
2  9  10  11  12     foo
```

message 열을 색인으로 하는 DataFrame을 반환하려면 index_col 인수에 4번째 열, 또는
'message' 이름을 가진 열을 지정해서 색인으로 만들 수 있다.

```
In [16]: names = ["a", "b", "c", "d", "message"]

In [17]: pd.read_csv("examples/ex2.csv", names=names, index_col="message")
Out[17]:
         a   b   c   d
message
hello    1   2   3   4
world    5   6   7   8
foo      9  10  11  12
```

계층적 색인(8.1절에서 설명한다)을 지정하고 싶다면 열 번호나 이름의 리스트를 넘기면 된다.

```
In [18]: !cat examples/csv_mindex.csv
key1,key2,value1,value2
one,a,1,2
one,b,3,4
one,c,5,6
one,d,7,8
two,a,9,10
two,b,11,12
two,c,13,14
two,d,15,16

In [19]: parsed = pd.read_csv("examples/csv_mindex.csv",
    ....:                      index_col=["key1", "key2"])

In [20]: parsed
Out[20]:
           value1  value2
key1 key2
one  a          1       2
     b          3       4
     c          5       6
     d          7       8
two  a          9      10
     b         11      12
     c         13      14
     d         15      16
```

가끔 고정된 구분자delimiter 없이 공백이나 다른 패턴으로 필드를 구분해놓은 경우가 있다. 다음과 같은 텍스트 파일이 있다고 하자.

```
In [21]: !cat examples/ex3.txt
A          B          C
aaa -0.264438 -1.026059 -0.619500
bbb  0.927272  0.302904 -0.032399
ccc -0.264273 -0.386314 -0.217601
ddd -0.871858 -0.348382  1.100491
```

직접 파일을 고쳐도 되지만, 이 파일은 필드가 여러 개의 공백 문자로 구분되어 있으므로 이를 표현할 수 있는 정규 표현식 \s+를 사용해서 처리한다.

```
In [22]: result = pd.read_csv("examples/ex3.txt", sep="\s+")

In [23]: result
Out[23]:
            A         B         C
aaa -0.264438 -1.026059 -0.619500
bbb  0.927272  0.302904 -0.032399
ccc -0.264273 -0.386314 -0.217601
ddd -0.871858 -0.348382  1.100491
```

이 경우 첫 번째 행은 다른 행보다 열이 하나 적기 때문에 pandas.read_csv는 첫 번째 열이 DataFrame의 색인이 되어야 한다고 추론한다.

파싱 함수는 파일 형식에서 발생할 수 있는 매우 다양한 예외(표 6-2)를 잘 처리할 수 있도록 많은 추가 인수를 갖고 있다. 예를 들어 skiprows를 이용해 첫 번째, 세 번째, 네 번째 행을 건너뛸 수 있다.

```
In [24]: !cat examples/ex4.csv
# hey!
a,b,c,d,message
# just wanted to make things more difficult for you
# who reads CSV files with computers, anyway?
1,2,3,4,hello
5,6,7,8,world
9,10,11,12,foo

In [25]: pd.read_csv("examples/ex4.csv", skiprows=[0, 2, 3])
Out[25]:
   a   b   c   d message
0  1   2   3   4   hello
1  5   6   7   8   world
2  9  10  11  12     foo
```

누락된 값을 처리하는 작업은 파일을 읽는 과정에서 자주 발생하는 일이면서 매우 중요한 문제다. 일반적으로 텍스트 파일에서 누락된 값은 표기되지 않거나(비어 있는 문자열) 구분하기 쉬운 특수한 문자로 표기된다. 기본적으로 판다스는 NA, NULL처럼 흔히 통용되는 문자를 비어 있는 값으로 사용한다.

```
In [26]: !cat examples/ex5.csv
something,a,b,c,d,message
one,1,2,3,4,NA
two,5,6,,8,world
three,9,10,11,12,foo
In [27]: result = pd.read_csv("examples/ex5.csv")

In [28]: result
Out[28]:
  something  a   b     c   d message
0       one  1   2   3.0   4     NaN
1       two  5   6   NaN   8   world
2     three  9  10  11.0  12     foo
```

판다스는 누락된 값을 NaN으로 출력하므로 앞선 예제의 결과에는 2개의 null 또는 누락된 값이 존재한다.

```
In [29]: pd.isna(result)
Out[29]:
  something      a      b      c      d message
0     False  False  False  False  False    True
1     False  False  False   True  False   False
2     False  False  False  False  False   False
```

na_values 옵션은 문자열 집합을 받아서 누락된 값을 처리한다.

```
In [30]: result = pd.read_csv("examples/ex5.csv", na_values=["NULL"])

In [31]: result
Out[31]:
  something  a   b     c   d message
0       one  1   2   3.0   4     NaN
1       two  5   6   NaN   8   world
2     three  9  10  11.0  12     foo
```

pandas.read_csv에는 다양한 기본 NA 값 표현 목록이 있지만 keep_default_na 옵션으로
비활성화할 수 있다.

```
In [32]: result2 = pd.read_csv("examples/ex5.csv", keep_default_na=False)

In [33]: result2
Out[33]:
  something  a   b   c   d message
0       one  1   2   3   4      NA
1       two  5   6       8   world
2     three  9  10  11  12     foo

In [34]: result2.isna()
Out[34]:
   something      a      b      c      d message
0      False  False  False  False  False   False
1      False  False  False  False  False   False
2      False  False  False  False  False   False

In [35]: result3 = pd.read_csv("examples/ex5.csv", keep_default_na=False,
   ....:                        na_values=["NA"])

In [36]: result3
Out[36]:
  something  a   b   c   d message
0       one  1   2   3   4     NaN
1       two  5   6       8   world
2     three  9  10  11  12     foo

In [37]: result3.isna()
Out[37]:
   something      a      b      c      d message
0      False  False  False  False  False    True
1      False  False  False  False  False   False
2      False  False  False  False  False   False
```

열마다 다른 NA 문자를 딕셔너리 값으로 넘겨서 처리할 수도 있다.

```
In [38]: sentinels = {"message": ["foo", "NA"], "something": ["two"]}

In [39]: pd.read_csv("examples/ex5.csv", na_values=sentinels,
```

```
    ....:                keep_default_na=False)
Out[39]:
  something  a   b   c   d message
0      one   1   2   3   4     NaN
1      NaN   5   6       8   world
2    three   9  10  11  12     NaN
```

[표 6-2]에 pandas.read_csv에서 자주 쓰이는 옵션을 정리했다.

표 6-2 pandas.read_csv 함수 인수

인수	설명
path	파일 시스템에서의 위치, URL, 파일 객체를 나타내는 문자열이다.
sep 또는 delimiter	필드를 구분하기 위해 사용할 연속된 문자나 정규 표현식이다.
header	열 이름으로 사용할 행 번호. 기본값은 0(첫 번째 행)이며 헤더가 없을 경우에는 None으로 지정할 수 있다.
index_col	색인으로 사용할 열 번호나 이름. 계층적 색인을 지정할 경우 리스트를 넘길 수 있다.
names	결과를 위한 열 이름 리스트다.
skiprows	파일의 시작부터 무시할 행 수 또는 무시할 행 번호가 담긴 리스트다(0부터 시작한다).
na_values	NA 값으로 처리할 값들의 목록이다. keep_default_na=False를 전달하지 않으면 기본값 리스트에 추가된다.
keep_default_na	기본 NA 값 리스트를 사용할지 여부(기본값은 True)
comment	주석으로 분류되어 파싱하지 않을 문자 혹은 문자열
parse_dates	날짜를 datetime으로 변환할지 여부. 기본값은 False이며, True일 경우 모든 열에 적용된다. 열의 번호나 이름을 포함한 리스트를 넘겨서 변환할 열을 지정할 수 있는데, [1, 2, 3]을 넘기면 각각의 열을 datetime으로 변환하며, [[1,3]]을 넘기면 1, 3번 열을 조합해서 하나의 datetime으로 변환한다.
keep_date_col	여러 열을 datetime으로 변환했을 경우 원래 열을 남겨둘지 여부. 기본값은 True다.
converters	변환 시 열에 적용할 함수를 지정한다. 예를 들어 {"foo": f}는 "foo" 열에 f 함수를 적용한다. 전달하는 딕셔너리의 키 값은 열 이름이나 번호가 될 수 있다.
dayfirst	모호한 날짜 형식일 경우 국제 형식으로 간주한다(7/6/2012는 2012년 6월 7일로 간주한다). 기본값은 False다.
date_parser	날짜 변환 시 사용할 함수
nrows	파일의 첫 일부만 읽어올 때 처음 몇 줄을 읽을 것인지 지정한다.
iterator	파일을 조금씩 읽을 때 사용하도록 TextParser 객체를 반환하도록 한다. 기본값은 False다.

인수	설명
chunksize	TextParser 객체에서 사용할 한 번에 읽을 파일의 크기
skipfooter	파일의 끝에서 무시할 줄 수
verbose	파싱 결과에 대한 정보를 출력한다. 숫자가 아닌 값이 들어 있는 열에 누락된 값이 있다면 줄 번호를 출력해준다. 기본값은 False다.
encoding	유니코드 인코딩 종류를 지정한다. UTF-8로 인코딩된 텍스트일 경우 "utf-8"로 지정한다.
squeeze	만일 열이 하나뿐이라면 Series 객체를 반환한다. 기본값은 False다.
thousands	숫자를 천 단위로 끊을 때 사용할 , 나 . 같은 구분자
decimal	숫자의 소수점 구분 기호로 기본값은 . 이다.
engine	CSV 구문 분석 및 변환 엔진. c, python, pyarrow 중 하나를 지정할 수 있다. 기본값은 c지만 새로운 pyarrow 엔진을 사용하면 몇몇 파일은 훨씬 빠르게 처리할 수 있다. python 엔진은 느리지만 다른 엔진에서 지원하지 않는 몇몇 기능을 제공한다.

6.1.1 텍스트 파일 조금씩 읽어오기

매우 큰 파일을 처리할 때 인수를 제대로 설정했는지 알아보기 위해서 파일의 일부분만 읽어보거나 여러 파일 중 몇 개의 파일만 읽어서 확인하고 싶을 수 있다.

큰 파일을 다루기 전에 판다스의 출력 설정을 조금 손보자.

```
In [40]: pd.options.display.max_rows = 10
```

이제 최대 10개의 데이터만 출력한다.

```
In [41]: result = pd.read_csv("examples/ex6.csv")

In [42]: result
Out[42]:
           one       two     three      four key
0     0.467976 -0.038649 -0.295344 -1.824726   L
1    -0.358893  1.404453  0.704965 -0.200638   B
2    -0.501840  0.659254 -0.421691 -0.057688   G
3     0.204886  1.074134  1.388361 -0.982404   R
4     0.354628 -0.133116  0.283763 -0.837063   Q
...        ...       ...       ...       ...  ..
9995  2.311896 -0.417070 -1.409599 -0.515821   L
```

```
9996 -0.479893 -0.650419  0.745152 -0.646038   E
9997  0.523331  0.787112  0.486066  1.093156   K
9998 -0.362559  0.598894 -1.843201  0.887292   G
9999 -0.096376 -1.012999 -0.657431 -0.573315   0
[10000 rows x 5 columns]
```

말줄임표(...)는 DataFrame 중간 행이 생략되었다는 뜻이다.

파일 전체를 읽는 대신 처음 몇 행만 읽어보고 싶다면 nrows 옵션을 설정한다.

```
In [43]: pd.read_csv("examples/ex6.csv", nrows=5)
Out[43]:
        one       two     three      four key
0  0.467976 -0.038649 -0.295344 -1.824726   L
1 -0.358893  1.404453  0.704965 -0.200638   B
2 -0.501840  0.659254 -0.421691 -0.057688   G
3  0.204886  1.074134  1.388361 -0.982404   R
4  0.354628 -0.133116  0.283763 -0.837063   Q
```

파일을 여러 조각으로 나누어서 읽고 싶다면 chunksize 옵션으로 행 개수를 설정한다.

```
In [44]: chunker = pd.read_csv("examples/ex6.csv", chunksize=1000)

In [45]: type(chunker)
Out[45]: pandas.io.parsers.readers.TextFileReader
```

pandas.read_csv에서 반환된 TextFileReader 객체를 사용하면 chunksize 단위로 파일을 순회할 수 있다. 예를 들어 ex6.csv 파일을 순회하면서 "key" 열의 값을 세는 작업은 다음과 같이 수행한다.

```
chunker = pd.read_csv("examples/ex6.csv", chunksize=1000)

tot = pd.Series([], dtype='int64')
for piece in chunker:
    tot = tot.add(piece["key"].value_counts(), fill_value=0)

tot = tot.sort_values(ascending=False)
```

결과는 다음과 같다.

```
In [47]: tot[:10]
Out[47]:
E    368.0
X    364.0
L    346.0
O    343.0
Q    340.0
M    338.0
J    337.0
F    335.0
K    334.0
H    330.0
dtype: float64
```

TextFileReader에는 임의의 크기만큼 데이터를 읽을 수 있는 get_chunk 메서드도 제공한다.

6.1.2 데이터를 텍스트 형식으로 기록하기

읽어오기와 마찬가지로 데이터를 구분자로 구분한 형식으로 내보내는 것도 가능하다. 앞서 살펴본 CSV 파일 중 하나를 다시 보자.

```
In [48]: data = pd.read_csv("examples/ex5.csv")

In [49]: data
Out[49]:
  something  a   b     c   d message
0       one  1   2   3.0   4     NaN
1       two  5   6   NaN   8   world
2     three  9  10  11.0  12     foo
```

DataFrame의 to_csv 메서드를 이용하면 데이터를 쉼표로 구분된 형식으로 파일에 쓸 수 있다.

```
In [50]: data.to_csv("examples/out.csv")

In [51]: !cat examples/out.csv
,something,a,b,c,d,message
```

```
0,one,1,2,3.0,4,
1,two,5,6,,8,world
2,three,9,10,11.0,12,foo
```

물론 다른 구분자도 사용 가능하다. 다음 코드는 콘솔에서 확인할 수 있도록 실제 파일로 기록하지 않고 sys.stdout에 결과를 기록하도록 했다.

```
In [52]: import sys

In [53]: data.to_csv(sys.stdout, sep="¦")
¦something¦a¦b¦c¦d¦message
0¦one¦1¦2¦3.0¦4¦
1¦two¦5¦6¦¦8¦world
2¦three¦9¦10¦11.0¦12¦foo
```

결과에서 누락된 값은 비어 있는 문자열로 나타나는데, 이것 역시 원하는 값으로 지정 가능하다.

```
In [54]: data.to_csv(sys.stdout, na_rep="NULL")
,something,a,b,c,d,message
0,one,1,2,3.0,4,NULL
1,two,5,6,NULL,8,world
2,three,9,10,11.0,12,foo
```

다른 옵션을 명시되지 않으면 행과 열 이름도 함께 기록된다. 행렬의 이름을 포함하지 않으려면 다음과 같이 설정한다.

```
In [55]: data.to_csv(sys.stdout, index=False, header=False)
one,1,2,3.0,4,
two,5,6,,8,world
three,9,10,11.0,12,foo
```

열의 일부분만 기록할 수도 있으며, 순서를 직접 지정할 수도 있다.

```
In [56]: data.to_csv(sys.stdout, index=False, columns=["a", "b", "c"])
a,b,c
1,2,3.0
5,6,
9,10,11.0
```

6.1.3 다른 구분자 형식 다루기

pandas.read_csv 같은 함수를 이용해서 디스크에 표 형태로 저장된 대부분의 파일 형식을 불러올 수 있다. 하지만 수동으로 처리해야 하는 경우도 있다. pandas.read_csv 함수가 데이터를 불러오는 데 실패하게끔 만드는 잘못된 줄이 포함되어 있는 데이터를 전달받는 경우도 종종 있다. 우선 작은 CSV 파일을 불러오면서 기본적인 도구 사용법을 익혀보자.

```
In [57]: !cat examples/ex7.csv
"a","b","c"
"1","2","3"
"1","2","3"
```

구분자가 한 글자인 파일은 파이썬 내장 csv 모듈을 이용해서 처리할 수 있는데, 열려진 파일 객체를 csv.reader 함수에 넘기기만 하면 된다.

```
In [58]: import csv

In [59]: f = open("examples/ex7.csv")

In [60]: reader = csv.reader(f)
```

파일을 읽듯 reader를 순회하면 둘러싸고 있던 큰따옴표가 제거된 리스트를 얻을 수 있다.

```
In [61]: for line in reader:
   ....:     print(line)
['a', 'b', 'c']
['1', '2', '3']
['1', '2', '3']

In [62]: f.close()
```

이제 원하는 형태로 데이터를 넣을 수 있게 차근차근 따라 해보자. 먼저 파일을 읽어 줄 단위 리스트로 저장한다.

```
In [63]: with open("examples/ex7.csv") as f:
   ....:     lines = list(csv.reader(f))
```

그리고 헤더와 데이터 줄을 구분한다.

```
In [64]: header, values = lines[0], lines[1:]
```

딕셔너리 표기법과 행을 열로 전치해주는 zip(*values)를 이용해서 데이터 열 딕셔너리를 만들어보자(큰 파일에서는 메모리를 많이 사용하므로 유의하자).

```
In [65]: data_dict = {h: v for h, v in zip(header, zip(*values))}

In [66]: data_dict
Out[66]: {'a': ('1', '1'), 'b': ('2', '2'), 'c': ('3', '3')}
```

CSV 파일은 다양한 형태로 존재할 수 있다. 다양한 구분자, 문자열을 둘러싸는 방법, 개행 문자 같은 것들은 csv.Dialect를 상속받아 새로운 클래스를 정의해서 해결할 수 있다.

```
class my_dialect(csv.Dialect):
    lineterminator = "\n"
    delimiter = ";"
    quotechar = '"'
    quoting = csv.QUOTE_MINIMAL

reader = csv.reader(f, dialect=my_dialect)
```

하위 클래스를 정의하지 않고 csv.reader에 키워드 매개변수로 각 CSV 파일의 특징을 지정해서 전달해도 된다.

```
reader = csv.reader(f, delimiter="¦")
```

사용 가능한 옵션(csv.Dialect의 속성)과 역할에 대해서는 [표 6–3]을 살펴보자.

표 6-3 CSV dialect 옵션

인수	설명
delimiter	필드를 구분하기 위한 한 문자로 된 구분자. 기본값은 쉼표(,)다.
lineterminator	파일을 저장할 때 사용할 개행 문자. 기본값은 \r\n. 파일을 읽을 때는 이 값을 무시하며, 자동으로 플랫폼별 개행 문자를 인식한다.

인수	설명
quotechar	각 필드에서 값을 둘러싸고 있는 문자. 기본값은 큰따옴표(")다.
quoting	값을 읽거나 쓸 때 둘러쌀 문자 컨벤션. csv.QUOTE_ALL(모든 필드에 적용), csv.QUOTE_MINIMAL(구분자 같은 특별한 문자가 포함된 필드만 적용), csv.QUOTE_NONE(값을 둘러싸지 않음) 옵션이 있다. 자세한 내용은 파이썬 문서를 참고하자. 기본값은 QUOTE_MINIMAL이다.
skipinitialspace	구분자 뒤에 있는 공백 문자를 무시할지 여부. 기본값은 False다.
doublequote	값을 둘러싸는 문자가 필드 내에 존재할 경우 처리 여부. True일 경우 그 문자까지 모두 둘러싼다. 자세한 내용은 온라인 문서[2]를 참고하자.
escapechar	quoting이 csv.QUOTE_NONE일 때 값에 구분자와 같은 문자가 있을 경우 구별할 수 있도록 해주는 이스케이프 문자(예를 들면 \). 기본값은 None이다.

> **NOTE_** 더 복잡하거나 구분자가 한 글자를 초과하는 고정 길이를 가진다면 csv 모듈을 사용할 수 없다. 이 경우 줄을 나누고 문자열의 split 메서드나 정규 표현식 메서드인 re.split 등을 이용해서 가공하는 작업이 필요하다. 감사하게도 pandas.read_csv의 옵션을 적절히 잘 이용하면 대부분의 작업을 수행할 수 있으므로 직접 파일을 파싱해야 하는 경우는 거의 없다.

CSV 같은 구분자로 구분된 파일을 기록하려면 csv.writer를 이용하면 된다. csv.writer는 이미 열려 있고 쓰기가 가능한 파일 객체를 받아서 csv.reader와 동일한 옵션으로 파일을 기록한다.

```
with open("mydata.csv", "w") as f:
    writer = csv.writer(f, dialect=my_dialect)
    writer.writerow(("one", "two", "three"))
    writer.writerow(("1", "2", "3"))
    writer.writerow(("4", "5", "6"))
    writer.writerow(("7", "8", "9"))
```

6.1.4 JSON 데이터

JSON[JavaScript Object Notation]은 웹 브라우저와 다른 애플리케이션이 HTTP 요청으로 데이터를 보낼 때 널리 사용하는 표준 파일 형식 중 하나다. JSON은 CSV 같은 표 형식의 텍스트보다 좀

----

2 http://docs.python.org/2/library/csv.html

더 유연한 데이터 형식이다. 다음은 JSON 데이터의 예다.

```
obj = """
{"name": "Wes",
 "cities_lived": ["Akron", "Nashville", "New York", "San Francisco"],
 "pet": null,
 "siblings": [{"name": "Scott", "age": 34, "hobbies": ["guitars", "soccer"]},
              {"name": "Katie", "age": 42, "hobbies": ["diving", "art"]}]
}
"""
```

JSON은 널 값인 null과 다른 몇 가지 사소한 차이(리스트 마지막에 쉼표가 있으면 안 되는 등)를 제외하면 파이썬 코드와 거의 유사하다. 기본 자료형은 객체(딕셔너리), 배열(리스트), 문자열, 숫자, 불리언, 널이다. 객체의 키는 반드시 문자열이어야 한다. JSON 데이터를 읽고 쓸 수 있는 여러 파이썬 라이브러리가 있지만 여기서는 파이썬 표준 라이브러리인 json을 사용한다. JSON 문자열을 파이썬 형태로 변환하기 위해서는 json.loads를 사용한다.

```
In [68]: import json

In [69]: result = json.loads(obj)

In [70]: result
Out[70]:
{'name': 'Wes',
 'cities_lived': ['Akron', 'Nashville', 'New York', 'San Francisco'],
 'pet': None,
 'siblings': [{'name': 'Scott',
   'age': 34,
   'hobbies': ['guitars', 'soccer']},
  {'name': 'Katie', 'age': 42, 'hobbies': ['diving', 'art']}]}
```

json.dumps는 파이썬 객체를 JSON 형태로 변환한다.

```
In [71]: asjson = json.dumps(result)

In [72]: asjson
Out[72]: '{"name": "Wes", "cities_lived": ["Akron", "Nashville", "New York", "San
 Francisco"], "pet": null, "siblings": [{"name": "Scott", "age": 34, "hobbies": [
```

```
"guitars", "soccer"]}, {"name": "Katie", "age": 42, "hobbies": ["diving", "art"]}
]}'
```

JSON 객체나 객체의 리스트를 DataFrame이나 다른 자료구조로 어떻게 변환해서 분석할 것인지는 독자의 몫이다. 편리하게도 JSON 객체를 딕셔너리가 담긴 리스트로 변환해 DataFrame 생성자로 넘기고 데이터 필드를 선택할 수 있다.

```
In [73]: siblings = pd.DataFrame(result["siblings"], columns=["name", "age"])

In [74]: siblings
Out[74]:
     name  age
0   Scott   34
1   Katie   42
```

pandas.read_json은 자동으로 JSON 데이터셋을 Series나 DataFrame으로 변환한다.

```
In [75]: !cat examples/example.json
[{"a": 1, "b": 2, "c": 3},
 {"a": 4, "b": 5, "c": 6},
 {"a": 7, "b": 8, "c": 9}]
```

별다른 옵션이 주어지지 않았을 경우, pandas.read_json은 JSON 배열에 담긴 각 객체를 표의 행으로 간주한다.

```
In [76]: data = pd.read_json("examples/example.json")

In [77]: data
Out[77]:
   a  b  c
0  1  2  3
1  4  5  6
2  7  8  9
```

좀 더 심화된 JSON 데이터를 읽고 다루는(중첩된 레코드를 포함해서) 예제는 13장에 나오는 미국 농무부USDA 식품 데이터베이스 예제를 참고하자.

판다스의 데이터를 JSON으로 저장하고 싶다면 Series나 DataFrame의 to_json 메서드를 이용한다.

```
In [78]: data.to_json(sys.stdout)
{"a":{"0":1,"1":4,"2":7},"b":{"0":2,"1":5,"2":8},"c":{"0":3,"1":6,"2":9}}
In [79]: data.to_json(sys.stdout, orient="records")
[{"a":1,"b":2,"c":3},{"a":4,"b":5,"c":6},{"a":7,"b":8,"c":9}]
```

6.1.5 XML과 HTML: 웹 스크래핑

파이썬에는 HTML과 XML 형식의 데이터를 읽고 쓸 수 있는 라이브러리가 무척 많다(lxml, Beautiful Soup, html5lib 등). 그중에서도 lxml은 가장 빠르게 작동하고 깨진 HTML과 XML 파일도 잘 처리하는 라이브러리다.

판다스에는 앞서 소개한 라이브러리를 사용해 자동으로 HTML 파일을 파싱해서 DataFrame 으로 변환하는 내장 함수 pandas.read_html이 존재한다. 사용법을 알아보기 위해 미국 예금 보험공사FDIC에서 부도 은행를 보여주는 HTML을 다운로드 받자.[3] read_html을 사용하기 위 해서는 먼저 다음 라이브러리를 설치해야 한다.

```
conda install lxml beautifulsoup4 html5lib
```

conda를 사용하지 않는다면 pip install lxml를 입력해 설치할 수 있다.

pandas.read_html 함수에는 다양한 옵션이 있는데 기본적으로 <table> 태그 안에 있는 모 든 표 형식의 데이터 파싱을 시도한다. 결과는 DataFrame 객체의 리스트에 저장된다.

```
In [80]: tables = pd.read_html("examples/fdic_failed_bank_list.html")

In [81]: len(tables)
Out[81]: 1

In [82]: failures = tables[0]
```

---

[3] 전체 리스트는 https://www.fdic.gov/bank/individual/failed/banklist.html에서 확인할 수 있다.

```
In [83]: failures.head()
Out[83]:
                     Bank Name            City  ST   CERT  \
0                   Allied Bank        Mulberry  AR     91
1        The Woodbury Banking Company  Woodbury  GA  11297
2            First CornerStone Bank  King of Prussia  PA  35312
3              Trust Company Bank       Memphis  TN   9956
4      North Milwaukee State Bank     Milwaukee  WI  20364
              Acquiring Institution        Closing Date        Updated Date
0                     Today's Bank  September 23, 2016  November 17, 2016
1                      United Bank     August 19, 2016  November 17, 2016
2    First-Citizens Bank & Trust Company      May 6, 2016   September 6, 2016
3          The Bank of Fayette County    April 29, 2016   September 6, 2016
4    First-Citizens Bank & Trust Company   March 11, 2016      June 16, 2016
```

failures에는 열이 많으므로 판다스는 \ 문자로 줄을 구분해서 보여준다.

나중에 살펴보겠지만 현재 얻은 데이터로 데이터 정제와 연도별 부도 은행 수 계산 등의 분석을 시작할 수 있다.

```
In [84]: close_timestamps = pd.to_datetime(failures["Closing Date"])

In [85]: close_timestamps.dt.year.value_counts()
Out[85]:
2010    157
2009    140
2011     92
2012     51
2008     25
       ...
2004      4
2001      4
2007      3
2003      3
2000      2
Name: Closing Date, Length: 15, dtype: int64
```

lxml.objectify를 이용해서 XML 파싱하기

XML^{eXtensible Markup Language}은 계층적 구조와 메타데이터를 포함하는 중첩된 데이터 구조를 지원하는 또 다른 유명한 데이터 형식이다. 여러분이 읽고 있는 이 책도 실제로는 XML 문서로 작성되었다.

앞에서는 HTML에서 데이터를 파싱하기 위해 내부적으로 lxml이나 BeautifulSoup를 사용하는 `pandas.read_html` 함수를 살펴봤다. XML과 HTML은 구조적으로 유사하지만 XML이 좀 더 범용적이다. 여기서는 lxml을 이용해서 XML 형식에서 데이터를 파싱하는 방법을 살펴본다.

뉴욕 MTA^{Metropolitan Transportation Authority}는 버스와 철도 운영에 관한 여러 가지 데이터를 공개한다. 그중에서 여러 XML 파일로 제공하는 실적 자료를 살펴본다. 철도와 버스 운영은 매월 다음과 비슷한 형식의 각각 다른 파일로 제공된다(Metro-North Railroad의 파일 이름은 `Performance_MNR.xml`).

```
<INDICATOR>
  <INDICATOR_SEQ>373889</INDICATOR_SEQ>
  <PARENT_SEQ></PARENT_SEQ>
  <AGENCY_NAME>Metro-North Railroad</AGENCY_NAME>
  <INDICATOR_NAME>Escalator Availability</INDICATOR_NAME>
  <DESCRIPTION>Percent of the time that escalators are operational
  systemwide. The availability rate is based on physical observations performed
  the morning of regular business days only. This is a new indicator the agency
  began reporting in 2009.</DESCRIPTION>
  <PERIOD_YEAR>2011</PERIOD_YEAR>
  <PERIOD_MONTH>12</PERIOD_MONTH>
  <CATEGORY>Service Indicators</CATEGORY>
  <FREQUENCY>M</FREQUENCY>
  <DESIRED_CHANGE>U</DESIRED_CHANGE>
  <INDICATOR_UNIT>%</INDICATOR_UNIT>
  <DECIMAL_PLACES>1</DECIMAL_PLACES>
  <YTD_TARGET>97.00</YTD_TARGET>
  <YTD_ACTUAL></YTD_ACTUAL>
  <MONTHLY_TARGET>97.00</MONTHLY_TARGET>
  <MONTHLY_ACTUAL></MONTHLY_ACTUAL>
</INDICATOR>
```

lxml.objectify를 이용해서 파일을 파싱한 후 **getroot** 함수로 XML 파일의 루트 노드^{root}에 대한 참조를 얻어오자.

```
In [86]: from lxml import objectify

In [87]: path = "datasets/mta_perf/Performance_MNR.xml"

In [88]: with open(path) as f:
   ....:     parsed = objectify.parse(f)

In [89]: root = parsed.getroot()
```

root.INDICATOR는 모든 <INDICATOR> XML 요소를 끄집어낸다. 다음 코드를 실행하면 각 항목에 대해 몇몇 태그는 제외하고 **YTD_ACTUAL** 같은 태그 이름을 키 값으로 하는 딕셔너리를 만들 수 있다.

```
data = []

skip_fields = ["PARENT_SEQ", "INDICATOR_SEQ",
               "DESIRED_CHANGE", "DECIMAL_PLACES"]

for elt in root.INDICATOR:
    el_data = {}
    for child in elt.getchildren():
        if child.tag in skip_fields:
            continue
        el_data[child.tag] = child.pyval
    data.append(el_data)
```

마지막으로 다음 딕셔너리 리스트를 DataFrame으로 변환하자.

```
In [91]: perf = pd.DataFrame(data)

In [92]: perf.head()
Out[92]:
           AGENCY_NAME                       INDICATOR_NAME  \
0  Metro-North Railroad  On-Time Performance (West of Hudson)
1  Metro-North Railroad  On-Time Performance (West of Hudson)
2  Metro-North Railroad  On-Time Performance (West of Hudson)
```

```
3  Metro-North Railroad  On-Time Performance (West of Hudson)
4  Metro-North Railroad  On-Time Performance (West of Hudson)
                                                        DESCRIPTION  \
0  Percent of commuter trains that arrive at their destinations within 5 m...
1  Percent of commuter trains that arrive at their destinations within 5 m...
2  Percent of commuter trains that arrive at their destinations within 5 m...
3  Percent of commuter trains that arrive at their destinations within 5 m...
4  Percent of commuter trains that arrive at their destinations within 5 m...
   PERIOD_YEAR  PERIOD_MONTH          CATEGORY FREQUENCY INDICATOR_UNIT  \
0         2008             1  Service Indicators        M              %
1         2008             2  Service Indicators        M              %
2         2008             3  Service Indicators        M              %
3         2008             4  Service Indicators        M              %
4         2008             5  Service Indicators        M              %
   YTD_TARGET YTD_ACTUAL MONTHLY_TARGET MONTHLY_ACTUAL
0        95.0       96.9           95.0           96.9
1        95.0       96.0           95.0           95.0
2        95.0       96.3           95.0           96.9
3        95.0       96.8           95.0           98.3
4        95.0       96.6           95.0           95.8
```

pandas.read_xml 함수는 이 과정을 단 한 줄로 처리할 수 있다.

```
In [93]: perf2 = pd.read_xml(path)

In [94]: perf2.head()
Out[94]:
   INDICATOR_SEQ  PARENT_SEQ          AGENCY_NAME  \
0         28445         NaN  Metro-North Railroad
1         28445         NaN  Metro-North Railroad
2         28445         NaN  Metro-North Railroad
3         28445         NaN  Metro-North Railroad
4         28445         NaN  Metro-North Railroad
                    INDICATOR_NAME  \
0  On-Time Performance (West of Hudson)
1  On-Time Performance (West of Hudson)
2  On-Time Performance (West of Hudson)
3  On-Time Performance (West of Hudson)
4  On-Time Performance (West of Hudson)
                                                        DESCRIPTION  \
0  Percent of commuter trains that arrive at their destinations within 5 m...
1  Percent of commuter trains that arrive at their destinations within 5 m...
```

```
2  Percent of commuter trains that arrive at their destinations within 5 m...
3  Percent of commuter trains that arrive at their destinations within 5 m...
4  Percent of commuter trains that arrive at their destinations within 5 m...
   PERIOD_YEAR  PERIOD_MONTH            CATEGORY FREQUENCY DESIRED_CHANGE  \
0         2008             1  Service Indicators         M              U
1         2008             2  Service Indicators         M              U
2         2008             3  Service Indicators         M              U
3         2008             4  Service Indicators         M              U
4         2008             5  Service Indicators         M              U
   INDICATOR_UNIT  DECIMAL_PLACES  YTD_TARGET  YTD_ACTUAL  MONTHLY_TARGET  \
0               %               1       95.00       96.90           95.00
1               %               1       95.00       96.00           95.00
2               %               1       95.00       96.30           95.00
3               %               1       95.00       96.80           95.00
4               %               1       95.00       96.60           95.00
   MONTHLY_ACTUAL
0           96.90
1           95.00
2           96.90
3           98.30
4           95.80
```

더 복잡한 XML 문서를 파싱해야 한다면 pandas.read_xml 함수 문서[4]를 확인하자. 해당 문서는 원하는 값을 추출하기 위해 선택 및 필터를 적용하는 방법을 소개한다.

6.2 이진 데이터 형식

데이터를 이진 형식으로 저장(또는 직렬화serialize)하는 가장 간단한 방법은 파이썬 내장 pickle 모듈을 이용하는 것이다. 판다스 객체는 pickle 형식으로 데이터를 디스크에 저장할 수 있는 to_pickle 메서드를 제공한다.

```
In [95]: frame = pd.read_csv("examples/ex1.csv")

In [96]: frame
Out[96]:
```

----

4 https://pandas.pydata.org/docs/reference/api/pandas.read_xml.html

```
    a  b   c   d message
0   1  2   3   4   hello
1   5  6   7   8   world
2   9  10  11  12    foo

In [97]: frame.to_pickle("examples/frame_pickle")
```

pickle 파일은 파이썬에서만 읽을 수 있다. pickle을 통해 파일로 저장된 객체는 파이썬 내장 pickle 모듈로 직접 불러오거나 pandas.read_pickle 함수를 이용해서 불러올 수 있다.

```
In [98]: pd.read_pickle("examples/frame_pickle")
Out[98]:
    a  b   c   d message
0   1  2   3   4   hello
1   5  6   7   8   world
2   9  10  11  12    foo
```

> **WARNING_** pickle은 오래 보관할 필요가 없는 데이터일 경우에만 추천한다. 오랜 시간이 지나도 안정적으로 데이터를 저장할거라고 보장하기 어려운 문제가 있으므로 유의해야 한다. 최근에 pickle을 이용해서 저장한 데이터는 이후 라이브러리 버전이 올라갔을 때 다시 읽어오지 못할 가능성이 있다. 판다스는 가능한 한 하위 호환성을 유지하려고 노력해왔지만, 앞으로 언젠가는 pickle 형식을 중단해야 할 수도 있다.

판다스는 HDF5, ORC, 아파치 파케이 같은 여러 오픈 소스 이진 데이터 형식을 지원한다. 예를 들어 conda install pyarrow로 pyarrow 패키지를 설치했다면, pandas.read_parquet 함수를 이용해서 파케이 파일을 읽을 수 있다.

```
In [100]: fec = pd.read_parquet('datasets/fec/fec.parquet')
```

HDF5 형식에 대해서는 6.2.2절에서 살펴보겠지만, 다양한 파일 형식을 탐구하며 여러분의 실제 분석 작업에 어떤 형식이 얼마나 더 적절한지 직접 살펴보기를 권장한다.

6.2.1 마이크로소프트 엑셀 파일 읽기

판다스는 pandas.ExcelFile 클래스나 pandas.read_excel 함수를 통해 엑셀 2003 이후 버전으로 저장된 표 형식 데이터를 읽을 수 있다. 내부적으로 이 도구는 각각 xlrd 패키지와 openpyxl 패키지를 이용해 이전 형식의 XLS 파일과 새로운 형식의 XLSX 파일을 읽을 수 있다. 두 패키지는 판다스와 별개로 pip이나 conda 명령을 통해 따로 설치해야 한다.

```
conda install openpyxl xlrd
```

pandas.ExcelFile을 사용하려면 xls 또는 xlsx 파일 경로를 전달해 인스턴스를 만들어야 한다.

```
In [101]: xlsx = pd.ExcelFile("examples/ex1.xlsx")
```

이 객체는 해당 파일에서 이용 가능한 시트 이름 목록을 표시할 수 있다.

```
In [102]: xlsx.sheet_names
Out[102]: ['Sheet1']
```

시트에 저장된 데이터는 parse 함수를 통해 DataFrame으로 읽어올 수 있다.

```
In [103]: xlsx.parse(sheet_name="Sheet1")
Out[103]:
   Unnamed: 0  a   b   c   d message
0           0  1   2   3   4   hello
1           1  5   6   7   8   world
2           2  9  10  11  12     foo
```

이 엑셀 표에는 색인 열이 존재하므로 index_col을 사용해 이를 인수로 지정할 수 있다.

```
In [104]: xlsx.parse(sheet_name="Sheet1", index_col=0)
Out[104]:
   a   b   c   d message
0  1   2   3   4   hello
1  5   6   7   8   world
2  9  10  11  12     foo
```

하나의 파일에서 여러 시트를 읽어야 한다면 pandas.ExcelFile을 생성하는 것이 빠르지만 간단하게 파일 이름을 pandas.read_excel에 넘겨줄 수도 있다.

```
In [105]: frame = pd.read_excel("examples/ex1.xlsx", sheet_name="Sheet1")

In [106]: frame
Out[106]:
   Unnamed: 0  a   b   c   d message
0           0  1   2   3   4   hello
1           1  5   6   7   8   world
2           2  9  10  11  12     foo
```

판다스 데이터를 엑셀 형식으로 저장하려면 ExcelWriter 객체를 생성한 다음 판다스 객체의 to_excel 메서드를 이용해 데이터를 저장한다.

```
In [107]: writer = pd.ExcelWriter("examples/ex2.xlsx")

In [108]: frame.to_excel(writer, "Sheet1")

In [109]: writer.close()
```

ExcelWriter를 사용하는 대신 to_excel에 파일 경로를 넘겨줄 수도 있다.

```
In [110]: frame.to_excel("examples/ex2.xlsx")
```

6.2.2 HDF5 형식 사용하기

HDF5는 대량의 과학 계산용 배열 데이터를 저장하기 위해 고안된 훌륭한 파일 포맷이다. C 라이브러리로도 존재하며 자바, 줄리아Julia, 매트랩, 파이썬 같은 다양한 언어에서도 사용할 수 있는 인터페이스를 제공한다. HDF는 Hierarchical Data Format의 약자로 계층적 데이터 형식이라는 뜻이다. 각 HDF5 파일은 여러 개의 데이터셋을 저장하고 부가 정보(메타데이터)를 기록할 수 있다. 더 단순한 형식과 비교하면 HDF5는 다양한 압축 기술을 사용해 온더플라이(실시간)on-the-fly 압축을 지원하며 반복되는 패턴을 가진 데이터를 더 효과적으로 저장할 수 있다. 메모리에 모두 적재할 수 없는 엄청나게 큰 데이터를 아주 큰 배열에서 필요한 작은 부분만 효과적으로 읽고 쓸 수 있는 훌륭한 선택이다.

판다스에서 HDF5를 사용하기 위해서는 먼저 **PyTables** 패키지를 설치해야 한다. conda에서는 다음과 같이 설치한다.

```
conda install pytables
```

> **NOTE_** PyTables 패키지는 PyPI에서 'tables'로 찾을 수 있다. 따라서 **pip**을 이용해서 설치하려면 **pip install tables**를 실행하자.

PyTables나 h5py 라이브러리를 이용해서 직접 HDF5 파일에 접근하는 것도 가능하지만 판다스는 Series나 DataFrame 객체로 간단히 저장할 수 있는 고수준의 인터페이스를 제공한다. HDFStore 클래스는 딕셔너리처럼 작동하며 세밀한 요구 사항도 잘 처리한다.

```
In [113]: frame = pd.DataFrame({"a": np.random.standard_normal(100)})

In [114]: store = pd.HDFStore("examples/mydata.h5")

In [115]: store["obj1"] = frame

In [116]: store["obj1_col"] = frame["a"]

In [117]: store
Out[117]:
<class 'pandas.io.pytables.HDFStore'>
File path: examples/mydata.h5
```

HDF5 파일에 포함된 객체는 파이썬 딕셔너리와 유사한 API 형식으로 사용 가능하다.

```
In [118]: store["obj1"]
Out[118]:
          a
0 -0.204708
1  0.478943
2 -0.519439
3 -0.555730
4  1.965781
```

```
..        ...
95  0.795253
96  0.118110
97 -0.748532
98  0.584970
99  0.152677
[100 rows x 1 columns]
```

HDFStore는 "fixed"와 "table" 두 가지 저장 스키마를 지원한다(기본값은 "fixed"). "table" 스키마는 일반적으로 더 느리지만 다음과 같은 특별한 문법을 통해 쿼리 연산을 지원한다.

```
In [119]: store.put("obj2", frame, format="table")

In [120]: store.select("obj2", where=["index >= 10 and index <= 15"])
Out[120]:
           a
10  1.007189
11 -1.296221
12  0.274992
13  0.228913
14  1.352917
15  0.886429

In [121]: store.close()
```

put은 명시적인 store['obj2'] = frame 메서드지만 저장 형식을 지정하는 등의 다른 옵션을 제공한다.

pandas.read_hdf 함수는 이런 기능들의 바로 가기를 제공한다.

```
In [122]: frame.to_hdf("examples/mydata.h5", "obj3", format="table")

In [123]: pd.read_hdf("examples/mydata.h5", "obj3", where=["index < 5"])
Out[123]:
           a
0 -0.204708
1  0.478943
2 -0.519439
3 -0.555730
4  1.965781
```

앞서 생성한 HDF5 파일을 삭제하고 싶다면 아래와 같이 하면 된다.

```
In [124]: import os

In [125]: os.remove("examples/mydata.h5")
```

> **NOTE_** 만일 아마존 S3나 HDFS 같은 원격 서버에 저장된 데이터를 처리해야 한다면 아파치 파케이[5] 같은 분산 저장소용으로 설계된 다른 바이너리 형식을 사용하는 편이 더 올바른 선택일 수 있다.

만약 로컬 저장소에서 엄청난 양의 데이터를 다뤄야 한다면 PyTables와 h5py를 살펴보고 여러분의 목적에 부합하는지 알아보아야 한다. 실제로 대부분의 데이터 분석 문제는 CPU보다는 IO 성능에 의존적이므로 HDF5 같은 도구를 사용하면 애플리케이션의 성능을 어마어마하게 향상할 수 있다.

> **WARNING_** HDF5는 데이터베이스가 아니다. HDF5는 한 번만 기록하고 자주 여러 번 읽어야 하는 데이터에 최적화되어 있다. 데이터가 아무 때나 파일에 추가될 수 있지만 만약 여러 곳에서 동시에 데이터를 추가한다면, 파일이 깨지는 문제가 발생할 수 있다.

6.3 웹 API와 함께 사용하기

데이터 피드feed를 JSON이나 여타 다른 형식으로 얻을 수 있는 공개 API를 제공하는 웹사이트가 많다. 파이썬으로 이 API를 사용하는 방법은 다양한데, 필자가 추천하는 가장 손쉬운 방법은 requests 패키지[6]다. 다음과 같이 pip이나 conda로 설치한다.

```
conda install requests
```

판다스 깃허브 저장소에서 최근 30개의 이슈를 가져오려면 requests 라이브러리를 이용해서 다음과 같은 GET HTTP 요청을 생성한다.

---

5 https://parquet.apache.org

6 https://requests.readthedocs.io/en/latest

```
In [126]: import requests

In [127]: url = "https://api.github.com/repos/pandas-dev/pandas/issues"

In [128]: resp = requests.get(url)

In [129]: resp.raise_for_status()

In [130]: resp
Out[130]: <Response [200]>
```

HTTP 오류를 확인하기 위해 requests.get을 호출한 다음에 항상 raise_for_status를 호출하는 것은 좋은 습관이다.

응답 객체의 json 메서드는 JSON의 내용을 파이썬 딕셔너리 형태로 변환한 객체를 반환한다 (반환되는 JSON에 따라 다르다).

```
In [131]: data = resp.json()

In [132]: data[0]["title"]
Out[132]: 'ENH: add `regex=False` option to pandas.Series.str.match and fullmatch
 (like in str.contains)'
```

반환되는 결과는 실시간 데이터 기반이므로 실행 시 표시되는 내용은 위와는 다를 것이다.

data의 각 항목은 댓글을 제외한 깃허브 이슈 페이지에서 찾을 수 있는 모든 데이터를 담고 있다. 이 data를 pandas.DataFrame으로 바로 전달해 관심이 있는 필드만 따로 추출할 수 있다.

```
In [133]: issues = pd.DataFrame(data, columns=["number", "title",
   .....:                                      "labels", "state"])

In [134]: issues
Out[134]:
    number  \
0   48086
1   48085
2   48084
3   48083
4   48082
..    ...
```

```
25    48052
26    48051
27    48050
28    48048
29    48046
                                                            title  \
0    ENH: add `regex=False` option to pandas.Series.str.match and fullmatch ...
1                         ENH: Add axis parameter to add_prefix and add_suffix
2    ENH: alleviate issues with inconsistent multi-level joining on a 0-colu...
3    BUG: pd.cut creates NaNs instead of expected bins for Timestamps. Behav...
4                                          REF: avoid internals in merge code
..                                                                        ...
25                          BUG: Weird Behavior of astype(bool) for np.nan
26                        REF: dont alter self in _validate_specification
27    ENH: allow user to infer SAS file encoding; add correct encoding names
28    ENH: Add option to `read_sas` to infer encoding from file, then use enc...
29                                      CI: setuptools 64.0.0 breaks our builds
                                                           labels  \
0    [{'id': 76812, 'node_id': 'MDU6TGFiZWw3NjgxMg==', 'url': 'https://api.g...
1                                                                           []
2    [{'id': 76812, 'node_id': 'MDU6TGFiZWw3NjgxMg==', 'url': 'https://api.g...
3    [{'id': 76811, 'node_id': 'MDU6TGFiZWw3NjgxMQ==', 'url': 'https://api.g...
4                                                                           []
..                                                                        ...
25   [{'id': 2822342, 'node_id': 'MDU6TGFiZWwyODIyMzQy', 'url': 'https://api...
26   [{'id': 127681, 'node_id': 'MDU6TGFiZWwxMjc2ODE=', 'url': 'https://api....
27   [{'id': 258745163, 'node_id': 'MDU6TGFiZWwyNTg3NDUxNjM=', 'url': 'https...
28   [{'id': 76812, 'node_id': 'MDU6TGFiZWw3NjgxMg==', 'url': 'https://api.g...
29   [{'id': 48070600, 'node_id': 'MDU6TGFiZWw0ODA3MDYwMA==', 'url': 'https:...
    state
0    open
1    open
2    open
3    open
4    open
..    ...
25   open
26   open
27   open
28   open
29   open
[30 rows x 4 columns]
```

조금만 수고를 들이면 평범한 웹 API를 위한 고수준의 인터페이스를 만들어서 `DataFrame`에 저장하고 훨씬 수월하게 분석 작업을 수행할 수 있다.

6.4 데이터베이스와 함께 사용하기

사실 비즈니스 관점에서 대부분의 데이터가 텍스트 파일이나 엑셀 파일로 저장되기보다 SQL 기반의 관계형 데이터베이스(SQL 서버, PostgreSQL, MySQL)를 많이 사용하고 있다. 요즘에는 다른 대안 데이터베이스들도 꽤 인기를 끌고 있는 추세다. 일반적으로 데이터베이스는 애플리케이션에서 필요한 성능이나 데이터 무결성, 확장성에 맞춰서 선택한다.

판다스는 SQL 쿼리 결과를 간단하게 `DataFrame`으로 불러오는 함수를 몇 가지 제공한다. 파이썬 내장 `sqlite3` 드라이버를 이용해서 SQLite3 데이터베이스를 만들어보자.

```
In [135]: import sqlite3

In [136]: query = """
   .....: CREATE TABLE test
   .....: (a VARCHAR(20), b VARCHAR(20),
   .....:  c REAL,        d INTEGER
   .....: );"""

In [137]: con = sqlite3.connect("mydata.sqlite")

In [138]: con.execute(query)
Out[138]: <sqlite3.Cursor at 0x7f314395a5c0>

In [139]: con.commit()
```

이제 데이터를 몇 개 입력한다.

```
In [140]: data = [("Atlanta", "Georgia", 1.25, 6),
   .....:         ("Tallahassee", "Florida", 2.6, 3),
   .....:         ("Sacramento", "California", 1.7, 5)]

In [141]: stmt = "INSERT INTO test VALUES(?, ?, ?, ?)"
```

```
In [142]: con.executemany(stmt, data)
Out[142]: <sqlite3.Cursor at 0x7f3143940240>

In [143]: con.commit()
```

대부분의 파이썬 SQL 드라이버는 테이블에서 select 쿼리를 수행하면 튜플 리스트를 반환한다.

```
In [144]: cursor = con.execute("SELECT * FROM test")

In [145]: rows = cursor.fetchall()

In [146]: rows
Out[146]:
[('Atlanta', 'Georgia', 1.25, 6),
 ('Tallahassee', 'Florida', 2.6, 3),
 ('Sacramento', 'California', 1.7, 5)]
```

반환된 튜플 리스트를 DataFrame 생성자에 바로 전달해도 되지만, cursor의 description 속성에 있는 열 이름을 지정해야 한다. SQLite3에서는 cursor가 열 이름만 제공한다는 점을 기억하자(파이썬 데이터베이스 API 사양에 명시된 다른 필드는 None으로 제공된다). 하지만 더 다양한 열 정보를 제공하는 일부 데이터베이스 드라이버도 있다.

```
In [147]: cursor.description
Out[147]:
(('a', None, None, None, None, None, None),
 ('b', None, None, None, None, None, None),
 ('c', None, None, None, None, None, None),
 ('d', None, None, None, None, None, None))

In [148]: pd.DataFrame(rows, columns=[x[0] for x in cursor.description])
Out[148]:
            a           b     c  d
0      Atlanta     Georgia  1.25  6
1  Tallahassee     Florida  2.60  3
2   Sacramento  California  1.70  5
```

데이터베이스에 쿼리를 보내기 위해 매번 이 작업을 하는 건 너무 귀찮은 일이다. 유명한 파이썬 SQL 툴킷toolkit인 SQLAlchemy 프로젝트[7]는 SQL 데이터베이스 간의 일반적인 차이점을 추상화해 제공한다. 판다스는 read_sql 함수를 통해 SQLAlchemy의 일반적인 연결을 이용해 쉽게 데이터를 읽도록 지원한다. sqlalchemy는 conda를 이용해서 설치한다.

```
conda install sqlalchemy
```

이제 동일한 SQLite 데이터베이스와 SQLAlchemy를 사용해서 앞서 만든 테이블에서 데이터를 읽어온다.

```
In [149]: import sqlalchemy as sqla

In [150]: db = sqla.create_engine("sqlite:///mydata.sqlite")

In [151]: pd.read_sql("SELECT * FROM test", db)
Out[151]:
            a           b     c  d
0     Atlanta     Georgia  1.25  6
1  Tallahassee    Florida  2.60  3
2  Sacramento  California  1.70  5
```

6.5 마치며

데이터 분석 과정의 첫 번째 관문은 데이터에 접근하는 것이다. 이번 장에서는 이 관문을 통과하는 데 도움이 될만한 여러 가지 도구를 살펴봤다. 다음 장에서는 데이터 정제, 시각화, 시계열 분석 및 다른 주제에 대해 더 깊이 살펴보도록 하자.

---

[7] https://www.sqlalchemy.org

데이터 정제 및 준비

데이터 분석과 모델링 작업에서 데이터를 불러오고, 정제하고, 변형하고 재정렬하는 데이터 준비 과정에 생각보다 많은 시간이 필요하다. 때로는 분석 시간의 80%를 잡아먹기도 한다. 파일이나 데이터베이스에 저장된 데이터가 애플리케이션에서 사용하기 쉽지 않은 형태로 저장된 경우도 있다. 대부분은 저장된 데이터를 다른 형태로 바꾸기 위해서 파이썬이나 펄, R, 자바 혹은 awk나 sed 같은 유닉스의 텍스트 처리 유틸리티를 사용한다. 다행히도 파이썬 표준 라이브러리를 판다스와 함께 사용하면 큰 수고 없이 데이터를 원하는 형태로 가공할 수 있다. 판다스는 이런 작업을 위한 유연하고 빠른 고수준의 알고리듬과 처리 기능을 제공한다.

혹시 이 책이나 판다스 라이브러리에서 찾을 수 없는 새로운 형태의 데이터 처리 방식을 발견하게 된다면 파이썬 메일링 리스트나 판다스 깃허브를 통해 알려주기 바란다. 실제로 판다스는 애플리케이션 개발 중에 발생한 요구 사항을 고려하며 설계 및 구현되었다.

이번 장에서는 결측치, 중복 데이터, 문자열 처리, 다른 분석적 데이터 변환을 위한 도구를 다뤄본다. 다음 장에서는 데이터셋을 합치고 재배열하는 다양한 방법을 살펴본다.

7.1 누락된 데이터 처리하기

데이터 분석 애플리케이션에서 누락된 데이터는 흔하게 발생한다. 판다스의 설계 목표 중 하나는 누락된 데이터를 가능한 한 쉽게 처리하는 것이다. 예를 들면 판다스 객체의 모든 기술 통계는 기본적으로 누락된 데이터를 배제하고 처리한다.

판다스 객체에서 누락된 값을 표현하는 방식이 완벽하다고 할 수는 없지만 실제 사용에서는 이 정도만으로도 충분하다. `float64 dtype`을 가지는 데이터의 경우 판다스는 실숫값인 NaN으로 누락된 데이터를 표시한다.

이런 값을 감싯값^{sentinel value}이라 부르며 누락된(혹은 `null`) 값임을 나타내기 위해 등장한다.

```
In [14]: float_data = pd.Series([1.2, -3.5, np.nan, 0])

In [15]: float_data
Out[15]:
0    1.2
1   -3.5
2    NaN
3    0.0
dtype: float64
```

`isna` 메서드는 값이 `null`인 경우 `True`를 가지는 불리언 `Series`를 반환한다.

```
In [16]: float_data.isna()
Out[16]:
0    False
1    False
2     True
3    False
dtype: bool
```

판다스는 R 프로그래밍 언어에서 결측치를 NA^{Not Available}로 취급하는 개념을 차용했다. 분석 애플리케이션에서 NA 데이터는 데이터가 존재하지 않거나, 존재하더라도 데이터를 수집하는 과정 등에서 검출되지 않았음을 의미한다. 분석을 위해 데이터를 정제하는 과정에서 결측치 자체를 데이터 수집 과정에서의 실수나 결측치로 인한 잠재적인 편향을 찾아내는 수단으로 인식하는 것이 중요하다.

파이썬의 내장 None 값 또한 NA 값으로 취급된다.

```
In [17]: string_data = pd.Series(["aardvark", np.nan, None, "avocado"])
```

```
In [18]: string_data
Out[18]:
0    aardvark
1         NaN
2        None
3     avocado
dtype: object

In [19]: string_data.isna()
Out[19]:
0    False
1     True
2     True
3    False
dtype: bool

In [20]: float_data = pd.Series([1, 2, None], dtype='float64')

In [21]: float_data
Out[21]:
0    1.0
1    2.0
2    NaN
dtype: float64

In [22]: float_data.isna()
Out[22]:
0    False
1    False
2     True
dtype: bool
```

판다스 프로젝트는 결측치를 일관적으로 처리하기 위해 많은 시도를 해왔다. pandas.isna 같은 함수에서는 여러 번거로운 과정을 추상화해두었다. [표 7-1]에 결측치 처리와 관련된 함수를 정리해두었다.

표 7-1 NA 처리 메서드

메서드	설명
dropna	누락된 데이터가 있는 축을 제외한다. 어느 정도의 누락 데이터까지 용인할 것인지 지정할 수 있다.
fillna	누락된 데이터를 대신할 값을 채우거나 ffill이나 bfill 같은 보간 메서드를 적용한다.

메서드	설명
isna	누락되거나 NA인 값을 알려주는 불리언 값을 반환한다.
notna	isna와 반대되는 메서드. NA가 아닌 값에는 True를 반환하고, NA 값에는 False를 반환한다.

7.1.1 누락된 데이터 골라내기

누락된 데이터를 골라내는 여러 가지 방법이 있다. pandas.isna나 불리언 색인을 사용해 직접 골라내는 방법도 있지만 dropna를 사용하면 매우 쉽게 작업할 수 있다. Series에 dropna 메서드를 적용하면 널이 아닌 데이터와 색인값만 들어 있는 Series가 반환된다.

```
In [23]: data = pd.Series([1, np.nan, 3.5, np.nan, 7])

In [24]: data.dropna()
Out[24]:
0    1.0
2    3.5
4    7.0
dtype: float64
```

위 코드는 아래와 동일하다.

```
In [25]: data[data.notna()]
Out[25]:
0    1.0
2    3.5
4    7.0
dtype: float64
```

DataFrame 객체의 경우에는 조금 복잡한데, 모두 NA인 행이나 열을 제외하거나 NA 값을 하나라도 포함하고 있는 행이나 열을 제외할 수도 있다. dropna는 기본적으로 NA 값이 하나라도 있는 행을 제외한다.

```
In [26]: data = pd.DataFrame([[1., 6.5, 3.], [1., np.nan, np.nan],
   ....:                      [np.nan, np.nan, np.nan], [np.nan, 6.5, 3.]])

In [27]: data
```

```
Out[27]:
     0    1    2
0  1.0  6.5  3.0
1  1.0  NaN  NaN
2  NaN  NaN  NaN
3  NaN  6.5  3.0

In [28]: data.dropna()
Out[28]:
     0    1    2
0  1.0  6.5  3.0
```

how="all" 옵션을 넘기면 모든 값이 NA인 행만 제외된다.

```
In [29]: data.dropna(how="all")
Out[29]:
     0    1    2
0  1.0  6.5  3.0
1  1.0  NaN  NaN
3  NaN  6.5  3.0
```

이런 함수는 기본적으로 원본 객체의 내용을 변경하지 않고 새로운 객체를 반환한다는 사실을 기억하자.

열을 제외하는 방법도 동일하게 작동한다. 다음과 같이 axis="columns"를 넘겨주면 된다.

```
In [30]: data[4] = np.nan

In [31]: data
Out[31]:
     0    1    2    4
0  1.0  6.5  3.0  NaN
1  1.0  NaN  NaN  NaN
2  NaN  NaN  NaN  NaN
3  NaN  6.5  3.0  NaN

In [32]: data.dropna(axis="columns", how="all")
Out[32]:
     0    1    2
0  1.0  6.5  3.0
1  1.0  NaN  NaN
```

```
2  NaN  NaN  NaN
3  NaN  6.5  3.0
```

결측치가 특정 개수보다 적은 행만 살펴보고 싶다면 thresh 인수에 원하는 값을 설정하면 된다.

```
In [33]: df = pd.DataFrame(np.random.standard_normal((7, 3)))

In [34]: df.iloc[:4, 1] = np.nan

In [35]: df.iloc[:2, 2] = np.nan

In [36]: df
Out[36]:
          0         1         2
0 -0.204708       NaN       NaN
1 -0.555730       NaN       NaN
2  0.092908       NaN  0.769023
3  1.246435       NaN -1.296221
4  0.274992  0.228913  1.352917
5  0.886429 -2.001637 -0.371843
6  1.669025 -0.438570 -0.539741

In [37]: df.dropna()
Out[37]:
          0         1         2
4  0.274992  0.228913  1.352917
5  0.886429 -2.001637 -0.371843
6  1.669025 -0.438570 -0.539741

In [38]: df.dropna(thresh=2)
Out[38]:
          0         1         2
2  0.092908       NaN  0.769023
3  1.246435       NaN -1.296221
4  0.274992  0.228913  1.352917
5  0.886429 -2.001637 -0.371843
6  1.669025 -0.438570 -0.539741
```

7.1.2 결측치 채우기

누락된 값을 제외하지 않고(잠재적으로 다른 데이터도 함께 버려질 가능성이 있다) 데이터 상의 '구멍'을 어떻게든 메우고 싶다면 `fillna` 메서드를 사용한다. `fillna` 메서드에 채워 넣고 싶은 값을 넘겨주면 된다.

```
In [39]: df.fillna(0)
Out[39]:
          0         1         2
0 -0.204708  0.000000  0.000000
1 -0.555730  0.000000  0.000000
2  0.092908  0.000000  0.769023
3  1.246435  0.000000 -1.296221
4  0.274992  0.228913  1.352917
5  0.886429 -2.001637 -0.371843
6  1.669025 -0.438570 -0.539741
```

`fillna`에 딕셔너리 값을 넘기면 각 열마다 다른 값이 채워진다.

```
In [40]: df.fillna({1: 0.5, 2: 0})
Out[40]:
          0         1         2
0 -0.204708  0.500000  0.000000
1 -0.555730  0.500000  0.000000
2  0.092908  0.500000  0.769023
3  1.246435  0.500000 -1.296221
4  0.274992  0.228913  1.352917
5  0.886429 -2.001637 -0.371843
6  1.669025 -0.438570 -0.539741
```

재색인에서 사용 가능한 보간interpolation 메서드(표 5–3)는 `fillna` 메서드에서도 사용 가능하다.

```
In [41]: df = pd.DataFrame(np.random.standard_normal((6, 3)))

In [42]: df.iloc[2:, 1] = np.nan

In [43]: df.iloc[4:, 2] = np.nan

In [44]: df
Out[44]:
```

```
          0         1         2
0  0.476985  3.248944 -1.021228
1 -0.577087  0.124121  0.302614
2  0.523772       NaN  1.343810
3 -0.713544       NaN -2.370232
4 -1.860761       NaN       NaN
5 -1.265934       NaN       NaN

In [45]: df.fillna(method="ffill")
Out[45]:
          0         1         2
0  0.476985  3.248944 -1.021228
1 -0.577087  0.124121  0.302614
2  0.523772  0.124121  1.343810
3 -0.713544  0.124121 -2.370232
4 -1.860761  0.124121 -2.370232
5 -1.265934  0.124121 -2.370232

In [46]: df.fillna(method="ffill", limit=2)
Out[46]:
          0         1         2
0  0.476985  3.248944 -1.021228
1 -0.577087  0.124121  0.302614
2  0.523772  0.124121  1.343810
3 -0.713544  0.124121 -2.370232
4 -1.860761       NaN -2.370232
5 -1.265934       NaN -2.370232
```

fillna를 이용해서 매우 다양한 일을 할 수 있는데 예를 들면 평균값이나 중간값을 넘겨서 데이터를 채울 수도 있다.

```
In [47]: data = pd.Series([1., np.nan, 3.5, np.nan, 7])

In [48]: data.fillna(data.mean())
Out[48]:
0    1.000000
1    3.833333
2    3.500000
3    3.833333
4    7.000000
dtype: float64
```

fillna 함수의 인수에 대한 설명은 [표 7-2]를 참고하자.

표 7-2 fillna 함수 인수

인수	설명
value	비어 있는 값을 채울 스칼라 값이나 딕셔너리 형식의 객체다.
method	보간 방식이며 bfill을 이용해 뒤로 채우고 ffill으로 앞으로 채운다. 기본값은 None이다.
axis	값을 채워 넣을 축(index 또는 columns). 기본값은 axis="index"다.
limit	값을 앞 혹은 뒤에서부터 몇 개까지 채울지 지정한다.

7.2 데이터 변형

지금까지 누락된 데이터를 처리하는 방법을 알아봤다. 이제부터 살펴볼 필터링, 정제, 변형도 매우 중요한 연산이다.

7.2.1 중복 제거하기

여러 가지 이유로 DataFrame에서 중복된 행을 발견할 수 있다. 다음 예제를 보자.

```
In [49]: data = pd.DataFrame({"k1": ["one", "two"] * 3 + ["two"],
   ....:                       "k2": [1, 1, 2, 3, 3, 4, 4]})

In [50]: data
Out[50]:
    k1  k2
0  one   1
1  two   1
2  one   2
3  two   3
4  one   3
5  two   4
6  two   4
```

DataFrame의 duplicated 메서드는 각 행이 중복인지 아닌지를 알려주는 불리언 Series 객체를 반환한다.

```
In [51]: data.duplicated()
Out[51]:
0    False
1    False
2    False
3    False
1    False
5    False
6     True
dtype: bool
```

drop_duplicates는 duplicated 배열이 False인 DataFrame을 필터링해 반환한다.

```
In [52]: data.drop_duplicates()
Out[52]:
    k1  k2
0  one   1
1  two   1
2  one   2
3  two   3
4  one   3
5  two   4
```

이 두 메서드는 기본적으로 모든 열에 적용되며 중복을 찾아내기 위한 부분집합을 따로 지정할 수도 있다. 새로운 열을 하나 추가하고, k1 열에 기반해서 중복을 걸러내는 코드는 다음과 같다.

```
In [53]: data["v1"] = range(7)

In [54]: data
Out[54]:
    k1  k2  v1
0  one   1   0
1  two   1   1
2  one   2   2
3  two   3   3
4  one   3   4
5  two   4   5
```

```
6  two  4  6

In [55]: data.drop_duplicates(subset=["k1"])
Out[55]:
    k1  k2  v1
0  one   1   0
1  two   1   1
```

duplicated와 drop_duplicates는 기본적으로 처음 발견된 값을 유지한다. keep="last" 옵션을 넘기면 마지막으로 발견된 값을 반환한다.

```
In [56]: data.drop_duplicates(["k1", "k2"], keep="last")
Out[56]:
    k1  k2  v1
0  one   1   0
1  two   1   1
2  one   2   2
3  two   3   3
4  one   3   4
6  two   4   6
```

7.2.2 함수나 매핑을 이용해서 데이터 변형하기

데이터를 다루다 보면 DataFrame의 열이나 Series, 배열 내의 값을 기반으로 데이터의 형태를 변형하고 싶은 경우가 있다. 가상으로 수집한 육류와 관련된 정보를 한번 살펴보자.

```
In [57]: data = pd.DataFrame({"food": ["bacon", "pulled pork", "bacon",
   ....:                                "pastrami", "corned beef", "bacon",
   ....:                                "pastrami", "honey ham", "nova lox"],
   ....:                       "ounces": [4, 3, 12, 6, 7.5, 8, 3, 5, 6]})

In [58]: data
Out[58]:
          food  ounces
0        bacon     4.0
1  pulled pork     3.0
2        bacon    12.0
3     pastrami     6.0
```

```
4   corned beef   7.5
5         bacon   8.0
6      pastrami   3.0
7     honey ham   5.0
8      nova lox   6.0
```

해당 육류의 원재료를 알려주는 열을 하나 추가하고 싶다. 품목별 원재료을 담은 딕셔너리 데이터를 아래처럼 작성하자.

```
meat_to_animal = {
    "bacon": "pig",
    "pulled pork": "pig",
    "pastrami": "cow",
    "corned beef": "cow",
    "honey ham": "pig",
    "nova lox": "salmon"
}
```

Series의 map 메서드(5.2.5절 '함수 적용과 매핑'에서 살펴봤다)는 변형을 위한 매핑 정보가 담긴 딕셔너리 같은 객체나 함수를 인수로 받는다.

```
In [60]: data["animal"] = data["food"].map(meat_to_animal)

In [61]: data
Out[61]:
          food  ounces  animal
0        bacon     4.0     pig
1  pulled pork     3.0     pig
2        bacon    12.0     pig
3     pastrami     6.0     cow
4  corned beef     7.5     cow
5        bacon     8.0     pig
6     pastrami     3.0     cow
7    honey ham     5.0     pig
8     nova lox     6.0  salmon
```

물론 함수를 넘겨서 같은 일을 수행할 수도 있다.

```
In [62]: def get_animal(x):
   ....:        return meat_to_animal[x]

In [63]: data["food"].map(get_animal)
Out[63]:
0       pig
1       pig
2       pig
3       cow
4       cow
5       pig
6       cow
7       pig
8     salmon
Name: food, dtype: object
```

데이터의 요소별 변형과 다듬는 작업은 map 메서드로 편하게 수행할 수 있다.

7.2.3 값 치환하기

fillna 메서드로 누락된 값을 채우는 작업은 일반적인 값 치환 작업이라고 볼 수 있다. 앞서 살펴봤듯이 한 객체 안에서 값의 부분집합을 변경하는 데 map 메서드를 사용했지만, replace 메서드는 동일한 작업을 더 간단하고 유연한 방식으로 제공한다. 다음 Series 객체를 살펴보자.

```
In [64]: data = pd.Series([1., -999., 2., -999., -1000., 3.])

In [65]: data
Out[65]:
0       1.0
1    -999.0
2       2.0
3    -999.0
4   -1000.0
5       3.0
dtype: float64
```

-999는 누락된 데이터를 나타내는 감싯값이다. replace 메서드를 이용해서 해당 값을 판다스에서 인식할 수 있는 NA 값으로 치환해 새로운 Series를 생성한다.

```
In [66]: data.replace(-999, np.nan)
Out[66]:
0       1.0
1       NaN
2       2.0
3       NaN
4    -1000.0
5       3.0
dtype: float64
```

여러 개의 값을 한 번에 치환하려면 하나의 값 대신 치환하려는 값의 리스트를 넘기면 된다.

```
In [67]: data.replace([-999, -1000], np.nan)
Out[67]:
0    1.0
1    NaN
2    2.0
3    NaN
4    NaN
5    3.0
dtype: float64
```

각 값을 다른 값으로 치환하려면 새로 지정할 값의 리스트를 전달한다.

```
In [68]: data.replace([-999, -1000], [np.nan, 0])
Out[68]:
0    1.0
1    NaN
2    2.0
3    NaN
4    0.0
5    3.0
dtype: float64
```

리스트 대신 딕셔너리를 이용할 수도 있다.

```
In [69]: data.replace({-999: np.nan, -1000: 0})
Out[69]:
0    1.0
1    NaN
```

```
2    2.0
3    NaN
4    0.0
5    3.0
dtype: float64
```

> **NOTE_** `data.replace` 메서드는 문자열 치환을 항목 단위로 수행하는 `data.str.replace`와 구별된다.
> 이와 관련된 자세한 내용은 이번 장 뒷부분에서 Series의 문자열 메서드와 함께 알아본다.

7.2.4 축 색인 이름 바꾸기

Series의 값처럼 축 이름도 함수나 새롭게 바꿀 값을 이용해서 변형할 수 있다. 새로운 자료구조를 만들지 않고 그 자리에서 바로 축 이름을 변경할 수도 있다. 다음 예제를 살펴보자.

```
In [70]: data = pd.DataFrame(np.arange(12).reshape((3, 4)),
   ....:                      index=["Ohio", "Colorado", "New York"],
   ....:                      columns=["one", "two", "three", "four"])
```

Series와 마찬가지로 축 색인에도 map 메서드가 있다.

```
In [71]: def transform(x):
   ....:     return x[:4].upper()

In [72]: data.index.map(transform)
Out[72]: Index(['OHIO', 'COLO', 'NEW '], dtype='object')
```

대문자로 변경된 축 이름을 DataFrame의 index에 바로 대입할 수 있다.

```
In [73]: data.index = data.index.map(transform)

In [74]: data
Out[74]:
      one  two  three  four
OHIO    0    1      2     3
COLO    4    5      6     7
```

```
NEW     8    9    10    11
```

원래 객체를 변경하지 않고 새로운 객체를 생성하려면 rename 메서드를 사용한다.

```
In [75]: data.rename(index=str.title, columns=str.upper)
Out[75]:
      ONE  TWO  THREE  FOUR
Ohio    0    1      2     3
Colo    4    5      6     7
New     8    9     10    11
```

특히 rename 메서드는 딕셔너리 형식의 객체를 이용해서 축 이름 중 일부만 변경할 수도 있다.

```
In [76]: data.rename(index={"OHIO": "INDIANA"},
    ....:             columns={"three": "peekaboo"})
Out[76]:
         one  two  peekaboo  four
INDIANA    0    1         2     3
COLO       4    5         6     7
NEW        8    9        10    11
```

rename 메서드를 사용하면 DataFrame을 직접 복사해서 index와 columns 속성을 갱신할 필요 없이 바로 변경할 수 있다.

7.2.5 이산화

연속되는 데이터는 종종 개별로 분할하거나 분석을 위해 그룹으로 나누기도 한다. 다음과 같이 수업에 참여하는 학생 그룹 데이터가 있고, 나이대에 따라 분류한다고 가정하자.

```
In [77]: ages = [20, 22, 25, 27, 21, 23, 37, 31, 61, 45, 41, 32]
```

pandas.cut 함수를 이용해서 나이가 18~25, 26~35, 36~60, 61 이상인 그룹으로 나누어 보자.

```
In [78]: bins = [18, 25, 35, 60, 100]

In [79]: age_categories = pd.cut(ages, bins)

In [80]: age_categories
Out[80]:
[(18, 25], (18, 25], (18, 25], (25, 35], (18, 25], ..., (25, 35], (60, 100], (35,
 60], (35, 60], (25, 35]]
Length: 12
Categories (4, interval[int64, right]): [(18, 25] < (25, 35] < (35, 60] < (60, 100]]
```

여기서 반환된 판다스 객체는 **Categorical**(범주형)이라는 특수한 객체다. 결과는 **pandas.**
cut으로 계산된 그룹이다. 각 그룹은 개별 그룹의 상한과 하한값을 담은 특수한 간격 값으로
구분한다.

```
In [81]: age_categories.codes
Out[81]: array([0, 0, 0, 1, 0, 0, 2, 1, 3, 2, 2, 1], dtype=int8)

In [82]: age_categories.categories
Out[82]: IntervalIndex([(18, 25], (25, 35], (35, 60], (60, 100]], dtype='interval
[int64, right]')

In [83]: age_categories.categories[0]
Out[83]: Interval(18, 25, closed='right')

In [84]: pd.value_counts(age_categories)
Out[84]:
(18, 25]     5
(25, 35]     3
(35, 60]     3
(60, 100]    1
dtype: int64
```

pd.value_counts(age_categories)는 pandas.cut 결과에 대한 그룹의 개수다.

간격을 나타내는 문자열 표기법을 살펴보면 소괄호와 함께 사용된 값은 포함되지 않고 대괄호
의 값은 포함됨을 의미한다. right=False를 전달해 소괄호와 대괄호의 위치를 변경할 수 있다.

```
In [85]: pd.cut(ages, bins, right=False)
Out[85]:
[[18, 25), [18, 25), [25, 35), [25, 35), [18, 25), ..., [25, 35), [60, 100), [35,
 60), [35, 60), [25, 35)]
Length: 12
Categories (4, interval[int64, left]): [[18, 25) < [25, 35) < [35, 60) < [60, 100)]
```

labels 옵션으로 그룹의 이름을 리스트나 배열 형태로 직접 전달할 수도 있다.

```
In [86]: group_names = ["Youth", "YoungAdult", "MiddleAged", "Senior"]

In [87]: pd.cut(ages, bins, labels=group_names)
Out[87]:
['Youth', 'Youth', 'Youth', 'YoungAdult', 'Youth', ..., 'YoungAdult', 'Senior', '
MiddleAged', 'MiddleAged', 'YoungAdult']
Length: 12
Categories (4, object): ['Youth' < 'YoungAdult' < 'MiddleAged' < 'Senior']
```

만약 pandas.cut에 명시적으로 그룹의 경곗값을 넘기지 않고 그룹의 개수를 넘겨주면 데이터
의 최솟값과 최댓값을 기준으로 균등한 길이의 그룹을 자동으로 계산한다. 다음 균등 분포 내
에서 그룹을 네 개로 나누려는 경우를 생각해보자.

```
In [88]: data = np.random.uniform(size=20)

In [89]: pd.cut(data, 4, precision=2)
Out[89]:
[(0.34, 0.55], (0.34, 0.55], (0.76, 0.97], (0.76, 0.97], (0.34, 0.55], ..., (0.34
, 0.55], (0.34, 0.55], (0.55, 0.76], (0.34, 0.55], (0.12, 0.34]]
Length: 20
Categories (4, interval[float64, right]): [(0.12, 0.34] < (0.34, 0.55] <
                                            (0.55, 0.76] < (0.76, 0.97]]
```

precision=2 옵션으로 소수점 아래 두 자리까지로 제한한다.

표본 사분위수quartile를 기반으로 데이터를 나누는 가장 적합한 함수는 pandas.qcut이다.
pandas.cut 함수를 사용하면 데이터의 분산에 따라 각 그룹의 데이터 개수가 다르게 나뉘는
경우가 많다. pandas.qcut은 표준 사분위수를 사용하므로 적당히 비슷한 크기의 그룹으로 나
눌 수 있다.

```
In [90]: data = np.random.standard_normal(1000)

In [91]: quartiles = pd.qcut(data, 4, precision=2)

In [92]: quartiles
Out[92]:
[(-0.026, 0.62], (0.62, 3.93], (-0.68, -0.026], (0.62, 3.93], (-0.026, 0.62], ...
, (-0.68, -0.026], (-0.68, -0.026], (-2.96, -0.68], (0.62, 3.93], (-0.68, -0.026]]
Length: 1000
Categories (4, interval[float64, right]): [(-2.96, -0.68] < (-0.68, -0.026] <
                                            (-0.026, 0.62] < (0.62, 3.93]]

In [93]: pd.value_counts(quartiles)
Out[93]:
(-2.96, -0.68]      250
(-0.68, -0.026]     250
(-0.026, 0.62]      250
(0.62, 3.93]        250
dtype: int64
```

pandas.cut 함수처럼 사분위수를 직접 지정할 수 있다(사분위수는 0부터 1까지의 값이다).

```
In [94]: pd.qcut(data, [0, 0.1, 0.5, 0.9, 1.]).value_counts()
Out[94]:
(-2.9499999999999997, -1.187]    100
(-1.187, -0.0265]                400
(-0.0265, 1.286]                 400
(1.286, 3.928]                   100
dtype: int64
```

그룹 분석과 사분위수를 다룰 때는 pandas.cut과 pandas.qcut 함수 같은 이산 함수가 특히 더 유용하다. 10장 수집과 그룹 연산을 다루는 부분에서 다시 한번 자세히 살펴본다.

7.2.6 이상치를 찾고 제외하기

배열 연산할 때는 이상치outlier를 제외하거나 적당한 값으로 대체하는 것이 중요하다. 적절히 분산된 값이 담긴 다음 DataFrame을 살펴보자.

```
In [95]: data = pd.DataFrame(np.random.standard_normal((1000, 4)))

In [96]: data.describe()
Out[96]:
                 0            1            2            3
count  1000.000000  1000.000000  1000.000000  1000.000000
mean      0.049091     0.026112    -0.002544    -0.051827
std       0.996947     1.007458     0.995232     0.998311
min      -3.645860    -3.184377    -3.745356    -3.428254
25%      -0.599807    -0.612162    -0.687373    -0.747478
50%       0.047101    -0.013609    -0.022158    -0.088274
75%       0.756646     0.695298     0.699046     0.623331
max       2.653656     3.525865     2.735527     3.366626
```

DataFrame 열에서 절댓값이 3을 초과하는 값을 찾아내자.

```
In [97]: col = data[2]

In [98]: col[col.abs() > 3]
Out[98]:
41     -3.399312
136    -3.745356
Name: 2, dtype: float64
```

절댓값 3을 초과하는 값이 들어 있는 모든 행을 선택하려면 불리언 DataFrame에서 any 메서드를 사용한다.

```
In [99]: data[(data.abs() > 3).any(axis="columns")]
Out[99]:
            0         1         2         3
41   0.457246 -0.025907 -3.399312 -0.974657
60   1.951312  3.260383  0.963301  1.201206
136  0.508391 -0.196713 -3.745356 -1.520113
235 -0.242459 -3.056990  1.918403 -0.578828
258  0.682841  0.326045  0.425384 -3.428254
322  1.179227 -3.184377  1.369891 -1.074833
544 -3.548824  1.553205 -2.186301  1.277104
635 -0.578093  0.193299  1.397822  3.366626
782 -0.207434  3.525865  0.283070  0.544635
803 -3.645860  0.255475 -0.549574 -1.907459
```

비교 연산 결과에 any 메서드를 호출하려면 data.abs() > 3 구문을 괄호로 감싸야 한다.

이 기준대로 쉽게 값을 선택할 수 있으며, 다음 코드로 −3이나 3을 초과하는 값을 −3 또는 3
으로 지정할 수 있다.

```
In [100]: data[data.abs() > 3] = np.sign(data) * 3

In [101]: data.describe()
Out[101]:
                 0            1            2            3
count  1000.000000  1000.000000  1000.000000  1000.000000
mean      0.050286     0.025567    -0.001399    -0.051765
std       0.992920     1.004214     0.991414     0.995761
min      -3.000000    -3.000000    -3.000000    -3.000000
25%      -0.599807    -0.612162    -0.687373    -0.747478
50%       0.047101    -0.013609    -0.022158    -0.088274
75%       0.756646     0.695298     0.699046     0.623331
max       2.653656     3.000000     2.735527     3.000000
```

np.sign(data)는 data가 양수인지 음수인지에 따라 1이나 −1이 담긴 배열을 반환한다.

```
In [102]: np.sign(data).head()
Out[102]:
     0    1    2    3
0 -1.0  1.0 -1.0  1.0
1  1.0 -1.0  1.0 -1.0
2  1.0  1.0  1.0 -1.0
3 -1.0 -1.0  1.0 -1.0
4 -1.0  1.0 -1.0 -1.0
```

7.2.7 뒤섞기와 임의 샘플링

numpy.random.permutation 함수를 이용하면 Series나 DataFrame의 행을 임의의 순서대
로 쉽게 재배치(뒤섞기permutation)할 수 있다. 순서를 바꾸고 싶은 만큼의 길이를 permutation
함수에 전달하면 순서가 바뀐 정수 배열을 생성된다.

```
In [103]: df = pd.DataFrame(np.arange(5 * 7).reshape((5, 7)))

In [104]: df
Out[104]:
    0   1   2   3   4   5   6
0   0   1   2   3   4   5   6
1   7   8   9  10  11  12  13
2  14  15  16  17  18  19  20
3  21  22  23  24  25  26  27
4  28  29  30  31  32  33  34

In [105]: sampler = np.random.permutation(5)

In [106]: sampler
Out[106]: array([3, 1, 4, 2, 0])
```

이 배열은 iloc 기반의 색인이나 take 함수에서 사용 가능하다.

```
In [107]: df.take(sampler)
Out[107]:
    0   1   2   3   4   5   6
3  21  22  23  24  25  26  27
1   7   8   9  10  11  12  13
4  28  29  30  31  32  33  34
2  14  15  16  17  18  19  20
0   0   1   2   3   4   5   6

In [108]: df.iloc[sampler]
Out[108]:
    0   1   2   3   4   5   6
3  21  22  23  24  25  26  27
1   7   8   9  10  11  12  13
4  28  29  30  31  32  33  34
2  14  15  16  17  18  19  20
0   0   1   2   3   4   5   6
```

take를 호출할 때 axis="columns"를 넘기면 열에 대해 작동한다.

```
In [109]: column_sampler = np.random.permutation(7)

In [110]: column_sampler
```

```
Out[110]: array([4, 6, 3, 2, 1, 0, 5])

In [111]: df.take(column_sampler, axis="columns")
Out[111]:
    4   6   3   2   1   0   5
0   4   6   3   2   1   0   5
1  11  13  10   9   8   7  12
2  18  20  17  16  15  14  19
3  25  27  24  23  22  21  26
4  32  34  31  30  29  28  33
```

치환 없이 일부만 임의로 선택하려면(같은 행이 두 번 나타날 수 없다) Series나 DataFrame 의 sample 메서드를 사용한다.

```
In [112]: df.sample(n=3)
Out[112]:
    0   1   2   3   4   5   6
2  14  15  16  17  18  19  20
4  28  29  30  31  32  33  34
0   0   1   2   3   4   5   6
```

반복 선택을 허용하기 위해 치환을 통해 표본을 생성하려면 sample에 replace=True 옵션을 전달한다.

```
In [113]: choices = pd.Series([5, 7, -1, 6, 4])

In [114]: choices.sample(n=10, replace=True)
Out[114]:
2   -1
0    5
3    6
1    7
4    4
0    5
4    4
0    5
4    4
4    4
dtype: int64
```

7.2.8 표시자, 더미 변수 계산하기

통계 모델이나 머신러닝 애플리케이션을 위한 또 다른 데이터 변환은 분륫값을 **더미**dummy나 **표시자**indicator 행렬로 전환하는 것이다. 만약 DataFrame의 한 열에 k가지의 값이 있다면 k개의 열이 있는 DataFrame이나 행렬을 만들고 값으로 1과 0을 채워 넣을 것이다. 판다스에서 제공하는 pandas.get_dummies 함수로 작업할 수 있지만 여러분 스스로 새로운 방법을 고안해봐도 좋다. 앞서 살펴본 DataFrame을 다시 살펴보자.

```
In [115]: df = pd.DataFrame({"key": ["b", "b", "a", "c", "a", "b"],
   .....:                     "data1": range(6)})

In [116]: df
Out[116]:
  key  data1
0   b      0
1   b      1
2   a      2
3   c      3
4   a      4
5   b      5

In [117]: pd.get_dummies(df["key"], dtype=float)
Out[117]:
   a  b  c
0  0  1  0
1  0  1  0
2  1  0  0
3  0  0  1
4  1  0  0
5  0  1  0
```

표시자 DataFrame의 열에 접두어prefix를 추가한 후 다른 데이터와 병합하고 싶다면 pandas.get_dummies 함수의 prefix 인수를 사용한다.

```
In [118]: dummies = pd.get_dummies(df["key"], prefix="key", dtype=float)

In [119]: df_with_dummy = df[["data1"]].join(dummies)

In [120]: df_with_dummy
Out[120]:
```

```
    data1  key_a  key_b  key_c
0      0      0      1      0
1      1      0      1      0
2      2      1      0      0
3      3      0      0      1
4      4      1      0      0
5      5      0      1      0
```

`DataFrame.join` 메서드는 다음 장에서 자세히 설명한다.

`DataFrame`의 한 행이 여러 범주에 속한다면 다른 접근 방식을 사용해 더미 변수를 만들어야 하므로 조금 복잡하다. 이와 관련된 자세한 내용은 13장에서 소개하는 무비렌즈^{MovieLens} 영화 데이터셋과 함께 살펴본다.

```
In [121]: mnames = ["movie_id", "title", "genres"]

In [122]: movies = pd.read_table("datasets/movielens/movies.dat", sep="::",
    .....:                        header=None, names=mnames, engine="python")

In [123]: movies[:10]
Out[123]:
   movie_id                               title                       genres
0         1                    Toy Story (1995)   Animation|Children's|Comedy
1         2                      Jumanji (1995)  Adventure|Children's|Fantasy
2         3             Grumpier Old Men (1995)                Comedy|Romance
3         4            Waiting to Exhale (1995)                  Comedy|Drama
4         5  Father of the Bride Part II (1995)                        Comedy
5         6                         Heat (1995)         Action|Crime|Thriller
6         7                      Sabrina (1995)                Comedy|Romance
7         8                 Tom and Huck (1995)            Adventure|Children's
8         9                 Sudden Death (1995)                        Action
9        10                    GoldenEye (1995)      Action|Adventure|Thriller
```

판다스에는 특별한 Series 메서드인 `str.get_dummies`가 존재한다(`str.`로 시작하는 메서드는 7.4절에서 자세히 설명한다). 이 메서드는 구분 문자열을 이용해서 여러 그룹에 속하는 구성원을 처리한다.

```
In [124]: dummies = movies["genres"].str.get_dummies("¦")

In [125]: dummies.iloc[:10, :6]
Out[125]:
   Action  Adventure  Animation  Children's  Comedy  Crime
0       0          0          1           1       1      0
1       0          1          0           1       0      0
2       0          0          0           0       1      0
3       0          0          0           0       1      0
4       0          0          0           0       1      0
5       1          0          0           0       0      1
6       0          0          0           0       1      0
7       0          1          0           1       0      0
8       1          0          0           0       0      0
9       1          1          0           0       0      0
```

그런 다음 이를 movies와 결합하고 add_prefix 메서드를 이용해 dummies의 열 이름에
"Genre_"를 추가한다.

```
In [126]: movies_windic = movies.join(dummies.add_prefix("Genre_"))

In [127]: movies_windic.iloc[0]
Out[127]:
movie_id                                        1
title                           Toy Story (1995)
genres              Animation¦Children's¦Comedy
Genre_Action                                    0
Genre_Adventure                                 0
Genre_Animation                                 1
Genre_Children's                                1
Genre_Comedy                                    1
Genre_Crime                                     0
Genre_Documentary                               0
Genre_Drama                                     0
Genre_Fantasy                                   0
Genre_Film-Noir                                 0
Genre_Horror                                    0
Genre_Musical                                   0
Genre_Mystery                                   0
Genre_Romance                                   0
Genre_Sci-Fi                                    0
Genre_Thriller                                  0
```

```
Genre_War                                   0
Genre_Western                               0
Name: 0, dtype: object
```

> **NOTE_** 이보다 데이터가 더 크다면 이 방법으로 여러 구성원을 갖는 표시자 변수를 생성하는 것은 그다지
> 빠른 방법은 아니다. 속도를 높이려면 직접 넘파이 배열에 접근하는 저수준의 함수를 작성해서 `DataFrame`
> 에 결과를 저장해야 한다.

`pandas.get_dummies`와 `pandas.cut` 같은 이산 함수를 잘 조합하면 통계 애플리케이션에서
유용하게 사용할 수 있다.

```
In [128]: np.random.seed(12345) # 난수가 반복 가능하도록 시드 값 고정

In [129]: values = np.random.uniform(size=10)

In [130]: values
Out[130]:
array([0.9296, 0.3164, 0.1839, 0.2046, 0.5677, 0.5955, 0.9645, 0.6532,
       0.7489, 0.6536])

In [131]: bins = [0, 0.2, 0.4, 0.6, 0.8, 1]

In [132]: pd.get_dummies(pd.cut(values, bins))
Out[132]:
   (0.0, 0.2]  (0.2, 0.4]  (0.4, 0.6]  (0.6, 0.8]  (0.8, 1.0]
0           0           0           0           0           1
1           0           1           0           0           0
2           1           0           0           0           0
3           0           1           0           0           0
4           0           0           1           0           0
5           0           0           1           0           0
6           0           0           0           0           1
7           0           0           0           1           0
8           0           0           0           1           0
9           0           0           0           1           0
```

`pandas.get_dummies` 메서드는 7.5.4절에서 다시 살펴보도록 하자.

7.3 확장 데이터 유형

판다스는 원래 주로 수치 데이터를 다루는 데 사용하는 배열 컴퓨팅 라이브러리인 넘파이의 기능 기반으로 만들어졌다. 누락된 값 처리 등 판다스의 여러 개념은 넘파이에서 사용 가능한 요소로 구현되었으며 넘파이와 판다스를 함께 사용하는 라이브러리 간의 호환성을 최대화하려고 노력했다.

다만 넘파이 기반 구축으로 인해 다음과 같은 단점이 있다.

- 정수나 불리언형을 가진 누락된 데이터 처리가 불완전하다. 그로 인해 결측치가 생성되는 경우 판다스는 자료형을 float64로 변경하고 np.nan을 이용해서 null 값을 표현한다. 이는 판다스 알고리듬에 미묘한 이슈를 유발했고 복합적인 영향을 끼쳤다.

- 대량의 문자열 데이터셋의 계산 비용이 높고 메모리를 많이 사용한다.

- 시간 간격이나 시간 차이, 시간대가 포함된 타임스탬프 같은 일부 자료형에서 계산 비용이 높은 파이썬 객체를 사용하지 않고는 효과적으로 처리하는 것이 불가능하다.

최근 판다스는 넘파이에서 기본적으로 지원하지 않는 자료형이더라도 사용할 수 있도록 하는 확장형extension type 시스템을 개발했다. 이 새로운 자료형은 넘파이 배열에서 가져오는 데이터와 동일하게 취급된다.

결측치를 갖는 정수 Series를 생성하는 예제를 살펴보자.

```
In [133]: s = pd.Series([1, 2, 3, None])

In [134]: s
Out[134]:
0    1.0
1    2.0
2    3.0
3    NaN
dtype: float64
```

```
In [135]: s.dtype
Out[135]: dtype('float64')
```

이전 버전과의 호환성을 위해 Series는 float64 자료형을 사용하고 누락된 값에 대해 np.nan을 사용하는 레거시 방식을 따른다. 대신 pandas.Int64Dtype을 이용해 Series를 생성할 수도 있다.

```
In [136]: s = pd.Series([1, 2, 3, None], dtype=pd.Int64Dtype())

In [137]: s
Out[137]:
0       1
1       2
2       3
3    <NA>
dtype: Int64

In [138]: s.isna()
Out[138]:
0    False
1    False
2    False
3     True
dtype: bool

In [139]: s.dtype
Out[139]: Int64Dtype()
```

<NA> 출력은 확장형 배열에 누락된 값이 있음을 나타낸다. 이는 pandas.NA라는 특수한 감싯값을 사용한다.

```
In [140]: s[3]
Out[140]: <NA>

In [141]: s[3] is pd.NA
Out[141]: True
```

pd.Int64Dtype() 대신에 "Int64"로 줄여서 사용할 수도 있다. 대소문자를 구분하지 않으면 넘파이 기반의 비확장형으로 처리된다.

```
In [142]: s = pd.Series([1, 2, 3, None], dtype="Int64")
```

판다스에는 넘파이 객체 배열을 사용하지 않는 문자열 데이터를 위한 특수한 확장형이 존재한다(별도로 설치해야 하는 pyarrow 라이브러리가 필요하다).

```
In [143]: s = pd.Series(['one', 'two', None, 'three'], dtype=pd.StringDtype())

In [144]: s
Out[144]:
0      one
1      two
2     <NA>
3    three
dtype: string
```

이러한 문자열 배열은 일반적으로 훨씬 적은 메모리를 사용하고 대규모 데이터셋에서도 계산 비용이 높지 않다.

또 다른 중요한 확장형으로는 Categorical이 있다. 이와 관련된 내용은 7.5절에서 자세히 살펴본다. [표 7-3]에 사용 가능한 확장형을 정리했다.

표 7-3 판다스 확장 데이터 유형

확장 유형	설명
BooleanDtype	널 값이 가능한 불리언 데이터. 문자열 "boolean" 사용
CategoricalDtype	범주형 데이터. 문자열 "category" 사용
DatetimeTZDtype	시간대가 표함된 Datetime
Float32Dtype	널 값이 가능한 32비트 부동소수형. 문자열 "Float32" 사용
Float64Dtype	널 값이 가능한 64비트 부동소수형. 문자열 "Float64" 사용
Int8Dtype	널 값이 가능한 부호가 있는 8비트 정수형. 문자열 "Int8" 사용
Int16Dtype	널 값이 가능한 부호가 있는 16비트 정수형. 문자열 "Int16" 사용
Int32Dtype	널 값이 가능한 부호가 있는 32비트 정수형. 문자열 "Int32" 사용

확장 유형	설명
Int64Dtype	널 값이 가능한 부호가 있는 64비트 정수형. 문자열 "Int64" 사용
UInt8Dtype	널 값이 가능한 부호가 없는 8비트 정수형. 문자열 "UInt8" 사용
UInt16Dtype	널 값이 가능한 부호가 없는 16비트 정수형. 문자열 "UInt16" 사용
UInt32Dtype	널 값이 가능한 부호가 없는 32비트 정수형. 문자열 "UInt32" 사용
UInt64Dtype	널 값이 가능한 부호가 없는 64비트 정수형. 문자열 "UInt64" 사용

Series의 astype 메서드에 확장형을 인수로 전달하면 데이터 정제 과정에서 손쉽게 변환을
수행할 수 있다.

```
In [145]: df = pd.DataFrame({"A": [1, 2, None, 4],
   .....:                    "B": ["one", "two", "three", None],
   .....:                    "C": [False, None, False, True]})

In [146]: df
Out[146]:
     A      B      C
0  1.0    one  False
1  2.0    two   None
2  NaN  three  False
3  4.0   None   True

In [147]: df["A"] = df["A"].astype("Int64")

In [148]: df["B"] = df["B"].astype("string")

In [149]: df["C"] = df["C"].astype("boolean")

In [150]: df
Out[150]:
      A      B      C
0     1    one  False
1     2    two   <NA>
2  <NA>  three  False
3     4   <NA>   True
```

7.4 문자열 다루기

파이썬은 문자열이나 텍스트 처리의 편리함 덕분에 데이터를 처리하는 데 인기 있는 언어가 되었다. 대부분의 텍스트 연산은 문자열 객체의 내장 메서드를 통해 간단하게 처리할 수 있다. 더 복잡한 패턴 매칭이나 텍스트 조작에는 정규 표현식이 필요하다. 판다스는 배열 데이터 전체에 쉽게 정규 표현식을 적용하고 누락된 데이터를 편리하게 처리하는 기능을 제공한다

7.4.1 파이썬 내장 문자열 객체 메서드

문자열을 다루는 대부분의 애플리케이션은 내장 문자열 메서드만으로도 충분하다. 예를 들어 쉼표로 구분된 문자열은 split 메서드를 이용해서 분리한다.

```
In [151]: val = "a,b,  guido"

In [152]: val.split(",")
Out[152]: ['a', 'b', '  guido']
```

split 메서드는 종종 공백 문자(개행 문자 포함)를 제거하는 strip 메서드와 조합해서 사용하기도 한다.

```
In [153]: pieces = [x.strip() for x in val.split(",")]

In [154]: pieces
Out[154]: ['a', 'b', 'guido']
```

이렇게 분리된 문자열은 더하기 연산을 사용해서 :: 문자열과 합칠 수도 있다.

```
In [155]: first, second, third = pieces

In [156]: first + "::" + second + "::" + third
Out[156]: 'a::b::guido'
```

하지만 이 방법은 실용적이거나 범용적인 메서드는 아니다. 다음과 같이 :: 문자열의 join 메서드에 리스트나 튜플을 전달하는 방법이 더 빠르고 파이썬스럽다.

```
[157]: "::".join(pieces)
Out[157]: 'a::b::guido'
```

일치하는 부분 문자열substring의 위치를 찾는 메서드도 있다. index나 find를 사용할 수도 있지만 파이썬의 in 예약어를 사용하면 더 쉽게 찾을 수 있다.

```
In [158]: "guido" in val
Out[158]: True

In [159]: val.index(",")
Out[159]: 1

In [160]: val.find(":")
Out[160]: -1
```

find와 index의 차이점으로는 index의 경우 문자열을 찾지 못하면 예외가 발생한다는 점이다(find의 경우에는 -1을 반환한다).

```
In [161]: val.index(":")
-----------------------------------------------------------------------
ValueError                               Traceback (most recent call last)
<ipython-input-161-bea4c4c30248> in <module>
----> 1 val.index(":")
ValueError: substring not found
```

count는 특정 부분 문자열이 몇 건 발견되었는지를 반환한다.

```
In [162]: val.count(",")
Out[162]: 2
```

replace는 찾아낸 패턴을 다른 문자열로 치환한다. 이 메서드에 비어 있는 문자열을 넘겨서 패턴을 삭제하는 방법으로도 자주 사용된다.

```
In [163]: val.replace(",", "::")
Out[163]: 'a::b::  guido'
```

```
In [164]: val.replace(",", "")
Out[164]: 'ab  guido'
```

[표 7-4]는 파이썬의 문자열 메서드 목록이다. 정규 표현식도 다양한 용도로 사용할 수 있다.
다음 절을 살펴보자.

표 7-4 파이썬 내장 문자열 메서드

메서드	설명
count	문자열에서 겹치지 않는 부분 문자열의 개수를 반환한다.
endswith	문자열이 주어진 접미사로 끝날 경우 True를 반환한다.
startswith	문자열이 주어진 접두사로 시작할 경우 True를 반환한다.
join	문자열을 구분자로 하고 다른 문자열을 순서대로 이어 붙인다.
index	부분 문자열의 첫 번째 글자의 위치를 반환한다. 부분 문자열이 없을 경우 ValueError 예외가 발생한다.
find	첫 번째 부분 문자열의 첫 번째 글자의 위치를 반환한다. index와 유사하지만 부분 문자열이 없을 경우 -1을 반환한다.
rfind	마지막 부분 문자열의 첫 번째 글자의 위치를 반환한다. 부분 문자열이 없을 경우 -1을 반환한다.
replace	문자열을 다른 문자열로 치환한다.
strip, rstrip, lstrip	개행 문자를 포함한 공백 문자를 제거한다. lstrip은 문자열의 시작 부분에 있는 공백 문자만 제거하며, rstrip은 문자열의 마지막 부분에 있는 공백 문자만 제거한다.
split	구분자를 기준으로 문자열을 부분 문자열의 리스트로 분리한다.
lower	알파벳 문자를 소문자로 변환한다.
upper	알파벳 문자를 대문자로 변환한다.
casefold	문자를 소문자로 변환한다. 지역 문자들은 그에 상응하는 대체 문자로 교체된다.
ljust, rjust	문자열을 오른쪽 또는 왼쪽으로 정렬하고 주어진 길이에서 문자열의 길이를 제외한 나머지 부분은 공백 문자를 채워 넣는다.

7.4.2 정규 표현식

정규 표현식은 텍스트에서 문자열 패턴을 찾는 유연한 방법을 제공한다(가끔 더 복잡하기도 하다). 흔히 regex라 부르는 단일 표현식은 정규 표현식 언어로 구성된 문자열이다. 파이썬에 내장된 re 모듈이 문자열과 관련된 정규 표현식을 처리한다. 몇 가지 예제를 통해 알아보자.

> **NOTE_** 정규 표현식을 작성하는 방법은 한 장으로 구성할 수 있을 만큼 방대하다. 이는 이 책에서 다루는 범위를 벗어나므로 더 자세히 알아보고 싶다면 정규 표현식에 관한 여러 튜토리얼과 레퍼런스를 살펴보자.

re 모듈 함수는 패턴 매칭, 치환, 분리 세 가지로 나눌 수 있다. 물론 이 세 가지는 모두 서로 연관되어 있으며 정규 표현식은 텍스트 내에 존재하는 패턴을 표현하고 이를 여러 가지 다양한 목적으로 사용할 수 있다. 간단한 예제를 하나 살펴보자. 여러 가지 공백 문자(탭, 스페이스, 개행 문자)가 포함된 문자열을 나누고 싶다면 하나 이상의 공백 문자를 의미하는 \s+를 사용해서 문자열을 분리한다.

```
In [165]: import re

In [166]: text = "foo    bar\t baz  \tqux"

In [167]: re.split(r"\s+", text)
Out[167]: ['foo', 'bar', 'baz', 'qux']
```

re.split(r"\s+", text)를 사용하면 먼저 정규 표현식이 컴파일되고 그다음에 split 메서드가 실행된다. re.compile을 통해서 직접 정규 표현식을 컴파일하고 그렇게 얻은 정규 표현식 객체를 재사용할 수도 있다.

```
In [168]: regex = re.compile(r"\s+")

In [169]: regex.split(text)
Out[169]: ['foo', 'bar', 'baz', 'qux']
```

정규 표현식에 매칭되는 모든 패턴의 목록을 얻고 싶다면 findall 메서드를 사용한다.

```
In [170]: regex.findall(text)
Out[170]: ['    ', '\t ', '  \t']
```

동일한 정규 표현식을 다른 문자열에도 적용해야 한다면 re.compile을 이용해 정규 표현식 객체를 만들어서 사용하는 방법을 추천한다. 이렇게 하면 CPU 사용량을 아낄 수 있다.

match와 search는 findall 메서드와 밀접하게 관련된다. findall은 문자열에서 일치하는 모든 부분 문자열을 찾지만 search 메서드는 패턴과 일치하는 첫 번째 항목을 반환한다. match 메서드는 이보다 더 엄격해서 문자열의 시작 부분에서 일치하는 것만 찾는다. 약간 복잡한 예제로 이메일 주소를 검사하는 정규 표현식을 살펴보자.

```
text = """Dave dave@google.com
Steve steve@gmail.com
Rob rob@gmail.com
Ryan ryan@yahoo.com"""
pattern = r"[A-Z0-9._%+-]+@[A-Z0-9.-]+\.[A-Z]{2,4}"

# re.IGNORECASE는 정규 표현식이 대소문자를 구분하지 않도록 한다.
regex = re.compile(pattern, flags=re.IGNORECASE)
```

findall 메서드를 사용해서 이메일 주소 리스트를 생성한다.

```
In [172]: regex.findall(text)
Out[172]:
['dave@google.com',
 'steve@gmail.com',
 'rob@gmail.com',
 'ryan@yahoo.com']
```

search는 텍스트에서 첫 번째 이메일 주소만 찾는다. 이전 정규 표현식에 대한 match 객체는 문자열에서 패턴이 위치하는 시작점과 끝점만 알려준다.

```
In [173]: m = regex.search(text)

In [174]: m
Out[174]: <re.Match object; span=(5, 20), match='dave@google.com'>
```

```
In [175]: text[m.start():m.end()]
Out[175]: 'dave@google.com'
```

regex.match는 문자열의 시작점에서부터 패턴이 일치하는지 검사하므로 **None**을 반환한다.

```
In [176]: print(regex.match(text))
None
```

sub 메서드는 찾은 패턴을 주어진 문자열로 치환하고 새로운 문자열을 반환하다.

```
In [177]: print(regex.sub("REDACTED", text))
Dave REDACTED
Steve REDACTED
Rob REDACTED
Ryan REDACTED
```

이메일 주소를 찾는 동시에 각 이메일 주소를 사용자 이름, 도메인 이름, 도메인 접미사 세 가지 컴포넌트로 나누어야 한다면 각 패턴을 괄호로 묶어준다.

```
In [178]: pattern = r"([A-Z0-9._%+-]+)@([A-Z0-9.-]+)\.([A-Z]{2,4})"

In [179]: regex = re.compile(pattern, flags=re.IGNORECASE)
```

이렇게 만든 match 객체를 이용하면 groups 메서드로 각 패턴 컴포넌트의 튜플을 얻을 수 있다.

```
In [180]: m = regex.match("wesm@bright.net")

In [181]: m.groups()
Out[181]: ('wesm', 'bright', 'net')
```

패턴에 그룹이 존재한다면 findall 메서드는 튜플의 목록을 반환한다.

```
In [182]: regex.findall(text)
Out[182]:
[('dave', 'google', 'com'),
 ('steve', 'gmail', 'com'),
 ('rob', 'gmail', 'com'),
```

```
   ('ryan', 'yahoo', 'com')]
```

sub 역시 마찬가지로 \1, \2 같은 특수한 기호를 사용해서 각 패턴 그룹에 접근할 수 있다. \1
은 첫 번째로 찾은 그룹, \2는 두 번째로 찾은 그룹을 의미한다.

```
In [183]: print(regex.sub(r"Username: \1, Domain: \2, Suffix: \3", text))
Dave Username: dave, Domain: google, Suffix: com
Steve Username: steve, Domain: gmail, Suffix: com
Rob Username: rob, Domain: gmail, Suffix: com
Ryan Username: ryan, Domain: yahoo, Suffix: com
```

이 밖에도 파이썬에서 할 수 있는 정규 표현식은 많지만 대부분은 이 책의 범위를 벗어난다.
[표 7-5]에 몇 가지 메서드를 정리했다.

표 7-5 정규 표현식 메서드

메서드	설명
findall	문자열에서 겹치지 않는 모든 발견된 패턴을 리스트로 반환한다.
finditer	findall과 같지만 발견된 패턴을 이터레이터를 통해 하나씩 반환한다.
match	문자열의 시작점부터 패턴을 찾고 선택적으로 패턴 컴포넌트를 그룹으로 나눈다. 일치하는 패턴이 있다면 match 객체를 반환하고 그렇지 않으면 None을 반환한다.
search	문자열에서 패턴과 일치하는 내용을 검색하고 match 객체를 반환한다. match 메서드와는 다르게 시작부터 일치하는 내용만 찾지 않고 문자열 어디든 일치하는 내용이 있다면 반환한다.
split	문자열에서 패턴과 일치하는 부분을 분리한다.
sub, subn	문자열에서 일치하는 모든 패턴(sub) 혹은 처음 n개의 패턴(subn)을 대체 표현으로 치환한다. 대체 표현 문자열은 \1, \2, …와 같은 기호를 사용해서 매치 그룹의 요소를 참조한다.

7.4.3 판다스의 문자열 함수

뒤죽박죽인 데이터를 분석을 위해 정리하려면 문자열을 다듬고 정규화하는 작업이 필요하다.
문자열을 담은 열에 누락된 값이 있다면 일이 더 복잡해진다.

```
In [184]: data = {"Dave": "dave@google.com", "Steve": "steve@gmail.com",
    .....:          "Rob": "rob@gmail.com", "Wes": np.nan}
```

```
In [185]: data = pd.Series(data)

In [186]: data
Out[186]:
Dave      dave@google.com
Steve     steve@gmail.com
Rob         rob@gmail.com
Wes                   NaN
dtype: object

In [187]: data.isna()
Out[187]:
Dave      False
Steve     False
Rob       False
Wes        True
dtype: bool
```

문자열과 정규 표현식 메서드는 data.map을 사용해서 각 값에 적용(lambda 혹은 다른 함수를 넘겨서)할 수 있지만 NA 값을 만나면 실패한다. 이런 문제에 대처하기 위해 Series에는 NA 값을 건너뛰도록 하는 간결한 문자열 처리 메서드가 있다. Series의 str 속성을 이용하며 다음과 같이 각 이메일 주소가 gmail을 포함하고 있는지 str.contains로 검사한다.

```
In [188]: data.str.contains("gmail")
Out[188]:
Dave      False
Steve      True
Rob        True
Wes         NaN
dtype: object
```

연산 결과로 object dtype을 갖는다. 판다스는 문자열, 정수, 불리언 데이터를 특수하게 처리하는 확장형을 제공한다.

```
In [189]: data_as_string_ext = data.astype('string')

In [190]: data_as_string_ext
Out[190]:
```

```
Dave       dave@google.com
Steve      steve@gmail.com
Rob        rob@gmail.com
Wes                 <NA>
dtype: string

In [191]: data_as_string_ext.str.contains("gmail")
Out[191]:
Dave      False
Steve      True
Rob        True
Wes        <NA>
dtype: boolean
```

확장형은 7.3절에서 자세히 설명했다.

IGNORECASE 같은 re 옵션과 함께 정규 표현식을 사용할 수도 있다.

```
In [192]: pattern = r"([A-Z0-9._%+-]+)@([A-Z0-9.-]+)\.([A-Z]{2,4})"

In [193]: data.str.findall(pattern, flags=re.IGNORECASE)
Out[193]:
Dave      [(dave, google, com)]
Steve     [(steve, gmail, com)]
Rob         [(rob, gmail, com)]
Wes                         NaN
dtype: object
```

벡터화된 요소를 꺼내려면 str.get을 이용하거나 str 속성의 색인을 이용한다.

```
In [194]: matches = data.str.findall(pattern, flags=re.IGNORECASE).str[0]

In [195]: matches
Out[195]:
Dave      (dave, google, com)
Steve     (steve, gmail, com)
Rob         (rob, gmail, com)
Wes                       NaN
dtype: object

In [196]: matches.str.get(1)
```

```
Out[196]:
Dave      google
Steve      gmail
Rob        gmail
Wes          NaN
dtype: object
```

문자열은 다음과 같이 잘라낸다.

```
In [197]: data.str[:5]
Out[197]:
Dave      dave@
Steve     steve
Rob       rob@g
Wes         NaN
dtype: object
```

str.extract 메서드는 정규 표현식의 결과를 DataFrame 형태로 반환한다.

```
In [198]: data.str.extract(pattern, flags=re.IGNORECASE)
Out[198]:
            0      1    2
Dave     dave  google  com
Steve   steve   gmail  com
Rob       rob   gmail  com
Wes       NaN     NaN  NaN
```

[표 7-6]에 판다스의 문자열 메서드를 정리해두었다.

표 7-6 Series의 문자열 메서드

메서드	설명
cat	선택적인 구분자와 함께 요소별로 문자열을 이어 붙인다.
contains	문자열이 패턴이나 정규 표현식을 포함하는지를 나타내는 불리언 배열을 반환한다.
count	일치하는 패턴 수를 반환한다.
extract	문자열이 담긴 Series에서 하나 이상의 문자열을 추출하기 위해 정규 표현식을 이용한다. 결과는 각 그룹이 하나의 열이 되는 DataFrame이다.
endswith	각 요소에 대해 x.endswith(pattern)과 동일하게 작동한다.

메서드	설명
startswith	각 요소에 대해 x.startswith(pattern)과 동일하게 작동한다.
findall	각 문자열에 대해 일치하는 패턴/정규 표현식의 전체 목록을 구한다.
get	i번째 요소를 반환한다.
isalnum	내장 함수 str.isalnum과 동일하다.
isalpha	내장 함수 str.isalpha와 동일하다.
isdecimal	내장 함수 str.isdecimal과 동일하다.
isdigit	내장 함수 str.isdigit과 동일하다.
islower	내장 함수 str.islower와 동일하다.
isnumeric	내장 함수 str.isnumeric과 동일하다.
isupper	내장 함수 str.isupper와 동일하다.
join	Series의 각 요소를 주어진 구분자로 연결한다.
len	각 문자열의 길이를 구한다.
lower, upper	대소문자로 변환한다. 각 요소에 대한 x.lower(), x.upper()와 같다.
match	주어진 정규 표현식으로 각 요소에 대한 re.match를 수행하여 일치하는 그룹을 True나 False로 반환한다.
pad	문자열의 좌우 혹은 양쪽에 공백을 추가한다.
center	pad(side="both")와 동일하다.
repeat	값을 복사한다. 예를 들어 s.str.repeat(3)은 각 문자열에 대한 x * 3과 동일하다.
replace	패턴/정규 표현식과 일치하는 내용을 다른 문자열로 치환한다.
slice	Series 안에 있는 각 문자열을 자른다.
split	정규 표현식 혹은 구분자로 문자열을 나눈다.
strip	개행 문자를 포함해 왼쪽과 오른쪽의 공백 문자를 제거한다.
rstrip	오른쪽의 공백 문자를 제거한다.
lstrip	왼쪽의 공백 문자를 제거한다.

7.5 범주형 데이터

이번 절에서는 범주형categorical을 활용해 판다스 메모리 사용량을 줄이고 성능을 개선하는 방법을 소개한다. 통계와 머신러닝 애플리케이션에서 범주형 데이터를 활용할 때 유용한 도구도 함께 소개한다.

7.5.1 개발 배경과 동기

하나의 열에서 특정 값이 반복되는 경우가 많다. 앞서 배열 내의 유일한 값을 추출하거나 특정 값이 얼마나 많이 존재하는지 확인하는 unique와 value_counts 메서드를 살펴봤다.

```
In [199]: values = pd.Series(['apple', 'orange', 'apple', 'apple'] * 2)

In [200]: values
Out[200]:
0     apple
1     orange
2     apple
3     apple
4     apple
5     orange
6     apple
7     apple
dtype: object

In [201]: pd.unique(values)
Out[201]: array(['apple', 'orange'], dtype=object)

In [202]: pd.value_counts(values)
Out[202]:
apple     6
orange    2
dtype: int64
```

데이터 웨어하우스data warehouse, 통계 컴퓨팅 등 여러 다양한 데이터 시스템은 중복된 데이터를 얼마나 효율적으로 저장하고 계산할 수 있는가를 중점으로 개발되었다. 데이터 웨어하우스에서는 구별되는 값을 담은 차원 테이블dimension table과 이를 참조하는 정수 키를 사용한다.

```
In [203]: values = pd.Series([0, 1, 0, 0] * 2)

In [204]: dim = pd.Series(['apple', 'orange'])

In [205]: values
Out[205]:
0    0
1    1
2    0
3    0
4    0
5    1
6    0
7    0
dtype: int64

In [206]: dim
Out[206]:
0     apple
1    orange
dtype: object
```

take 메서드를 사용하면 Series에 저장된 원래 문자열을 구할 수 있다.

```
In [207]: dim.take(values)
Out[207]:
0     apple
1    orange
0     apple
0     apple
0     apple
1    orange
0     apple
0     apple
dtype: object
```

이러한 정수 표현을 범주형 또는 딕셔너리형 표기법이라고 한다. 별개의 값을 담은 배열은 범주형, 딕셔너리형 또는 단계별 데이터라고 부른다. 이 책에서는 이런 종류의 데이터를 Categorical 또는 범주형 데이터라고 부른다. 범주형 데이터를 가리키는 정숫값은 범주 코드 또는 단순히 코드라고 일컫는다.

범주형 표현을 사용하면 분석 작업에서 엄청난 성능 향상을 얻을 수 있다. 범주 코드를 변경하지 않은 채로 범주형 데이터를 변형할 수 있다. 비교적 적은 연산으로 수행할 수 있는 변형은 다음과 같다.

- 범주형 데이터의 이름 변경하기
- 기존 범주형 데이터의 순서를 바꾸지 않고 새로운 범주 추가하기

7.5.2 판다스의 Categorical 확장형

판다스에는 정수 기반의 범주형 데이터를 표현하는 특수한 데이터 유형인 Categorical 확장형이 있다. 주로 문자열 데이터에서 유사한 값이 다수 존재하는 경우 데이터를 효과적으로 압축해서 적은 메모리에서도 빠른 성능을 내는 잘 알려진 기법이다. 앞서 살펴본 Series를 다시 살펴보자.

```
In [208]: fruits = ['apple', 'orange', 'apple', 'apple'] * 2

In [209]: N = len(fruits)

In [210]: rng = np.random.default_rng(seed=12345)

In [211]: df = pd.DataFrame({'fruit': fruits,
   .....:                    'basket_id': np.arange(N),
   .....:                    'count': rng.integers(3, 15, size=N),
   .....:                    'weight': rng.uniform(0, 4, size=N)},
   .....:                   columns=['basket_id', 'fruit', 'count', 'weight'])

In [212]: df
Out[212]:
   basket_id   fruit  count    weight
0          0   apple     11  1.564438
1          1  orange      5  1.331256
2          2   apple     12  2.393235
3          3   apple      6  0.746937
4          4   apple      5  2.691024
5          5  orange     12  3.767211
6          6   apple     10  0.992983
7          7   apple     11  3.795525
```

여기서 df['fruit']은 파이썬 문자열 객체의 배열로 다음과 같은 방법을 이용해 범주형 데이터로 쉽게 변경할 수 있다.

```
In [213]: fruit_cat = df['fruit'].astype('category')

In [214]: fruit_cat
Out[214]:
0     apple
1    orange
2     apple
3     apple
4     apple
5    orange
6     apple
7     apple
Name: fruit, dtype: category
Categories (2, object): ['apple', 'orange']
```

.array 속성으로 접근할 수 있는 fruit_cat의 값은 pandas.Categorical 인스턴스다.

```
In [215]: c = fruit_cat.array

In [216]: type(c)
Out[216]: pandas.core.arrays.categorical.Categorical
```

Categorical 객체에는 categories와 codes 속성이 있다.

```
In [217]: c.categories
Out[217]: Index(['apple', 'orange'], dtype='object')

In [218]: c.codes
Out[218]: array([0, 1, 0, 0, 0, 1, 0, 0], dtype=int8)
```

cat 접근자를 사용해 속성에 더 쉽게 접근할 수 있다. 7.5.4절에서 자세히 살펴본다.

다음과 같이 codes 속성과 categories 속성 간의 매핑을 가져올 수 있다.

```
In [219]: dict(enumerate(c.categories))
Out[219]: {0: 'apple', 1: 'orange'}
```

변환 완료된 값을 대입함으로써 DataFrame의 열을 범주형으로 변경한다.

```
In [220]: df['fruit'] = df['fruit'].astype('category')

In [221]: df["fruit"]
Out[221]:
0     apple
1    orange
2     apple
3     apple
4     apple
5    orange
6     apple
7     apple
Name: fruit, dtype: category
Categories (2, object): ['apple', 'orange']
```

파이썬 시퀀스에서 pandas.Categorical을 직접 생성할 수도 있다.

```
In [222]: my_categories = pd.Categorical(['foo', 'bar', 'baz', 'foo', 'bar'])

In [223]: my_categories
Out[223]:
['foo', 'bar', 'baz', 'foo', 'bar']
Categories (3, object): ['bar', 'baz', 'foo']
```

기존에 정의된 범주와 범주 코드가 있다면 from_codes로 범주형 데이터를 생성할 수도 있다.

```
In [224]: categories = ['foo', 'bar', 'baz']

In [225]: codes = [0, 1, 2, 0, 0, 1]

In [226]: my_cats_2 = pd.Categorical.from_codes(codes, categories)

In [227]: my_cats_2
Out[227]:
['foo', 'bar', 'baz', 'foo', 'foo', 'bar']
Categories (3, object): ['foo', 'bar', 'baz']
```

범주형으로 변경하는 경우 명시적으로 지정하지 않는 한 특정 순서를 보장하지 않는다. 따라서 범주형 배열은 입력 데이터의 순서에 따라 순서가 다를 수 있다. `from_codes`를 사용하거나 다른 범주형 데이터 생성자를 이용하면 순서를 지정할 수 있다.

```
In [228]: ordered_cat = pd.Categorical.from_codes(codes, categories,
   .....:                                         ordered=True)

In [229]: ordered_cat
Out[229]:
['foo', 'bar', 'baz', 'foo', 'foo', 'bar']
Categories (3, object): ['foo' < 'bar' < 'baz']
```

코드에서 `['foo' < 'bar' < 'baz']`는 foo, bar, baz 순서를 갖는다는 의미다. 순서가 없는 범주형 인스턴스는 `as_ordered` 메서드를 사용해 정렬할 수 있다.

```
In [230]: my_cats_2.as_ordered()
Out[230]:
['foo', 'bar', 'baz', 'foo', 'foo', 'bar']
Categories (3, object): ['foo' < 'bar' < 'baz']
```

여기서는 문자열로만 예를 들었지만 범주형 데이터가 꼭 문자열일 필요는 없다. 범주형 배열은 변경이 불가능한 값이라면 어떤 자료형이라도 포함할 수 있다.

7.5.3 Categorical 연산

판다스에서 `Categorical`은 문자열 배열처럼 인코딩되지 않은 자료형을 사용하는 것과 유사하게 사용한다. groupby 같은 일부 판다스 함수는 범주형 데이터에 사용할 때 더 나은 성능을 보여준다. 또한 `ordered` 플래그를 활용하는 함수도 마찬가지다.

임의의 숫자 데이터를 `pandas.qcut` 함수로 구분하면 `pandas.Categorical` 객체를 반환한다. 책 초반부에서 `pandas.cut` 함수를 살펴봤지만 범주형 데이터를 다루는 방법을 제대로 설명하지는 않았다.

```
In [231]: rng = np.random.default_rng(seed=12345)

In [232]: draws = rng.standard_normal(1000)

In [233]: draws[:5]
Out[233]: array([-1.4238,  1.2637, -0.8707, -0.2592, -0.0753])
```

이 데이터를 사분위수로 나누고 통계를 내보자.

```
In [234]: bins = pd.qcut(draws, 4)

In [235]: bins
Out[235]:
[(-3.121, -0.675], (0.687, 3.211], (-3.121, -0.675], (-0.675, 0.0134], (-0.675, 0
.0134], ..., (0.0134, 0.687], (0.0134, 0.687], (-0.675, 0.0134], (0.0134, 0.687],
 (-0.675, 0.0134]]
Length: 1000
Categories (4, interval[float64, right]): [(-3.121, -0.675] < (-0.675, 0.0134] <
                                            (0.0134, 0.687] < (0.687, 3.211]]
```

사분위수 이름을 실제 데이터로 지정하는 것은 별로 유용하지 않아 보인다. qcut 함수의
labels 인수를 통해 직접 이름을 지정하자.

```
In [236]: bins = pd.qcut(draws, 4, labels=['Q1', 'Q2', 'Q3', 'Q4'])

In [237]: bins
Out[237]:
['Q1', 'Q4', 'Q1', 'Q2', 'Q2', ..., 'Q3', 'Q3', 'Q2', 'Q3', 'Q2']
Length: 1000
Categories (4, object): ['Q1' < 'Q2' < 'Q3' < 'Q4']

In [238]: bins.codes[:10]
Out[238]: array([0, 3, 0, 1, 1, 0, 0, 2, 2, 0], dtype=int8)
```

이름을 붙인 bins는 데이터의 시작과 끝값에 관련된 정보를 포함하지 않으므로 groupby를 이
용해서 요약 통계를 추출한다.

```
In [239]: bins = pd.Series(bins, name='quartile')

In [240]: results = (pd.Series(draws)
     .....:           .groupby(bins)
     .....:           .agg(['count', 'min', 'max'])
     .....:           .reset_index())

In [241]: results
Out[241]:
  quartile  count       min       max
0       Q1    250 -3.119609 -0.678494
1       Q2    250 -0.673305  0.008009
2       Q3    250  0.018753  0.686183
3       Q4    250  0.688282  3.211418
```

결과의 quartile 열은 bins 순서를 포함한 원래 범주 정보를 유지한다.

```
In [242]: results['quartile']
Out[242]:
0    Q1
1    Q2
2    Q3
3    Q4
Name: quartile, dtype: category
Categories (4, object): ['Q1' < 'Q2' < 'Q3' < 'Q4']
```

범주형을 활용한 성능 개선

이번 장 초반에서 범주형을 사용하면 성능과 메모리 사용률을 개선할 수 있다고 언급했다. 소수의 독립적인 범주로 분류되는 1천만 개의 값을 가진 Series를 살펴보자.

```
In [243]: N = 10_000_000

In [244]: labels = pd.Series(['foo', 'bar', 'baz', 'qux'] * (N // 4))
```

labels를 범주형으로 변환하자.

```
In [245]: categories = labels.astype('category')
```

categories가 labels에 비해 훨씬 더 적은 메모리를 사용한다.

```
In [246]: labels.memory_usage(deep=True)
Out[246]: 600000128

In [247]: categories.memory_usage(deep=True)
Out[247]: 10000540
```

당연히 범주형으로 변환하는 과정이 쉽게 이루어지는 것은 아니지만 한 번만 변환하면 되는 일회성 비용이다.

```
In [248]: %time _ = labels.astype('category')
CPU times: user 507 ms, sys: 105 ms, total: 612 ms
Wall time: 608 ms
```

categories에 대한 그룹 연산은 문자열 배열을 사용하는 대신 정수 기반의 코드 배열을 사용하는 알고리듬으로 작동하므로 훨씬 빠르게 작동한다. 내부적으로 groupBy를 사용하는 value_counts() 함수의 성능과 비교해보자.

```
In [249]: %timeit labels.value_counts()
852 ms +- 14.7 ms per loop (mean +- std. dev. of 7 runs, 1 loop each)

In [250]: %timeit categories.value_counts()
29.5 ms +- 465 us per loop (mean +- std. dev. of 7 runs, 10 loops each)
```

7.5.4 Categorical 메서드

범주형 데이터를 담은 Series는 특화된 문자열 메서드인 Series.str과 유사한 몇 가지 특수 메서드를 제공한다. 이를 통해 categories와 codes에 쉽게 접근할 수도 있다. 다음 Series를 살펴보자.

```
In [251]: s = pd.Series(['a', 'b', 'c', 'd'] * 2)

In [252]: cat_s = s.astype('category')

In [253]: cat_s
Out[253]:
0    a
1    b
2    c
3    d
4    a
5    b
6    c
7    d
dtype: category
Categories (4, object): ['a', 'b', 'c', 'd']
```

특별한 접근자 속성인 cat을 통해 Categorical 메서드에 접근할 수 있다.

```
In [254]: cat_s.cat.codes
Out[254]:
0    0
1    1
2    2
3    3
4    0
5    1
6    2
7    3
dtype: int8

In [255]: cat_s.cat.categories
Out[255]: Index(['a', 'b', 'c', 'd'], dtype='object')
```

이 데이터의 실제 범주가 데이터에서 관측된 네 종류를 넘는다는 것을 이미 알고 있다고 가정하자. 이 경우 set_categories 메서드를 이용해서 변경할 수 있다.

```
In [256]: actual_categories = ['a', 'b', 'c', 'd', 'e']

In [257]: cat_s2 = cat_s.cat.set_categories(actual_categories)
```

```
In [258]: cat_s2
Out[258]:
0    a
1    b
2    c
3    d
4    a
5    b
6    c
7    d
dtype: category
Categories (5, object): ['a', 'b', 'c', 'd', 'e']
```

데이터는 변함이 없지만 위에서 변경한 대로 새로운 범주가 추가되었다. value_counts를 호출하면 변경된 범주가 반영된 걸 확인할 수 있다.

```
In [259]: cat_s.value_counts()
Out[259]:
a    2
b    2
c    2
d    2
dtype: int64

In [260]: cat_s2.value_counts()
Out[260]:
a    2
b    2
c    2
d    2
e    0
dtype: int64
```

큰 데이터셋을 다룰 경우 Categorical을 이용하면 메모리를 아끼고 성능도 개선할 수 있다. 분석 과정에서 큰 DataFrame이나 Series를 한 번 걸러내고 나면 실제로 데이터에는 존재하지 않는 범주가 남아 있을 수 있다. 이 경우 remove_unused_categories 메서드로 관측되지 않는 범주를 제거한다.

```
In [261]: cat_s3 = cat_s[cat_s.isin(['a', 'b'])]

In [262]: cat_s3
Out[262]:
0    a
1    b
4    a
5    b
dtype: category
Categories (4, object): ['a', 'b', 'c', 'd']

In [263]: cat_s3.cat.remove_unused_categories()
Out[263]:
0    a
1    b
4    a
5    b
dtype: category
Categories (2, object): ['a', 'b']
```

[표 7-7]에 Categorical 메서드를 정리했다.

표 7-7 Series의 Categorical 메서드

메서드	설명
add_categories	기존 카테고리 끝에 새로운 카테고리를 추가한다.
as_ordered	카테고리가 순서를 갖도록 한다.
as_unordered	카테고리가 순서를 갖지 않도록 한다.
remove_categories	카테고리를 제거한다. 해당 카테고리에 속한 값들은 null로 설정한다.
remove_unused_categories	데이터에서 관측되지 않는 카테고리를 삭제한다.
rename_categories	카테고리 이름을 지정한 이름으로 변경한다. 카테고리 수는 변하지 않는다.
reorder_categories	rename_categories와 유사하지만 새로운 카테고리가 순서를 갖도록 한다.
set_categories	지정한 새로운 카테고리로 카테고리를 변경한다. 카테고리 추가나 삭제가 가능하다.

모델링을 위한 더미 변수 생성하기

통계나 머신러닝 도구를 사용하다 보면 범주형 데이터를 원-핫 인코딩one-hot encoding이라고 부르는 더미 변수(가변수)dummy variable로 변환해야 하는 경우가 있다. 이를 위해 각각의 구별되는 범주를 열로 갖는 DataFrame을 생성하는데, 각 열에는 해당 범주의 발생 여부에 따라 0과 1의 값을 갖는다.

앞서 살펴본 예제를 다시 살펴보자.

```
In [264]: cat_s = pd.Series(['a', 'b', 'c', 'd'] * 2, dtype='category')
```

pandas.get_dummies 함수는 1차원 범주형 데이터를 더미 변수를 가진 DataFrame으로 변환한다.

```
In [265]: pd.get_dummies(cat_s, dtype=float)
Out[265]:
     a  b  c  d
0    1  0  0  0
1    0  1  0  0
2    0  0  1  0
3    0  0  0  1
4    1  0  0  0
5    0  1  0  0
6    0  0  1  0
7    0  0  0  1
```

7.6 마치며

효율적인 데이터 준비 과정은 분석 준비에 필요한 시간을 줄이고 실제 분석에 더 많은 시간을 할애할 수 있도록 해 생산성을 크게 향상한다. 이번 장에서 여러 도구를 살펴봤지만 여기서 살펴본 것이 전부는 아니다. 다음 장에서는 판다스의 데이터 병합과 그룹 기능을 살펴본다.

데이터 준비하기: 조인, 병합, 변형

데이터가 여러 파일이나 데이터베이스에 분산되어 있거나 분석하기 쉽지 않은 형태로 나눠져 기록된 경우가 많다. 이번 장에서는 데이터를 합치고, 재배열하는 여러 도구를 살펴본다.

먼저 데이터를 병합하거나 변경하는 과정에서 사용하는 판다스의 계층적 색인 개념을 알아보고 이를 활용해 데이터를 다듬는 과정을 심도 있게 살펴본다. 13장에서 이런 도구를 사용하는 다양한 예시를 살펴볼 수 있다.

8.1 계층적 색인

계층적인 색인hierarchical indexing은 판다스의 중요한 기능이며 축에 대해 둘 이상의 색인 단계를 지정할 수 있도록 한다. 약간 추상적으로 말하면 차원 수가 높은(고차원) 데이터를 낮은 차원의 형식으로 다룰 수 있게 해주는 기능이다. 간단한 예제를 살펴보자. 우선 리스트를 담고 있는 리스트(또는 배열)를 색인으로 가진 Series 하나를 생성하자.

```
In [11]: data = pd.Series(np.random.uniform(size=9),
   ....:                   index=[["a", "a", "a", "b", "b", "c", "c", "d", "d"],
   ....:                          [1, 2, 3, 1, 3, 1, 2, 2, 3]])

In [12]: data
Out[12]:
```

```
a  1    0.929616
   2    0.316376
   3    0.183919
b  1    0.204560
   3    0.567725
c  1    0.595545
   2    0.964515
d  2    0.653177
   3    0.748907
dtype: float64
```

지금 생성한 객체가 MultiIndex를 색인으로 하는 Series이며 색인의 계층을 확인할 수 있다.
바로 위 단계의 색인을 이용해서 하위 계층에 직접 접근할 수 있다.

```
In [13]: data.index
Out[13]:
MultiIndex([('a', 1),
            ('a', 2),
            ('a', 3),
            ('b', 1),
            ('b', 3),
            ('c', 1),
            ('c', 2),
            ('d', 2),
            ('d', 3)],
           )
```

계층적으로 색인된 객체는 데이터의 부분집합을 부분적 색인partial indexing으로 접근하는 것이 가
능하다.

```
In [14]: data["b"]
Out[14]:
1    0.204560
3    0.567725
dtype: float64

In [15]: data["b":"c"]
Out[15]:
b  1    0.204560
   3    0.567725
```

```
c  1    0.595545
   2    0.964515
dtype: float64

In [16]: data.loc[["b", "d"]]
Out[16]:
b  1    0.204560
   3    0.567725
d  2    0.653177
   3    0.748907
dtype: float64
```

하위 계층의 객체를 선택하는 것도 가능하다. 다음 코드는 두 번째 단계 색인이 2인 모든 값을 선택한다.

```
In [17]: data.loc[:, 2]
Out[17]:
a    0.316376
c    0.964515
d    0.653177
dtype: float64
```

계층적 색인은 데이터를 재구성하고 피벗 테이블 생성 같은 그룹 기반으로 작업할 때 중요하게 사용된다. 앞서 만든 DataFrame 객체에 unstack 메서드를 사용해 데이터를 새롭게 배열할 수 있다.

```
In [18]: data.unstack()
Out[18]:
          1         2         3
a  0.929616  0.316376  0.183919
b  0.204560       NaN  0.567725
c  0.595545  0.964515       NaN
d       NaN  0.653177  0.748907
```

unstack의 반대는 작업은 stack 메서드로 수행한다.

```
In [19]: data.unstack().stack()
Out[19]:
```

```
a   1     0.929616
    2     0.316376
    3     0.183919
b   1     0.204560
    3     0.567725
c   1     0.595545
    2     0.964515
d   2     0.653177
    3     0.748907
dtype: float64
```

stack과 unstack 메서드는 8.3절에서 더 자세히 알아보자.

DataFrame에서는 두 축 모두 계층적 색인을 가질 수 있다.

```
In [20]: frame = pd.DataFrame(np.arange(12).reshape((4, 3)),
   ....:                      index=[["a", "a", "b", "b"], [1, 2, 1, 2]],
   ....:                      columns=[["Ohio", "Ohio", "Colorado"],
   ....:                               ["Green", "Red", "Green"]])

In [21]: frame
Out[21]:
      Ohio      Colorado
    Green Red     Green
a 1     0   1         2
  2     3   4         5
b 1     6   7         8
  2     9  10        11
```

계층적 색인의 각 단계에 이름(문자열이나 어떤 파이썬 객체라도 가능하다)을 설정할 수 있고, 만약 이름을 갖는다면 콘솔 출력 시 함께 나타난다.

```
In [22]: frame.index.names = ["key1", "key2"]

In [23]: frame.columns.names = ["state", "color"]

In [24]: frame
Out[24]:
state       Ohio      Colorado
color     Green Red     Green
key1 key2
```

```
a   1      0   1      2
    2      3   4      5
b   1      6   7      8
    2      9  10     11
```

여기서 사용된 이름은 단일 색인에서만 사용되는 name 속성을 대체한다.

> **WARNING_** 색인 이름인 state, color를 행 레이블(frame.index 값)과 혼동하지 말자.

색인이 몇 개의 계층을 갖는지는 nlevels 속성으로 확인한다.

```
In [25]: frame.index.nlevels
Out[25]: 2
```

열의 부분집합을 부분적 색인으로 접근하려면 열에 대한 부분적 색인과 비슷하게 사용하면
된다.

```
In [26]: frame["Ohio"]
Out[26]:
color      Green  Red
key1 key2
a   1          0    1
    2          3    4
b   1          6    7
    2          9   10
```

MultiIndex는 따로 생성한 다음에 재사용 가능하다. 앞서 살펴본 DataFrame 열의 계층 이름
을 다음처럼 설정할 수 있다.

```
pd.MultiIndex.from_arrays([["Ohio", "Ohio", "Colorado"],
                           ["Green", "Red", "Green"]],
                          names=["state", "color"])
```

8.1.1 계층의 순서를 바꾸고 정렬하기

계층적 색인에서 계층의 순서를 바꾸거나 특정 계층에 따라 데이터를 정렬해야 하는 경우가 있다. swaplevel은 넘겨받은 두 개의 계층 번호나 이름이 뒤바뀐 새로운 객체를 반환한다(하지만 데이터는 변경되지 않는다).

```
In [27]: frame.swaplevel("key1", "key2")
Out[27]:
state      Ohio      Colorado
color    Green Red    Green
key2 key1
1    a       0   1       2
2    a       3   4       5
1    b       6   7       8
2    b       9  10      11
```

기본적으로 sort_index 메서드는 모든 색인 계층을 사용해 사전 순으로 데이터를 정렬한다. 하지만 level 인수를 이용해 단일 계층만 사용하거나 일부 계층만 선택해서 정렬할 수도 있다.

```
In [28]: frame.sort_index(level=1)
Out[28]:
state      Ohio      Colorado
color    Green Red    Green
key1 key2
a    1       0   1       2
b    1       6   7       8
a    2       3   4       5
b    2       9  10      11

In [29]: frame.swaplevel(0, 1).sort_index(level=0)
Out[29]:
state      Ohio      Colorado
color    Green Red    Green
key2 key1
1    a       0   1       2
     b       6   7       8
2    a       3   4       5
     b       9  10      11
```

8.1.2 계층별 요약 통계

DataFrame과 Series의 많은 기술 통계와 요약 통계는 level 옵션을 갖는다. 이는 어떤 하나의 축에 대해 합을 구하고 싶은 단계를 지정하는 옵션이다. 앞서 살펴본 DataFrame에서 행이나 열의 합을 계층별로 구할 수 있다.

```
In [30]: frame.groupby(level="key2").sum()
Out[30]:
state Ohio     Colorado
color Green Red     Green
key2
1        6    8        10
2       12   14        16

In [31]: frame.groupby(level="color", axis="columns").sum()
Out[31]:
color       Green  Red
key1 key2
a    1          2    1
     2          8    4
b    1         14    7
     2         20   10
```

groupby에 대한 자세한 내용은 10장에서 자세히 살펴본다.

8.1.3 DataFrame의 열 사용하기

DataFrame에서 행을 선택하기 위한 색인으로 하나 이상의 열을 사용하는 것은 드물지 않은 일이다. 아니면 행의 색인을 DataFrame의 열로 옮기고 싶을 수도 있다. 다음 DataFrame을 보자.

```
In [32]: frame = pd.DataFrame({"a": range(7), "b": range(7, 0, -1),
   ....:                       "c": ["one", "one", "one", "two", "two",
   ....:                             "two", "two"],
   ....:                       "d": [0, 1, 2, 0, 1, 2, 3]})

In [33]: frame
Out[33]:
   a  b    c  d
0  0  7  one  0
1  1  6  one  1
2  2  5  one  2
3  3  4  two  0
4  4  3  two  1
5  5  2  two  2
6  6  1  two  3
```

DataFrame의 set_index 함수는 하나 이상의 열을 색인으로 하는 새로운 DataFrame을 생성한다.

```
In [34]: frame2 = frame.set_index(["c", "d"])

In [35]: frame2
Out[35]:
       a  b
c   d
one 0  0  7
    1  1  6
    2  2  5
two 0  3  4
    1  4  3
    2  5  2
    3  6  1
```

다음처럼 set_index 메서드에 drop=False를 명시적으로 지정하지 않으면 색인으로 지정한 열은 DataFrame에서 삭제된다.

```
In [36]: frame.set_index(["c", "d"], drop=False)
Out[36]:
       a  b    c  d
c   d
```

```
one 0  0  7  one  0
    1  1  6  one  1
    2  2  5  one  2
two 0  3  4  two  0
    1  4  3  two  1
    2  5  2  two  2
    3  6  1  two  3
```

반면 reset_index 함수는 set_index와 반대되는 개념이며 계층적 색인 단계가 열로 이동한다.

```
In [37]: frame2.reset_index()
Out[37]:
     c  d  a  b
0  one  0  0  7
1  one  1  1  6
2  one  2  2  5
3  two  0  3  4
4  two  1  4  3
5  two  2  5  2
6  two  3  6  1
```

8.2 데이터 합치기

판다스 객체에 저장된 데이터를 합치는 방법은 여러 가지다.

- **pandas.merge**: 하나 이상의 키를 기준으로 DataFrame의 행을 연결한다. SQL이나 다른 관계형 데이터베이스의 조인^{join} 연산과 유사하다.
- **pandas.concat**: 하나의 축을 따라 객체를 이어 붙인다.
- **combine_first**: 두 객체를 겹쳐서 한 객체에서 누락된 데이터를 다른 객체에 있는 값으로 채운다.

데이터를 합치는 세 가지 방법을 다양한 예제와 함께 살펴보자. 이 기법들은 책 전체에서 계속 활용되므로 잘 알아두면 좋다.

8.2.1 데이터베이스 스타일로 DataFrame 합치기

병합(머지merge)이나 조인 연산은 관계형 데이터베이스의 핵심 연산이며 하나 이상의 키를 사용해 데이터 집합의 행을 합친다. 판다스에서는 pandas.merge 함수를 이용해서 이런 알고리듬을 데이터에 적용한다.

예제를 살펴보자.

```
In [38]: df1 = pd.DataFrame({"key": ["b", "b", "a", "c", "a", "a", "b"],
   ....:                     "data1": pd.Series(range(7), dtype="Int64")})

In [39]: df2 = pd.DataFrame({"key": ["a", "b", "d"],
   ....:                     "data2": pd.Series(range(3), dtype="Int64")})

In [40]: df1
Out[40]:
  key  data1
0   b      0
1   b      1
2   a      2
3   c      3
4   a      4
5   a      5
6   b      6

In [41]: df2
Out[41]:
  key  data2
0   a      0
1   b      1
2   d      2
```

여기서는 7.3절에서 설명한 판다스의 Int64 확장형을 사용한다.

예제는 다대일many-to-one 조인이다. df1 데이터는 key 열에 여러 개의 a, b를 가지며 df2의 key 열은 유일한 행을 갖는다. 이 객체에 대해서 merge 함수를 호출하면 결과가 다음과 같다.

```
In [42]: pd.merge(df1, df2)
Out[42]:
  key  data1  data2
0   b      0      1
```

```
1  b  1  1
2  b  6  1
3  a  2  0
4  a  4  0
5  a  5  0
```

어떤 열을 병합할 것인지 명시하지 않았는데도 pandas.merge 함수는 겹치는 열의 이름을 키로 사용한다(예제에서는 key 열). 하지만 명시적으로 지정하는 습관을 들이는 게 좋다.

```
In [43]: pd.merge(df1, df2, on="key")
Out[43]:
  key  data1  data2
0  b     0      1
1  b     1      1
2  b     6      1
3  a     2      0
4  a     4      0
5  a     5      0
```

일반적으로 pandas.merge 연산 후의 열 순서는 보장되지 않는다.

만약 두 객체에 공통되는 열 이름이 하나도 없다면 다음과 같이 별도로 지정한다.

```
In [44]: df3 = pd.DataFrame({"lkey": ["b", "b", "a", "c", "a", "a", "b"],
   ....:                     "data1": pd.Series(range(7), dtype="Int64")})

In [45]: df4 = pd.DataFrame({"rkey": ["a", "b", "d"],
   ....:                     "data2": pd.Series(range(3), dtype="Int64")})

In [46]: pd.merge(df3, df4, left_on="lkey", right_on="rkey")
Out[46]:
  lkey  data1 rkey  data2
0  b      0    b      1
1  b      1    b      1
2  b      6    b      1
3  a      2    a      0
4  a      4    a      0
5  a      5    a      0
```

결과에서 c와 d에 해당하는 값이 빠진 것을 확인할 수 있다. merge 함수는 기본적으로 내부 조인inner join을 수행해 교집합 결과를 반환한다. merge 함수의 how에 left, right, outer를 넘기면 조인 방식을 설정할 수 있다. 외부 조인outer join은 합집합 결과를 반환하고 왼쪽 조인과 오른쪽 조인은 각각 왼쪽 또는 오른쪽의 모든 행을 포함하는 결과를 반환한다.

```
In [47]: pd.merge(df1, df2, how="outer")
Out[47]:
   key  data1  data2
0    b      0      1
1    b      1      1
2    b      6      1
3    a      2      0
4    a      4      0
5    a      5      0
6    c      3   <NA>
7    d   <NA>      2

In [48]: pd.merge(df3, df4, left_on="lkey", right_on="rkey", how="outer")
Out[48]:
   lkey  data1 rkey  data2
0     b      0    b      1
1     b      1    b      1
2     b      6    b      1
3     a      2    a      0
4     a      4    a      0
5     a      5    a      0
6     c      3  NaN   <NA>
7   NaN   <NA>    d      2
```

외부 조인에서는 다른 DataFrame의 색인과 일치하지 않는 왼쪽 또는 오른쪽 DataFrame 객체의 행을 NA 값으로 표시한다.

how 옵션에 따라 조인 연산이 작동하는 방식을 [표 8-1]에 요약했다.

표 8-1 how 옵션에 따른 다양한 조인 연산

옵션	동작
how="inner"	양쪽 테이블 모두에 존재하는 키 조합을 사용한다.
how="left"	왼쪽 테이블에 존재하는 모든 키 조합을 사용한다.
how="right"	오른쪽 테이블에 존재하는 모든 키 조합을 사용한다.
how="outer"	양쪽 테이블에 존재하는 모든 키 조합을 사용한다.

다대다many-to-many 병합은 일치하는 키에 대한 데카르트 곱(곱집합)Cartesian product을 생성한다.

```
In [49]: df1 = pd.DataFrame({"key": ["b", "b", "a", "c", "a", "b"],
   ....:                     "data1": pd.Series(range(6), dtype="Int64")})

In [50]: df2 = pd.DataFrame({"key": ["a", "b", "a", "b", "d"],
   ....:                     "data2": pd.Series(range(5), dtype="Int64")})

In [51]: df1
Out[51]:
  key  data1
0   b      0
1   b      1
2   a      2
3   c      3
4   a      4
5   b      5

In [52]: df2
Out[52]:
  key  data2
0   a      0
1   b      1
2   a      2
3   b      3
4   d      4

In [53]: pd.merge(df1, df2, on="key", how="left")
Out[53]:
  key  data1  data2
0   b      0      1
1   b      0      3
2   b      1      1
```

```
 3    b    1    3
 4    a    2    0
 5    a    2    2
 6    c    3    <NA>
 7    a    4    0
 8    a    4    2
 9    b    5    1
10    b    5    3
```

왼쪽 DataFrame에는 세 개의 b 행이 있고 오른쪽에는 두 개의 b 행이 있으며, 결과는 6개의 b 행이 된다. 조인 메서드에 넘긴 how 인수는 결과에 나타나는 구별되는 키에 대해서만 적용된다.

```
In [54]: pd.merge(df1, df2, how="inner")
Out[54]:
  key  data1  data2
0   b      0      1
1   b      0      3
2   b      1      1
3   b      1      3
4   b      5      1
5   b      5      3
6   a      2      0
7   a      2      2
8   a      4      0
9   a      4      2
```

여러 개의 키를 병합하려면 열 이름이 담긴 리스트를 넘긴다.

```
In [55]: left = pd.DataFrame({"key1": ["foo", "foo", "bar"],
   ....:                      "key2": ["one", "two", "one"],
   ....:                      "lval": pd.Series([1, 2, 3], dtype='Int64')})

In [56]: right = pd.DataFrame({"key1": ["foo", "foo", "bar", "bar"],
   ....:                       "key2": ["one", "one", "one", "two"],
   ....:                       "rval": pd.Series([4, 5, 6, 7], dtype='Int64')})

In [57]: pd.merge(left, right, on=["key1", "key2"], how="outer")
Out[57]:
  key1 key2  lval  rval
0  foo  one     1     4
1  foo  one     1     5
```

```
2  foo  two    2  <NA>
3  bar  one    3   6
4  bar  two  <NA>   7
```

`merge` 메서드의 종류에 따라 어떤 키 조합이 결과로 반환되는지 알고 싶다면 여러 개의 키가 들어 있는 튜플의 배열이 단일 조인 키로 사용된다고 생각하면 된다.

병합 연산에서 고려해야 할 마지막 사항은 겹치는 열 이름을 처리하는 방식이다.

```
In [58]: pd.merge(left, right, on="key1")
Out[58]:
   key1 key2_x  lval key2_y  rval
0  foo    one     1    one     4
1  foo    one     1    one     5
2  foo    two     2    one     4
3  foo    two     2    one     5
4  bar    one     3    one     6
5  bar    one     3    two     7
```

7.2.4절 '축 색인 이름 바꾸기'에서 살펴본 것처럼 축 이름을 변경해서 수동으로 열 이름을 겹치게 할 수도 있고, `pandas.merge` 함수의 `suffixes` 옵션으로 두 DataFrame 객체에서 겹치는 열 이름 뒤에 붙일 문자열을 지정할 수 있다.

```
In [59]: pd.merge(left, right, on="key1", suffixes=("_left", "_right"))
Out[59]:
   key1 key2_left  lval key2_right  rval
0  foo      one      1      one       4
1  foo      one      1      one       5
2  foo      two      2      one       4
3  foo      two      2      one       5
4  bar      one      3      one       6
5  bar      one      3      two       7
```

[표 8-2]에서 pandas.merge 함수의 인수를 확인하자. 다음 절에서는 DataFrame의 행 색인을 이용한 조인을 알아본다.

표 8-2 pandas.merge 함수의 인수

인수	설명
left	병합하려는 DataFrame 중 왼쪽에 위치한 DataFrame
right	병합하려는 DataFrame 중 오른쪽에 위치한 DataFrame
how	조인 방법. inner(기본값), outer, left, right
on	조인하려는 열 이름. 반드시 두 DataFrame 객체 모두에 존재하는 이름이어야 한다. 만약 명시하지 않고 다른 조인 키도 주어지지 않으면 left와 right에서 공통되는 열을 조인 키로 사용한다.
left_on	조인 키로 사용할 left DataFrame의 열
right_on	조인 키로 사용할 right DataFrame의 열
left_index	조인 키로 사용할 left DataFrame의 색인 행(다중 색인일 경우 키)
right_index	조인키로 사용할 right DataFrame의 색인 행(다중 색인일 경우 키)
sort	조인 키에 따라 병합된 데이터를 사전 순으로 정렬한다. 기본값은 True이며 대용량 데이터의 경우 False로 하면 성능상 이득을 얻을 수 있다.
suffixes	열 이름이 겹칠 경우 각 열 이름 뒤에 붙일 문자열의 튜플. 기본값은 ("_x", "_y"). 만약 data라는 열 이름이 양쪽 DataFrame에 같이 존재하면 결과에서는 data_x, data_y로 보여진다.
copy	False일 경우 예외적인 경우에 데이터가 결과로 복사되지 않도록 한다. 기본값은 항상 복사가 이루어진다.
validate	병합이 일대일, 일대다, 다대다 중 지정된 유형인지 확인한다. 옵션에 대한 자세한 설명은 문서를 확인하자.
indicator	merge라는 이름의 특별한 열을 추가해 각 행의 소스가 어디인지 나타낸다. left_only, right_only, both 값을 가진다.

8.2.2 색인 병합하기

병합하려는 키가 DataFrame의 색인(행 레이블)일 경우에는 left_index=True 또는 right_index=True 옵션으로 해당 색인을 병합 키로 사용할 수 있다.

```
In [60]: left1 = pd.DataFrame({"key": ["a", "b", "a", "a", "b", "c"],
   ....:                        "value": pd.Series(range(6), dtype="Int64")})
```

```
In [61]: right1 = pd.DataFrame({"group_val": [3.5, 7]}, index=["a", "b"])

In [62]: left1
Out[62]:
  key  value
0   a      0
1   b      1
2   a      2
3   a      3
4   b      4
5   c      5

In [63]: right1
Out[63]:
   group_val
a        3.5
b        7.0

In [64]: pd.merge(left1, right1, left_on="key", right_index=True)
Out[64]:
  key  value  group_val
0   a      0        3.5
2   a      2        3.5
3   a      3        3.5
1   b      1        7.0
4   b      4        7.0
```

> **NOTE_** 결과를 주의 깊게 살펴보면 left1의 색인값은 보존되지만, 입력 DataFrame 객체의 색인은 삭제된 것을 볼 수 있다. 왜냐하면 right1의 색인은 유일하기 때문에 다대일 병합(how="inner" 메서드)에서 left1의 색인은 보존되고 결과의 행과 동일하다.

병합은 기본적으로 교집합을 구하지만 외부 조인으로 합집합을 구할 수도 있다.

```
In [65]: pd.merge(left1, right1, left_on="key", right_index=True, how="outer")
Out[65]:
  key  value  group_val
0   a      0        3.5
2   a      2        3.5
3   a      3        3.5
1   b      1        7.0
```

```
4   b    4    7.0
5   c    5    NaN
```

계층적으로 색인된 데이터는 여러 키를 병합하는 것과 같으므로 더 복잡하다.

```
In [66]: lefth = pd.DataFrame({"key1": ["Ohio", "Ohio", "Ohio",
    ....:                               "Nevada", "Nevada"],
    ....:                       "key2": [2000, 2001, 2002, 2001, 2002],
    ....:                       "data": pd.Series(range(5), dtype="Int64")})

In [67]: righth_index = pd.MultiIndex.from_arrays(
    ....:     [
    ....:         ["Nevada", "Nevada", "Ohio", "Ohio", "Ohio", "Ohio"],
    ....:         [2001, 2000, 2000, 2000, 2001, 2002]
    ....:     ]
    ....: )

In [68]: righth = pd.DataFrame({"event1": pd.Series([0, 2, 4, 6, 8, 10], dtype="I
nt64",
    ....:                                           index=righth_index),
    ....:                       "event2": pd.Series([1, 3, 5, 7, 9, 11], dtype="I
nt64",
    ....:                                           index=righth_index)})

In [69]: lefth
Out[69]:
     key1  key2  data
0    Ohio  2000     0
1    Ohio  2001     1
2    Ohio  2002     2
3  Nevada  2001     3
4  Nevada  2002     4

In [70]: righth
Out[70]:
             event1  event2
Nevada 2001       0       1
       2000       2       3
Ohio   2000       4       5
       2000       6       7
       2001       8       9
       2002      10      11
```

이때는 리스트로 여러 개의 열을 지정해서 병합해야 한다(중복되는 색인값을 다룰 때는 how="outer" 옵션을 사용한다).

```
In [71]: pd.merge(lefth, righth, left_on=["key1", "key2"], right_index=True)
Out[71]:
     key1  key2  data  event1  event2
0    Ohio  2000     0       4       5
0    Ohio  2000     0       6       7
1    Ohio  2001     1       8       9
2    Ohio  2002     2      10      11
3  Nevada  2001     3       0       1

In [72]: pd.merge(lefth, righth, left_on=["key1", "key2"],
   ....:          right_index=True, how="outer")
Out[72]:
     key1  key2  data  event1  event2
0    Ohio  2000     0       4       5
0    Ohio  2000     0       6       7
1    Ohio  2001     1       8       9
2    Ohio  2002     2      10      11
3  Nevada  2001     3       0       1
4  Nevada  2002     4    <NA>    <NA>
4  Nevada  2000  <NA>       2       3
```

양쪽에 공통으로 존재하는 여러 개의 색인을 병합할 수도 있다.

```
In [73]: left2 = pd.DataFrame([[1., 2.], [3., 4.], [5., 6.]],
   ....:                       index=["a", "c", "e"],
   ....:                       columns=["Ohio", "Nevada"]).astype("Int64")

In [74]: right2 = pd.DataFrame([[7., 8.], [9., 10.], [11., 12.], [13, 14]],
   ....:                       index=["b", "c", "d", "e"],
   ....:                       columns=["Missouri", "Alabama"]).astype("Int64")

In [75]: left2
Out[75]:
   Ohio  Nevada
a     1       2
c     3       4
e     5       6
```

```
In [76]: right2
Out[76]:
   Missouri  Alabama
b         7        8
c         9       10
d        11       12
e        13       14

In [77]: pd.merge(left2, right2, how="outer", left_index=True, right_index=True)
Out[77]:
   Ohio  Nevada  Missouri  Alabama
a     1       2      <NA>     <NA>
b  <NA>    <NA>         7        8
c     3       4         9       10
d  <NA>    <NA>        11       12
e     5       6        13       14
```

색인으로 병합할 때 DataFrame의 join 메서드를 사용하면 편리하다. join 메서드는 열이 겹치지 않으며 완전히 같거나 유사한 색인 구조를 가진 여러 개의 DataFrame 객체를 병합할 때 사용한다. 앞서 살펴본 예제는 다음처럼 작성할 수 있다.

```
In [78]: left2.join(right2, how="outer")
Out[78]:
   Ohio  Nevada  Missouri  Alabama
a     1       2      <NA>     <NA>
b  <NA>    <NA>         7        8
c     3       4         9       10
d  <NA>    <NA>        11       12
e     5       6        13       14
```

pandas.merge와 비교하면 DataFrame의 join 메서드는 기본적으로 왼쪽 조인을 수행한다. join 메서드를 호출한 DataFrame의 열 중 하나에 대해 조인을 수행할 수도 있다.

```
In [79]: left1.join(right1, on="key")
Out[79]:
  key  value  group_val
0   a      0        3.5
1   b      1        7.0
2   a      2        3.5
3   a      3        3.5
```

```
4    b     4      7.0
5    c     5      NaN
```

이 방법은 join 메서드를 호출한 객체에 데이터를 연결한다고 생각할 수 있다.

마지막으로 색인 대 색인으로 두 DataFrame을 합치려면 간단히 병합하려는 DataFrame의 리스트를 join 메서드에 넘기면 된다. 하지만 보통 이런 병합은 다음 절에서 살펴볼 pandas.concat 메서드를 사용한다.

```
In [80]: another = pd.DataFrame([[7., 8.], [9., 10.], [11., 12.], [16., 17.]],
   ....:                        index=["a", "c", "e", "f"],
   ....:                        columns=["New York", "Oregon"])

In [81]: another
Out[81]:
   New York  Oregon
a       7.0     8.0
c       9.0    10.0
e      11.0    12.0
f      16.0    17.0

In [82]: left2.join([right2, another])
Out[82]:
   Ohio  Nevada  Missouri  Alabama  New York  Oregon
a     1       2      <NA>     <NA>       7.0     8.0
c     3       4         9       10       9.0    10.0
e     5       6        13       14      11.0    12.0

In [83]: left2.join([right2, another], how="outer")
Out[83]:
    Ohio  Nevada  Missouri  Alabama  New York  Oregon
a      1       2      <NA>     <NA>       7.0     8.0
c      3       4         9       10       9.0    10.0
e      5       6        13       14      11.0    12.0
b   <NA>    <NA>         7        8       NaN     NaN
d   <NA>    <NA>        11       12       NaN     NaN
f   <NA>    <NA>      <NA>     <NA>      16.0    17.0
```

8.2.3 축 따라 이어 붙이기

데이터를 합치는 다른 방법에는 이어 붙이기(결합)concatenatoin(적층stacking으로도 부름) 방법이 있다. 넘파이는 ndarray를 연결하는 concatenate 함수를 제공한다.

```
In [84]: arr = np.arange(12).reshape((3, 4))

In [85]: arr
Out[85]:
array([[ 0,  1,  2,  3],
       [ 4,  5,  6,  7],
       [ 8,  9, 10, 11]])

In [86]: np.concatenate([arr, arr], axis=1)
Out[86]:
array([[ 0,  1,  2,  3,  0,  1,  2,  3],
       [ 4,  5,  6,  7,  4,  5,  6,  7],
       [ 8,  9, 10, 11,  8,  9, 10, 11]])
```

Series나 DataFrame 같은 판다스 객체의 컨텍스트 내부에는 축마다 이름이 있어서 배열을 쉽게 이어 붙일 수 있다. 다만 다음 사항을 고려해야 한다.

- 만약 연결하려는 두 객체의 색인이 서로 다르면 결과는 그 색인의 교집합이어야 하는가 아니면 합집합이 어야 하는가?
- 합쳐진 결과에서 합쳐지기 전 객체의 데이터를 구분할 수 있어야 하는가?
- 어떤 축으로 연결할 것인지 고려해야 하는가? 대부분의 경우에는 DataFrame의 기본 정수 레이블이 가 장 먼저 무시된다.

판다스의 concat 함수는 위 사항에 대한 해답을 제공한다. 앞으로 concat 함수가 어떻게 작 동하는지 다양한 예제를 통해 알아보자. 다음과 같이 색인이 서로 겹치지 않는 세 개의 Series 객체가 있다.

```
In [87]: s1 = pd.Series([0, 1], index=["a", "b"], dtype="Int64")

In [88]: s2 = pd.Series([2, 3, 4], index=["c", "d", "e"], dtype="Int64")

In [89]: s3 = pd.Series([5, 6], index=["f", "g"], dtype="Int64")
```

이 세 객체를 리스트로 묶어서 pandas.concat 함수에 전달하면 값과 색인이 연결된다.

```
In [90]: s1
Out[90]:
a    0
b    1
dtype: Int64

In [91]: s2
Out[91]:
c    2
d    3
e    4
dtype: Int64

In [92]: s3
Out[92]:
f    5
g    6
dtype: Int64

In [93]: pd.concat([s1, s2, s3])
Out[93]:
a    0
b    1
c    2
d    3
e    4
f    5
g    6
dtype: Int64
```

pandas.concat 함수는 axis="index"를 기본값으로 하며 새로운 Series 객체를 생성한다. 만약 axis="columns"를 넘기면 결과는 Series가 아닌 DataFrame이 된다.

```
In [94]: pd.concat([s1, s2, s3], axis="columns")
Out[94]:
     0     1     2
a    0   <NA>  <NA>
b    1   <NA>  <NA>
c  <NA>    2   <NA>
```

```
d  <NA>     3  <NA>
e  <NA>     4  <NA>
f  <NA>  <NA>     5
g  <NA>  <NA>     6
```

겹치는 축이 없기 때문에 외부 조인("outer" 메서드)으로 합집합을 얻었지만 join='inner'
를 넘겨서 교집합을 구할 수도 있다.

```
In [95]: s4 = pd.concat([s1, s3])

In [96]: s4
Out[96]:
a    0
b    1
f    5
g    6
dtype: Int64

In [97]: pd.concat([s1, s4], axis="columns")
Out[97]:
      0  1
a     0  0
b     1  1
f  <NA>  5
g  <NA>  6

In [98]: pd.concat([s1, s4], axis="columns", join="inner")
Out[98]:
   0  1
a  0  0
b  1  1
```

마지막 예제에서 f와 g 레이블은 join="inner" 옵션으로 인해 사라진다.

Series를 이어 붙이기 전의 개별 Series를 결과에서 구분할 수 없는 잠재적인 문제가 생길 수
도 있다. 이어 붙인 축에 대해서 계층적 색인을 생성해 식별 가능하도록 만들 수 있다. 계층적
색인을 생성하려면 keys 인수를 사용한다.

```
In [99]: result = pd.concat([s1, s1, s3], keys=["one", "two", "three"])
```

```
In [100]: result
Out[100]:
one    a    0
       b    1
two    a    0
       b    1
three  f    5
       g    6
dtype: Int64

In [101]: result.unstack()
Out[101]:
         a       b      f      g
one      0       1    <NA>   <NA>
two      0       1    <NA>   <NA>
three  <NA>    <NA>     5      6
```

Series를 axis=="columns"으로 병합할 경우 keys는 DataFrame의 열 제목이 된다.

```
In [102]: pd.concat([s1, s2, s3], axis="columns", keys=["one", "two", "three"])
Out[102]:
    one    two   three
a     0   <NA>   <NA>
b     1   <NA>   <NA>
c   <NA>     2   <NA>
d   <NA>     3   <NA>
e   <NA>     4   <NA>
f   <NA>   <NA>     5
g   <NA>   <NA>     6
```

동일한 방식이 DataFrame 객체에도 적용된다.

```
In [103]: df1 = pd.DataFrame(np.arange(6).reshape(3, 2), index=["a", "b", "c"],
   .....:                    columns=["one", "two"])

In [104]: df2 = pd.DataFrame(5 + np.arange(4).reshape(2, 2), index=["a", "c"],
   .....:                    columns=["three", "four"])

In [105]: df1
Out[105]:
   one  two
```

```
a    0   1
b    2   3
c    4   5

In [106]: df2
Out[106]:
   three  four
a     5     6
c     7     8

In [107]: pd.concat([df1, df2], axis="columns", keys=["level1", "level2"])
Out[107]:
  level1      level2
  one two  three four
a   0   1    5.0  6.0
b   2   3    NaN  NaN
c   4   5    7.0  8.0
```

여기서 keys 인수는 계층적 색인을 생성하기 위해 사용했다. 첫 번째 계층은 이어 붙인 각 DateFrame 객체를 구분하는 용도로 사용한다.

리스트 대신 객체의 딕셔너리를 넘기면 keys 옵션으로 딕셔너리 키를 사용한다.

```
In [108]: pd.concat({"level1": df1, "level2": df2}, axis="columns")
Out[108]:
  level1      level2
  one two  three four
a   0   1    5.0  6.0
b   2   3    NaN  NaN
c   4   5    7.0  8.0
```

계층적 색인을 생성할 때 사용할 수 있는 추가적인 인수는 [표 8-3]을 참고하자. 예를 들어 새로 생성된 계층의 이름은 names 인수를 통해 지정한다.

```
In [109]: pd.concat([df1, df2], axis="columns", keys=["level1", "level2"],
   .....:           names=["upper", "lower"])
Out[109]:
upper level1      level2
lower   one two  three four
a         0   1    5.0  6.0
```

```
b        2   3    NaN  NaN
c        4   5    7.0  8.0
```

마지막으로 DataFrame의 행 색인이 분석에 필요한 데이터를 포함하고 있지 않은 경우를 생각해보자.

```
In [110]: df1 = pd.DataFrame(np.random.standard_normal((3, 4)),
    .....:                    columns=["a", "b", "c", "d"])

In [111]: df2 = pd.DataFrame(np.random.standard_normal((2, 3)),
    .....:                    columns=["b", "d", "a"])

In [112]: df1
Out[112]:
          a         b         c         d
0  1.248804  0.774191 -0.319657 -0.624964
1  1.078814  0.544647  0.855588  1.343268
2 -0.267175  1.793095 -0.652929 -1.886837

In [113]: df2
Out[113]:
          b         d         a
0  1.059626  0.644448 -0.007799
1 -0.449204  2.448963  0.667226
```

이 경우에는 ignore_index=True 옵션으로 각 DataFrame의 색인은 무시하고, 열에 있는 데이터만 이어 붙인 다음 새로운 기본 색인을 할당한다.

```
In [114]: pd.concat([df1, df2], ignore_index=True)
Out[114]:
          a         b         c         d
0  1.248804  0.774191 -0.319657 -0.624964
1  1.078814  0.544647  0.855588  1.343268
2 -0.267175  1.793095 -0.652929 -1.886837
3 -0.007799  1.059626       NaN  0.644448
4  0.667226 -0.449204       NaN  2.448963
```

[표 8-3]에서 pandas.concat 함수의 인수를 살펴보자.

표 8-3 pandas.concat 함수 인수

인수	설명
objs	이어 붙일 판다스 객체의 딕셔너리이나 리스트. 필수 인수다.
axis	이어 붙일 축 방향. 행을 따라 연결하며 기본값은 axis="index"다.
join	조인 방식. inner(내부 조인, 교집합)과 outer(외부 조인, 합집합)가 있으며 기본값은 outer다.
keys	이어 붙일 객체나 이어 붙인 축에 대한 계층 색인을 생성하는 데 연관된 값이다. 리스트나 임의의 값이 들어 있는 배열, 튜플의 배열 또는 배열의 리스트(levels 옵션에 다차원 배열이 넘어온 경우)가 될 수 있다.
levels	계층 색인 레벨로 사용할 색인을 지정한다. keys가 넘어온 경우 여러 개의 색인을 지정한다.
names	keys나 levels 혹은 둘 다 있을 경우 생성된 계층 레벨을 위한 이름
verify_integrity	이어 붙인 객체에 중복되는 축이 있는지 검사하고 있다면 예외를 발생시킨다. 기본값은 False로 중복을 허용한다.
ignore_index	이어 붙인 축의 색인을 유지하지 않고 range(total_length)로 새로운 색인을 생성한다.

8.2.4 겹치는 데이터 합치기

두 데이터셋의 색인 중 일부가 겹치거나 전체가 겹치는 경우 병합이나 이어 붙이기로는 데이터를 합칠 수 없다. 배열 기반 if-else 구문과 동일한 기능을 하는 넘파이의 **where** 함수를 통해 자세히 알아보자.

```
In [115]: a = pd.Series([np.nan, 2.5, 0.0, 3.5, 4.5, np.nan],
   .....:                index=["f", "e", "d", "c", "b", "a"])

In [116]: b = pd.Series([0., np.nan, 2., np.nan, np.nan, 5.],
   .....:                index=["a", "b", "c", "d", "e", "f"])

In [117]: a
Out[117]:
f    NaN
e    2.5
d    0.0
c    3.5
b    4.5
a    NaN
```

```
dtype: float64

In [118]: b
Out[118]:
a    0.0
b    NaN
c    2.0
d    NaN
e    NaN
f    5.0
dtype: float64

In [119]: np.where(pd.isna(a), b, a)
Out[119]: array([0. , 2.5, 0. , 3.5, 4.5, 5. ])
```

여기서 a 값이 null일 때 b가 선택되고 그렇지 않으면 null이 아닌 a 값이 선택된다. numpy.
where를 사용하면 색인 레이블의 정렬 여부를 확인하지 않는다(또한 길이가 동일할 필요도 없
다). 따라서 색인에 따라 값을 정렬하고 싶다면 Series의 combine_first 메서드를 사용한다.

```
In [120]: a.combine_first(b)
Out[120]:
a    0.0
b    4.5
c    3.5
d    0.0
e    2.5
f    5.0
dtype: float64
```

DataFrame에서 combine_first 메서드는 열에 대해 같은 작업을 수행하므로 호출하는 객체
에서 누락된 데이터를 인수로 넘긴 객체에 있는 값으로 채워 넣을 수 있다.

```
In [121]: df1 = pd.DataFrame({"a": [1., np.nan, 5., np.nan],
   .....:                      "b": [np.nan, 2., np.nan, 6.],
   .....:                      "c": range(2, 18, 4)})

In [122]: df2 = pd.DataFrame({"a": [5., 4., np.nan, 3., 7.],
   .....:                      "b": [np.nan, 3., 4., 6., 8.]})

In [123]: df1
```

```
Out[123]:
      a    b   c
0   1.0  NaN   2
1   NaN  2.0   6
2   5.0  NaN  10
3   NaN  6.0  14

In [124]: df2
Out[124]:
      a    b
0   5.0  NaN
1   4.0  3.0
2   NaN  4.0
3   3.0  6.0
4   7.0  8.0

In [125]: df1.combine_first(df2)
Out[125]:
      a    b     c
0   1.0  NaN   2.0
1   4.0  2.0   6.0
2   5.0  4.0  10.0
3   3.0  6.0  14.0
4   7.0  8.0   NaN
```

DataFrame 객체의 `combine_first` 결괏값은 모든 열 이름의 합집합이다.

8.3 재구성과 피벗

표 형식의 데이터를 재배치하는 다양한 기본 연산을 **재구성**reshape 또는 **피벗**pivot 연산이라 부른다.

8.3.1 계층적 색인으로 재구성하기

계층적 색인은 다음과 같이 DataFrame의 데이터를 재배치하는 일관된 방법을 제공한다.

- stack: 데이터의 열을 행으로 피벗(또는 회전)한다.
- unstack: 행을 열로 피벗한다.

예제를 살펴보며 연산에 대해 좀 더 알아보자. 행렬 색인에 문자열 배열이 담긴 작은 DataFrame이 있다.

```
In [126]: data = pd.DataFrame(np.arange(6).reshape((2, 3)),
    .....:                     index=pd.Index(["Ohio", "Colorado"], name="state"),
    .....:                     columns=pd.Index(["one", "two", "three"],
    .....:                     name="number"))

In [127]: data
Out[127]:
number    one  two  three
state
Ohio        0    1      2
Colorado    3    4      5
```

stack 메서드를 사용하면 열이 행으로 피벗되어 다음과 같은 Series 객체를 반환한다

```
In [128]: result = data.stack()

In [129]: result
Out[129]:
state     number
Ohio      one       0
          two       1
          three     2
Colorado  one       3
          two       4
          three     5
dtype: int64
```

unstack 메서드를 사용하면 계층적 색인을 가진 Series로부터 다시 DataFrame을 얻을 수 있다.

```
In [130]: result.unstack()
Out[130]:
number    one  two  three
state
Ohio        0    1      2
Colorado    3    4      5
```

기본적으로 가장 안쪽에 있는 것부터 끄집어내는데(stack도 마찬가지다), level 이름이나 숫자를 전달해서 끄집어낼 단계를 지정할 수 있다.

```
In [131]: result.unstack(level=0)
Out[131]:
state   Ohio  Colorado
number
one       0         3
two       1         4
three     2         5

In [132]: result.unstack(level="state")
Out[132]:
state   Ohio  Colorado
number
one       0         3
two       1         4
three     2         5
```

해당 단계에 있는 모든 값이 하위 그룹에 속하지 않을 경우 unstack을 수행하면 누락된 데이터가 생긴다.

```
In [133]: s1 = pd.Series([0, 1, 2, 3], index=["a", "b", "c", "d"], dtype="Int64")

In [134]: s2 = pd.Series([4, 5, 6], index=["c", "d", "e"], dtype="Int64")

In [135]: data2 = pd.concat([s1, s2], keys=["one", "two"])

In [136]: data2
Out[136]:
one  a    0
     b    1
     c    2
     d    3
two  c    4
     d    5
     e    6
dtype: Int64
```

stack 메서드는 누락된 데이터를 자동으로 걸러내므로 연산을 쉽게 원상 복구할 수 있다.

```
In [137]: data2.unstack()
Out[137]:
         a     b   c  d     e
one      0     1   2  3  <NA>
two   <NA>  <NA>   4  5     6

In [138]: data2.unstack().stack()
Out[138]:
one  a    0
     b    1
     c    2
     d    3
two  c    4
     d    5
     e    6
dtype: Int64

In [139]: data2.unstack().stack(dropna=False)
Out[139]:
one  a       0
     b       1
     c       2
     d       3
     e    <NA>
two  a    <NA>
     b    <NA>
     c       4
     d       5
     e       6
dtype: Int64
```

DataFrame을 unstack하면 unstack은 결과에서 가장 낮은 단계가 된다.

```
In [140]: df = pd.DataFrame({"left": result, "right": result + 5},
   .....:                    columns=pd.Index(["left", "right"], name="side"))

In [141]: df
Out[141]:
side           left  right
state  number
Ohio   one        0      5
       two        1      6
```

```
         three     2     7
Colorado one       3     8
         two       4     9
         three     5    10

In [142]: df.unstack(level="state")
Out[142]:
side   left          right
state  Ohio Colorado  Ohio Colorado
number
one       0        3     5        8
two       1        4     6        9
three     2        5     7       10
```

unstack과 마찬가지로 stack을 호출할 때 쌓을 축의 이름을 지정할 수 있다.

```
In [143]: df.unstack(level="state").stack(level="side")
Out[143]:
state         Colorado  Ohio
number side
one     left         3     0
        right        8     5
two     left         4     1
        right        9     6
three   left         5     2
        right       10     7
```

8.3.2 긴 형식에서 넓은 형식으로 피벗하기

데이터베이스나 CSV 파일에 여러 개의 시계열 데이터를 저장하는 일반적인 방법은 시간 순서대로 나열하는 방법이다(긴long 형식 또는 적층stacked 형식이라고도 부른다). 이 형식에서 개별 값은 표에서 단일 행으로 표현된다.

예제 데이터를 살펴보며 시계열 데이터를 다뤄보자.

```
In [144]: data = pd.read_csv("examples/macrodata.csv")

In [145]: data = data.loc[:, ["year", "quarter", "realgdp", "infl", "unemp"]]
```

```
In [146]: data.head()
Out[146]:
   year  quarter   realgdp  infl  unemp
0  1959        1  2710.349  0.00    5.8
1  1959        2  2778.801  2.34    5.1
2  1959        3  2775.488  2.74    5.3
3  1959        4  2785.204  0.27    5.6
4  1960        1  2847.699  2.31    5.2
```

먼저 특정한 시간이 아닌 시간 간격을 나타내는 pandas.PeriodIndex를 이용해서 연도
(year)와 분기(quarter) 열을 합치고 각 분기 말에 날짜/시간 값(datetime)을 포함하도록
색인으로 설정한다. pandas.PeriodIndex에 대해서는 11장에서 자세히 설명한다.

```
In [147]: periods = pd.PeriodIndex(year=data.pop("year"),
   .....:                          quarter=data.pop("quarter"),
   .....:                          name="date")

In [148]: periods
Out[148]:
PeriodIndex(['1959Q1', '1959Q2', '1959Q3', '1959Q4', '1960Q1', '1960Q2',
             '1960Q3', '1960Q4', '1961Q1', '1961Q2',
             ...
             '2007Q2', '2007Q3', '2007Q4', '2008Q1', '2008Q2', '2008Q3',
             '2008Q4', '2009Q1', '2009Q2', '2009Q3'],
            dtype='period[Q-DEC]', name='date', length=203)

In [149]: data.index = periods.to_timestamp("D")

In [150]: data.head()
Out[150]:
             realgdp  infl  unemp
date
1959-01-01  2710.349  0.00    5.8
1959-04-01  2778.801  2.34    5.1
1959-07-01  2775.488  2.74    5.3
1959-10-01  2785.204  0.27    5.6
1960-01-01  2847.699  2.31    5.2
```

여기서는 DataFrame에서 열을 반환하는 동시에 삭제하는 pop 메서드를 사용했다.

그런 다음 행의 일부분을 선택하고 열 색인에 "item"이라는 이름을 지정한다.

```
In [151]: data = data.reindex(columns=["realgdp", "infl", "unemp"])

In [152]: data.columns.name = "item"

In [153]: data.head()
Out[153]:
item          realgdp  infl  unemp
date
1959-01-01  2710.349  0.00    5.8
1959-04-01  2778.801  2.34    5.1
1959-07-01  2775.488  2.74    5.3
1959-10-01  2785.204  0.27    5.6
1960-01-01  2847.699  2.31    5.2
```

마지막으로 stack을 이용해서 재구성하고 reset_index를 사용해 새로운 색인 계층을 열로
바꾼다. 최종적으로 데이터 값을 담고 있는 열의 이름을 "value"로 지정한다.

```
In [154]: long_data = (data.stack()
    .....:             .reset_index()
    .....:             .rename(columns={0: "value"}))
```

ldata는 다음과 같다.

```
In [155]: long_data[:10]
Out[155]:
        date      item     value
0 1959-01-01   realgdp  2710.349
1 1959-01-01      infl     0.000
2 1959-01-01     unemp     5.800
3 1959-04-01   realgdp  2778.801
4 1959-04-01      infl     2.340
5 1959-04-01     unemp     5.100
6 1959-07-01   realgdp  2775.488
7 1959-07-01      infl     2.740
8 1959-07-01     unemp     5.300
9 1959-10-01   realgdp  2785.204
```

이러한 다중 시계열을 긴 형식이라 부르며 각 행은 단일 관측치를 나타낸다.

MySQL 같은 관계형 데이터베이스는 테이블에 데이터가 추가되거나 삭제되면 item 열에 별

개의 값을 넣거나 빼는 방식으로 고정된 스키마(열 이름과 데이터 유형)에 데이터를 저장한다. 관계형 데이터베이스 관점에서 예제를 살펴보면 date와 item은 기본 키$^{primary key}$가 되어 관계 무결성을 제공하고, 쉬운 조인 연산과 프로그램에 의한 질의를 가능하게 한다. 물론 단점도 있다. 길이가 긴 형식으로는 작업이 용이하지 않을 수 있으므로 하나의 DataFrame에 date 열의 시간값으로 색인된 개별 item을 열로 포함하는 것을 선호할 수도 있다. DataFrame의 pivot 메서드가 바로 이런 변형을 지원한다.

```
In [156]: pivoted = long_data.pivot(index="date", columns="item",
   .....:                                  values="value")

In [157]: pivoted.head()
Out[157]:
item          infl    realgdp   unemp
date
1959-01-01    0.00   2710.349     5.8
1959-04-01    2.34   2778.801     5.1
1959-07-01    2.74   2775.488     5.3
1959-10-01    0.27   2785.204     5.6
1960-01-01    2.31   2847.699     5.2
```

pivot 메서드의 처음 두 값은 각각 행과 열 색인으로 사용할 열 이름이고 마지막 value는 DataFrame에 채워 넣을 값을 담은 열이다. 한 번에 두 개의 열을 변형하는 데 사용한다고 가정해보자.

```
In [158]: long_data.index.name = None
In [158]: long_data["value2"] = np.random.standard_normal(len(long_data))

In [159]: long_data[:10]
Out[159]:
        date      item     value    value2
0 1959-01-01   realgdp  2710.349  0.802926
1 1959-01-01      infl     0.000  0.575721
2 1959-01-01     unemp     5.800  1.381918
3 1959-04-01   realgdp  2778.801  0.000992
4 1959-04-01      infl     2.340 -0.143492
5 1959-04-01     unemp     5.100 -0.206282
6 1959-07-01   realgdp  2775.488 -0.222392
7 1959-07-01      infl     2.740 -1.682403
```

```
8 1959-07-01     unemp     5.300  1.811659
9 1959-10-01   realgdp  2785.204 -0.351305
```

마지막 인수를 생략해서 계층적 열을 갖는 `DataFrame`을 얻을 수 있다.

```
In [160]: pivoted = long_data.pivot(index="date", columns="item")

In [161]: pivoted.head()
Out[161]:
          value                       value2
item       infl   realgdp unemp       infl   realgdp      unemp
date
1959-01-01 0.00  2710.349   5.8   0.575721  0.802926   1.381918
1959-04-01 2.34  2778.801   5.1  -0.143492  0.000992  -0.206282
1959-07-01 2.74  2775.488   5.3  -1.682403 -0.222392   1.811659
1959-10-01 0.27  2785.204   5.6   0.128317 -0.351305  -1.313554
1960-01-01 2.31  2847.699   5.2  -0.615939  0.498327   0.174072

In [162]: pivoted["value"].head()
Out[162]:
item       infl   realgdp unemp
date
1959-01-01 0.00  2710.349   5.8
1959-04-01 2.34  2778.801   5.1
1959-07-01 2.74  2775.488   5.3
1959-10-01 0.27  2785.204   5.6
1960-01-01 2.31  2847.699   5.2
```

pivot 메서드는 set_index를 사용해서 계층적 색인을 만들고 unstack 메서드로 형태를 변경하는 것과 동일하다.

```
In [163]: unstacked = long_data.set_index(["date", "item"]).unstack(level="item")

In [164]: unstacked.head()
Out[164]:
          value                       value2
item       infl   realgdp unemp       infl   realgdp      unemp
date
1959-01-01 0.00  2710.349   5.8   0.575721  0.802926   1.381918
1959-04-01 2.34  2778.801   5.1  -0.143492  0.000992  -0.206282
1959-07-01 2.74  2775.488   5.3  -1.682403 -0.222392   1.811659
```

```
1959-10-01  0.27  2785.204   5.6  0.128317 -0.351305 -1.313554
1960-01-01  2.31  2847.699   5.2 -0.615939  0.498327  0.174072
```

8.3.3 넓은 형식에서 긴 형식으로 피벗하기

pivot과 반대되는 연산은 pandas.melt다. 하나의 열을 여러 개의 새로운 DataFrame으로 생성하지 않고, 여러 열을 하나로 병합해 입력보다 긴 DataFrame을 만든다. 예제를 살펴보자.

```
In [166]: df = pd.DataFrame({"key": ["foo", "bar", "baz"],
   .....:                     "A": [1, 2, 3],
   .....:                     "B": [4, 5, 6],
   .....:                     "C": [7, 8, 9]})

In [167]: df
Out[167]:
   key  A  B  C
0  foo  1  4  7
1  bar  2  5  8
2  baz  3  6  9
```

key 열을 그룹 구분자로 사용하고 다른 열을 데이터 값으로 사용한다. pandas.melt를 사용할 때는 반드시 그룹 구분자로 사용할 열을 지정해야 한다. 여기서는 key를 그룹 구분자로 지정한다.

```
In [168]: melted = pd.melt(df, id_vars="key")

In [169]: melted
Out[169]:
   key variable  value
0  foo        A      1
1  bar        A      2
2  baz        A      3
3  foo        B      4
4  bar        B      5
5  baz        B      6
6  foo        C      7
7  bar        C      8
8  baz        C      9
```

pivot을 사용해서 원래 모양으로 되돌릴 수 있다.

```
In [170]: reshaped = melted.pivot(index="key", columns="variable",
     .....:                        values="value")

In [171]: reshaped
Out[171]:
variable  A  B  C
key
bar       2  5  8
baz       3  6  9
foo       1  4  7
```

pivot의 결과는 행 레이블로 사용하던 열에서 색인을 생성하므로 reset_index를 이용해서 데이터를 다시 열로 돌려놓자.

```
In [172]: reshaped.reset_index()
Out[172]:
variable  key  A  B  C
0         bar  2  5  8
1         baz  3  6  9
2         foo  1  4  7
```

데이터 값으로 사용할 열의 부분집합을 지정할 수도 있다.

```
In [173]: pd.melt(df, id_vars="key", value_vars=["A", "B"])
Out[173]:
   key variable  value
0  foo        A      1
1  bar        A      2
2  baz        A      3
3  foo        B      4
4  bar        B      5
5  baz        B      6
```

pandas.melt는 그룹 구분자 없이도 사용할 수 있다.

```
In [174]: pd.melt(df, value_vars=["A", "B", "C"])
Out[174]:
```

```
   variable  value
0         A      1
1         A      2
2         A      3
3         B      4
4         B      5
5         B      6
6         C      7
7         C      8
8         C      9

In [175]: pd.melt(df, value_vars=["key", "A", "B"])
Out[175]:
   variable value
0       key   foo
1       key   bar
2       key   baz
3         A     1
4         A     2
5         A     3
6         B     4
7         B     5
8         B     6
```

8.4 마치며

판다스에서 데이터를 불러오고 정제하고 재배열하는 방법을 익혔다. 이제 맷플롯립을 이용한 데이터 시각화 단계로 넘어갈 준비가 되었다. 이 책의 후반부 판다스의 고급 기법을 다룰 때 판다스를 다시 살펴볼 예정이다.

그래프와 시각화

정보 시각화(플롯plot이라고도 한다)는 데이터 분석에서 무척 중요한 일이다. 시각화는 특잇값을 찾거나, 데이터 변형이 필요한지 알아보거나, 모델에 대한 아이디어를 찾기 위한 과정의 일부이기도 하다. 혹자에게는 웹에서 구현하는 시각화가 최종 목표일 수도 있다. 파이썬은 다양한 시각화 도구를 제공하지만 이 책에서는 맷플롯립과 맷플롯립 기반 도구를 우선적으로 살펴본다.

맷플롯립은 주로 2D 그래프를 위한 데스크톱 패키지로 출판물 수준의 그래프를 만든다. 맷플롯립 프로젝트는 파이썬에서 매트랩과 유사한 인터페이스를 지원하기 위해 2002년 존 헌터 John Hunter가 시작했다. 그 후로 IPython과 맷플롯립 커뮤니티의 협력을 통해 IPython 셀(지금은 주피터 노트북)에서 대화형 시각화를 구현해냈다. 맷플롯립은 모든 운영체제의 다양한 GUI 백엔드를 지원하며 PDF, SVG, JPG, PNG, BMP, GIF 등 일반적으로 널리 사용하는 벡터와 래스터 형식으로 그래프를 저장할 수 있다. 이 책에 수록된 대부분의 그래프는 맷플롯립으로 만들었다.

시간이 지나면서 내부적으로 맷플롯립을 사용하는 새로운 데이터 시각화 도구들이 생겨났는데 그중 하나가 이번 장의 후반부에서 살펴볼 시본seaborn 라이브러리다.

이 장에 포함된 예제 코드를 실행하는 가장 손쉬운 방법은 주피터 노트북의 대화형 시각화 기능을 사용하는 것이다. 이 기능을 활성화하려면 주피터 노트북을 실행한 후 다음 명령을 입력한다.

```
%matplotlib inline
```

NOTE_ 이 책의 초판이 2012년에 출간된 이후로 새로운 데이터 시각화 라이브러리가 많이 만들어졌다. 보케Bokeh나 알테어Altair 같은 일부 라이브러리는 최신 웹 기술의 장점을 활용해 주피터 노트북과 잘 통합된 대화형 시각화를 만들도록 지원한다. 이 책에서는 다양한 시각화 도구를 사용하는 대신 맷플롯립에 중점을 두고 설명한다. 여전히 판다스가 맷플롯립과 잘 통합되어 있기도 하고, 기초 교육에 충실하기 위해 맷플롯립을 사용하기로 결정했다. 여기서 배우는 원리를 적용하면 다른 시각화 라이브러리를 사용하는 법도 쉽게 배울 수 있다.

9.1 맷플롯립 API 간략하게 살펴보기

맷플롯립은 다음 컨벤션으로 import한다.

```
In [13]: import matplotlib.pyplot as plt
```

주피터 노트북 환경에서 **%matplotlib notebook**을 실행한 다음(IPython인 경우에는 **%matplotlib**) 간단한 그래프를 그려보자. 모든 것이 제대로 설정되었다면 [그림 9-1]과 같은 선 그래프가 그려진다.

```
In [14]: data = np.arange(10)

In [15]: data
Out[15]: array([0, 1, 2, 3, 4, 5, 6, 7, 8, 9])

In [16]: plt.plot(data)
```

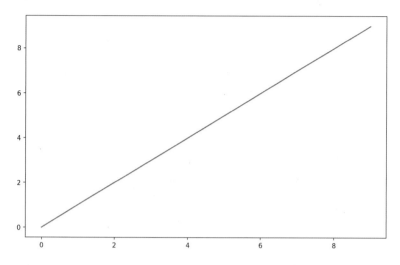

그림 9-1 간단한 선 그래프

나중에 시본 라이브러리나 판다스로 그래프를 그리는 방법과 그래프가 만들어지는 세부 사항에 관한 재미없는 내용을 다루게 되는데, 함수에서 제공하는 옵션 사용에 그치지 않고 그 이상의 최적화 작업을 하고 싶다면 맷플롯립 API에 대해서도 어느 정도 알고 있어야 한다.

> **NOTE_** 맷플롯립에서 제공하는 기능에 대한 폭넓고 심도 있는 내용이나 포괄적인 내용을 이 책에서 모두 다루기에는 무리가 있다. 여기서는 예시를 살펴보며 맷플롯립의 간단한 사용법만 알려준다. 맷플롯립 갤러리와 문서[1]에 있는 내용을 참고하면 여러분을 고급 기능을 사용하는 그래프 작성 고수로 인도할 것이다.

9.1.1 피겨와 서브플롯

맷플롯립에서 그래프는 피겨figure 객체 내에 존재한다. 새로운 피겨는 `plt.figure`로 생성한다.

```
In [17]: fig = plt.figure()
```

IPython에서 실행하면 빈 창이 나타난다. 반면 주피터 노트북에서는 몇 가지 명령을 더 입력하기 전까지는 아무것도 나타나지 않는다. `plt.figure`에는 다양한 옵션이 있는데 그중

---

1 https://matplotlib.org/stable/index.html#matplotlib-release-documentation

`figsize`로 파일로 저장할 피겨의 크기와 비율을 지정할 수 있다.

빈 피겨 객체로는 그래프를 만들 수 없다. `add_subplot`을 사용해 최소 하나 이상의 `subplots`를 생성해야 한다.

```
In [18]: ax1 = fig.add_subplot(2, 2, 1)
```

위 코드는 `fig` 객체는 2×2 크기이고 네 개의 서브플롯 중에서 첫 번째를 선택하겠다는 의미다(서브플롯은 1부터 숫자가 매겨진다). 다음처럼 두 개의 서브플롯을 더 추가하면 [그림 9-2]와 같은 모양이 된다.

```
In [19]: ax2 = fig.add_subplot(2, 2, 2)

In [20]: ax3 = fig.add_subplot(2, 2, 3)
```

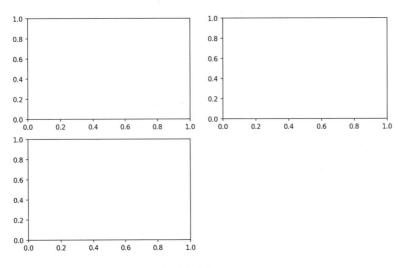

그림 9-2 3개의 서브플롯을 갖는 빈 맷플롯립 피겨

TIP 주피터 노트북을 사용할 때는 실행되는 셀마다 그래프가 리셋된다. 따라서 복잡한 그래프를 그릴 때는 단일 셀에 그래프를 그리는 코드를 전부 입력해야 한다.

여기서는 다음 코드를 모두 같은 셀에서 실행했다.

```
fig = plt.figure()
ax1 = fig.add_subplot(2, 2, 1)
ax2 = fig.add_subplot(2, 2, 2)
ax3 = fig.add_subplot(2, 2, 3)
```

ax 객체는 다양한 종류의 그래프를 그리는 여러 메서드를 지원하는데 `plt.plot` 같은 최상위 함수를 사용하는 것보다 이 객체 메서드를 사용하는 것이 더 좋다. 예를 들어 `plot` 메서드로 다음과 같은 선 그래프를 그릴 수 있다(그림 9-3).

```
In [21]: ax3.plot(np.random.standard_normal(50).cumsum(), color="black",
   ....:          linestyle="dashed")
```

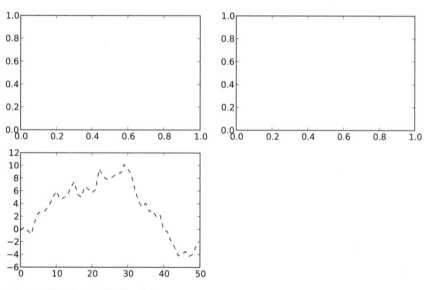

그림 9-3 하나의 그래프를 갖는 피겨

예제를 실행하면 `<matplotlib.lines.Line2D at …>` 같은 출력을 확인할 수 있다. 맷플롯립은 방금 추가된 그래프의 하위 요소를 참조하는 객체를 반환한다. 이 출력은 무시해도 괜찮다. 줄 끝에 세미콜론을 넣어 출력을 생략할 수도 있다.

코드에 검은 점선을 그리는 스타일 옵션을 추가했다. `fig.add_subplot`에서 반환되는 객체는 AxesSubplot 객체이며 각 인스턴스 메서드를 호출해서 다른 빈 서브플롯에 직접 그래프를 그릴 수 있다. [그림 9-4]를 참고하자.

```
In [22]: ax1.hist(np.random.standard_normal(100), bins=20, color="black", alpha=0.3);
In [23]: ax2.scatter(np.arange(30), np.arange(30) + 3 * np.random.standard_normal(30));
```

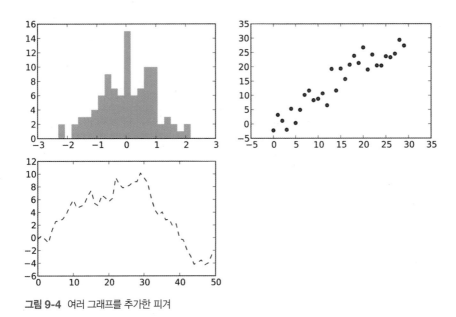

그림 9-4 여러 그래프를 추가한 피겨

`alpha=0.3` 스타일 옵션은 겹쳐서 그려진 그래프의 투명도를 설정한다. 맷플롯립 문서[2]에서 여러 가지 그래프 종류를 확인할 수 있다.

맷플롯립은 특정한 배치에 맞춰 여러 개의 서브플롯을 쉽게 만들 수 있도록 `plt.subplots` 메서드를 제공한다. 이 메서드는 새로운 피겨 객체를 생성하고 생성된 서브플롯 객체를 담은 넘파이 배열을 반환한다.

```
In [25]: fig, axes = plt.subplots(2, 3)
```

---

2 https://matplotlib.org

```
In [26]: axes
Out[26]:
array([[<AxesSubplot:>, <AxesSubplot:>, <AxesSubplot:>],
       [<AxesSubplot:>, <AxesSubplot:>, <AxesSubplot:>]], dtype=object)
```

axes 배열은 2차원 배열처럼 색인할 수 있다. 예를 들어 axes[0, 1]은 가장 상단 행의 중간에 있는 서브플롯을 참조한다. 서브플롯이 동일한 x축이나 y축을 가져야 한다면 각각 sharex와 sharey를 사용해서 지정한다. 이는 동일한 범위 내에서 데이터를 비교해야 할 경우 특히 유용하다. 그렇지 않으면 맷플롯립은 각 그래프의 범위를 독립적으로 조정한다. 이 메서드에 대한 자세한 내용은 [표 9-1]을 참고하자.

표 9-1 matplotlib.pyplot.subplots 옵션

인수	설명
nrows	서브플롯의 행 수
ncols	서브플롯의 열 수
sharex	모든 서브플롯이 동일한 x축 눈금을 사용하도록 한다(xlim 값을 조절하면 모든 서브플롯에 적용된다).
sharey	모든 서브플롯이 동일한 y축 눈금을 사용하도록 한다(ylim 값을 조절하면 모든 서브플롯에 적용된다).
subplot_kw	add_subplot을 사용해서 각 서브플롯을 생성할 때 사용할 키워드를 담고 있는 딕셔너리
**fig_kw	피겨를 생성할 때 사용할 추가적인 키워드 인수. 예를 들면 plt.subplots (2, 2, figsize=(8, 6))와 같다.

서브플롯 간 간격 조절하기

맷플롯립은 서브플롯 간의 적당한 간격spacing과 여백padding을 기본적으로 추가한다. 이 간격은 전체 그래프의 높이와 너비에 따라 상대적으로 결정되므로 프로그램을 이용하거나 GUI 윈도우 크기를 직접 조정하면 크기가 자동으로 조절된다. 서브플롯 간의 간격은 피겨 객체의 subplots_adjust 메서드로 쉽게 조정할 수 있다.

```
subplots_adjust(left=None, bottom=None, right=None, top=None,
                wspace=None, hspace=None)
```

wspace와 hspace는 서브플롯 간의 간격을 위해 각 피겨의 너비와 높이에 대한 비율을 조절한다. 다음은 서브플롯 간의 간격을 주지 않은 그래프를 생성하는 코드다(그림 9-5).

```python
fig, axes = plt.subplots(2, 2, sharex=True, sharey=True)
for i in range(2):
    for j in range(2):
        axes[i, j].hist(np.random.standard_normal(500), bins=50,
                        color="black", alpha=0.5)
fig.subplots_adjust(wspace=0, hspace=0)
```

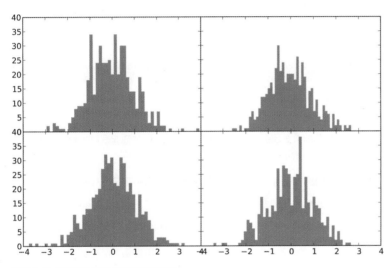

그림 9-5 서브플롯 간의 간격이 0인 피겨

그림에서 볼 수 있듯이 축 레이블이 겹친다. 맷플롯립은 그래프에서 레이블이 겹치는지 검사하지 않으므로 이와 같은 경우에는 눈금 위치와 이름을 명시적으로 직접 지정해야 한다(9.1.3절에서 설명한다).

9.1.2 색상, 마커, 선 스타일

맷플롯립의 plot 함수는 x와 y 좌푯값이 담긴 배열과 추가적으로 색상과 선 스타일 옵션을 인수로 받는다. 예를 들어 녹색 점선으로 그려진 x 대 y 그래프의 코드는 다음과 같다.

```
ax.plot(x, y, linestyle="--", color="green")
```

흔하게 사용하는 색상에는 색상 문자열(green)을 제공하지만 헥스 코드hex code(#CECECE)를 직접 지정하면 색상표에 있는 모든 색상을 사용할 수 있다. plt.plot 메서드 문서에서 지원하는 선 스타일의 종류를 참고할 수 있다(IPython이나 주피터 노트북에서 plot?을 입력한다). 더 자세한 내용은 온라인 문서[3]를 참고하자.

선 그래프는 특정 지점의 실제 데이터를 강조하기 위해 마커marker를 추가하기도 한다. 맷플롯립은 점들을 잇는 연속된 선 그래프를 생성하므로 어떤 지점에 마커를 설정해야 하는지 확실치 않은 경우가 종종 있다. 마커도 스타일 문자열로 지정할 수 있다(그림 9-6).

```
In [31]: ax = fig.add_subplot()

In [32]: ax.plot(np.random.standard_normal(30).cumsum(), color="black",
   ....:         linestyle="dashed", marker="o");
```

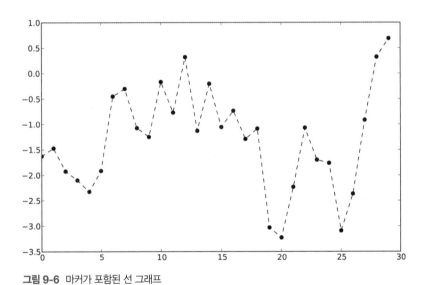

그림 9-6 마커가 포함된 선 그래프

---

3 https://matplotlib.org/stable/gallery/lines_bars_and_markers/linestyles.html

선 그래프를 보면 일정한 간격으로 연속된 지점이 연결된다. 이 역시 drawstyle 옵션으로 바꿀 수 있다(그림 9-7).

```
In [34]: fig = plt.figure()

In [35]: ax = fig.add_subplot()

In [36]: data = np.random.standard_normal(30).cumsum()

In [37]: ax.plot(data, color="black", linestyle="dashed", label="Default");
In [38]: ax.plot(data, color="black", linestyle="dashed",
   ....:         drawstyle="steps-post", label="steps-post");
In [39]: ax.legend()
```

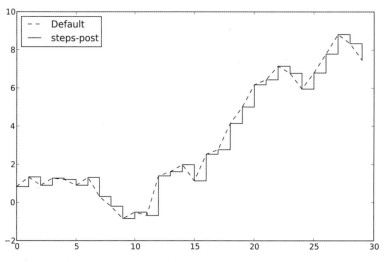

그림 9-7 다양한 스타일이 적용된 선 그래프

여기서는 label를 전달했기 때문에 ax.legend를 사용해 각 선을 구별하는 범례를 포함시켜 그래프를 생성했다. 범례에 대해서는 다음 절에서 더 알아보자.

> **NOTE_** 그래프를 그릴 때 범례를 생성하려면 label 옵션 지정 여부와는 상관없이 반드시 ax.legend를 호출해야 한다.

9.1.3 눈금, 레이블, 범례

그래프를 꾸미는 방법은 대부분 맷플롯립의 ax 객체 메서드로 접근할 수 있다. xlim, xticks, xticklabels와 같은 메서드를 이용해 그래프의 범위를 지정하거나 눈금 위치, 눈금 레이블을 설정할 수 있다. 다음 두 가지 방법으로 사용된다.

- 아무런 인수도 없이 호출하면 현재 설정된 매개변숫값을 반환한다. 예를 들어 ax.xlim 메서드는 현재 x축의 범위를 반환한다.
- 매개변수를 전달하면 매개변숫값을 설정한다. 예를 들어 ax.xlim([0, 10])을 전달하면 x축의 범위가 0부터 10까지로 설정된다.

이 모든 메서드는 현재 활성화되거나 가장 최근에 생성된 AxesSubplot 객체에 대해 작동한다. 앞서 소개한 모든 메서드는 서브플롯 객체의 set/get 메서드로도 존재하며 xlim이라면 ax.get_xlim과 ax.set_xlim 메서드가 존재한다.

제목, 축 레이블, 눈금, 눈금 레이블 설정하기

축을 꾸미는 방법을 설명하기 위해 무작위로 간단한 그래프를 하나 생성해보자(그림 9-8).

```
In [40]: fig, ax = plt.subplots()

In [41]: ax.plot(np.random.standard_normal(1000).cumsum());
```

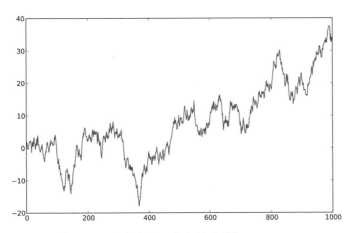

그림 9-8 x축 눈금이 포함된 간단한 그래프(기본 레이블)

x축의 눈금을 변경하는 가장 쉬운 방법은 set_xticks와 set_xticklabels 메서드를 사용하는 것이다. set_xticks 메서드는 전체 데이터 범위에 따라 눈금을 어디에 배치할지 지정한다. 기본적으로 이 위치에 눈금 레이블이 들어간다. 하지만 다른 눈금 레이블을 지정하고 싶다면 set_xticklabels를 사용한다.

```
In [42]: ticks = ax.set_xticks([0, 250, 500, 750, 1000])

In [43]: labels = ax.set_xticklabels(["one", "two", "three", "four", "five"],
   ....:                             rotation=30, fontsize=8)
```

rotation 옵션은 x축 눈금 레이블을 30도 회전시킨다. 마지막으로 set_xlabel 메서드는 x축 이름을 지정하고 set_title 메서드는 서브플롯의 제목을 지정한다. 결과는 [그림 9-9]와 같다.

```
In [44]: ax.set_xlabel("Stages")
Out[44]: Text(0.5, 6.666666666666652, 'Stages')

In [45]: ax.set_title("My first matplotlib plot")
```

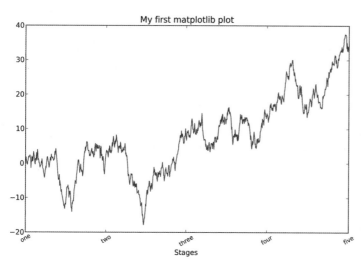

그림 9-9 x축을 꾸민 간단한 그래프

x 대신에 y를 사용하면 y축도 꾸밀 수 있다. ax 클래스는 그래프의 속성을 설정하는 set 메서드를 제공한다. 위 예제를 다음과 같이 작성할 수 있다.

```
ax.set(title="My first matplotlib plot", xlabel="Stages")
```

범례 추가하기

범례는 그래프의 요소를 확인하는 핵심 요소다. 범례를 추가하는 가장 쉬운 방법은 각 그래프에 label 인수를 넘기는 것이다.

```
In [46]: fig, ax = plt.subplots()

In [47]: ax.plot(np.random.randn(1000).cumsum(), color="black", label="one");
In [48]: ax.plot(np.random.randn(1000).cumsum(), color="black", linestyle="dashed",
    ....:         label="two");
In [49]: ax.plot(np.random.randn(1000).cumsum(), color="black", linestyle="dotted",
    ....:         label="three");
```

이렇게 해두면 ax.legend()를 호출했을 때 [그림 9-10]처럼 자동으로 범례가 생성된다.

```
In [50]: ax.legend()
```

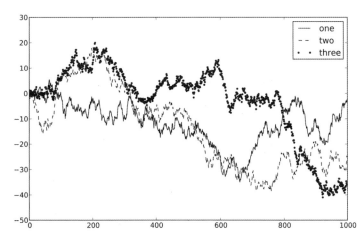

그림 9-10 세 개의 선과 범례로 구성된 그래프

legend 메서드는 범례 위치를 지정하는 loc 인수를 제공한다. legend 메서드 문서에서 더 자세한 정보를 확인할 수 있다(ax.legend? 명령으로 확인해보자).

loc은 범례를 그래프 어디에 둘지 지정하는 인수다. 최대한 방해가 되지 않는 곳에 범례를 두는 기본값 "best" 옵션만으로 충분할 수도 있다. 범례에서 제외하고 싶은 요소가 있다면 label 인수를 넘기지 않거나, label="_nolegend_" 옵션을 사용하면 된다.

9.1.4 주석과 그림 추가하기

기본 그래프에 글자나 화살표, 다른 도형으로 자신만의 주석을 추가하고 싶은 경우가 있다. 주석과 글자는 text, arrow, annotate 함수를 이용해서 추가할 수 있다. text 함수는 그래프 내의 주어진 좌표(x, y)에 부가적인 스타일로 글자를 그린다.

```
ax.text(x, y, "Hello world!",
        family="monospace", fontsize=10)
```

주석에는 글자와 화살표를 함께 사용할 수 있다. 야후 파이낸스에서 얻은 2007년 이후의 S&P 500 지수 데이터로 그래프를 생성하고 2008-2009년 사이에 있었던 금융위기 중 중요한 날짜를 주석으로 추가해보자. 주피터 노트북의 단일 셀에서 예제 코드를 실행하면 쉽게 그래프를 그릴 수 있다. 결과는 [그림 9-11]과 같다.

```
from datetime import datetime

fig, ax = plt.subplots()

data = pd.read_csv("examples/spx.csv", index_col=0, parse_dates=True)
spx = data["SPX"]

spx.plot(ax=ax, color="black")

crisis_data = [
    (datetime(2007, 10, 11), "Peak of bull market"),
    (datetime(2008, 3, 12), "Bear Stearns Fails"),
    (datetime(2008, 9, 15), "Lehman Bankruptcy")
]
```

```
for date, label in crisis_data:
    ax.annotate(label, xy=(date, spx.asof(date) + 75),
                xytext=(date, spx.asof(date) + 225),
                arrowprops=dict(facecolor="black", headwidth=4, width=2,
                                headlength=4),
                horizontalalignment="left", verticalalignment="top")

# 2007-2010 구간으로 확대
ax.set_xlim(["1/1/2007", "1/1/2011"])
ax.set_ylim([600, 1800])

ax.set_title("Important dates in the 2008-2009 financial crisis")
```

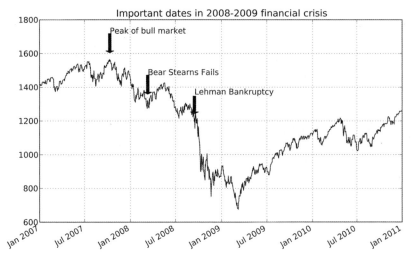

그림 9-11 2008-2009 금융위기에서 중요한 지점을 표시한 그래프

이 그래프에서는 알고 넘어가야 할 중요한 내용이 몇 가지 있다. `ax.annotate` 메서드를 이용해 x, y 좌표로 지정한 위치에 레이블을 추가했고, `set_xlim`과 `set_ylim` 메서드로 그래프의 시작과 끝 경계를 직접 지정했다. 마지막으로 `ax.set_title` 메서드로 그래프 제목을 지정했다.

맷플롯립 갤러리[4]를 둘러보면 여러 가지 다양한 주석 사용법을 확인할 수 있다.

도형을 그리려면 조금 더 신경 써야 한다. 맷플롯립은 일반적인 도형을 그리는 `patch` 객체를

---

4 https://matplotlib.org/stable/gallery/index.html

제공한다. 이 중 Rectangle과 Circle 같은 종류는 matplotlib.pyplot에서도 찾을 수 있지만 전체 모음은 matplotlib.patches에 있다.

그래프에 도형을 추가하려면 patch 객체를 만들고 ax.add_patch를 호출해 서브플롯 ax에 객체를 추가한다(그림 9-12).

```
fig, ax = plt.subplots()

rect = plt.Rectangle((0.2, 0.75), 0.4, 0.15, color="black", alpha=0.3)
circ = plt.Circle((0.7, 0.2), 0.15, color="blue", alpha=0.3)
pgon = plt.Polygon([[0.15, 0.15], [0.35, 0.4], [0.2, 0.6]],
                    color="green", alpha=0.5)

ax.add_patch(rect)
ax.add_patch(circ)
ax.add_patch(pgon
```

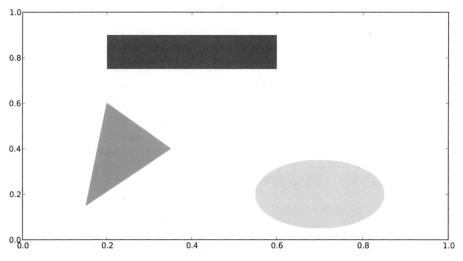

그림 9-12 세 가지 도형을 추가한 그래프

보기 좋은 여러 가지 그래프를 잘 살펴보면 다양한 patch로 구성된 것을 확인할 수 있다.

9.1.5 그래프를 파일로 저장하기

활성화된 피겨는 savefig 메서드를 이용해 파일로 저장한다. 피겨를 SVG 형식으로 저장하는 코드는 다음과 같다.

```
fig.savefig("figpath.svg")
```

파일 종류는 확장자로 결정된다. 만약 .svg 대신 .pdf를 입력했다면 PDF 파일을 얻게 된다. 출판용 그래픽 파일을 생성할 때 필자가 자주 사용하는 중요한 옵션은 바로 인치당 도트[dots per inch] 해상도를 의미하는 dpi다. 400 DPI짜리 PNG 파일을 만들려면 다음과 같이 입력한다.

```
fig.savefig("figpath.png", dpi=400)
```

[표 9-2]에서 savefig의 다른 옵션을 확인하자. 더 자세한 내용은 IPython이나 주피터 노트북에서 해당 메서드의 문서를 참고하자.

표 9-2 fig.savefig 옵션

인수	설명
fname	파일 경로나 파이썬의 파일과 유사한 객체를 나타내는 문자열. 저장되는 포맷은 파일 확장자를 통해 결정된다. 예를 들어 .pdf는 PDF 포맷, .png는 PNG 포맷이다.
dpi	피겨의 인치당 도트 해상도. 기본값은 100이며 설정 가능하다.
facecolor, edgecolor	서브플롯 바깥 배경 색상이다.
format	명시적인 파일 포맷이다(png, pdf, svg, ps, eps, ...).

9.1.6 맷플롯립 설정

맷플롯립은 출판용 그래프를 만드는 데 손색없는 기본 설정과 색상 스키마를 함께 제공한다. 다행히 거의 모든 기본 동작은 여러 전역 매개변수를 통해서 설정이 가능하다. 주로 그래프 크기, 서브플롯 간격, 색상, 글자 크기, 격자 스타일과 같은 것을 설정할 수 있다. 맷플롯립의 환경 설정 시스템은 rc 메서드를 사용해서 프로그래밍적으로 설정할 수 있다. 예를 들면 전역으로 피겨의 크기를 10×10으로 설정하고 싶다면 다음 코드를 실행한다.

```
plt.rc("figure", figsize=(10, 10))
```

현재 설정된 모든 설정값은 `plt.rcParams` 딕셔너리에서 찾을 수 있고, `plt.rcdefaults()` 함수를 호출해서 기본값으로 복원할 수 있다.

`rc` 메서드의 첫 번째 인수는 설정하려는 `figure`, `axes`, `xtick`, `ytick`, `grid`, `legend` 및 다른 컴포넌트의 이름이다. 그다음으로 설정할 값에 대한 키워드 인수를 넘긴다. 이 옵션을 쉽게 작성하려면 파이썬의 딕셔너리 유형을 사용하면 된다.

```
plt.rc("font", family="monospace", weight="bold", size=8)
```

더 많은 설정과 옵션 종류는 `matplotlib/mpl-data` 디렉터리에 있는 `matplotlibrc` 파일에 저장되어 있다. 만약 이 파일을 적절히 수정하고 사용자 홈 디렉터리에 `.matplotlibrc` 이름으로 저장해두면 맷플롯립을 사용할 때마다 해당 파일이 로드된다.

다음 절에서 살펴볼 시본 패키지는 내부적으로 맷플롯립 설정을 사용하는 내장 테마 혹은 스타일을 제공한다.

9.2 판다스에서 시본으로 그래프 그리기

맷플롯립은 사실 꽤 저수준의 라이브러리다. 데이터를 어떻게 보여줄 것인지부터(선 그래프, 막대그래프, 산포도, 등고선 등) 범례와 제목, 눈금 레이블, 주석 같은 기본 컴포넌트에서 그래프를 작성해야 한다.

판다스를 사용하다 보면 행과 열 레이블을 가진 다양한 열 데이터를 다루게 된다. 판다스는 `Series`와 `DataFrame` 객체를 간단하게 시각화하는 내장 메서드를 제공한다. 다른 라이브러리로는 맷플롯립 기반의 고차원 통계 그래픽 라이브러리인 시본seaborn[5]이 있다. 시본은 흔히 사용하는 다양한 시각화 패턴을 쉽게 구현할 수 있다.

---

5 https://seaborn.pydata.org

9.2.1 선 그래프

Series와 DataFrame은 plot 메서드로 다양한 형태의 그래프를 생성할 수 있다. 기본적으로 plot 메서드는 선 그래프를 생성한다(그림 9-13).

```
In [61]: s = pd.Series(np.random.standard_normal(10).cumsum(), index=np.arange(0, 100, 10))

In [62]: s.plot()
```

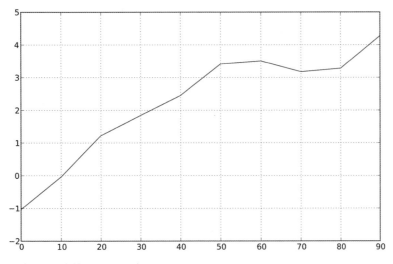

그림 9-13 간단한 Series 그래프

Series 객체의 색인은 맷플롯립에서 그래프를 생성할 때 x축으로 해석된다. use_index=False 옵션을 넘기면 색인을 그래프의 축으로 사용하는 것을 막을 수 있다. x축의 눈금과 한계는 xticks와 xlim 옵션으로 조절할 수 있으며 y축도 yticks, ylim 옵션으로 조절할 수 있다. [표 9-3]에 plot 메서드의 옵션을 정리했다. 책에서는 그중 몇 가지만 설명하며 나머지는 여러분의 몫으로 남겨두겠다.

표 9-3 Series.plot 메서드 인수

인수	설명
label	그래프의 범례 이름
ax	그래프를 그릴 맷플롯립의 서브플롯 객체. 만약 아무것도 넘어오지 않으면 현재 활성화되어 있는 맷플롯립의 서브플롯을 사용한다.
style	맷플롯립에 전달할 ko-- 같은 스타일 문자열
alpha	그래프 투명도(0부터 1까지)
kind	그래프 종류로 area, bar, barh, density, hist, kde, line, pie가 있다.
figsize	생성할 그래프 크기를 튜플로 지정
logx	True를 넘기면 x축에 대해 로그 스케일을 적용한다. 음수를 값으로 허용하는 대칭 로그의 경우 sym을 넘긴다.
logy	True를 넘기면 y축에 대해 로그 스케일을 적용한다. 음수를 값으로 허용하는 대칭 로그의 경우 sym을 넘긴다.
title	그래프 제목으로 사용할 문자열
use_index	객체의 색인을 눈금 이름으로 사용할지 여부
rot	눈금 이름을 회전시킴(0부터 360까지)
xticks	x축으로 사용할 값
yticks	y축으로 사용할 값
xlim	x축 한계(예: [0, 10])
ylim	y축 한계
grid	축의 그리드를 표시할지 여부(기본값은 켜기)

대부분의 판다스 그래프 메서드는 부수적으로 ax 매개변수를 받는데, 이 매개변수는 맷플롯립의 서브플롯 객체가 될 수 있다. 이를 통해 그리드 배열상에서 서브플롯을 좀 더 유연하게 배치할 수 있다.

DataFrame의 plot 메서드는 하나의 서브플롯 안에 각 열별로 선 그래프를 그리고, 자동으로 범례를 생성한다(그림 9-14).

```
In [63]: df = pd.DataFrame(np.random.standard_normal((10, 4)).cumsum(0),
   ....:                    columns=["A", "B", "C", "D"],
   ....:                    index=np.arange(0, 100, 10))
```

```
In [64]: plt.style.use('grayscale')

In [65]: df.plot()
```

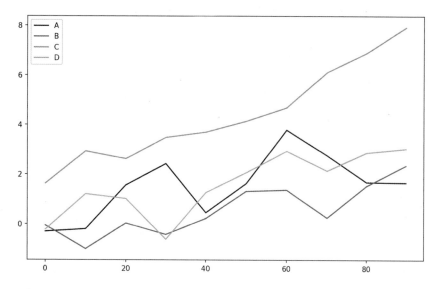

그림 9-14 간단한 DataFrame 그래프

> **NOTE_** 책에서 풀 컬러 그래프를 볼 수 없으므로 `plt.style.use('grayscale')`을 사용해 흑백 출판
> 에 더 적합한 색 구성표로 전환했다.

`plot` 속성에는 다양한 종류의 그래프 패밀리^{family}가 존재한다. 예를 들어 `df.plot()`은
`df.plot.line()`과 동일하다. 이 메서드에 관련된 내용은 잠시 뒤에 살펴본다.

> **NOTE_** `plot` 메서드에 전달할 수 있는 부수적인 키워드 인수는 그대로 맷플롯립의 함수로 전달된다. 따라
> 서 맷플롯립 API를 자세히 공부하면 더 다양한 방식으로 그래프를 꾸밀 수 있다.

DataFrame에는 열을 쉽게 다루기 위한 몇 가지 옵션을 제공한다(표 9-4). 예를 들어 모든 열
을 동일한 서브플롯에 그릴 것인지 아니면 서브플롯을 각각 만들 것인지 지정할 수 있다.

표 9-4 DataFrame의 plot 메서드 인수

인수	설명
subplots	각 DataFrame의 열을 독립된 서브플롯에 그린다.
layouts	서브플롯의 레이아웃을 제공하는 2-튜플(행, 열)이다.
sharex	subplots=True인 경우 같은 x축을 공유하고 눈금과 한계를 연결한다.
sharey	subplots=True인 경우 같은 y축을 공유한다.
legend	서브플롯의 범례를 추가한다(기본값은 True).
sort_columns	열을 알파벳 순서로 그린다. 기본값은 존재하는 열 순서다.

NOTE_ 시계열 그래프는 11장을 참고하자.

9.2.2 막대그래프

plot.bar()와 plot.barh()는 각각 수직 막대그래프, 수평 막대그래프를 그린다. 이 경우 Series 또는 DataFrame의 색인은 수직 막대그래프인 경우 x(bar) 눈금, 수평 막대그래프의 경우 y(barh) 눈금으로 사용된다(그림 9-15).

```
In [66]: fig, axes = plt.subplots(2, 1)

In [67]: data = pd.Series(np.random.uniform(size=16), index=list("abcdefghijklmnop"))

In [68]: data.plot.bar(ax=axes[0], color="black", alpha=0.7)
Out[68]: <AxesSubplot:>

In [69]: data.plot.barh(ax=axes[1], color="black", alpha=0.7)
```

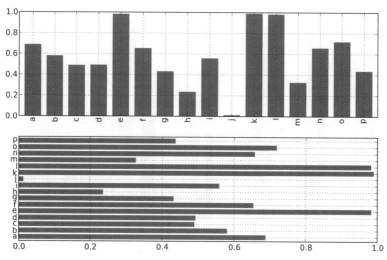

그림 9-15 수평, 수직 막대그래프

DataFrame에서 막대그래프는 각 행의 값을 함께 묶어서 하나의 그룹마다 각각의 막대를 보여준다(그림 9-16).

```
In [71]: df = pd.DataFrame(np.random.uniform(size=(6, 4)),
   ....:                    index=["one", "two", "three", "four", "five", "six"],
   ....:                    columns=pd.Index(["A", "B", "C", "D"], name="Genus"))

In [72]: df
Out[72]:
Genus         A         B         C         D
one    0.370670  0.602792  0.229159  0.486744
two    0.420082  0.571653  0.049024  0.880592
three  0.814568  0.277160  0.880316  0.431326
four   0.374020  0.899420  0.460304  0.100843
five   0.433270  0.125107  0.494675  0.961825
six    0.601648  0.478576  0.205690  0.560547

In [73]: df.plot.bar()
```

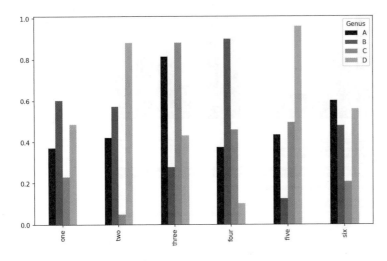

그림 9-16 DataFrame 막대그래프

DataFrame의 열 "Genus"가 범례의 제목으로 사용되었다.

누적 막대그래프는 stacked=True 옵션을 사용해서 생성할 수 있는데 각 행의 값들이 하나의 막대에 누적되어 출력된다(그림 9-17).

```
In [75]: df.plot.barh(stacked=True, alpha=0.5)
```

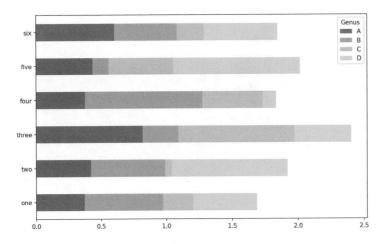

그림 9-17 DataFrame의 누적 막대그래프

레스토랑의 팁 데이터셋 예제를 살펴보자. 이 데이터에서 요일별로 열린 파티 개수를 계산하고 파티 개수 대비 팁 비율을 보여주는 누적 막대그래프를 그려보자. read_csv 메서드를 사용해서 데이터를 불러오고 요일과 파티 개수에 따라 교차 테이블을 생성했다. pandas.crosstab 함수를 이용하면 두 DataFrame 열에서 간단한 빈도표를 뽑을 수 있다.

```
In [77]: tips = pd.read_csv("examples/tips.csv")

In [78]: tips.head()
Out[78]:
   total_bill   tip smoker  day    time  size
0       16.99  1.01     No  Sun  Dinner     2
1       10.34  1.66     No  Sun  Dinner     3
2       21.01  3.50     No  Sun  Dinner     3
3       23.68  3.31     No  Sun  Dinner     2
4       24.59  3.61     No  Sun  Dinner     4

In [79]: party_counts = pd.crosstab(tips["day"], tips["size"])

In [80]: party_counts = party_counts.reindex(index=["Thur", "Fri", "Sat", "Sun"])

In [81]: party_counts
Out[81]:
size  1   2   3   4  5  6
day
Thur  1  48   4   5  1  3
Fri   1  16   1   1  0  0
Sat   2  53  18  13  1  0
Sun   0  39  15  18  3  1
```

파티 인원이 한 명이거나 여섯 명인 파티는 데이터에서 많지 않으므로 제외했다.

```
In [82]: party_counts = party_counts.loc[:, 2:5]
```

각 행의 합이 1이 되도록 정규화하고 그래프를 그려보자(그림 9-18).

```
# 합이 1이 되도록 정규화
In [83]: party_pcts = party_counts.div(party_counts.sum(axis="columns"), axis="index")

In [84]: party_pcts
Out[84]:
size         2          3          4          5
day
Thur  0.827586  0.068966  0.086207  0.017241
Fri   0.888889  0.055556  0.055556  0.000000
Sat   0.623529  0.211765  0.152941  0.011765
Sun   0.520000  0.200000  0.240000  0.040000

In [85]: party_pcts.plot.bar(stacked=True)
```

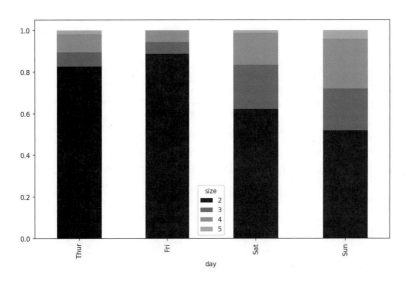

그림 9-18 요일별 파티 규모

주말에 파티 규모가 커지는 경향이 있음을 확인할 수 있다.

그래프를 그리기 전에 요약이 필요한 데이터에 시본 패키지를 이용하면 훨씬 간단하게 처리할 수 있다(conda install seaborn 명령으로 설치한다). 이번에는 시본 패키지로 팁 데이터를 다시 그려보자(그림 9-19).

```
In [87]: import seaborn as sns

In [88]: tips["tip_pct"] = tips["tip"] / (tips["total_bill"] - tips["tip"])

In [89]: tips.head()
Out[89]:
   total_bill   tip smoker  day    time  size    tip_pct
0       16.99  1.01     No  Sun  Dinner     2   0.063204
1       10.34  1.66     No  Sun  Dinner     3   0.191244
2       21.01  3.50     No  Sun  Dinner     3   0.199886
3       23.68  3.31     No  Sun  Dinner     2   0.162494
4       24.59  3.61     No  Sun  Dinner     4   0.172069

In [90]: sns.barplot(x="tip_pct", y="day", data=tips, orient="h")
```

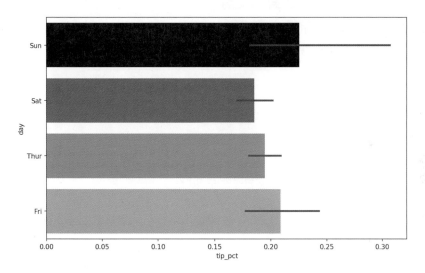

그림 9-19 오차 막대가 있는 요일별 팁 비율 그래프.

시본 그래프 함수의 **data** 인수는 판다스의 **DataFrame**을 받는다. 다른 인수들은 열 이름을 참조한다. **day** 열의 각 값에 대한 데이터는 여럿 존재하므로 **tip_pct**의 평균값으로 막대그래프를 그린다. 막대그래프 위에 겹쳐서 그려진 검은 선은 95%의 신뢰 구간confidence interval을 나타낸다(이 값은 옵션 인수로 설정 가능하다).

seaborn.barplot 메서드의 hue 옵션을 이용해서 추가 분류에 따라 나눠 그릴 수 있다.

```
In [92]: sns.barplot(x="tip_pct", y="day", hue="time", data=tips, orient="h")
```

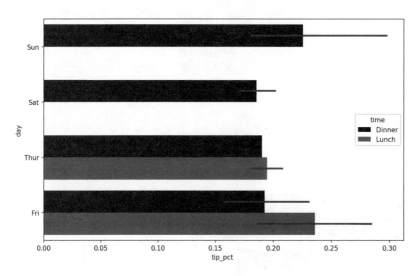

그림 9-20 요일과 시간별 팁 비율

시본 라이브러리는 기본 색상표, 그래프 배경, 그리드 선 색상 같은 꾸밈새를 자동으로 변경한다. seaborn.set_style 메서드로 꾸밈새를 변경할 수 있다.

```
In [94]: sns.set_style("whitegrid")
```

흑백 출력을 위한 그래프를 만들어야 한다면 색상표를 다음과 같이 흑백으로 변경하면 편리하다.

```
sns.set_palette("Greys_r")
```

9.2.3 히스토그램과 밀도 그래프

히스토그램은 막대그래프의 한 종류로 값의 빈도를 분리해서 보여준다. 데이터 포인트는 분리되어 균일한 간격의 막대로 표현되며 데이터의 숫자가 막대의 높이로 표현된다. 앞에서 살펴본 팁 데이터를 사용해서 전체 결제 금액 대비 팁의 비율을 Series의 `plot.hist` 메서드를 사용해서 만들어보자(그림 9-21).

```
In [96]: tips["tip_pct"].plot.hist(bins=50)
```

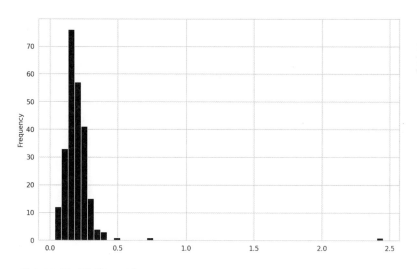

그림 9-21 팁 비율 히스토그램

이와 관련된 다른 그래프로는 밀도 그래프가 있는데 이는 관찰값을 사용해서 추정되는 연속된 확률분포를 그린다. 일반적인 과정은 `kernel` 메서드를 잘 섞어서 이 분포를 근사하는 방법인데 이보다 단순한 정규분포다. 따라서 밀도 그래프는 KDE^kernel density estimate (커널 밀도 추정) 그래프라고도 알려져 있다. `plot.density`를 이용해서 밀도 그래프를 표준 KDE 형식으로 생성한다(그림 9-22).

```
In [98]: tips["tip_pct"].plot.density()
```

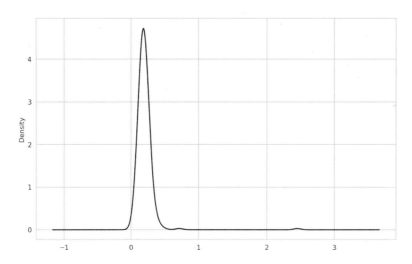

그림 9-22 팁 비율에 대한 밀도 그래프

이런 종류의 그래프는 사이파이가 필요하다. 아직 설치하지 않았다면 `conda install scipy` 명령으로 설치하자. 시본 라이브러리의 `histplot` 메서드를 이용해서 히스토그램과 밀도 그래프를 한 번에 손쉽게 그릴 수 있다. 예를 들어 두 개의 다른 표준정규분포로 이루어진 쌍봉 분포bimodal distribution를 생각해보자(그림 9-23).

```
In [100]: comp1 = np.random.standard_normal(200)

In [101]: comp2 = 10 + 2 * np.random.standard_normal(200)

In [102]: values = pd.Series(np.concatenate([comp1, comp2]))

In [103]: sns.histplot(values, bins=100, color="black")
```

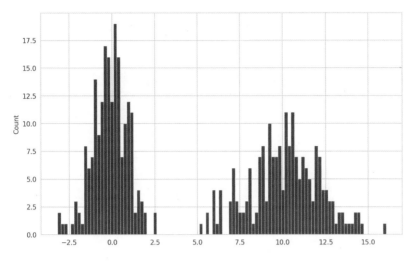

그림 9-23 정규 혼합 히스토그램

9.2.4 산포도

산포도scatter plot, point plot는 두 개의 1차원 데이터 묶음 간의 관계를 나타낼 때 유용한 그래프다. statsmodel 프로젝트에서 `macrodata` 데이터셋을 불러온 다음 몇 가지 변수를 선택해 로그 차이를 구해보자.

```
In [104]: macro = pd.read_csv("examples/macrodata.csv")

In [105]: data = macro[["cpi", "m1", "tbilrate", "unemp"]]

In [106]: trans_data = np.log(data).diff().dropna()

In [107]: trans_data.tail()
Out[107]:
          cpi        m1  tbilrate     unemp
198 -0.007904  0.045361 -0.396881  0.105361
199 -0.021979  0.066753 -2.277267  0.139762
200  0.002340  0.010286  0.606136  0.160343
201  0.008419  0.037461 -0.200671  0.127339
202  0.008894  0.012202 -0.405465  0.042560
```

시본 라이브러리의 `regplot` 메서드를 이용해서 산포도와 선형 회귀선을 함께 그릴 수 있다 (그림 9-24).

```
In [109]: ax = sns.regplot(x="m1", y="unemp", data=trans_data)

In [110]: ax.set_title("Changes in log(m1) versus log(unemp)")
```

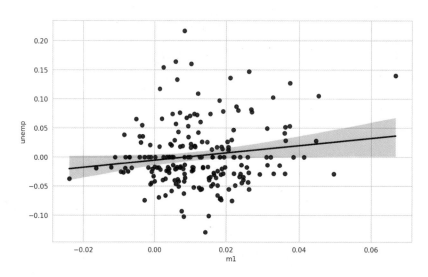

그림 9-24 시본 라이브러리의 산포도와 선형 회귀선

탐색적 데이터 분석에서는 변수 그룹 간의 모든 산포도를 살펴보는 일이 매우 유용한데 이를 짝지은pair 그래프 또는 산포도 행렬이라고 부른다. 이런 그래프를 직접 그리려면 다소 복잡하므로 시본에서는 `pairplot` 함수를 제공한다. 이 함수로 대각선을 따라 각 변수에 대한 히스토그램이나 밀도 그래프를 생성할 수 있다(그림 9-25).

```
In [111]: sns.pairplot(trans_data, diag_kind="kde", plot_kws={"alpha": 0.2})
```

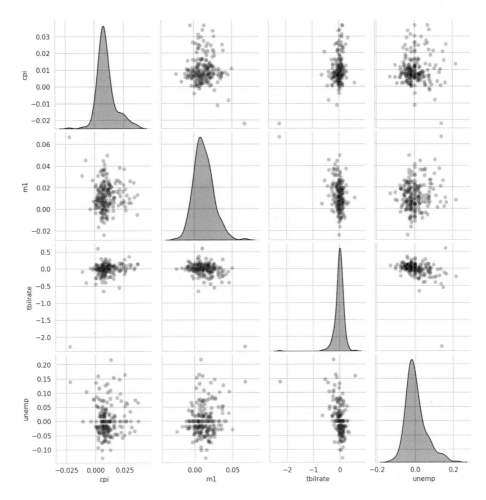

그림 9-25 statsmodels 거시경제 데이터의 산포도 행렬

plot_kws 인수는 각 그래프에 전달할 개별 설정값을 지정한다. 자세한 설정 옵션에 관한 내용은 seaborn.pairplot 문서[6]를 참고하자.

---

6 https://seaborn.pydata.org/generated/seaborn.pairplot.html

9.2.5 패싯 그리드와 범주형 데이터

추가적인 그룹 차원을 가지는 데이터는 어떻게 시각화해야 할까? 다양한 범주형 값을 갖는 데이터를 시각화하는 한 가지 방법은 패싯 그리드facet grid를 이용하는 것이다. 패싯 그리드는 2차원 레이아웃으로 그래프를 배치해 특정 변수의 구별되는 값을 각 축으로 비교할 수 있다. 시본의 유용한 내장 함수인 catplot을 이용해 다양한 측면을 나타내는 그래프를 쉽게 그릴 수 있다. 결과 그래프는 [그림 9-26]과 같다.

```
In [112]: sns.catplot(x="day", y="tip_pct", hue="time", col="smoker",
     .....:             kind="bar", data=tips[tips.tip_pct < 1])
```

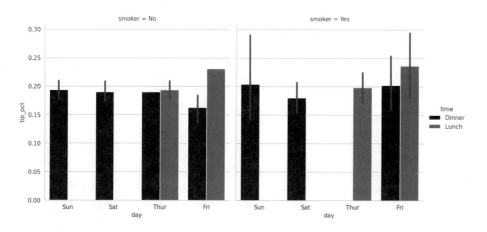

그림 9-26 요일/시간/흡연 여부에 따른 팁 비율

"time"으로 그룹을 만드는 대신 패싯 안에서 막대그래프의 색깔을 달리해서 보여줄 수 있다. 또한 패싯 그리드에 time 값에 따른 그래프를 추가할 수도 있다(그림 9-27).

```
In [113]: sns.catplot(x="day", y="tip_pct", row="time",
     .....:             col="smoker",
     .....:             kind="bar", data=tips[tips.tip_pct < 1])
```

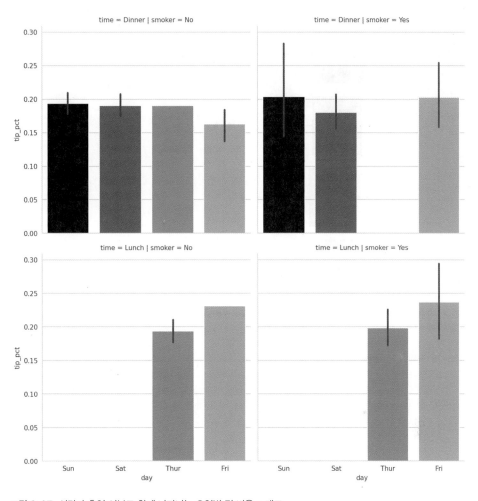

그림 9-27 시간과 흡연 여부도 함께 나타나는 요일별 팁 비율 그래프

catplot은 시각화 목적에 어울리는 여러 종류의 그래프도 지원한다. 예를 들어 중간값과 사분위수, 특잇값을 보여주는 상자 그림box plot이 효과적인 시각화 방법일 수도 있다(그림 9-28).

```
In [114]: sns.catplot(x="tip_pct", y="day", kind="box",
   .....:                data=tips[tips.tip_pct < 0.5])
```

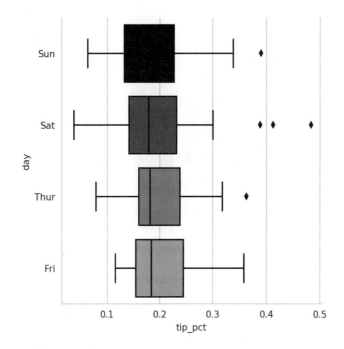

그림 9-28 요일별 팁 비율을 나타낸 상자

일반적인 용도의 **seaborn.FacetGrid** 클래스를 이용해서 나만의 패싯 그리드를 만들고 원하는 그래프를 그릴 수도 있다. 자세한 내용은 시본 문서[7]를 참고하자.

9.3 다른 파이썬 시각화 도구

여타 오픈 소스와 마찬가지로 파이썬에서 그래프를 그리는 라이브러리는 일일이 나열하기 힘들 정도로 많다. 2010년부터 웹을 위한 대화형 그래픽 도구 개발이 본격적으로 진행되면서 알테어,[8] 보케,[9] 플로틀리Plotly[10] 같은 도구를 이용해 웹 브라우저상에서 파이썬으로 동적 대화형 그래프를 그릴 수 있게 되었다.

....

7 https://seaborn.pydata.org
8 https://altair-viz.github.io
9 https://docs.bokeh.org/en/latest
10 https://plotly.com/python

웹이나 출판을 위한 정적 그래프를 생성한다면 맷플롯립과 판다스, 시본처럼 맷플롯립 기반의 라이브러리를 추천한다. 여러 데이터 시각화 요구 사항을 구현하기 위해서 다른 도구를 배워두는 게 좋다. 생태계는 꾸준히 발전하고 있으므로 다양한 시각화 도구를 직접 살펴보기를 추천한다.

데이터 시각화에 대한 훌륭한 책으로 클라우스 윌케의 저서 『데이터 시각화 교과서』(책만, 2020)를 추천한다. 도서 웹사이트(https://clauswilke.com/dataviz)에서 도서 내용을 살펴볼 수 있다.

9.4 마치며

이 장의 목적은 판다스, 맷플롯립, 시본으로 기본적인 데이터 시각화에 발을 담그는 것이었다. 데이터 분석 결과를 시각적으로 공유하는 일이 중요하다면 효과적인 데이터 시각화와 관련된 자료를 더 많이 찾아보기를 권한다. 현재 많은 연구가 진행 중인 분야이므로 인터넷이나 책을 통해 훌륭한 사례를 많이 접할 수 있을 것이다.

다음 장에서는 판다스를 이용한 데이터 집계와 그룹 연산을 알아본다.

데이터 집계와 그룹 연산

데이터셋을 분류하고 각 그룹별로 집계나 변형 같이 어떤 함수를 적용하는 작업은 데이터 분석 과정에서 무척 중요한 일이다. 데이터를 불러오고 취합해서 하나의 데이터셋을 준비한 후 그룹 통계를 구하거나 가능하다면 피벗 테이블을 구해 보고서를 만들고 시각화한다. 판다스는 데이터셋을 자연스럽게 나누고 요약하는 groupby라는 유연한 방법을 제공한다.

관계형 데이터베이스와 SQL^{Structured Query Language}이 인기 있는 이유는 데이터를 쉽게 합치고 걸러내고 변형하고 집계할 수 있기 때문이다. 하지만 SQL 같은 쿼리문은 그룹 연산에 제약이 있다. 앞으로 살펴보겠지만 파이썬과 판다스의 강력한 표현력을 잘 이용하면, 아주 복잡한 그룹 연산도 각 그룹에 연관된 데이터를 조작하는 파이썬 함수를 조합해 해결할 수 있다. 이 장에서 배우는 내용은 다음과 같다.

- 하나 이상의 키(함수, 배열, DataFrame의 열 이름)를 이용해서 판다스 객체를 여러 조각으로 나누는 방법
- 합계, 평균, 표준편차, 사용자 정의 함수 같은 그룹 요약 통계를 계산하는 방법
- 정규화, 선형 회귀, 순위 또는 부분집합 선택 같은 그룹 내 변형이나 다른 조작을 적용하는 방법
- 피벗 테이블과 교차표^{cross-tabulation}를 구하는 방법
- 사분위수 분석과 다른 데이터 파생 그룹 분석을 수행하는 방법

> **NOTE_** 시계열 데이터의 시간 기반 집계 같은 특수한 groupby 사용 방법을 리샘플링^{resampling}이라 부르며 관련된 내용은 11장에서 설명한다.

다른 장과 마찬가지로 넘파이와 판다스를 임포트하는 것부터 시작하자.

```
In [12]: import numpy as np

In [13]: import pandas as pd
```

10.1 그룹 연산에 대한 고찰

다수의 인기 있는 R 프로그래밍 패키지 저자인 해들리 위컴Hadley Wickham은 그룹 연산에 대해 **분리-적용-결합**split-apply-combine이라는 새로운 용어를 만들었다. 그룹 연산의 첫 번째 단계에서는 Series, DataFrame 같은 판다스 객체나 다른 객체에 들어 있는 데이터를 하나 이상의 키 기준으로 **분리**한다. 객체는 하나의 축을 기준으로 분리되는데 예를 들면 DataFrame은 행(axis="index")이나 열(axis="columns") 기준으로 분리할 수 있다. 분리하고 나면 함수를 각 그룹에 **적용**시켜 새로운 값을 얻어낸다. 마지막으로 함수를 적용한 결과를 하나의 객체로 **결합**한다. 결과를 담는 객체는 데이터에 어떤 연산을 했는지에 따라 결정된다. 간단한 그룹 연산의 예를 살펴보자(그림 10-1).

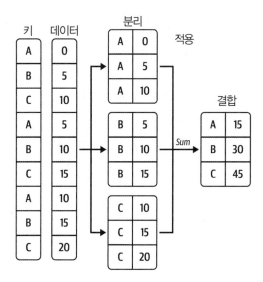

그림 10-1 그룹 연산 예시

각 그룹의 색인은 다양한 형태가 될 수 있으며, 모두 같은 유형일 필요도 없다.

- 그룹으로 묶을 축과 동일한 길이의 리스트나 배열
- DataFrame의 열 이름을 지칭하는 값
- 그룹으로 묶을 값과 그룹 이름에 대응하는 딕셔너리나 Series 객체
- 축 색인 혹은 색인 내의 개별 이름에 대해 실행되는 함수

목록의 마지막 세 방법은 모두 객체를 나눌 때 사용할 배열을 생성하는 방법이라는 것을 기억하자. 아직 개념이 확실히 잡히지 않았다고 너무 걱정하지 말자. 앞으로 차차 이 방법들을 사용하는 다양한 예제를 살펴본다. 먼저 DataFrame으로 표현되는 간단한 표 형식의 데이터가 있다.

```
In [14]: df = pd.DataFrame({"key1" : ["a", "a", None, "b", "b", "a", None],
   ....:                     "key2" : pd.Series([1, 2, 1, 2, 1, None, 1], dtype="Int64"),
   ....:                     "data1" : np.random.standard_normal(7),
   ....:                     "data2" : np.random.standard_normal(7)})

In [15]: df
Out[15]:
   key1  key2     data1     data2
0     a     1 -0.204708  0.281746
1     a     2  0.478943  0.769023
2  None     1 -0.519439  1.246435
3     b     2 -0.555730  1.007189
4     b     1  1.965781 -1.296221
5     a  <NA>  1.393406  0.274992
6  None     1  0.092908  0.228913
```

이 데이터를 key1으로 묶고 각 그룹에서 data1의 평균을 구해보자. 여러 가지 방법 중에 data1에 대해 groupby 메서드를 호출하고 key1 열을 넘기는 방법을 사용한다.

```
In [16]: grouped = df["data1"].groupby(df["key1"])

In [17]: grouped
Out[17]: <pandas.core.groupby.generic.SeriesGroupBy object at 0x7f4b76420a00>
```

이 grouped 변수는 groupby 객체다. df["key1"]으로 참조되는 중간값에 대한 것 외에는 아무것도 계산되지 않은 객체다. 이 객체는 그룹 연산을 위해 필요한 모든 정보를 가지며 각 그룹

에 어떠한 연산을 적용할 수 있게 해준다. 예를 들어 그룹별 평균을 구하려면 groupby 객체의 mean 메서드를 사용한다.

```
In [18]: grouped.mean()
Out[18]:
key1
a    0.555881
b    0.705025
Name: data1, dtype: float64
```

이 예제에서 .mean() 메서드를 호출했을 때의 자세한 내용은 10.2절 '데이터 집계'에서 설명하기로 하고, 여기서 중요한 내용은 데이터(Series 객체)가 그룹 색인에 따라 수집되고 key1 열에 있는 유일한 값으로 색인되는 새로운 Series 객체가 생성된다는 점이다. DataFrame 열의 df["key1"] 때문에 새롭게 생성된 Series 객체의 색인은 "key1"이 된다.

만약 여러 개의 배열을 리스트로 넘겼다면 조금 다른 결과를 얻는다.

```
In [19]: means = df["data1"].groupby([df["key1"], df["key2"]]).mean()

In [20]: means
Out[20]:
key1  key2
a     1      -0.204708
      2       0.478943
b     1       1.965781
      2      -0.555730
Name: data1, dtype: float64
```

데이터를 두 개의 색인으로 묶었고, 그 결과 계층적 색인을 갖는 Series를 얻을 수 있다.

```
In [21]: means.unstack()
Out[21]:
key2         1         2
key1
a     -0.204708  0.478943
b      1.965781 -0.555730
```

이 예제에서는 그룹의 색인 모두 Series 객체이며 길이만 같다면 어떤 배열이라도 상관없다.

```
In [22]: states = np.array(["OH", "CA", "CA", "OH", "OH", "CA", "OH"])

In [23]: years = [2005, 2005, 2006, 2005, 2006, 2005, 2006]

In [24]: df["data1"].groupby([states, years]).mean()
Out[24]:
CA  2005    0.936175
    2006   -0.519439
OH  2005   -0.380219
    2006    1.029344
Name: data1, dtype: float64
```

그룹으로 묶을 정보는 같은 DataFrame 안에서 주로 찾게 된다. 이 경우에는 열 이름(문자열, 숫자 혹은 다른 파이썬 객체)을 넘겨서 그룹의 색인으로 사용한다.

```
In [25]: df.groupby("key1").mean()
Out[25]:
      key2     data1     data2
key1
a      1.5  0.555881  0.441920
b      1.5  0.705025 -0.144516

In [26]: df.groupby("key2").mean(numeric_only=True)
Out[26]:
         data1     data2
key2
1     0.333636  0.115218
2    -0.038393  0.888106

In [27]: df.groupby(["key1", "key2"]).mean()
Out[27]:
             data1     data2
key1 key2
a    1    -0.204708  0.281746
     2     0.478943  0.769023
b    1     1.965781 -1.296221
     2    -0.555730  1.00718
```

df.groupby("key2").mean() 코드를 보면 key1 열이 결과에서 빠져 있는 것을 확인할 수 있다. 그 이유는 df["key1"]은 숫자 데이터가 아니므로 이런 열을 성가신 열^{nuisance column}이라고 부르며 결과에서 이를 제외시킨다. 기본적으로 모든 숫자 열을 수집하지만 원하는 부분만 따로 걸러내는 것도 가능하다(이에 관해서는 곧 살펴본다).

groupby를 쓰는 목적과 별개로, 일반적으로 유용한 groupby 메서드는 그룹의 크기를 담고 있는 Series를 반환하는 size 메서드다.

```
In [28]: df.groupby(["key1", "key2"]).size()
Out[28]:
key1  key2
a     1       1
      2       1
b     1       1
      2       1
dtype: int64
```

그룹 색인에서 누락된 값은 기본적으로 결과에서 제외된다는 것을 기억하자. 이 작동 방식은 groupby 메서드에 dropna=False 인수를 넘겨서 비활성화할 수 있다.

```
In [29]: df.groupby("key1", dropna=False).size()
Out[29]:
key1
a      3
b      2
NaN    2
dtype: int64

In [30]: df.groupby(["key1", "key2"], dropna=False).size()
Out[30]:
key1  key2
a     1       1
      2       1
      <NA>    1
b     1       1
      2       1
NaN   1       2
dtype: int64
```

크기를 구하는 그룹 함수로는 count가 있다. 각 그룹에서 널이 아닌 값의 개수를 계산한다.

```
In [31]: df.groupby("key1").count()
Out[31]:
      key2  data1  data2
key1
a        2      3      3
b        2      2      2
```

10.1.1 그룹 간 순회하기

groupby 메서드에서 반환된 객체는 순회(이터레이션)^iteration를 지원하는데, 그룹 이름과 그에 따른 데이터 묶음을 튜플로 반환한다. 다음 예제를 살펴보자.

```
In [32]: for name, group in df.groupby("key1"):
   ....:     print(name)
   ....:     print(group)
   ....:
a
  key1 key2     data1     data2
0    a    1 -0.204708  0.281746
1    a    2  0.478943  0.769023
5    a <NA>  1.393406  0.274992
b
  key1 key2     data1     data2
3    b    2 -0.555730  1.007189
4    b    1  1.965781 -1.296221
```

이처럼 색인이 여럿 존재하는 경우에는 튜플의 첫 번째 원소가 색인값이 된다.

```
In [33]: for (k1, k2), group in df.groupby(["key1", "key2"]):
   ....:     print((k1, k2))
   ....:     print(group)
   ....:
('a', 1)
  key1 key2     data1     data2
0    a    1 -0.204708  0.281746
('a', 2)
  key1 key2     data1     data2
1    a    2  0.478943  0.769023
```

```
('b', 1)
  key1 key2    data1    data2
4    b    1 1.965781 -1.296221
('b', 2)
  key1 key2   data1    data2
3    b    2 -0.55573 1.007189
```

당연히 원하는 데이터만 골라낼 수 있다. 한 줄이면 그룹별 데이터를 딕셔너리형으로 쉽게 바꿔서 이를 유용하게 사용할 수 있다.

```
In [34]: pieces = {name: group for name, group in df.groupby("key1")}

In [35]: pieces["b"]
Out[35]:
  key1 key2     data1     data2
3    b    2 -0.555730  1.007189
4    b    1  1.965781 -1.296221
```

groupby 메서드는 기본적으로 axis="index"에 대해서 그룹을 만드는데, 다른 축으로 그룹을 만드는 것도 가능하다. 예를 들어 예제로 살펴본 df DataFrame의 열이 "key"로 시작하는지 "data"로 시작하는지에 따라 그룹을 묶을 수도 있다.

```
In [36]: grouped = df.groupby({"key1": "key", "key2": "key",
   ....:                       "data1": "data", "data2": "data"}, axis="columns")
```

그룹을 다음과 같이 출력해볼 수도 있다.

```
In [37]: for group_key, group_values in grouped:
   ....:      print(group_key)
   ....:      print(group_values)
   ....:
data
      data1     data2
0 -0.204708  0.281746
1  0.478943  0.769023
2 -0.519439  1.246435
3 -0.555730  1.007189
4  1.965781 -1.296221
```

```
5  1.393406  0.274992
6  0.092908  0.228913
key
   key1  key2
0   a     1
1   a     2
2  None   1
3   b     2
4   b     1
5   a   <NA>
6  None   1
```

10.1.2 열이나 열의 일부만 선택하기

DataFrame에서 만든 GroupBy 객체를 열 이름이나 열 이름이 담긴 배열로 색인하면 수집을 위해 해당 열을 선택하게 된다.

```
df.groupby("key1")["data1"]
df.groupby("key1")[["data2"]]
```

앞선 코드는 다음 코드와 같다.

```
df["data1"].groupby(df["key1"])
df[["data2"]].groupby(df["key1"])
```

특히 대용량 데이터셋을 다룰 때 소수의 열만 집계하고 싶을 경우가 종종 있다. 예를 들어 앞의 데이터셋에서 data2 열에 대해서만 평균을 구하고 결과를 DataFrame으로 받고 싶다면 다음과 같이 작성한다.

```
In [38]: df.groupby(["key1", "key2"])[["data2"]].mean()
Out[38]:
              data2
key1 key2
a    1     0.281746
     2     0.769023
```

```
b    1    -1.296221
     2     1.007189
```

색인으로 얻는 객체는 groupby 메서드에 리스트나 배열을 넘겼을 경우 그룹으로 묶인 DataFrame이 되고 단일 값으로 하나의 열 이름만 넘겼다면 그룹으로 묶인 Series 객체가 된다.

```
In [39]: s_grouped = df.groupby(["key1", "key2"])["data2"]

In [40]: s_grouped
Out[40]: <pandas.core.groupby.generic.SeriesGroupBy object at 0x7f4b76423340>

In [41]: s_grouped.mean()
Out[41]:
key1  key2
a     1        0.281746
      2        0.769023
b     1       -1.296221
      2        1.007189
Name: data2, dtype: float64
```

10.1.3 딕셔너리와 Series에서 그룹화하기

그룹 정보는 배열이 아닌 형태로 존재하기도 한다. 다른 DataFrame 예제를 살펴보자.

```
In [42]: people = pd.DataFrame(np.random.standard_normal((5, 5)),
   ....:                       columns=["a", "b", "c", "d", "e"],
   ....:                       index=["Joe", "Steve", "Wanda", "Jill", "Trey"])

In [43]: people.iloc[2:3, [1, 2]] = np.nan # NA 값을 추가하자.

In [44]: people
Out[44]:
              a         b         c         d         e
Joe    1.352917  0.886429 -2.001637 -0.371843  1.669025
Steve -0.438570 -0.539741  0.476985  3.248944 -1.021228
Wanda -0.577087       NaN       NaN  0.523772  0.000940
Jill   1.343810 -0.713544 -0.831154 -2.370232 -1.860761
Trey  -0.860757  0.560145 -1.265934  0.119827 -1.063512
```

이제 각 열을 나타낼 그룹 목록이 있고 그룹별로 열의 값을 모두 더한다고 가정하자.

```
In [45]: mapping = {"a": "red", "b": "red", "c": "blue",
   ....:            "d": "blue", "e": "red", "f" : "orange"}
```

딕셔너리에서 groupby 메서드로 넘길 배열을 뽑을 수 있지만 그냥 이 딕셔너리를 groupby 메서드로 넘긴다(사용하지 않는 그룹 키도 문제없다는 것을 보여주기 위해 "f"도 포함했다).

```
In [46]: by_column = people.groupby(mapping, axis="columns")

In [47]: by_column.sum()
Out[47]:
          blue       red
Joe   -2.373480  3.908371
Steve  3.725929 -1.999539
Wanda  0.523772 -0.576147
Jill  -3.201385 -1.230495
Trey  -1.146107 -1.364125
```

Series에 대해서도 같은 기능을 수행할 수 있는데 고정된 크기의 매핑이라고 보면 된다.

```
In [48]: map_series = pd.Series(mapping)

In [49]: map_series
Out[49]:
a       red
b       red
c      blue
d      blue
e       red
f    orange
dtype: object

In [50]: people.groupby(map_series, axis="columns").count()
Out[50]:
       blue  red
Joe       2    3
Steve     2    3
Wanda     1    2
Jill      2    3
Trey      2    3
```

10.1.4 함수로 그룹화하기

파이썬 함수를 사용하는 방법은 딕셔너리나 Series를 사용해서 그룹을 매핑하는 것보다 조금 더 일반적이다. 그룹 색인으로 넘긴 함수는 색인값 하나마다 한 번씩 호출되며(또는 axis=" columns"를 사용한 경우에는 열의 값 하나마다 한 번씩), 반환값은 그 그룹의 이름으로 사용된다. 구체적으로 설명하면 앞서 살펴본 예제에서 people DataFrame은 사람 이름을 색인값으로 사용했다. 만약 이름 길이별로 그룹을 묶고 싶다면 이름의 길이가 담긴 배열을 만들어 넘기는 대신 len 함수를 넘기면 된다.

```
In [51]: people.groupby(len).sum()
Out[51]:
          a         b         c         d         e
3  1.352917  0.886429 -2.001637 -0.371843  1.669025
4  0.483052 -0.153399 -2.097088 -2.250405 -2.924273
5 -1.015657 -0.539741  0.476985  3.772716 -1.020287
```

내부적으로는 모두 배열로 변환되므로 함수와 배열, 딕셔너리 또는 Series를 함께 섞어서 사용해도 전혀 문제가 되지 않는다.

```
In [52]: key_list = ["one", "one", "one", "two", "two"]

In [53]: people.groupby([len, key_list]).min()
Out[53]:
              a         b         c         d         e
3 one  1.352917  0.886429 -2.001637 -0.371843  1.669025
4 two -0.860757 -0.713544 -1.265934 -2.370232 -1.860761
5 one -0.577087 -0.539741  0.476985  0.523772 -1.021228
```

10.1.5 색인 단계로 그룹화하기

계층적으로 색인된 데이터셋은 축 색인의 단계 중 하나를 사용해서 편리하게 집계할 수 있다. 다음 예제를 보자.

```
In [54]: columns = pd.MultiIndex.from_arrays([["US", "US", "US", "JP", "JP"],
   ....:                                      [1, 3, 5, 1, 3]],
```

```
    ....:                                  names=["cty", "tenor"])

In [55]: hier_df = pd.DataFrame(np.random.standard_normal((4, 5)), columns=column
s)

In [56]: hier_df
Out[56]:
cty           US                           JP
tenor          1         3         5         1         3
0        0.332883 -2.359419 -0.199543 -1.541996 -0.970736
1       -1.307030  0.286350  0.377984 -0.753887  0.331286
2        1.349742  0.069877  0.246674 -0.011862  1.004812
3        1.327195 -0.919262 -1.549106  0.022185  0.758363
```

이 기능을 사용하려면 level 예약어를 사용해 단계 번호나 이름을 넘긴다.

```
In [57]: hier_df.groupby(level="cty", axis="columns").count()
Out[57]:
cty  JP  US
0     2   3
1     2   3
2     2   3
3     2   3
```

10.2 데이터 집계

데이터 집계는 배열로부터 스칼라 값을 만들어내는 모든 데이터 변환 작업을 말한다. 앞선 예제에서 mean, count, min, sum을 통해 스칼라 값을 구했다. groupby 객체에 mean()을 수행하면 어떤 일이 생기는지 궁금할 것이다. [표 10-1]에 정리한 일반적인 데이터 집계 메서드는 최적화된 통계를 계산한다. 하지만 이 메서드만 사용해야 하는 건 아니다.

표 10-1 최적화된 groupby 메서드

함수	설명
any, all	하나 이상의 값 또는 모든 값이 NA 값이 아닌 경우 True를 반환한다.
count	그룹에서 NA가 아닌 값의 수를 반환한다.
cummin, cummax	NA가 아닌 값들의 누적 최솟값, 누적 최댓값
cumsum	NA가 아닌 값들의 누적 합
cumprod	NA가 아닌 값들의 누적 곱
first, last	NA가 아닌 값들 중 첫 번째 값과 마지막 값
mean	NA가 아닌 값들의 평균을 구한다.
median	NA가 아닌 값들의 산술 중앙값을 구한다.
min, max	NA가 아닌 값들 중 최솟값과 최댓값
nth	정렬된 순서에서 위치 n에 나타날 값을 반환한다.
ohlc	시계열 데이터에서 open-high-low-close 통곗값을 계산한다.
prod	NA가 아닌 값들의 곱
quantile	표본 사분위수를 계산한다.
rank	Series.rank 함수처럼 NA가 아닌 값들의 순서를 구한다.
size	그룹의 크기를 계산하고 결과를 Series 형태로 반환한다.
sum	NA가 아닌 값들의 합을 구한다.
std, var	편향되지 않은(n − 1을 분모로 하는) 표준편차와 분산

직접 고안한 집계 함수와 그룹 객체에 이미 정의된 메서드를 연결해서 사용하는 것도 가능하다. 예를 들어 Series의 nsmallest 메서드는 요청받은 수만큼 데이터에서 가장 작은 값을 선택한다. nsmallest는 명시적으로 groupby를 사용하지 않지만 최적화되지 않은 구현으로 이를 사용할 수 있다. 내부적으로 groupby는 Series를 분할한 다음 piece.nsmallest(n)을 각각의 분할된 조각(piece)에 대해 호출하고 결과를 모두 조합해 최종 결과 객체로 반환한다.

```
In [58]: df
Out[58]:
   key1 key2     data1     data2
0     a    1 -0.204708  0.281746
1     a    2  0.478943  0.769023
2  None    1 -0.519439  1.246435
3     b    2 -0.555730  1.007189
```

```
4     b     1   1.965781 -1.296221
5     a   <NA>  1.393406  0.274992
6   None    1   0.092908  0.228913

In [59]: grouped = df.groupby("key1")

In [60]: grouped["data1"].nsmallest(2)
Out[60]:
key1
a     0  -0.204708
      1   0.478943
b     3  -0.555730
      4   1.965781
Name: data1, dtype: float64
```

자신만의 데이터 집계 함수를 사용하려면 배열의 **aggregate**나 **agg** 메서드에 해당 함수를 넘기면 된다.

```
In [61]: def peak_to_peak(arr):
    ....:     return arr.max() - arr.min()

In [62]: grouped.agg(peak_to_peak)
Out[62]:
      key2     data1     data2
key1
a        1  1.598113  0.494031
b        1  2.521511  2.303410
```

describe 같은 메서드는 데이터를 집계하지 않는데도 잘 작동함을 확인할 수 있다.

```
In [63]: grouped.describe()
Out[63]:
      key2                                              data1         ... \
     count mean      std  min   25%  50%   75%  max count      mean   ...
key1                                                                  ...
a      2.0  1.5 0.707107  1.0  1.25  1.5  1.75  2.0   3.0  0.555881   ...
b      2.0  1.5 0.707107  1.0  1.25  1.5  1.75  2.0   2.0  0.705025   ...
                          data2                                          \
          75%      max count      mean       std       min       25%
key1
a    0.936175  1.393406   3.0  0.441920  0.283299  0.274992  0.278369
```

```
b    1.335403  1.965781   2.0 -0.144516   1.628757 -1.296221 -0.720368

           50%       75%       max
key1
a     0.281746  0.525384  0.769023
b    -0.144516  0.431337  1.007189
[2 rows x 24 columns]
```

이번 예제에서 일어난 일에 대해서는 10.3절에서 더 자세히 살펴본다.

> **NOTE_** 사용자 정의 집계 함수는 일반적으로 [표 10-1]에 있는 함수에 비해 무척 느리게 작동한다. 중간 데이터를 생성하는 과정에서 함수 호출이나 데이터 정렬 같은 오버헤드가 발생하기 때문이다.

10.2.1 열에 여러 가지 함수 적용하기

9장에서 살펴본 팁 데이터셋으로 다시 돌아가보자. `pandas.read_csv` 함수로 데이터를 불러온 다음 팁의 비율을 담기 위한 열을 추가했다.

```
In [64]: tips = pd.read_csv("examples/tips.csv")

In [65]: tips.head()
Out[65]:
   total_bill   tip smoker  day    time  size
0       16.99  1.01     No  Sun  Dinner     2
1       10.34  1.66     No  Sun  Dinner     3
2       21.01  3.50     No  Sun  Dinner     3
3       23.68  3.31     No  Sun  Dinner     2
4       24.59  3.61     No  Sun  Dinner     4
```

`total_bill`에서 팁의 비율을 `tip_pct` 열에 추가한다.

```
In [66]: tips["tip_pct"] = tips["tip"] / (tips["total_bill"] - tips["tip"])

In [67]: tips.head()
Out[67]:
   total_bill   tip smoker  day    time  size   tip_pct
0       16.99  1.01     No  Sun  Dinner     2  0.059447
```

```
1        10.34  1.66    No  Sun  Dinner    3  0.160542
2        21.01  3.50    No  Sun  Dinner    3  0.166587
3        23.68  3.31    No  Sun  Dinner    2  0.139780
4        24.59  3.61    No  Sun  Dinner    4  0.146808
```

이미 살펴봤듯이 Series나 DataFrame의 모든 열을 집계하려면 mean이나 std 같은 메서드를 호출하거나 agg를 통해 원하는 함수를 사용한다. 하지만 열에 따라 다른 함수를 사용해서 집계를 수행하거나 여러 개의 함수를 한 번에 적용하고 싶을 수 있다. 다행히 쉽고 간단하게 이 작업을 수행할 수 있다. 앞으로 몇몇 예제를 통해 방법을 자세히 알아본다. 먼저 tips를 day와 smoker별로 묶어보자.

```
In [68]: grouped = tips.groupby(["day", "smoker"])
```

[표 10-1]의 내용과 같은 기술 통계에서는 함수 이름을 문자열로 넘기면 된다.

```
In [69]: grouped_pct = grouped["tip_pct"]

In [70]: grouped_pct.agg("mean")
Out[70]:
day   smoker
Fri   No        0.151650
      Yes       0.174783
Sat   No        0.158048
      Yes       0.147906
Sun   No        0.160113
      Yes       0.187250
Thur  No        0.160298
      Yes       0.163863
Name: tip_pct, dtype: float64
```

만일 함수 목록이나 함수 이름을 넘기면 함수 이름을 열 이름으로 하는 DataFrame을 얻는다.

```
In [71]: grouped_pct.agg(["mean", "std", peak_to_peak])
Out[71]:
                  mean       std  peak_to_peak
day   smoker
Fri   No        0.151650  0.028123      0.067349
      Yes       0.174783  0.051293      0.159925
```

```
Sat   No    0.158048   0.039767        0.235193
      Yes   0.147906   0.061375        0.290095
Sun   No    0.160113   0.042347        0.193226
      Yes   0.187250   0.154134        0.644685
Thur  No    0.160298   0.038774        0.193350
      Yes   0.163863   0.039389        0.151240
```

여기서는 데이터 그룹에 대해 독립적으로 적용하기 위해 agg에 집계 함수의 리스트를 넘겼다.

groupby 객체가 자동으로 지정한 열 이름을 그대로 사용하지 않아도 된다. lambda 함수는 이름(함수의 이름은 __name__ 속성으로 확인 가능하다)이 "<lambda>"인데, 이를 그대로 사용할 경우 알아보기 어려워진다. 이름과 함수가 담긴 튜플의 리스트를 넘기면 각 튜플의 첫 번째 원소가 DataFrame 열의 이름으로 사용된다(두 개의 튜플을 가지는 리스트가 순서대로 매핑된다).

```
In [72]: grouped_pct.agg([("average", "mean"), ("stdev", np.std)])
Out[72]:
              average    stdev
day   smoker
Fri   No     0.151650   0.028123
      Yes    0.174783   0.051293
Sat   No     0.158048   0.039767
      Yes    0.147906   0.061375
Sun   No     0.160113   0.042347
      Yes    0.187250   0.154134
Thur  No     0.160298   0.038774
      Yes    0.163863   0.039389
```

DataFrame은 열마다 다른 함수를 적용하거나 여러 개의 함수를 모든 열에 적용할 수 있다. tip_pct와 total_bill 열에 세 가지 통계를 계산한다고 가정해보자.

```
In [73]: functions = ["count", "mean", "max"]

In [74]: result = grouped[["tip_pct", "total_bill"]].agg(functions)

In [75]: result
Out[75]:
              tip_pct                      total_bill
              count    mean    max         count    mean    max
day   smoker
```

```
Fri    No     4   0.151650   0.187735      4   18.420000   22.75
       Yes   15   0.174783   0.263480     15   16.813333   40.17
Sat    No    45   0.158048   0.291990     45   19.661778   48.33
       Yes   42   0.147906   0.325733     42   21.276667   50.81
Sun    No    57   0.160113   0.252672     57   20.506667   48.17
       Yes   19   0.187250   0.710345     19   24.120000   45.35
Thur   No    45   0.160298   0.266312     45   17.113111   41.19
       Yes   17   0.163863   0.241255     17   19.190588   43.11
```

앞서 확인할 수 있듯이 반환된 DataFrame은 계층적인 열을 갖는다. 각 열을 따로 계산한 다음 concat 메서드를 이용해 keys 인수로 열 이름을 넘긴 후 이어 붙인 것과 동일하다.

```
In [76]: result["tip_pct"]
Out[76]:
            count      mean       max
day   smoker
Fri   No        4   0.151650   0.187735
      Yes      15   0.174783   0.263480
Sat   No       45   0.158048   0.291990
      Yes      42   0.147906   0.325733
Sun   No       57   0.160113   0.252672
      Yes      19   0.187250   0.710345
Thur  No       45   0.160298   0.266312
      Yes      17   0.163863   0.241255
```

열 이름이 담긴 튜플 리스트를 넘기는 것도 가능하다.

```
In [77]: ftuples = [("Average", "mean"), ("Variance", np.var)]

In [78]: grouped[["tip_pct", "total_bill"]].agg(ftuples)
Out[78]:
            tip_pct              total_bill
            Average   Variance   Average    Variance
day   smoker
Fri   No    0.151650  0.000791   18.420000   25.596333
      Yes   0.174783  0.002631   16.813333   82.562438
Sat   No    0.158048  0.001581   19.661778   79.908965
      Yes   0.147906  0.003767   21.276667  101.387535
Sun   No    0.160113  0.001793   20.506667   66.099980
      Yes   0.187250  0.023757   24.120000  109.046044
Thur  No    0.160298  0.001503   17.113111   59.625081
```

```
    Yes     0.163863   0.001551   19.190588    69.808518
```

열마다 다른 함수를 적용하고 싶다면 agg 메서드에 열 이름에 대응하는 함수가 들어 있는 딕셔너리를 넘긴다.

```
In [79]: grouped.agg({"tip" : np.max, "size" : "sum"})
Out[79]:
              tip  size
day  smoker
Fri  No      3.50     9
     Yes     4.73    31
Sat  No      9.00   115
     Yes    10.00   104
Sun  No      6.00   167
     Yes     6.50    49
Thur No      6.70   112
     Yes     5.00    40

In [80]: grouped.agg({"tip_pct" : ["min", "max", "mean", "std"],  "size" : "sum"})
Out[80]:
              tip_pct                                      size
                  min       max      mean       std   sum
day  smoker
Fri  No      0.120385  0.187735  0.151650  0.028123     9
     Yes     0.103555  0.263480  0.174783  0.051293    31
Sat  No      0.056797  0.291990  0.158048  0.039767   115
     Yes     0.035638  0.325733  0.147906  0.061375   104
Sun  No      0.059447  0.252672  0.160113  0.042347   167
     Yes     0.065660  0.710345  0.187250  0.154134    49
Thur No      0.072961  0.266312  0.160298  0.038774   112
     Yes     0.090014  0.241255  0.163863  0.039389    40
```

단 하나의 열이라도 여러 개의 함수가 적용되었다면 DataFrame은 계층적인 열을 갖는다.

10.2.2 색인되지 않은 형태로 집계된 데이터 반환하기

지금까지 살펴본 모든 예제에서 집계된 데이터는 유일한 그룹 키 조합으로 색인(어떤 경우에는 계층적 색인)되어 반환되었다. 하지만 항상 이런 동작을 기대하는 것은 아니므로 groupby

메서드에 as_index=False를 넘겨서 색인 작업을 비활성화할 수 있다.

```
In [81]: grouped = tips.groupby(["day", "smoker"], as_index=False)
In [81]: grouped.mean(numeric_only=True)
Out[81]:
    day smoker  total_bill       tip      size    tip_pct
0   Fri     No   18.420000  2.812500  2.250000   0.151650
1   Fri    Yes   16.813333  2.714000  2.066667   0.174783
2   Sat     No   19.661778  3.102889  2.555556   0.158048
3   Sat    Yes   21.276667  2.875476  2.476190   0.147906
4   Sun     No   20.506667  3.167895  2.929825   0.160113
5   Sun    Yes   24.120000  3.516842  2.578947   0.187250
6  Thur     No   17.113111  2.673778  2.488889   0.160298
7  Thur    Yes   19.190588  3.030000  2.352941   0.163863
```

물론 이렇게 하지 않고 색인된 결과에 대해 reset_index 메서드를 호출하면 동일한 결과를 얻을 수 있다. as_index=False 옵션을 사용하면 불필요한 계산을 피할 수 있다.

10.3 apply 메서드: 일반적인 분리–적용–병합

지금부터 살펴볼 apply 메서드는 groupby 메서드의 가장 일반적인 메서드다. apply 메서드는 객체를 여러 조각으로 나누고, 전달된 함수를 각 조각에 일괄적으로 적용한 후 이를 다시 합친다.

앞서 살펴봤던 팁 데이터셋에서 그룹별 상위 다섯 개의 tip_pct 값을 골라보자. 우선 특정 열에서 가장 큰 값을 갖는 행을 선택하는 함수를 작성해보자.

```
In [82]: def top(df, n=5, column="tip_pct"):
   ....:     return df.sort_values(column, ascending=False)[:n]

In [83]: top(tips, n=6)
Out[83]:
     total_bill   tip smoker  day    time  size   tip_pct
172        7.25  5.15    Yes  Sun  Dinner     2  0.710345
178        9.60  4.00    Yes  Sun  Dinner     2  0.416667
67         3.07  1.00    Yes  Sat  Dinner     1  0.325733
```

```
232      11.61  3.39     No  Sat  Dinner     2  0.291990
183      23.17  6.50    Yes  Sun  Dinner     4  0.280535
109      14.31  4.00    Yes  Sat  Dinner     2  0.279525
```

흡연자(smoker) 그룹에 대해 이 함수를 apply하면 다음과 같은 결과를 얻는다.

```
In [84]: tips.groupby("smoker").apply(top)
Out[84]:
             total_bill   tip smoker   day    time  size   tip_pct
smoker
No     232        11.61  3.39     No   Sat  Dinner     2  0.291990
       149         7.51  2.00     No  Thur   Lunch     2  0.266312
       51         10.29  2.60     No   Sun  Dinner     2  0.252672
       185        20.69  5.00     No   Sun  Dinner     5  0.241663
       88         24.71  5.85     No  Thur   Lunch     2  0.236746
Yes    172         7.25  5.15    Yes   Sun  Dinner     2  0.710345
       178         9.60  4.00    Yes   Sun  Dinner     2  0.416667
       67          3.07  1.00    Yes   Sat  Dinner     1  0.325733
       183        23.17  6.50    Yes   Sun  Dinner     4  0.280535
       109        14.31  4.00    Yes   Sat  Dinner     2  0.279525
```

결과를 보면 먼저 tips DataFrame이 smoker 값에 따라 여러 그룹으로 나뉘었다. 그리고 나뉘진 DataFrame의 각 부분에 top 함수가 모두 적용되었고, pandas.concat을 이용해 하나로 합쳐진 다음 그룹 이름이 붙었다. 따라서 결과는 계층적 색인을 가지게 되고 내부 색인은 원본 DataFrame의 색인값을 갖는다.

만약 apply 메서드에 넘길 함수가 추가적인 인수나 예약어를 받는다면 함수 이름 뒤에 붙여서 넘겨주면 된다.

```
In [85]: tips.groupby(["smoker", "day"]).apply(top, n=1, column="total_bill")
Out[85]:
                total_bill   tip smoker   day    time  size   tip_pct
smoker day
No     Fri  94       22.75  3.25     No   Fri  Dinner     2  0.142857
       Sat  212      48.33  9.00     No   Sat  Dinner     4  0.186220
       Sun  156      48.17  5.00     No   Sun  Dinner     6  0.103799
       Thur 142      41.19  5.00     No  Thur   Lunch     5  0.121389
Yes    Fri  95       40.17  4.73    Yes   Fri  Dinner     4  0.117750
```

```
          Sat  170       50.81  10.00   Yes  Sat   Dinner   3  0.196812
          Sun  182       45.35   3.50   Yes  Sun   Dinner   3  0.077178
          Thur 197       43.11   5.00   Yes  Thur  Lunch    4  0.115982
```

여기서 소개하는 기본적인 사용 방법 외에도 apply 메서드를 창의적으로 다양하게 사용할 수 있다. 전달하는 함수 안에서 하는 일은 전적으로 여러분에게 달려 있다. 단지 판다스 객체나 스칼라 값을 반환하는 함수면 된다. 이번 장의 남은 부분에서는 주로 groupby를 사용해서 다양한 문제를 해결하는 방법을 보여준다.

책 앞부분에서 groupby 객체에 describe 메서드를 호출한 예제를 떠올려보자.

```
In [86]: result = tips.groupby("smoker")["tip_pct"].describe()

In [87]: result
Out[87]:
        count      mean       std       min       25%       50%       75% \
smoker
No      151.0  0.159328  0.039910  0.056797  0.136906  0.155625  0.185014
Yes      93.0  0.163196  0.085119  0.035638  0.106771  0.153846  0.195059
             max
smoker
No      0.291990
Yes     0.710345

In [88]: result.unstack("smoker")
Out[88]:
       smoker
count  No      151.000000
       Yes      93.000000
mean   No        0.159328
       Yes       0.163196
std    No        0.039910
       Yes       0.085119
min    No        0.056797
       Yes       0.035638
25%    No        0.136906
       Yes       0.106771
50%    No        0.155625
       Yes       0.153846
75%    No        0.185014
       Yes       0.195059
```

```
max    No      0.291990
       Yes     0.710345
dtype: float64
```

describe 같은 메서드를 호출하면 groupby는 내부적으로 다음과 같은 단계를 수행한다.

```
def f(group):
    return group.describe()

grouped.apply(f)
```

10.3.1 그룹 키 생략하기

앞서 살펴본 예제들에서 반환된 객체에는 원본 객체의 각 조각에 대한 색인과 그룹 키가 계층적 색인으로 사용됨을 확인할 수 있었다. groupby 메서드에 group_keys=False를 전달하면 이런 결과를 방지할 수 있다.

```
In [89]: tips.groupby("smoker", group_keys=False).apply(top)
Out[89]:
     total_bill   tip smoker   day    time  size   tip_pct
232       11.61  3.39     No   Sat  Dinner     2  0.291990
149        7.51  2.00     No  Thur   Lunch     2  0.266312
51        10.29  2.60     No   Sun  Dinner     2  0.252672
185       20.69  5.00     No   Sun  Dinner     5  0.241663
88        24.71  5.85     No  Thur   Lunch     2  0.236746
172        7.25  5.15    Yes   Sun  Dinner     2  0.710345
178        9.60  4.00    Yes   Sun  Dinner     2  0.416667
67         3.07  1.00    Yes   Sat  Dinner     1  0.325733
183       23.17  6.50    Yes   Sun  Dinner     4  0.280535
109       14.31  4.00    Yes   Sat  Dinner     2  0.279525
```

10.3.2 사분위수 분석과 버킷 분석

7장에서 본 내용을 떠올려보면 pandas.cut, pandas.qcut 메서드를 사용해서 선택한 크기만큼 혹은 표본 사분위수에 따라 데이터를 나눌 수 있었다. 이 함수들을 groupby와 조합하면 데이터셋에 대한 사분위수 분석이나 버킷bucket 분석을 매우 쉽게 수행할 수 있다. 다음 임의의 데이터셋을 pandas.cut을 이용해서 등간격으로 나눠보자.

```
In [90]: frame = pd.DataFrame({"data1": np.random.standard_normal(1000),
   ....:                       "data2": np.random.standard_normal(1000)})

In [91]: frame.head()
Out[91]:
      data1     data2
0 -0.660524 -0.612905
1  0.862580  0.316447
2 -0.010032  0.838295
3  0.050009 -1.034423
4  0.670216  0.434304

In [92]: quartiles = pd.cut(frame["data1"], 4)

In [93]: quartiles.head(10)
Out[93]:
0      (-1.23, 0.489]
1      (0.489, 2.208]
2      (-1.23, 0.489]
3      (-1.23, 0.489]
4      (0.489, 2.208]
5      (0.489, 2.208]
6      (-1.23, 0.489]
7      (-1.23, 0.489]
8     (-2.956, -1.23]
9      (-1.23, 0.489]
Name: data1, dtype: category
Categories (4, interval[float64, right]): [(-2.956, -1.23] < (-1.23, 0.489] <
                                           (0.489, 2.208] < (2.208, 3.928]]
```

cut에서 반환된 Categorical 객체는 바로 groupby로 넘길 수 있다. quartiles에 대한 그룹 통계는 다음과 같이 계산한다.

```
In [94]: def get_stats(group):
   ....:     return pd.DataFrame(
   ....:         {"min": group.min(), "max": group.max(),
   ....:          "count": group.count(), "mean": group.mean()}
```

```
   ....:      )

In [95]: grouped = frame.groupby(quartiles)

In [96]: grouped.apply(get_stats)
Out[96]:
                            min       max   count       mean
data1
(-2.956, -1.23]  data1 -2.949343 -1.230179      94  -1.658818
                 data2 -3.399312  1.670835      94  -0.033333
(-1.23, 0.489]   data1 -1.228918  0.488675     598  -0.329524
                 data2 -2.989741  3.260383     598  -0.002622
(0.489, 2.208]   data1  0.489965  2.200997     298   1.065727
                 data2 -3.745356  2.954439     298   0.078249
(2.208, 3.928]   data1  2.212303  3.927528      10   2.644253
                 data2 -1.929776  1.765640      10   0.024750
```

다음과 같이 조금 더 단순한 형태로 같은 결과를 계산할 수도 있다.

```
In [97]: grouped.agg(["min", "max", "count", "mean"])
Out[97]:
                       data1                              data2                        \
                       min       max count      mean       min       max count
data1
(-2.956, -1.23] -2.949343 -1.230179    94 -1.658818 -3.399312  1.670835    94
(-1.23, 0.489]  -1.228918  0.488675   598 -0.329524 -2.989741  3.260383   598
(0.489, 2.208]   0.489965  2.200997   298  1.065727 -3.745356  2.954439   298
(2.208, 3.928]   2.212303  3.927528    10  2.644253 -1.929776  1.765640    10


                          mean
data1
(-2.956, -1.23] -0.033333
(-1.23, 0.489]  -0.002622
(0.489, 2.208]   0.078249
(2.208, 3.928]   0.024750
```

이는 등간격 버킷이었고, 표본 사분위수에 기반해 크기가 동일한 버킷을 계산하려면 pandas.
qcut을 사용한다. 샘플을 사분위수로 나누기 위해 버킷 개수로 4를 넘기고 labels=False를
전달해 간격 대신 사분위수 색인을 구한다.

```
In [98]: quartiles_samp = pd.qcut(frame["data1"], 4, labels=False)

In [99]: quartiles_samp.head()
Out[99]:
0    1
1    3
2    2
3    2
4    3
Name: data1, dtype: int64

In [100]: grouped = frame.groupby(quartiles_samp)

In [101]: grouped.apply(get_stats)
Out[101]:
                    min       max  count       mean
data1
0     data1 -2.949343 -0.685484    250  -1.212173
      data2 -3.399312  2.628441    250  -0.027045
1     data1 -0.683066 -0.030280    250  -0.368334
      data2 -2.630247  3.260383    250  -0.027845
2     data1 -0.027734  0.618965    250   0.295812
      data2 -3.056990  2.458842    250   0.014450
3     data1  0.623587  3.927528    250   1.248875
      data2 -3.745356  2.954439    250   0.115899
```

10.3.3 그룹별 값으로 결측치 채우기

누락된 데이터를 정리할 때 dropna를 사용해서 데이터를 살펴보고 걸러내는 경우도 있다. 하지만 어떤 경우에는 누락된 값을 고정된 값이나 혹은 데이터에서 도출된 특정한 값으로 채우고 싶을 때도 있다. 이때 fillna 메서드를 사용한다. 누락된 값을 평균값으로 대체하는 예제를 살펴보자.

```
In [102]: s = pd.Series(np.random.standard_normal(6))

In [103]: s[::2] = np.nan

In [104]: s
Out[104]:
```

```
0          NaN
1     0.227290
2          NaN
3    -2.153545
4          NaN
5    -0.375842
dtype: float64

In [105]: s.fillna(s.mean())
Out[105]:
0    -0.767366
1     0.227290
2    -0.767366
3    -2.153545
4    -0.767366
5    -0.375842
dtype: float64
```

그룹별로 채워 넣고 싶은 값이 다르다고 가정해보자. 한 가지 방법은 데이터를 그룹으로 나누고 apply 함수를 사용해서 각 그룹에 대해 fillna를 적용하면 된다. 다음 예제에서는 미국 동부와 서부 데이터를 사용한다.

```
In [106]: states = ["Ohio", "New York", "Vermont", "Florida",
    .....:           "Oregon", "Nevada", "California", "Idaho"]

In [107]: group_key = ["East", "East", "East", "East",
    .....:             "West", "West", "West", "West"]

In [108]: data = pd.Series(np.random.standard_normal(8), index=states)

In [109]: data
Out[109]:
Ohio          0.329939
New York      0.981994
Vermont       1.105913
Florida      -1.613716
Oregon        1.561587
Nevada        0.406510
California    0.359244
Idaho        -0.614436
dtype: float64
```

data의 몇몇 값을 결측치로 만들어보자.

```
In [110]: data[["Vermont", "Nevada", "Idaho"]] = np.nan

In [111]: data
Out[111]:
Ohio          0.329939
New York      0.981994
Vermont            NaN
Florida      -1.613716
Oregon        1.561587
Nevada             NaN
California    0.359244
Idaho              NaN
dtype: float64

In [112]: data.groupby(group_key).size()
Out[112]:
East    4
West    4
dtype: int64

In [113]: data.groupby(group_key).count()
Out[113]:
East    3
West    2
dtype: int64

In [114]: data.groupby(group_key).mean()
Out[114]:
East   -0.100594
West    0.960416
dtype: float64
```

다음과 같이 그룹의 평균값으로 누락된 값을 채울 수 있다.

```
In [115]: def fill_mean(group):
   .....:         return group.fillna(group.mean())

In [116]: data.groupby(group_key).apply(fill_mean)
Out[116]:
Ohio          0.329939
```

```
New York      0.981994
Vermont      -0.100594
Florida      -1.613716
Oregon        1.561587
Nevada        0.960416
California     0.359244
Idaho         0.960416
dtype: float64
```

또는 그룹별로 미리 정의된 다른 값을 채워 넣어야 할 수도 있다. 각 그룹은 내부적으로 name 이라는 속성을 가지므로 이를 이용하자.

```
In [117]: fill_values = {"East": 0.5, "West": -1}

In [118]: def fill_func(group):
   .....:     return group.fillna(fill_values[group.name])

In [119]: data.groupby(group_key).apply(fill_func)
Out[119]:
Ohio          0.329939
New York      0.981994
Vermont       0.500000
Florida      -1.613716
Oregon        1.561587
Nevada       -1.000000
California     0.359244
Idaho        -1.000000
dtype: float64
```

10.3.4 랜덤 표본과 순열

대용량의 데이터셋을 몬테카를로 방법Monte Carlo method이나 다른 애플리케이션에서 사용하기 위해 랜덤 표본을 뽑아낸다고 해보자. 여러 가지 방법이 있는데 여기서는 Series의 sample 메서드를 사용한다.

예시를 위해 트럼프 카드 덱을 만들어보자.

```
suits = ["H", "S", "C", "D"]  # 하트, 스페이드, 클럽, 다이아몬드
card_val = (list(range(1, 11)) + [10] * 3) * 4
base_names = ["A"] + list(range(2, 11)) + ["J", "K", "Q"]
cards = []
for suit in suits:
    cards.extend(str(num) + suit for num in base_names)

deck = pd.Series(card_val, index=cards)
```

이렇게 해서 블랙잭 같은 카드 게임에서 사용하는 카드 이름과 값을 색인으로 하는 52장의 카드를 Series 객체로 준비했다(에이스("A")는 1로 취급했다).

```
In [121]: deck.head(13)
Out[121]:
AH      1
2H      2
3H      3
4H      4
5H      5
6H      6
7H      7
8H      8
9H      9
10H    10
JH     10
KH     10
QH     10
dtype: int64
```

다섯 장의 카드를 뽑기 위해 다음 코드를 작성한다.

```
In [122]: def draw(deck, n=5):
   .....:     return deck.sample(n)

In [123]: draw(deck)
Out[123]:
4D      4
QH     10
8S      8
7D      7
```

```
9C    9
dtype: int64
```

각 모양(하트, 스페이드, 클럽, 다이아몬드)별로 두 장의 카드를 무작위로 뽑고 싶다. 각 카드
이름의 마지막 글자가 모양을 나타내므로 이를 이용해서 그룹을 나누고 apply를 사용하자.

```
In [124]: def get_suit(card):
   .....:     # 마지막 글자는 모양 표시
   .....:     return card[-1]

In [125]: deck.groupby(get_suit).apply(draw, n=2)
Out[125]:
C  6C    6
   KC   10
D  7D    7
   3D    3
H  7H    7
   9H    9
S  2S    2
   QS   10
dtype: int64
```

group_keys=False를 넘겨서 다른 모양의 색인을 제외하고 선택된 카드만 남길 수도 있다.

```
In [126]: deck.groupby(get_suit, group_keys=False).apply(draw, n=2)
Out[126]:
AC     1
3C     3
5D     5
4D     4
10H   10
7H     7
QS    10
7S     7
dtype: int64
```

10.3.5 그룹 가중평균과 상관관계

groupby의 분리–적용–결합 패러다임에서 그룹 가중평균weighted average 작업 같은 DataFrame 에서 열 간의 연산이나 두 Series 간의 연산은 매우 일상적이다. 예를 들어 그룹 키와 값 그리고 특정 가중치를 갖는 다음 데이터셋을 살펴보자.

```
In [127]: df = pd.DataFrame({"category": ["a", "a", "a", "a",
   .....:                                 "b", "b", "b", "b"],
   .....:                     "data": np.random.standard_normal(8),
   .....:                     "weights": np.random.uniform(size=8)})

In [128]: df
Out[128]:
  category      data   weights
0        a -1.691656  0.955905
1        a  0.511622  0.012745
2        a -0.401675  0.137009
3        a  0.968578  0.763037
4        b -1.818215  0.492472
5        b  0.279963  0.832908
6        b -0.200819  0.658331
7        b -0.217221  0.612009
```

category별 그룹 가중평균은 다음과 같다.

```
In [129]: grouped = df.groupby("category")

In [130]: def get_wavg(group):
   .....:     return np.average(group["data"], weights=group["weights"])

In [131]: grouped.apply(get_wavg)
Out[131]:
category
a   -0.495807
b   -0.357273
dtype: float64
```

조금 더 복잡한 예제로 야후 파이낸스에서 가져온 몇몇 주식과 S&P 500 지수(종목 코드 SPX) 의 종가 데이터를 살펴보자.

```
In [132]: close_px = pd.read_csv("examples/stock_px.csv", parse_dates=True,
   .....:                         index_col=0)

In [133]: close_px.info()
<class 'pandas.core.frame.DataFrame'>
DatetimeIndex: 2214 entries, 2003-01-02 to 2011-10-14
Data columns (total 4 columns):
 #   Column  Non-Null Count  Dtype
---  ------  --------------  -----
 0   AAPL    2214 non-null   float64
 1   MSFT    2214 non-null   float64
 2   XOM     2214 non-null   float64
 3   SPX     2214 non-null   float64
dtypes: float64(4)
memory usage: 86.5 KB

In [134]: close_px.tail(4)
Out[134]:
              AAPL   MSFT    XOM     SPX
2011-10-11  400.29  27.00  76.27  1195.54
2011-10-12  402.19  26.96  77.16  1207.25
2011-10-13  408.43  27.18  76.37  1203.66
2011-10-14  422.00  27.27  78.11  1224.58
```

여기서 사용한 DataFrame의 info() 메서드는 DataFrame의 내용을 간략하게 살펴보는 편리한 방법을 제공한다.

퍼센트 변화율로 일일 수익률을 계산해 연간 SPX 지수와의 상관관계를 살펴보자. 우선 "SPX" 열과 다른 열의 상관관계를 계산하는 함수를 만든다.

```
In [135]: def spx_corr(group):
   .....:     return group.corrwith(group["SPX"])
```

pct_change 함수를 이용해서 close_px의 퍼센트 변화율을 계산한다.

```
In [136]: rets = close_px.pct_change().dropna()
```

마지막으로 각 datetime에서 연도 속성만 반환하는 한 줄짜리 함수를 이용해 연도별 퍼센트 변화율을 구한다.

```
In [137]: def get_year(x):
   .....:     return x.year

In [138]: by_year = rets.groupby(get_year)

In [139]: by_year.apply(spx_corr)
Out[139]:
          AAPL      MSFT       XOM  SPX
2003  0.541124  0.745174  0.661265  1.0
2004  0.374283  0.588531  0.557742  1.0
2005  0.467540  0.562374  0.631010  1.0
2006  0.428267  0.406126  0.518514  1.0
2007  0.508118  0.658770  0.786264  1.0
2008  0.681434  0.804626  0.828303  1.0
2009  0.707103  0.654902  0.797921  1.0
2010  0.710105  0.730118  0.839057  1.0
2011  0.691931  0.800996  0.859975  1.0
```

물론 두 열 간의 상관관계를 계산하는 것도 가능하다. 아래는 애플과 마이크로소프트 주가의 연간 상관관계이다.

```
In [140]: def corr_aapl_msft(group):
   .....:     return group["AAPL"].corr(group["MSFT"])

In [141]: by_year.apply(corr_aapl_msft)
Out[141]:
2003    0.480868
2004    0.259024
2005    0.300093
2006    0.161735
2007    0.417738
2008    0.611901
2009    0.432738
2010    0.571946
2011    0.581987
dtype: float64
```

10.3.6 그룹별 선형 회귀

이전 예제와 같은 맥락으로 함수가 판다스 객체나 스칼라 값을 반환하기만 한다면 groupby를 조금 더 복잡한 그룹별 통계분석을 위해 사용할 수 있다. 예를 들어 계량경제econometrics 라이브 러리인 statsmodels를 사용해서 regress 함수를 작성하고 각 데이터 묶음마다 최소제곱법 ordinary least squares (OLS)으로 회귀를 수행할 수 있다.

```python
import statsmodels.api as sm
def regress(data, yvar=None, xvars=None):
    Y = data[yvar]
    X = data[xvars]
    X["intercept"] = 1.
    result = sm.OLS(Y, X).fit()
    return result.params
```

statsmodels는 conda를 이용해서 설치한다.

```
conda install statsmodels
```

이제 SPX 수익률에 대한 애플(AAPL) 주식의 연간 선형 회귀는 다음과 같이 수행할 수 있다.

```
In [143]: by_year.apply(regress, yvar="AAPL", xvars=["SPX"])
Out[143]:
          SPX    intercept
2003  1.195406   0.000710
2004  1.363463   0.004201
2005  1.766415   0.003246
2006  1.645496   0.000080
2007  1.198761   0.003438
2008  0.968016  -0.001110
2009  0.879103   0.002954
2010  1.052608   0.001261
2011  0.806605   0.001514
```

10.4 그룹 변환과 래핑되지 않은 groupby

10.3절에서는 그룹 연산에서 변환을 수행하는 apply 메서드를 살펴봤다. transform 메서드는 apply와 유사하지만 다음과 같이 더 많은 제약 사항을 갖는다.

- 그룹 모양대로 브로드캐스팅할 스칼라 값을 생성할 수 있다.
- 입력 그룹과 동일한 모양의 객체를 생성할 수 있다.
- 입력을 변경하면 안 된다.

설명을 위해 간단한 예제를 살펴보자.

```
In [144]: df = pd.DataFrame({'key': ['a', 'b', 'c'] * 4,
   .....:                     'value': np.arange(12.)})

In [145]: df
Out[145]:
   key  value
0   a    0.0
1   b    1.0
2   c    2.0
3   a    3.0
4   b    4.0
5   c    5.0
6   a    6.0
7   b    7.0
8   c    8.0
9   a    9.0
10  b   10.0
11  c   11.0
```

다음은 키별 그룹 평균이다.

```
In [146]: g = df.groupby('key')['value']

In [147]: g.mean()
Out[147]:
key
a    4.5
b    5.5
```

```
c    6.5
Name: value, dtype: float64
```

df['value']와 동일한 모양의 Series를 생성하고 싶었지만 값이 'key'의 그룹 평균으로 대체되었다. transform으로 단일 그룹의 평균을 계산하는 함수를 넘길 수 있다.

```
In [148]: def get_mean(group):
   .....:     return group.mean()

In [149]: g.transform(get_mean)
Out[149]:
0     4.5
1     5.5
2     6.5
3     4.5
4     5.5
5     6.5
6     4.5
7     5.5
8     6.5
9     4.5
10    5.5
11    6.5
Name: value, dtype: float64
```

내장 집계 함수의 경우 groupby agg 메서드처럼 문자열 별칭을 전달할 수 있다.

```
In [150]: g.transform('mean')
Out[150]:
0     4.5
1     5.5
2     6.5
3     4.5
4     5.5
5     6.5
6     4.5
7     5.5
8     6.5
9     4.5
10    5.5
```

```
11      6.5
Name: value, dtype: float64
```

apply와 마찬가지로 transform은 Series를 반환하는 함수와 함께 작동하지만 결과는 반드시 입력과 크기가 같아야 한다. 예를 들어 다음 함수를 이용해서 각 그룹에 2를 곱할 수 있다.

```
In [151]: def times_two(group):
   .....:       return group * 2

In [152]: g.transform(times_two)
Out[152]:
0       0.0
1       2.0
2       4.0
3       6.0
4       8.0
5      10.0
6      12.0
7      14.0
8      16.0
9      18.0
10     20.0
11     22.0
Name: value, dtype: float64
```

더 복잡한 예를 들면 다음과 같이 각 그룹의 순위를 내림차순으로 계산할 수 있다.

```
In [153]: def get_ranks(group):
   .....:       return group.rank(ascending=False)

In [154]: g.transform(get_ranks)
Out[154]:
0       4.0
1       4.0
2       4.0
3       3.0
4       3.0
5       3.0
6       2.0
7       2.0
8       2.0
```

```
9    1.0
10   1.0
11   1.0
Name: value, dtype: float64
```

단순 집계로 구성된 그룹 변환 함수를 생각해보자.

```
In [155]: def normalize(x):
   .....:     return (x - x.mean()) / x.std()
```

transform이나 apply를 이용해 동일한 결과를 얻을 수 있다.

```
In [156]: g.transform(normalize)
Out[156]:
0    -1.161895
1    -1.161895
2    -1.161895
3    -0.387298
4    -0.387298
5    -0.387298
6     0.387298
7     0.387298
8     0.387298
9     1.161895
10    1.161895
11    1.161895
Name: value, dtype: float64

In [157]: g.apply(normalize)
Out[157]:
0    -1.161895
1    -1.161895
2    -1.161895
3    -0.387298
4    -0.387298
5    -0.387298
6     0.387298
7     0.387298
8     0.387298
9     1.161895
10    1.161895
```

```
11    1.161895
Name: value, dtype: float64
```

'mean'이나 'sum' 같은 내장 집계 함수는 종종 일반 apply 함수보다 빠르다. transform과
함께 사용할 때 취할 수 있는 **빠른 경로**가 존재하며 **래핑되지 않은**unwrapped **그룹 연산** 작업을 수
행할 수 있도록 만든다.

```
In [158]: g.transform('mean')
Out[158]:
0     4.5
1     5.5
2     6.5
3     4.5
4     5.5
5     6.5
6     4.5
7     5.5
8     6.5
9     4.5
10    5.5
11    6.5
Name: value, dtype: float64

In [159]: normalized = (df['value'] - g.transform('mean')) / g.transform('std')

In [160]: normalized
Out[160]:
0    -1.161895
1    -1.161895
2    -1.161895
3    -0.387298
4    -0.387298
5    -0.387298
6     0.387298
7     0.387298
8     0.387298
9     1.161895
10    1.161895
11    1.161895
Name: value, dtype: float64
```

여기에서는 함수를 작성해서 groupby(...).apply에 전달하는 대신 여러 groupby 연산의 결과 간에 산술 연산을 수행한다. 이를 래핑되지 않았다고 표현한다.

래핑되지 않은 그룹 연산에는 여러 그룹 집계가 포함될 수 있지만 벡터화된 연산의 전체 이점이 이를 능가한다.

10.5 피벗 테이블과 교차표

피벗 테이블은 스프레드시트 프로그램과 다른 데이터 분석 소프트웨어에서 흔히 볼 수 있는 데이터 요약 도구다. 데이터를 하나 이상의 키로 수집해서 어떤 키는 행에, 어떤 키는 열에 나열해서 데이터를 정렬한다. 판다스에서 피벗 테이블은 이번 장에서 설명한 groupby 기능을 사용해 계층적 색인을 활용한 재구성 연산을 가능하게 한다. DataFrame에는 pivot_table 메서드가 있는데 이는 판다스 모듈의 최상위 함수 pandas.pivot_table로도 존재한다. groupby를 위한 편리한 인터페이스 제공을 위해 pivot_table은 마진margin이라고 부르는 부분합을 추가하는 기능을 제공한다.

팁 데이터셋으로 돌아가서 요일(day)과 흡연자(smoker) 그룹의 평균(pivot_table의 기본 연산)을 구해보자.

```
In [161]: tips.head()
Out[161]:
   total_bill   tip smoker  day    time  size   tip_pct
0       16.99  1.01     No  Sun  Dinner     2  0.059447
1       10.34  1.66     No  Sun  Dinner     3  0.160542
2       21.01  3.50     No  Sun  Dinner     3  0.166587
3       23.68  3.31     No  Sun  Dinner     2  0.139780
4       24.59  3.61     No  Sun  Dinner     4  0.146808

In [162]: tips.pivot_table(index=["day", "smoker"],
   .....:                   values=["size", "tip", "tip_pct", "total_bill"])
Out[162]:
                 size       tip   tip_pct  total_bill
day  smoker
Fri  No      2.250000  2.812500  0.151650   18.420000
     Yes     2.066667  2.714000  0.174783   16.813333
```

```
Sat   No      2.555556  3.102889  0.158048   19.661778
      Yes     2.476190  2.875476  0.147906   21.276667
Sun   No      2.929825  3.167895  0.160113   20.506667
      Yes     2.578947  3.516842  0.187250   24.120000
Thur  No      2.488889  2.673778  0.160298   17.113111
      Yes     2.352941  3.030000  0.163863   19.190588
```

이는 tips.groupby(["day", "smoker"]).mean()을 사용해서 직접 구할 수 있다. 이제
tip_pct와 size에 대해서만 집계를 하고 날짜별로 그룹을 지어보자. 이를 위해 day 행과
smoker 열을 추가했다.

```
In [163]: tips.pivot_table(index=["time", "day"], columns="smoker",
    .....:                  values=["tip_pct", "size"])
Out[163]:
                  size                tip_pct
smoker              No       Yes        No        Yes
time  day
Dinner Fri   2.000000  2.222222  0.139622  0.165347
       Sat   2.555556  2.476190  0.158048  0.147906
       Sun   2.929825  2.578947  0.160113  0.187250
       Thur  2.000000       NaN  0.159744       NaN
Lunch  Fri   3.000000  1.833333  0.187735  0.188937
       Thur  2.500000  2.352941  0.160311  0.163863
```

표에 margins=True를 넘겨서 부분합을 포함하도록 확장할 수 있다. 그렇게 하면 행과 열에
All이 추가되고 단일 줄 안에서 그룹 통계를 얻을 수 있다.

```
In [164]: tips.pivot_table(index=["time", "day"], columns="smoker",
    .....:                  values=["tip_pct", "size"], margins=True)
Out[164]:
                  size                          tip_pct
smoker              No       Yes       All        No        Yes       All
time  day
Dinner Fri   2.000000  2.222222  2.166667  0.139622  0.165347  0.158916
       Sat   2.555556  2.476190  2.517241  0.158048  0.147906  0.153152
       Sun   2.929825  2.578947  2.842105  0.160113  0.187250  0.166897
       Thur  2.000000       NaN  2.000000  0.159744       NaN  0.159744
Lunch  Fri   3.000000  1.833333  2.000000  0.187735  0.188937  0.188765
       Thur  2.500000  2.352941  2.459016  0.160311  0.163863  0.161301
All          2.668874  2.408602  2.569672  0.159328  0.163196  0.160803
```

여기에서 All 열의 값은 흡연자와 비흡연자를 구분하지 않은 평균값이고 All 행의 값은 두 단계를 묶은 그룹의 평균값이다.

mean 외 다른 집계 함수를 사용하려면 aggfunc에 키워드 인수로 넘기면 된다. 예를 들어 "count"나 len 함수는 그룹 크기의 교차표(총 개수나 빈도)를 반환한다("count"는 null 값을 제외하지만 len은 그렇지 않다).

```
In [165]: tips.pivot_table(index=["time", "smoker"], columns="day",
   .....:                   values="tip_pct", aggfunc=len, margins=True)
Out[165]:
day            Fri   Sat   Sun  Thur  All
time   smoker
Dinner No      3.0  45.0  57.0   1.0  106
       Yes     9.0  42.0  19.0   NaN   70
Lunch  No      1.0   NaN   NaN  44.0   45
       Yes     6.0   NaN   NaN  17.0   23
All           19.0  87.0  76.0  62.0  244
```

만약 어떤 조합이 비어 있다면(혹은 NA 값) fill_value를 넘길 수도 있다.

```
In [166]: tips.pivot_table(index=["time", "size", "smoker"], columns="day",
   .....:                   values="tip_pct", fill_value=0)
Out[166]:
day                        Fri       Sat       Sun      Thur
time   size smoker
Dinner 1    No        0.000000  0.137931  0.000000  0.000000
            Yes       0.000000  0.325733  0.000000  0.000000
       2    No        0.139622  0.162705  0.168859  0.159744
            Yes       0.171297  0.148668  0.207893  0.000000
       3    No        0.000000  0.154661  0.152663  0.000000
...                        ...       ...       ...       ...
Lunch  3    Yes       0.000000  0.000000  0.000000  0.204952
       4    No        0.000000  0.000000  0.000000  0.138919
            Yes       0.000000  0.000000  0.000000  0.155410
       5    No        0.000000  0.000000  0.000000  0.121389
       6    No        0.000000  0.000000  0.000000  0.173706
[21 rows x 4 columns]
```

[표 10-2]에 pivot_table 메서드 옵션을 정리했다.

표 10-2 pivot_table 옵션

인수	설명
values	집계하려는 열 이름 혹은 이름의 리스트. 기본적으로 모든 숫자 열을 집계한다.
index	만들어지는 피벗테이블의 행을 그룹으로 묶을 열 이름이나 그룹 키
columns	만들어지는 피벗테이블의 열을 그룹으로 묶을 열 이름이나 그룹 키
aggfunc	집계함수나 함수 리스트. 기본값으로 mean이 사용된다. groupby 컨텍스트 안에서 유효한 어떤 함수라도 가능하다.
fill_value	결과 테이블에서 누락된 값을 대체하기 위한 값
dropna	True인 경우 모든 항목이 NA인 열은 포함하지 않는다.
margins	부분합이나 총합을 담기 위한 행열을 추가할지 여부. 기본값은 False다.
margins_name	margins=True를 넘겼을 때 사용할 마진 행/열의 이름. 기본값은 All이다.
observed	범주형 그룹 키를 사용할 때 True를 넘기면 모든 범줏값이 아니라 관찰된 범줏값만 보여준다.

10.5.1 교차표

교차표cross-tabulation, crosstab는 그룹 빈도를 계산하는 특수한 피벗 테이블이다. 예제를 살펴보자.

```
In [167]: from io import StringIO

In [168]: data = """Sample  Nationality  Handedness
   .....: 1   USA  Right-handed
   .....: 2   Japan      Left-handed
   .....: 3   USA  Right-handed
   .....: 4   Japan      Right-handed
   .....: 5   Japan      Left-handed
   .....: 6   Japan      Right-handed
   .....: 7   USA  Right-handed
   .....: 8   USA  Left-handed
   .....: 9   Japan      Right-handed
   .....: 10  USA  Right-handed"""
   .....:

In [169]: data = pd.read_table(StringIO(data), sep="\s+")

In [170]: data
Out[170]:
```

```
    Sample Nationality   Handedness
0      1        USA    Right-handed
1      2      Japan    Left-handed
2      3        USA    Right-handed
3      4      Japan    Right-handed
4      5      Japan    Left-handed
5      6      Japan    Right-handed
6      7        USA    Right-handed
7      8        USA    Left-handed
8      9      Japan    Right-handed
9     10        USA    Right-handed
```

설문 분석의 일부로 국적nationality과 잘 쓰는 손handedness에 따라 데이터를 요약해보자. pivot_
table 메서드를 사용할 수 있지만 pandas.crosstab 함수가 훨씬 더 편리하다.

```
In [171]: pd.crosstab(data["Nationality"], data["Handedness"], margins=True)
Out[171]:
Handedness   Left-handed   Right-handed   All
Nationality
Japan                  2              3     5
USA                    1              4     5
All                    3              7    10
```

crosstab 함수의 처음 두 인수는 배열이나 Series, 혹은 배열의 리스트가 될 수 있다. 팁 데
이터셋에서 교차표를 구해보자.

```
In [172]: pd.crosstab([tips["time"], tips["day"]], tips["smoker"], margins=True)
Out[172]:
smoker         No  Yes  All
time   day
Dinner Fri      3    9   12
       Sat     45   42   87
       Sun     57   19   76
       Thur     1    0    1
Lunch  Fri      1    6    7
       Thur    44   17   61
All           151   93  244
```

10.6 마치며

판다스의 데이터 그룹화 도구를 마스터한다면 데이터 정제뿐만 아니라 모델링이나 통계분석 작업에도 도움이 된다. 13장에서 실제 데이터에 groupby를 적용한 사례를 더 살펴볼 예정이다.

다음으로 시계열 데이터를 알아보자.

시계열

시계열time series은 금융, 경제, 생태학, 신경 과학, 물리학 등 여러 다양한 분야에서 사용되는 매우 중요한 구조화된 데이터다. 시간상의 여러 지점을 관측하거나 측정할 수 있는 모든 것이 시계열이다. 대부분의 시계열은 고정 빈도fixed frequency로 표현되며 15초마다, 5분마다, 한 달에 한 번 같은 특정 규칙에 따른 일괄적인 간격으로 데이터가 존재한다. 하지만 시계열은 고정된 시간 단위나 단위들 간의 간격으로 존재하지 않고 불규칙적으로 표현될 수도 있다. 시계열 데이터를 표시하고 참조하는 방식은 애플리케이션에 따라 다르며 다음 중 한 유형일 수 있다.

- 시간 내에서 특정 순간의 **타임스탬프**timestamp
- 2017년 1월이나 2020년 전체 같은 **고정된 기간**
- 시작과 끝 타임스탬프로 표시되는 **시간 간격**. 기간은 시간 간격의 특수한 경우로 생각할 수 있다.
- **실험 혹은 경과 시간**. 각 타임스탬프는 0부터 시작해 특정 시작 시간에 상대적인 시간의 측정값이다(예: 쿠키를 오븐에 넣은 시점부터 초당 커지는 쿠키의 지름).

실험 시작 시점부터의 경과 시간을 정수나 부동소수점으로 표현하는 실험 시계열에도 해당 기술을 적용할 수 있지만 이번 장에서는 앞서 소개한 시계열 데이터의 처음 세 가지 종류를 주로 알아본다. 타임스탬프로 색인된 데이터가 가장 단순하고 널리 사용된다.

> TIP 판다스는 시간차에 기반한 색인을 지원하며 이는 경과 시간을 나타낼 때 유용하다. 이 책에서는 시간차 색인을 다루지 않지만 판다스 공식 문서[1]에서 자세한 내용을 찾아볼 수 있다.

----

1 https://pandas.pydata.org

판다스는 표준 시계열 도구와 데이터 알고리듬을 제공한다. 이를 통해서 대량의 시계열 데이터를 효과적으로 다룰 수 있고, 쉽게 나누고 집계 가능하다. 또한 불규칙적이며 고정된 빈도를 갖는 시계열을 리샘플링할 수 있다. 눈치챘겠지만 대부분의 도구는 금융이나 경제 관련 애플리케이션에서 특히 유용하며 서버 로그 데이터를 분석하는 데도 사용할 수 있다.

먼저 넘파이와 판다스를 임포트하자.

```
In [12]: import numpy as np

In [13]: import pandas as pd
```

11.1 날짜, 시간 자료형과 도구

파이썬 표준 라이브러리는 날짜와 시간을 위한 자료형과 달력과 관련된 기능을 제공한다. datetime, time, calendar 모듈은 시작하기 좋은 주제다. datetime.datetime 형이나 단순한 datetime이 널리 사용된다.

```
In [14]: from datetime import datetime

In [15]: now = datetime.now()

In [16]: now
Out[16]: datetime.datetime(2022, 8, 15, 9, 17, 27, 575397)

In [17]: now.year, now.month, now.day
Out[17]: (2022, 8, 15)
```

datetime은 날짜와 시간을 모두 저장하며 마이크로초까지 지원한다. datetime.timedelta는 두 datetime 객체 간의 시간적 차이를 표현한다(간단히 timedelta로 표현한다).

```
In [18]: delta = datetime(2011, 1, 7) - datetime(2008, 6, 24, 8, 15)

In [19]: delta
Out[19]: datetime.timedelta(days=926, seconds=56700)
```

```
In [20]: delta.days
Out[20]: 926

In [21]: delta.seconds
Out[21]: 56700
```

timedelta를 더하거나 빼면 그만큼의 시간이 datetime 객체에 적용되어 새로운 객체가 만들어진다.

```
In [22]: from datetime import timedelta

In [23]: start = datetime(2011, 1, 7)

In [24]: start + timedelta(12)
Out[24]: datetime.datetime(2011, 1, 19, 0, 0)

In [25]: start - 2 * timedelta(12)
Out[25]: datetime.datetime(2010, 12, 14, 0, 0)
```

[표 11-1]에 datetime 모듈의 자료형을 정리했다. 이번 장에서는 판다스의 자료형과 고수준의 시계열을 다루는 방법을 주로 살펴본다. 실제로 파이썬을 사용하면 다양한 곳에서 datetime 기반의 자료형을 마주치게 될 것이다.

표 11-1 datetime 모듈의 자료형

자료형	설명
date	그레고리력을 사용해서 날짜(연, 월, 일)를 저장한다.
time	하루의 시간을 시, 분, 초, 마이크로초 단위로 저장한다.
datetime	날짜와 시간을 저장한다.
timedelta	두 datetime 값 간의 차이(일, 초, 마이크로초)를 표현한다.
tzinfo	표준 시간대를 저장하기 위한 기본 자료형이다.

11.1.1 문자열을 datetime으로 변환하기

datetime 객체와 나중에 소개할 판다스의 Timestamp 객체는 str이나 strftime 메서드에
포맷(형식)format 규칙을 넘겨서 문자열로 나타낼 수 있다.

```
In [26]: stamp = datetime(2011, 1, 3)

In [27]: str(stamp)
Out[27]: '2011-01-03 00:00:00'

In [28]: stamp.strftime("%Y-%m-%d")
Out[28]: '2011-01-03'
```

[표 11-2]에 포맷 코드를 모두 정리했다.

표 11-2 datetime 포맷 규칙(ISO C89 호환)

포맷	설명
%Y	연도(네 자리)
%y	연도(두 자리)
%m	월(두 자리) [01, 12]
%d	일(두 자리) [01, 31]
%H	시간(24시간 형식) [00, 23]
%I	시간(12시간 형식) [01, 12]
%M	분(두 자리) [00, 59]
%S	초 [00, 61](60, 61은 윤초)
%f	0으로 채운 정수로 표현된 마이크로초(000000~999999)
%j	0으로 채운 정수로 표현된 연중 날짜(001~366)
%w	정수로 나타낸 요일 [0(일요일), 6]
%u	1부터 시작하는 정수로 나타낸 요일(1은 월요일)
%U	연중 주차 [00, 53]. 일요일을 그 주의 첫 번째 날로 간주하며, 그해에서 첫 번째 일요일 앞에 있는 날은 0주 차가 된다.
%W	연중 주차 [00, 53]. 월요일을 그 주의 첫 번째 날로 간주하며, 그해에서 첫 번째 월요일 앞에 있는 날은 0주 차가 된다.
%z	UTC 시간대 오프셋을 +HHMM 또는 -HHMM으로 표현한다. 만약 시간대를 신경 쓰지 않는다면 비워둔다.

포맷	설명
%Z	시간대 문자열 또는 시간대가 없을 경우 빈 문자열
%F	%Y-%m-%d 형식에 대한 축약(예: 2012-4-18)
%D	%m/%d/%y 형식에 대한 축약(예: 04/18/12)

포맷 코드는 datetime.strptime으로 문자열을 날짜로 변환할 때 사용한다(%F 같은 일부 코드는 사용 불가능하다).

```
In [29]: value = "2011-01-03"

In [30]: datetime.strptime(value, "%Y-%m-%d")
Out[30]: datetime.datetime(2011, 1, 3, 0, 0)

In [31]: datestrs = ["7/6/2011", "8/6/2011"]

In [32]: [datetime.strptime(x, "%m/%d/%Y") for x in datestrs]
Out[32]:
[datetime.datetime(2011, 7, 6, 0, 0),
 datetime.datetime(2011, 8, 6, 0, 0)]
```

datetime.strptime은 알려진 포맷의 날짜를 파싱하는 하나의 방법이다.

판다스는 일반적으로 DataFrame의 열이나 축 색인으로 날짜가 담긴 배열을 사용한다. pandas.to_datetime 메서드는 여러 종류의 날짜 표현을 처리하며 ISO 8601 같은 표준 날짜 포맷은 매우 빠르게 처리할 수 있다.

```
In [33]: datestrs = ["2011-07-06 12:00:00", "2011-08-06 00:00:00"]

In [34]: pd.to_datetime(datestrs)
Out[34]: DatetimeIndex(['2011-07-06 12:00:00', '2011-08-06 00:00:00'], dtype='dat
etime64[ns]', freq=None)
```

또한 누락된 값(None, 빈 문자열 등)으로 간주되어야 할 값도 처리한다.

```
In [35]: idx = pd.to_datetime(datestrs + [None])

In [36]: idx
```

```
Out[36]: DatetimeIndex(['2011-07-06 12:00:00', '2011-08-06 00:00:00', 'NaT'], dty
pe='datetime64[ns]', freq=None)

In [37]: idx[2]
Out[37]: NaT

In [38]: pd.isna(idx)
Out[38]: array([False, False,  True])
```

NaT^{Not a Time}은 판다스에서 누락된 타임스탬프 데이터를 나타낸다.

> **WARNING_** dateutil.parser는 매우 유용하지만 완벽한 도구는 아니다. 날짜로 인식하지 않길 바라
> 는 문자열을 날짜로 인식하기도 하는데, **"42"**를 2042년으로 해석하기도 한다.

datetime 객체는 여러 나라와 언어에서 사용하는 로케일^{locale}에 적합한 포맷 옵션을 제공
한다. 예를 들어 독일과 프랑스에서 사용하는 각 월의 축약어는 영문 시스템과 다르다. [표
11-3]에서 로케일별 날짜 포맷을 확인하자.

표 11-3 로케일별 날짜 포맷

포맷	설명
%a	축약된 요일 이름
%A	요일 이름
%b	축약된 월 이름
%B	월 이름
%c	전체 날짜와 시간(예: Tue 01 May 2012 04:20:57 PM)
%p	해당 로케일에서 AM, PM에 대응되는 이름(AM은 오전, PM은 오후)
%x	로케일에 맞는 날짜 형식(예: 미국이라면 2012년 5월 1일은 05/01/2012)
%X	로케일에 맞는 시간 형식(예: 04:24:12 PM)

11.2 시계열 기초

판다스에서 찾아볼 수 있는 가장 기본적인 시계열의 종류는 파이썬 문자열이나 datetime 객체로 표현되는 타임스탬프로 색인된 Series 객체다.

```
In [39]: dates = [datetime(2011, 1, 2), datetime(2011, 1, 5),
   ....:          datetime(2011, 1, 7), datetime(2011, 1, 8),
   ....:          datetime(2011, 1, 10), datetime(2011, 1, 12)]

In [40]: ts = pd.Series(np.random.standard_normal(6), index=dates)

In [41]: ts
Out[41]:
2011-01-02   -0.204708
2011-01-05    0.478943
2011-01-07   -0.519439
2011-01-08   -0.555730
2011-01-10    1.965781
2011-01-12    1.393406
dtype: float64
```

내부적으로 살펴보면 DatetimeIndex에 datetime 객체가 들어 있다.

```
In [42]: ts.index
Out[42]:
DatetimeIndex(['2011-01-02', '2011-01-05', '2011-01-07', '2011-01-08',
               '2011-01-10', '2011-01-12'],
              dtype='datetime64[ns]', freq=None)
```

다른 Series와 마찬가지로 서로 다르게 색인된 시계열 객체 간의 산술 연산은 자동으로 날짜에 맞춰진다.

```
In [43]: ts + ts[::2]
Out[43]:
2011-01-02   -0.409415
2011-01-05         NaN
2011-01-07   -1.038877
2011-01-08         NaN
2011-01-10    3.931561
```

```
2011-01-12          NaN
dtype: float64
```

ts[::2]는 ts에서 매번 두 번째 항목을 선택한다.

판다스는 넘파이의 datetime64 자료형을 사용해서 나노초의 정밀도를 갖는 타임스탬프를 저장한다.

```
In [44]: ts.index.dtype
Out[44]: dtype('<M8[ns]')
```

DatetimeIndex의 스칼라 값은 판다스의 Timestamp 객체다.

```
In [45]: stamp = ts.index[0]

In [46]: stamp
Out[46]: Timestamp('2011-01-02 00:00:00')
```

datetime 객체를 사용하는 곳 어디에서든 pandas.Timestamp를 사용할 수 있다. 그러나 pandas.Timestamp는 나노초 정밀도의 데이터를 저장할 수 있는 반면 datetime은 마이크로초까지만 저장할 수 있기 때문에 pandas.Timestamp 위치에 datetime를 사용할 수는 없다. pandas.Timestamp는 빈도에 관한 정보가 있는 경우, 해당 정보도 저장하며 시간대를 변환하는 방법과 다른 조작 방법도 저장한다. 자세한 내용은 11.4절에서 살펴본다.

11.2.1 색인, 선택, 부분 선택

시계열은 레이블에 기반해 데이터를 선택하고, 인덱싱할 때 pandas.Series와 동일하게 작동한다.

```
In [47]: stamp = ts.index[2]

In [48]: ts[stamp]
Out[48]: -0.5194387150567381
```

해석할 수 있는 날짜를 문자열로 넘겨서 편리하게 사용할 수 있다.

```
In [49]: ts["2011-01-10"]
Out[49]: 1.9657805725027142
```

긴 시계열에서는 연을 넘기거나 연, 월만 넘겨서 데이터의 일부 구간만 선택할 수도 있다
(pandas.date_range는 11.3.1절에서 더 자세히 살펴본다).

```
In [50]: longer_ts = pd.Series(np.random.standard_normal(1000),
   ....:                        index=pd.date_range("2000-01-01", periods=1000))

In [51]: longer_ts
Out[51]:
2000-01-01    0.092908
2000-01-02    0.281746
2000-01-03    0.769023
2000-01-04    1.246435
2000-01-05    1.007189
                ...
2002-09-22    0.930944
2002-09-23   -0.811676
2002-09-24   -1.830156
2002-09-25   -0.138730
2002-09-26    0.334088
Freq: D, Length: 1000, dtype: float64

In [52]: longer_ts["2001"]
Out[52]:
2001-01-01    1.599534
2001-01-02    0.474071
2001-01-03    0.151326
2001-01-04   -0.542173
2001-01-05   -0.475496
                ...
2001-12-27    0.057874
2001-12-28   -0.433739
2001-12-29    0.092698
2001-12-30   -1.397820
2001-12-31    1.457823
Freq: D, Length: 365, dtype: float64
```

여기서 문자열 "2001"은 연도로 해석되어 해당 기간의 데이터를 선택한다. 월을 선택할 때도 동일하다.

```
In [53]: longer_ts["2001-05"]
Out[53]:
2001-05-01   -0.622547
2001-05-02    0.936289
2001-05-03    0.750018
2001-05-04   -0.056715
2001-05-05    2.300675
                ...
2001-05-27    0.235477
2001-05-28    0.111835
2001-05-29   -1.251504
2001-05-30   -2.949343
2001-05-31    0.634634
Freq: D, Length: 31, dtype: float64
```

다음과 같이 날짜로 데이터를 잘라내는 것도 잘 작동한다.

```
In [54]: ts[datetime(2011, 1, 7):]
Out[54]:
2011-01-07   -0.519439
2011-01-08   -0.555730
2011-01-10    1.965781
2011-01-12    1.393406
dtype: float64

In [55]: ts[datetime(2011, 1, 7):datetime(2011, 1, 10)]
Out[55]:
2011-01-07   -0.519439
2011-01-08   -0.555730
2011-01-10    1.965781
dtype: float64
```

대부분의 시계열 데이터는 연대순으로 정렬되기 때문에 범위를 지정하려면 시계열에 기재하지 않고 타임스탬프를 이용해서 Series를 나눈다.

```
In [56]: ts
Out[56]:
```

```
2011-01-02    -0.204708
2011-01-05     0.478943
2011-01-07    -0.519439
2011-01-08    -0.555730
2011-01-10     1.965781
2011-01-12     1.393406
dtype: float64

In [57]: ts["2011-01-06":"2011-01-11"]
Out[57]:
2011-01-07    -0.519439
2011-01-08    -0.555730
2011-01-10     1.965781
dtype: float64
```

이전 예제와 마찬가지로 날짜 문자열이나 datetime 혹은 Timestamp를 넘길 수 있다. 이러한 방식으로 데이터를 나누면 넘파이 배열을 나누는 것처럼 원본 시계열에 대한 뷰를 생성한다는 사실을 기억하자. 즉, 데이터 복사가 발생하지 않고 슬라이스에 대한 변경이 원본 데이터에도 반영된다.

이와 동일한 인스턴스 메서드로 truncate가 있다. 이 메서드는 두 날짜 사이에 속하는 Series를 다음과 같이 분할한다.

```
In [58]: ts.truncate(after="2011-01-09")
Out[58]:
2011-01-02    -0.204708
2011-01-05     0.478943
2011-01-07    -0.519439
2011-01-08    -0.555730
dtype: float64
```

DataFrame에서도 동일하게 이 방식이 적용되며 행에 인덱싱된다.

```
In [59]: dates = pd.date_range("2000-01-01", periods=100, freq="W-WED")

In [60]: long_df = pd.DataFrame(np.random.standard_normal((100, 4)),
   ....:                        index=dates,
   ....:                        columns=["Colorado", "Texas",
   ....:                                 "New York", "Ohio"])
```

```
In [61]: long_df.loc["2001-05"]
Out[61]:
            Colorado     Texas  New York       Ohio
2001-05-02 -0.006045  0.490094 -0.277186 -0.707213
2001-05-09 -0.560107  2.735527  0.927335  1.513906
2001-05-16  0.538600  1.273768  0.667876 -0.969206
2001-05-23  1.676091 -0.817649  0.050188  1.951312
2001-05-30  3.260383  0.963301  1.201206 -1.852001
```

11.2.2 중복된 색인을 갖는 시계열

특정 타임스탬프에 여러 데이터가 몰려 있는 애플리케이션이 있을 수 있다. 예를 들면 다음과 같다.

```
In [62]: dates = pd.DatetimeIndex(["2000-01-01", "2000-01-02", "2000-01-02",
   ....:                           "2000-01-02", "2000-01-03"])

In [63]: dup_ts = pd.Series(np.arange(5), index=dates)

In [64]: dup_ts
Out[64]:
2000-01-01    0
2000-01-02    1
2000-01-02    2
2000-01-02    3
2000-01-03    4
dtype: int64
```

is_unique 속성으로 데이터를 확인해보면 색인이 유일하지 않음을 알 수 있다.

```
In [65]: dup_ts.index.is_unique
Out[65]: False
```

이 시계열 데이터를 인덱싱하면 타임스탬프의 중복 여부에 따라 스칼라 값이나 슬라이스가 생성된다.

```
In [66]: dup_ts["2000-01-03"]  # 중복 없음
Out[66]: 4

In [67]: dup_ts["2000-01-02"]  # 중복 있음
Out[67]:
2000-01-02    1
2000-01-02    2
2000-01-02    3
dtype: int64
```

유일하지 않은 타임스탬프를 갖는 데이터를 집계한다고 해보자. 한 가지 방법은 groupby에
level=0(단일 단계 인덱싱)을 넘기는 것이다.

```
In [68]: grouped = dup_ts.groupby(level=0)

In [69]: grouped.mean()
Out[69]:
2000-01-01    0.0
2000-01-02    2.0
2000-01-03    4.0
dtype: float64

In [70]: grouped.count()
Out[70]:
2000-01-01    1
2000-01-02    3
2000-01-03    1
dtype: int64
```

11.3 날짜 범위, 빈도, 이동

판다스에서 일반적인 시계열은 불규칙적인 것으로 간주된다. 즉, 고정된 빈도를 갖지 않는다는
의미다. 대부분의 애플리케이션에서 이는 충분하다. 하지만 시계열 안에서 누락된 값이 발생할
지라도 일별, 월별, 혹은 매 15분 같이 상대적으로 고정된 빈도에서 작업이 필요한 경우가 종
종 있다. 다행히 판다스는 표준 시계열 빈도와 리샘플링을 위한 도구(11.6절에서 자세히 설명

한다), 빈도 추론, 고정된 빈도의 날짜 범위를 위한 도구를 제공한다. 예를 들어 다음 예제 시계열을 고정된 일간 빈도로 변환하려면 resample 메서드를 사용한다.

```
In [71]: ts
Out[71]:
2011-01-02   -0.204708
2011-01-05    0.478943
2011-01-07   -0.519439
2011-01-08   -0.555730
2011-01-10    1.965781
2011-01-12    1.393406
dtype: float64

In [72]: resampler = ts.resample("D")

In [73]: resampler
Out[73]: <pandas.core.resample.DatetimeIndexResampler object at 0x7f23c091bc10>
```

문자열 "D"는 일간 빈도로 해석된다.

빈도 간 변환이나 리샘플링은 중요한 주제이므로 11.6절에서 별도로 살펴본다. 여기서는 기본 빈도와 다중 빈도 사용법에 대해 알아보자.

11.3.1 날짜 범위 생성하기

앞서 설명 없이 그냥 사용했지만 pandas.date_range를 사용하면 특정 빈도에 따라 지정된 길이만큼의 DatetimeIndex를 생성한다는 사실을 눈치챘을 것이다.

```
In [74]: index = pd.date_range("2012-04-01", "2012-06-01")

In [75]: index
Out[75]:
DatetimeIndex(['2012-04-01', '2012-04-02', '2012-04-03', '2012-04-04',
               '2012-04-05', '2012-04-06', '2012-04-07', '2012-04-08',
               '2012-04-09', '2012-04-10', '2012-04-11', '2012-04-12',
               '2012-04-13', '2012-04-14', '2012-04-15', '2012-04-16',
               '2012-04-17', '2012-04-18', '2012-04-19', '2012-04-20',
               '2012-04-21', '2012-04-22', '2012-04-23', '2012-04-24',
```

```
              '2012-04-25', '2012-04-26', '2012-04-27', '2012-04-28',
              '2012-04-29', '2012-04-30', '2012-05-01', '2012-05-02',
              '2012-05-03', '2012-05-04', '2012-05-05', '2012-05-06',
              '2012-05-07', '2012-05-08', '2012-05-09', '2012-05-10',
              '2012-05-11', '2012-05-12', '2012-05-13', '2012-05-14',
              '2012-05-15', '2012-05-16', '2012-05-17', '2012-05-18',
              '2012-05-19', '2012-05-20', '2012-05-21', '2012-05-22',
              '2012-05-23', '2012-05-24', '2012-05-25', '2012-05-26',
              '2012-05-27', '2012-05-28', '2012-05-29', '2012-05-30',
              '2012-05-31', '2012-06-01'],
             dtype='datetime64[ns]', freq='D')
```

기본적으로 pandas.date_range는 일별 타임스탬프를 생성한다. 만약 시작 날짜나 종료 날짜 하나만 넘긴다면 생성할 기간의 숫자도 함께 전달해야 한다.

```
In [76]: pd.date_range(start="2012-04-01", periods=20)
Out[76]:
DatetimeIndex(['2012-04-01', '2012-04-02', '2012-04-03', '2012-04-04',
              '2012-04-05', '2012-04-06', '2012-04-07', '2012-04-08',
              '2012-04-09', '2012-04-10', '2012-04-11', '2012-04-12',
              '2012-04-13', '2012-04-14', '2012-04-15', '2012-04-16',
              '2012-04-17', '2012-04-18', '2012-04-19', '2012-04-20'],
             dtype='datetime64[ns]', freq='D')

In [77]: pd.date_range(end="2012-06-01", periods=20)
Out[77]:
DatetimeIndex(['2012-05-13', '2012-05-14', '2012-05-15', '2012-05-16',
              '2012-05-17', '2012-05-18', '2012-05-19', '2012-05-20',
              '2012-05-21', '2012-05-22', '2012-05-23', '2012-05-24',
              '2012-05-25', '2012-05-26', '2012-05-27', '2012-05-28',
              '2012-05-29', '2012-05-30', '2012-05-31', '2012-06-01'],
             dtype='datetime64[ns]', freq='D')
```

시작과 종료 날짜는 생성된 날짜 색인에 대해 엄격한 경계를 정의한다. 예를 들어 날짜 색인에 각 월의 마지막 영업일을 포함하고 싶다면 빈돗값으로 **"BM"**(월 영업 마감일. [표 11-4]를 참고하자)을 전달한다. 그러면 해당 기간 안에 들어오는 날짜만 포함된다.

```
In [78]: pd.date_range("2000-01-01", "2000-12-01", freq="BM")
Out[78]:
DatetimeIndex(['2000-01-31', '2000-02-29', '2000-03-31', '2000-04-28',
```

```
              '2000-05-31', '2000-06-30', '2000-07-31', '2000-08-31',
              '2000-09-29', '2000-10-31', '2000-11-30'],
            dtype='datetime64[ns]', freq='BM')
```

표 11-4 기본 시계열 빈도

축약	오프셋 종류	설명
D	Day	달력상의 일
B	BusinessDay	매 영업일
H	Hour	매시
T 또는 min	Minute	매분
S	Second	매초
L 또는 ms	Milli	밀리초(1/1000초)
U	Micro	마이크로초(1/1,000,000초)
M	MonthEnd	월 마지막 일
BM	BusinessMonthEnd	월 영업 마감일
MS	MonthBegin	월 시작일
BMS	BusinessMonthBegin	월 영업 시작일
W-MON, W-TUE, ...	Week	요일. MON, TUE, WED, THU, FRI, SAT, SUN
WOM-1MON, WOM-2MON, ...	WeekOfMonth	월별 주차와 요일. 예를 들어 WOM-3FRI는 매월 셋째 주 금요일이다.
Q-JAN, Q-FEB, ...	QuarterEnd	지정된 월을 해당 연도의 마감으로 하며 지정된 월의 마지막 날짜를 가리키는 분기 주기(JAN, FEB, MAR, APR, MAY, JUN, JUL, AUG, SEP, OCT, NOV, DEC)
BQ-JAN, BQ-FEB, ...	BusinessQuarterEnd	지정된 월을 해당 연도의 마감으로 하며 지정된 월의 마지막 영업일을 가리키는 분기 주기
QS-JAN, QS-FEB, ...	QuarterBegin	지정된 월을 해당 연도의 마감으로 하며 지정된 월의 첫째 날을 가리키는 분기 주기
BQS-JAN, BQS-FEB, ...	BusinessQuarterBegin	지정된 월을 해당 연도의 마감으로 하며 지정된 월의 첫 번째 영업일을 가리키는 분기 주기
A-JAN, A-FEB, ...	YearEnd	주어진 월의 마지막 일을 가리키는 연간 주기(JAN, FEB, MAR, APR, MAY, JUN, JUL, AUG, SEP, OCT, NOV, DEC)
BA-JAN, BA-FEB, ...	BusinessYearEnd	주어진 월의 영업 마감일을 가리키는 연간 주기

축약	오프셋 종류	설명
AS-JAN, AS-FEB, ...	YearBegin	주어진 월의 시작일을 가리키는 연간 주기
BAS-JAN, BAS-FEB, ...	BusinessYearBegin	주어진 월의 영업 시작일을 가리키는 연간 주기

pandas.date_range는 기본적으로 시작 시간이나 종료 시간의 타임스탬프를 보존한다(존재할 경우).

```
In [79]: pd.date_range("2012-05-02 12:56:31", periods=5)
Out[79]:
DatetimeIndex(['2012-05-02 12:56:31', '2012-05-03 12:56:31',
               '2012-05-04 12:56:31', '2012-05-05 12:56:31',
               '2012-05-06 12:56:31'],
              dtype='datetime64[ns]', freq='D')
```

시간 정보를 포함한 시작 날짜와 종료 날짜를 갖지만 관례에 따라 자정에 맞춰 타임스탬프를 정규화하고 싶을 수 있다. 이렇게 하려면 normalize 옵션을 사용한다.

```
In [80]: pd.date_range("2012-05-02 12:56:31", periods=5, normalize=True)
Out[80]:
DatetimeIndex(['2012-05-02', '2012-05-03', '2012-05-04', '2012-05-05',
               '2012-05-06'],
              dtype='datetime64[ns]', freq='D')
```

11.3.2 빈도와 날짜 오프셋

판다스에서 빈도는 **기본 빈도**base frequency와 배수의 조합으로 이루어진다. 기본 빈도는 보통 "M" (월별), "H"(시간별)처럼 짧은 문자열로 참조된다. 각 기본 빈도에는 **날짜 오프셋**date offset이라고 부르는 객체를 사용한다. 예를 들어 시간별 빈도는 Hour 클래스로 표현한다.

```
In [81]: from pandas.tseries.offsets import Hour, Minute

In [82]: hour = Hour()

In [83]: hour
Out[83]: <Hour>
```

오프셋 곱은 정수를 넘겨서 구한다.

```
In [84]: four_hours = Hour(4)

In [85]: four_hours
Out[85]: <4 * Hours>
```

대부분의 애플리케이션에서 이런 객체를 직접 만들어야 할 필요는 없다. "H"나 "4H"처럼 문자열로 표현하면 된다. 기본 빈도 앞에 정수를 두면 해당 빈도의 곱을 생성한다.

```
In [86]: pd.date_range("2000-01-01", "2000-01-03 23:59", freq="4H")
Out[86]:
DatetimeIndex(['2000-01-01 00:00:00', '2000-01-01 04:00:00',
               '2000-01-01 08:00:00', '2000-01-01 12:00:00',
               '2000-01-01 16:00:00', '2000-01-01 20:00:00',
               '2000-01-02 00:00:00', '2000-01-02 04:00:00',
               '2000-01-02 08:00:00', '2000-01-02 12:00:00',
               '2000-01-02 16:00:00', '2000-01-02 20:00:00',
               '2000-01-03 00:00:00', '2000-01-03 04:00:00',
               '2000-01-03 08:00:00', '2000-01-03 12:00:00',
               '2000-01-03 16:00:00', '2000-01-03 20:00:00'],
              dtype='datetime64[ns]', freq='4H')
```

여러 오프셋을 덧셈으로 합칠 수 있다.

```
In [87]: Hour(2) + Minute(30)
Out[87]: <150 * Minutes>
```

유사하게 "1h30min"처럼 빈도 문자열을 넘겨도 잘 해석된다.

```
In [88]: pd.date_range("2000-01-01", periods=10, freq="1h30min")
Out[88]:
DatetimeIndex(['2000-01-01 00:00:00', '2000-01-01 01:30:00',
               '2000-01-01 03:00:00', '2000-01-01 04:30:00',
               '2000-01-01 06:00:00', '2000-01-01 07:30:00',
               '2000-01-01 09:00:00', '2000-01-01 10:30:00',
               '2000-01-01 12:00:00', '2000-01-01 13:30:00'],
              dtype='datetime64[ns]', freq='90T')
```

시간상 균일하지 않은 빈도도 있다. 예를 들어 "M"(월 마지막 일)은 월의 일수에 의존적이며 "BM"(월 영업 마감일)은 월말이 주말인지 아닌지에 따라 다르다. 이를 표현할 수 있는 적당한 용어가 없어 이 책에서는 이를 앵커드anchored 오프셋이라고 부른다.

[표 11-4]에 판다스에서 사용 가능한 빈도 코드와 날짜 오프셋 클래스를 정리해두었다.

> **NOTE_** 판다스에 없는 날짜 연산을 제공하기 위해 사용자가 직접 사용자 빈도 클래스를 정의할 수 있지만, 이 책에서 다루는 범위를 벗어나므로 자세한 설명은 제외했다.

월별 주차

한 가지 유용한 빈도 클래스는 WOM으로 시작하는 '월별 주차'다. 다음과 같이 월별 주차를 사용하면 매월 셋째 주 금요일의 날짜를 얻을 수 있다.

```
In [89]: monthly_dates = pd.date_range("2012-01-01", "2012-09-01", freq="WOM-3FRI")

In [90]: list(monthly_dates)
Out[90]:
[Timestamp('2012-01-20 00:00:00', freq='WOM-3FRI'),
 Timestamp('2012-02-17 00:00:00', freq='WOM-3FRI'),
 Timestamp('2012-03-16 00:00:00', freq='WOM-3FRI'),
 Timestamp('2012-04-20 00:00:00', freq='WOM-3FRI'),
 Timestamp('2012-05-18 00:00:00', freq='WOM-3FRI'),
 Timestamp('2012-06-15 00:00:00', freq='WOM-3FRI'),
 Timestamp('2012-07-20 00:00:00', freq='WOM-3FRI'),
 Timestamp('2012-08-17 00:00:00', freq='WOM-3FRI')]
```

11.3.3 데이터 시프트

시프트shift는 데이터를 시간 축에서 앞이나 뒤로 이동하는 것을 의미한다. Series와 DataFrame은 shift 메서드를 통해 색인은 변경하지 않고 데이터를 앞이나 뒤로 이동하는 느슨한 시프트를 수행한다.

```
In [91]: ts = pd.Series(np.random.standard_normal(4),
   ....:                 index=pd.date_range("2000-01-01", periods=4, freq="M"))

In [92]: ts
Out[92]:
2000-01-31   -0.066748
2000-02-29    0.838639
2000-03-31   -0.117388
2000-04-30   -0.517795
Freq: M, dtype: float64

In [93]: ts.shift(2)
Out[93]:
2000-01-31         NaN
2000-02-29         NaN
2000-03-31   -0.066748
2000-04-30    0.838639
Freq: M, dtype: float64

In [94]: ts.shift(-2)
Out[94]:
2000-01-31   -0.117388
2000-02-29   -0.517795
2000-03-31         NaN
2000-04-30         NaN
Freq: M, dtype: float64
```

이렇게 시프트하면 시계열의 시작이나 끝에 결측치가 발생한다.

shift는 일반적으로 하나의 시계열이나 DataFrame의 열로 표현할 수 있는 여러 시계열에서의 퍼센트 변화율을 계산할 때 흔히 사용하며 코드로는 다음과 같이 표현한다.

```
ts / ts.shift(1) - 1
```

느슨한 시프트는 색인을 바꾸지 않으므로 어떤 데이터는 버려지기도 한다. 따라서 만약 빈도를 알고 있다면 shift에 빈도를 넘겨서 타임스탬프를 확장할 수 있다.

```
In [95]: ts.shift(2, freq="M")
Out[95]:
2000-03-31   -0.066748
```

```
2000-04-30    0.838639
2000-05-31   -0.117388
2000-06-30   -0.517795
Freq: M, dtype: float64
```

다른 빈도를 넘겨서 아주 유연하게 데이터를 밀거나 당길 수도 있다.

```
In [96]: ts.shift(3, freq="D")
Out[96]:
2000-02-03   -0.066748
2000-03-03    0.838639
2000-04-03   -0.117388
2000-05-03   -0.517795
dtype: float64

In [97]: ts.shift(1, freq="90T")
Out[97]:
2000-01-31 01:30:00   -0.066748
2000-02-29 01:30:00    0.838639
2000-03-31 01:30:00   -0.117388
2000-04-30 01:30:00   -0.517795
dtype: float64
```

코드에서 T는 분을 나타낸다. freq 매개변수는 타임스탬프에 적용할 오프셋을 나타내지만 데
이터에 기본 빈도가 있을 경우 이를 변경하지 않는다.

오프셋만큼 날짜 시프트하기

판다스의 날짜 오프셋은 datetime이나 Timestamp 객체에서도 사용할 수 있다.

```
In [98]: from pandas.tseries.offsets import Day, MonthEnd

In [99]: now = datetime(2011, 11, 17)

In [100]: now + 3 * Day()
Out[100]: Timestamp('2011-11-20 00:00:00')
```

만약 MonthEnd 같은 앵커드 오프셋을 추가하면 빈도 규칙의 다음 날짜로 롤 포워드roll forward된다.

```
In [101]: now + MonthEnd()
Out[101]: Timestamp('2011-11-30 00:00:00')

In [102]: now + MonthEnd(2)
Out[102]: Timestamp('2011-12-31 00:00:00')
```

앵커드 오프셋은 rollforward와 rollback 메서드를 사용해서 명시적으로 각각 날짜를 앞으로 밀거나 뒤로 당길 수 있다.

```
In [103]: offset = MonthEnd()

In [104]: offset.rollforward(now)
Out[104]: Timestamp('2011-11-30 00:00:00')

In [105]: offset.rollback(now)
Out[105]: Timestamp('2011-10-31 00:00:00')
```

이 메서드를 groupby와 함께 사용하면 날짜 오프셋을 영리하게 사용할 수 있다.

```
In [106]: ts = pd.Series(np.random.standard_normal(20),
   .....:                 index=pd.date_range("2000-01-15", periods=20, freq="4D")
)

In [107]: ts
Out[107]:
2000-01-15   -0.116696
2000-01-19    2.389645
2000-01-23   -0.932454
2000-01-27   -0.229331
2000-01-31   -1.140330
2000-02-04    0.439920
2000-02-08   -0.823758
2000-02-12   -0.520930
2000-02-16    0.350282
2000-02-20    0.204395
2000-02-24    0.133445
2000-02-28    0.327905
2000-03-03    0.072153
2000-03-07    0.131678
2000-03-11   -1.297459
2000-03-15    0.997747
```

```
2000-03-19    0.870955
2000-03-23   -0.991253
2000-03-27    0.151699
2000-03-31    1.266151
Freq: 4D, dtype: float64

In [108]: ts.groupby(MonthEnd().rollforward).mean()
Out[108]:
2000-01-31   -0.005833
2000-02-29    0.015894
2000-03-31    0.150209
dtype: float64
```

물론 가장 쉽고 빠른 방법은 resample을 사용하는 것이다(자세한 내용은 11.6절에서 살펴본다).

```
In [109]: ts.resample("M").mean()
Out[109]:
2000-01-31   -0.005833
2000-02-29    0.015894
2000-03-31    0.150209
Freq: M, dtype: float64
```

11.4 시간대 다루기

시간대를 처리하는 일은 시계열 조작 과정에서 필요한 유쾌하지 않은 작업 중 하나다. 시계열을 다루는 대부분의 사용자는 국제 표준시인 UTC^{Coordinated Universal Time}를 선택한다. 시간대는 UTC로부터 떨어진 오프셋으로 표현되는데 예를 들어 뉴욕은 일광 절약 시간제(써머 타임, DST)일 때 UTC보다 4시간 늦으며 아닐 때는 5시간 늦다.

파이썬은 전 세계 시간대 정보를 모아둔 올슨^{Olson} 데이터베이스를 담고 있는 서드파티 라이브러리인 pytz에서 시간대 정보를 얻는다(pip이나 콘다로 설치 가능하다). 이는 특히 역사적인 데이터를 다룰 때 중요한데 DST 날짜(그리고 심지어 UTC 오프셋마저)가 지역 정부의 변덕에 따라 여러 차례 변경되었기 때문이다. 미국에서는 1900년부터 DST 시간이 수차례 변경되었다.

pytz 라이브러리에 대한 자세한 내용은 라이브러리 문서[2]를 살펴보기 바란다. 판다스는 pytz 기능을 사용하므로 시간대 이름 외에 API의 다른 부분은 무시해도 상관없다. 파이썬은 pytz에 의존성이 높으므로 따로 설치할 필요는 없다. 시간대 이름은 문서와 파이썬 셸에서 직접 확인할 수 있다.

```
In [110]: import pytz

In [111]: pytz.common_timezones[-5:]
Out[111]: ['US/Eastern', 'US/Hawaii', 'US/Mountain', 'US/Pacific', 'UTC']
```

pytz에서 시간대 객체를 얻으려면 pytz.timezone을 사용한다.

```
In [112]: tz = pytz.timezone("America/New_York")

In [113]: tz
Out[113]: <DstTzInfo 'America/New_York' LMT-1 day, 19:04:00 STD>
```

판다스 메서드에서는 시간대 이름이나 객체를 모두 사용할 수 있다.

11.4.1 시간대 지역화와 변환

기본적으로 판다스에서 시계열은 시간대를 엄격히 다루지 않는다. 다음 시계열을 살펴보자.

```
In [114]: dates = pd.date_range("2012-03-09 09:30", periods=6)

In [115]: ts = pd.Series(np.random.standard_normal(len(dates)), index=dates)

In [116]: ts
Out[116]:
2012-03-09 09:30:00    -0.202469
2012-03-10 09:30:00     0.050718
2012-03-11 09:30:00     0.639869
2012-03-12 09:30:00     0.597594
2012-03-13 09:30:00    -0.797246
2012-03-14 09:30:00     0.472879
```

----

2 https://pypi.org/project/pytz

```
Freq: D, dtype: float64
```

색인의 tz 필드는 None이다.

```
In [117]: print(ts.index.tz)
None
```

시간대를 지정해서 날짜 범위를 생성한다.

```
In [118]: pd.date_range("2012-03-09 09:30", periods=10, tz="UTC")
Out[118]:
DatetimeIndex(['2012-03-09 09:30:00+00:00', '2012-03-10 09:30:00+00:00',
               '2012-03-11 09:30:00+00:00', '2012-03-12 09:30:00+00:00',
               '2012-03-13 09:30:00+00:00', '2012-03-14 09:30:00+00:00',
               '2012-03-15 09:30:00+00:00', '2012-03-16 09:30:00+00:00',
               '2012-03-17 09:30:00+00:00', '2012-03-18 09:30:00+00:00'],
              dtype='datetime64[ns, UTC]', freq='D')
```

특정 시간대에 맞춰 재해석된 지역화localized 시간으로의 변환은 tz_localize 메서드로 처리한다.

```
In [119]: ts
Out[119]:
2012-03-09 09:30:00    -0.202469
2012-03-10 09:30:00     0.050718
2012-03-11 09:30:00     0.639869
2012-03-12 09:30:00     0.597594
2012-03-13 09:30:00    -0.797246
2012-03-14 09:30:00     0.472879
Freq: D, dtype: float64

In [120]: ts_utc = ts.tz_localize("UTC")

In [121]: ts_utc
Out[121]:
2012-03-09 09:30:00+00:00    -0.202469
2012-03-10 09:30:00+00:00     0.050718
2012-03-11 09:30:00+00:00     0.639869
2012-03-12 09:30:00+00:00     0.597594
2012-03-13 09:30:00+00:00    -0.797246
2012-03-14 09:30:00+00:00     0.472879
```

```
Freq: D, dtype: float64

In [122]: ts_utc.index
Out[122]:
DatetimeIndex(['2012-03-09 09:30:00+00:00', '2012-03-10 09:30:00+00:00',
               '2012-03-11 09:30:00+00:00', '2012-03-12 09:30:00+00:00',
               '2012-03-13 09:30:00+00:00', '2012-03-14 09:30:00+00:00'],
              dtype='datetime64[ns, UTC]', freq='D')
```

시계열이 특정 시간대로 지역화되고 나면 **tz_convert**를 이용해서 다른 시간대로 변환 가능하다.

```
In [123]: ts_utc.tz_convert("America/New_York")
Out[123]:
2012-03-09 04:30:00-05:00   -0.202469
2012-03-10 04:30:00-05:00    0.050718
2012-03-11 05:30:00-04:00    0.639869
2012-03-12 05:30:00-04:00    0.597594
2012-03-13 05:30:00-04:00   -0.797246
2012-03-14 05:30:00-04:00    0.472879
Freq: D, dtype: float64
```

지금 살펴본 시계열은 America/New_York 시간대의 DST를 사용하고 있는데 이를 동부 표준시(ET)로 맞춘 다음 UTC 혹은 베를린 시간으로 변환할 수 있다.

```
In [124]: ts_eastern = ts.tz_localize("America/New_York")

In [125]: ts_eastern.tz_convert("UTC")
Out[125]:
2012-03-09 14:30:00+00:00   -0.202469
2012-03-10 14:30:00+00:00    0.050718
2012-03-11 13:30:00+00:00    0.639869
2012-03-12 13:30:00+00:00    0.597594
2012-03-13 13:30:00+00:00   -0.797246
2012-03-14 13:30:00+00:00    0.472879
dtype: float64

In [126]: ts_eastern.tz_convert("Europe/Berlin")
Out[126]:
2012-03-09 15:30:00+01:00   -0.202469
2012-03-10 15:30:00+01:00    0.050718
2012-03-11 14:30:00+01:00    0.639869
```

```
2012-03-12 14:30:00+01:00     0.597594
2012-03-13 14:30:00+01:00    -0.797246
2012-03-14 14:30:00+01:00     0.472879
dtype: float64
```

tz_localize와 tz_convert는 모두 DatetimeIndex의 인스턴스 메서드다.

```
In [127]: ts.index.tz_localize("Asia/Shanghai")
Out[127]:
DatetimeIndex(['2012-03-09 09:30:00+08:00', '2012-03-10 09:30:00+08:00',
               '2012-03-11 09:30:00+08:00', '2012-03-12 09:30:00+08:00',
               '2012-03-13 09:30:00+08:00', '2012-03-14 09:30:00+08:00'],
              dtype='datetime64[ns, Asia/Shanghai]', freq=None)
```

> **WARNING_** 타임스탬프를 특정 시간대로 지역화하면 DST에 의한 모호하거나 존재하지 않는 시간을 체크할 수 있다.

11.4.2 시간대를 고려해서 Timestamp 객체 다루기

시계열과 날짜 범위와 비슷하게 개별 Timestamp 객체도 시간대를 고려한 형태로 변환 가능하다.

```
In [128]: stamp = pd.Timestamp("2011-03-12 04:00")

In [129]: stamp_utc = stamp.tz_localize("utc")

In [130]: stamp_utc.tz_convert("America/New_York")
Out[130]: Timestamp('2011-03-11 23:00:00-0500', tz='America/New_York')
```

Timestamp 객체를 생성할 때 시간대를 직접 넘길 수도 있다.

```
In [131]: stamp_moscow = pd.Timestamp("2011-03-12 04:00", tz="Europe/Moscow")

In [132]: stamp_moscow
Out[132]: Timestamp('2011-03-12 04:00:00+0300', tz='Europe/Moscow')
```

시간대를 고려한 `Timestamp` 객체는 내부적으로 UTC 타임스탬프 값을 유닉스 시간(1970년 1월 1일)에서부터 현재까지의 나노초로 저장한다. 이 UTC 값은 시간대 변환 과정에서 변하지 않고 유지된다.

```
In [133]: stamp_utc.value
Out[133]: 1299902400000000000

In [134]: stamp_utc.tz_convert("America/New_York").value
Out[134]: 1299902400000000000
```

판다스의 `DateOffset` 객체를 이용해서 시간 연산을 수행할 때는 가능하다면 DST를 고려하며 수행한다. DST로 전환되기 직전의 타임스탬프 예제를 살펴보자. 먼저 DST 시행 30분 전 `Timestamp`를 생성하자.

```
In [135]: stamp = pd.Timestamp("2012-03-11 01:30", tz="US/Eastern")

In [136]: stamp
Out[136]: Timestamp('2012-03-11 01:30:00-0500', tz='US/Eastern')

In [137]: stamp + Hour()
Out[137]: Timestamp('2012-03-11 03:30:00-0400', tz='US/Eastern')
```

그리고 DST 시행 90분 전의 `Timestamp`를 생성한다.

```
In [138]: stamp = pd.Timestamp("2012-11-04 00:30", tz="US/Eastern")

In [139]: stamp
Out[139]: Timestamp('2012-11-04 00:30:00-0400', tz='US/Eastern')

In [140]: stamp + 2 * Hour()
Out[140]: Timestamp('2012-11-04 01:30:00-0500', tz='US/Eastern')
```

11.4.3 서로 다른 시간대 간의 연산

서로 다른 시간대를 갖는 두 시계열이 하나로 합쳐지면 결과는 UTC가 된다. 타임스탬프는 내부적으로 UTC로 저장되므로 추가적인 변환이 불필요한 명료한 연산이다.

```
In [141]: dates = pd.date_range("2012-03-07 09:30", periods=10, freq="B")

In [142]: ts = pd.Series(np.random.standard_normal(len(dates)), index=dates)

In [143]: ts
Out[143]:
2012-03-07 09:30:00     0.522356
2012-03-08 09:30:00    -0.546348
2012-03-09 09:30:00    -0.733537
2012-03-12 09:30:00     1.302736
2012-03-13 09:30:00     0.022199
2012-03-14 09:30:00     0.364287
2012-03-15 09:30:00    -0.922839
2012-03-16 09:30:00     0.312656
2012-03-19 09:30:00    -1.128497
2012-03-20 09:30:00    -0.333488
Freq: B, dtype: float64

In [144]: ts1 = ts[:7].tz_localize("Europe/London")

In [145]: ts2 = ts1[2:].tz_convert("Europe/Moscow")

In [146]: result = ts1 + ts2

In [147]: result.index
Out[147]:
DatetimeIndex(['2012-03-07 09:30:00+00:00', '2012-03-08 09:30:00+00:00',
               '2012-03-09 09:30:00+00:00', '2012-03-12 09:30:00+00:00',
               '2012-03-13 09:30:00+00:00', '2012-03-14 09:30:00+00:00',
               '2012-03-15 09:30:00+00:00'],
              dtype='datetime64[ns, UTC]', freq=None)
```

시간대를 고려하지 않은 데이터와 시간대를 고려한 데이터 간의 연산은 지원하지 않으며 연산을 실행할 경우 예외가 발생한다.

11.5 기간과 기간 연산

며칠, 몇 개월, 몇 분기, 몇 해 같은 기간은 pandas.Period 클래스로 표현할 수 있으며 클래스를 생성할 때 문자열이나 정수, [표 11-4]에서 봤던 빈도가 필요하다.

```
In [148]: p = pd.Period("2011", freq="A-DEC")

In [149]: p
Out[149]: Period('2011', 'A-DEC')
```

여기서 Period 객체는 2011년 1월 1일부터 같은 해 12월 31일까지의 기간이다. 여기에 정수를 더하거나 빼는 편리한 방식으로 정해진 빈도에 따라 기간을 이동할 수 있다.

```
In [150]: p + 5
Out[150]: Period('2016', 'A-DEC')

In [151]: p - 2
Out[151]: Period('2009', 'A-DEC')
```

만약 두 기간의 빈도가 동일하다면 두 기간의 차는 둘 사이의 간격이 된다.

```
In [152]: pd.Period("2014", freq="A-DEC") - p
Out[152]: <3 * YearEnds: month=12>
```

일반적인 기간 범위는 period_range 함수로 생성한다.

```
In [153]: periods = pd.period_range("2000-01-01", "2000-06-30", freq="M")

In [154]: periods
Out[154]: PeriodIndex(['2000-01', '2000-02', '2000-03', '2000-04', '2000-05', '20
00-06'], dtype='period[M]')
```

PeriodIndex 클래스는 순차적인 기간을 저장하며 모든 판다스 자료구조의 축 색인처럼 사용된다.

```
In [155]: pd.Series(np.random.standard_normal(6), index=periods)
Out[155]:
2000-01   -0.514551
2000-02   -0.559782
2000-03   -0.783408
2000-04   -1.797685
2000-05   -0.172670
2000-06    0.680215
Freq: M, dtype: float64
```

다음과 같은 문자열 배열을 이용해서 PeriodIndex 클래스를 생성하는 것도 가능하다.

```
In [156]: values = ["2001Q3", "2002Q2", "2003Q1"]

In [157]: index = pd.PeriodIndex(values, freq="Q-DEC")

In [158]: index
Out[158]: PeriodIndex(['2001Q3', '2002Q2', '2003Q1'], dtype='period[Q-DEC]')
```

11.5.1 Period의 빈도 변환

Period와 PeriodIndex 객체는 asfreq 메서드를 사용해 다른 빈도로 변환할 수 있다. 예를 들어 새해 첫날부터 시작하는 연간 빈도를 월간 빈도로 변환해보자. 꽤 간단하게 변환할 수 있다.

```
In [159]: p = pd.Period("2011", freq="A-DEC")

In [160]: p
Out[160]: Period('2011', 'A-DEC')

In [161]: p.asfreq("M", how="start")
Out[161]: Period('2011-01', 'M')

In [162]: p.asfreq("M", how="end")
Out[162]: Period('2011-12', 'M')

In [163]: p.asfreq("M")
Out[163]: Period('2011-12', 'M')
```

Period('2011', 'A-DEC')는 전체 기간을 가리키는 일종의 커서로 생각할 수 있고 이를 월간으로 나눌 수 있다(그림 11-1). 회계연도 마감이 12월이 아닌 경우에는 월간 빈도가 달라진다.

```
In [164]: p = pd.Period("2011", freq="A-JUN")

In [165]: p
Out[165]: Period('2011', 'A-JUN')

In [166]: p.asfreq("M", how="start")
Out[166]: Period('2010-07', 'M')

In [167]: p.asfreq("M", how="end")
Out[167]: Period('2011-06', 'M')
```

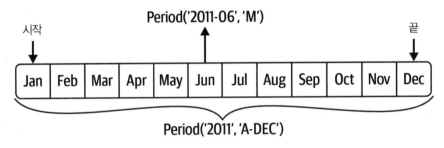

그림 11-1 Period의 빈도 변환

빈도가 상위 단계에서 하위 단계로 변환되는 경우 판다스는 상위 기간superperiod이 어디에 속했는지에 따라 하위 기간subperiod을 결정한다. 예를 들어 A-JUN 빈도일 경우 2011년 8월은 실제로 2012년 기간에 속하게 된다.

```
In [168]: p = pd.Period("Aug-2011", "M")

In [169]: p.asfreq("A-JUN")
Out[169]: Period('2012', 'A-JUN')
```

모든 PeriodIndex 객체나 TimeSeries는 지금까지 살펴본 내용과 같은 방식으로 변환할 수 있다.

```
In [170]: periods = pd.period_range("2006", "2009", freq="A-DEC")

In [171]: ts = pd.Series(np.random.standard_normal(len(periods)), index=periods)

In [172]: ts
Out[172]:
2006     1.607578
2007     0.200381
2008    -0.834068
2009    -0.302988
Freq: A-DEC, dtype: float64

In [173]: ts.asfreq("M", how="start")
Out[173]:
2006-01     1.607578
2007-01     0.200381
2008-01    -0.834068
2009-01    -0.302988
Freq: M, dtype: float64
```

예제에서 연간 빈도는 각 해의 첫 번째 달로 시작하는 월간 빈도로 치환된다. 만약 매년 마지막 영업일을 사용하고 싶다면 "B"를 사용해 해당 기간의 종료 지점을 지정할 수 있다.

```
In [174]: ts.asfreq("B", how="end")
Out[174]:
2006-12-29     1.607578
2007-12-31     0.200381
2008-12-31    -0.834068
2009-12-31    -0.302988
Freq: B, dtype: float64
```

11.5.2 분기 빈도

분기 데이터는 재정, 금융 및 다른 분야에서 표준으로 사용된다. 분기 데이터는 일반적으로 회계연도의 끝인 한 해의 12월 마지막 날이나 마지막 영업일을 기준으로 보고하는데, 2012Q4는 회계연도의 끝이 어딘가에 따라 의미가 달라진다. 판다스는 12가지 모든 경우의 수를 지원하며 분기 빈도는 Q-JAN부터 Q-DEC까지다.

```
In [175]: p = pd.Period("2012Q4", freq="Q-JAN")

In [176]: p
Out[176]: Period('2012Q4', 'Q-JAN')
```

회계연도 마감이 1월이라면 2012Q4는 2011년 11월부터 2012년 1월까지가 되고 일간 빈도로
검사할 수 있다.

```
In [177]: p.asfreq("D", how="start")
Out[177]: Period('2011-11-01', 'D')

In [178]: p.asfreq("D", how="end")
Out[178]: Period('2012-01-31', 'D')
```

[그림 11-2]를 살펴보자.

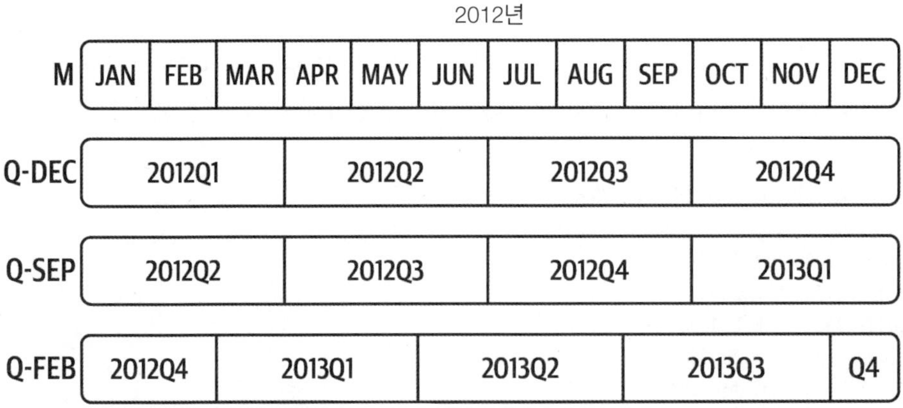

그림 11-2 다양한 분기 빈도 규칙

따라서 기간 연산을 매우 쉽게 할 수 있다. 예를 들어 분기 영업 마감일의 오후 4시를 가리키는
타임스탬프는 다음과 같이 구한다.

```
In [179]: p4pm = (p.asfreq("B", how="end") - 1).asfreq("T", how="start") + 16 * 60

In [180]: p4pm
Out[180]: Period('2012-01-30 16:00', 'T')
```

```
In [181]: p4pm.to_timestamp()
Out[181]: Timestamp('2012-01-30 16:00:00')
```

to_timestamp 메서드는 기본적으로 해당 기간의 시작 Timestamp를 반환한다.

pandas.period_range를 사용해서 분기 범위를 생성할 수 있다. 연산 역시 동일한 방법으로
수행한다.

```
In [182]: periods = pd.period_range("2011Q3", "2012Q4", freq="Q-JAN")

In [183]: ts = pd.Series(np.arange(len(periods)), index=periods)

In [184]: ts
Out[184]:
2011Q3    0
2011Q4    1
2012Q1    2
2012Q2    3
2012Q3    4
2012Q4    5
Freq: Q-JAN, dtype: int64

In [185]: new_periods = (periods.asfreq("B", "end") - 1).asfreq("H", "start") + 16

In [186]: ts.index = new_periods.to_timestamp()

In [187]: ts
Out[187]:
2010-10-28 16:00:00    0
2011-01-28 16:00:00    1
2011-04-28 16:00:00    2
2011-07-28 16:00:00    3
2011-10-28 16:00:00    4
2012-01-30 16:00:00    5
dtype: int64
```

11.5.3 타임스탬프와 기간 서로 변환하기

타임스탬프로 색인된 Series와 DataFrame 객체는 to_period 메서드를 사용해서 Period로 변환 가능하다.

```
In [188]: dates = pd.date_range("2000-01-01", periods=3, freq="M")

In [189]: ts = pd.Series(np.random.standard_normal(3), index=dates)

In [190]: ts
Out[190]:
2000-01-31    1.663261
2000-02-29   -0.996206
2000-03-31    1.521760
Freq: M, dtype: float64

In [191]: pts = ts.to_period()

In [192]: pts
Out[192]:
2000-01    1.663261
2000-02   -0.996206
2000-03    1.521760
Freq: M, dtype: float64
```

여기서 말하는 기간은 겹치지 않는 시간상의 간격을 뜻하므로 주어진 빈도에서 타임스탬프는 하나의 기간에만 속한다. 새로운 PeriodIndex의 빈도는 기본적으로 타임스탬프 값을 통해 추론되지만 지원되는 빈도(표 11-4)를 직접 지정할 수도 있다. 결과에 중복되는 기간이 나오더라도 문제가 되지 않는다.

```
In [193]: dates = pd.date_range("2000-01-29", periods=6)

In [194]: ts2 = pd.Series(np.random.standard_normal(6), index=dates)

In [195]: ts2
Out[195]:
2000-01-29    0.244175
2000-01-30    0.423331
2000-01-31   -0.654040
2000-02-01    2.089154
```

```
2000-02-02   -0.060220
2000-02-03   -0.167933
Freq: D, dtype: float64

In [196]: ts2.to_period("M")
Out[196]:
2000-01    0.244175
2000-01    0.423331
2000-01   -0.654040
2000-02    2.089154
2000-02   -0.060220
2000-02   -0.167933
Freq: M, dtype: float64
```

기간을 타임스탬프로 변환하려면 DatetimeIndex를 반환하는 to_timestamp 메서드를 이용한다.

```
In [197]: pts = ts2.to_period()

In [198]: pts
Out[198]:
2000-01-29    0.244175
2000-01-30    0.423331
2000-01-31   -0.654040
2000-02-01    2.089154
2000-02-02   -0.060220
2000-02-03   -0.167933
Freq: D, dtype: float64

In [199]: pts.to_timestamp(how="end")
Out[199]:
2000-01-29 23:59:59.999999999    0.244175
2000-01-30 23:59:59.999999999    0.423331
2000-01-31 23:59:59.999999999   -0.654040
2000-02-01 23:59:59.999999999    2.089154
2000-02-02 23:59:59.999999999   -0.060220
2000-02-03 23:59:59.999999999   -0.167933
Freq: D, dtype: float64
```

11.5.4 배열로 PeriodIndex 생성하기

고정된 빈도를 갖는 데이터셋은 종종 여러 열에 걸쳐 기간에 대한 정보를 함께 저장하기도 한다. 예를 들어 다음 거시경제학^{macroeconomics} 데이터셋에는 연도와 분기가 서로 다른 열에 존재한다.

```
In [200]: data = pd.read_csv("examples/macrodata.csv")

In [201]: data.head(5)
Out[201]:
   year  quarter   realgdp  realcons  realinv  realgovt  realdpi    cpi  \
0  1959        1  2710.349    1707.4  286.898   470.045   1886.9  28.98
1  1959        2  2778.801    1733.7  310.859   481.301   1919.7  29.15
2  1959        3  2775.488    1751.8  289.226   491.260   1916.4  29.35
3  1959        4  2785.204    1753.7  299.356   484.052   1931.3  29.37
4  1960        1  2847.699    1770.5  331.722   462.199   1955.5  29.54

      m1  tbilrate  unemp      pop  infl  realint
0  139.7      2.82    5.8  177.146  0.00     0.00
1  141.7      3.08    5.1  177.830  2.34     0.74
2  140.5      3.82    5.3  178.657  2.74     1.09
3  140.0      4.33    5.6  179.386  0.27     4.06
4  139.6      3.50    5.2  180.007  2.31     1.19

In [202]: data["year"]
Out[202]:
0      1959
1      1959
2      1959
3      1959
4      1960
       ...
198    2008
199    2008
200    2009
201    2009
202    2009
Name: year, Length: 203, dtype: int64

In [203]: data["quarter"]
Out[203]:
0      1
1      2
```

```
2       3
3       4
4       1
       ..
198     3
199     4
200     1
201     2
202     3
Name: quarter, Length: 203, dtype: int64
```

이 배열을 PeriodIndex에 빈돗값과 함께 전달하면 이를 조합해서 DataFrame에서 사용할 수
있는 색인을 만들 수 있다.

```
In [204]: index = pd.PeriodIndex(year=data["year"], quarter=data["quarter"],
   .....:                        freq="Q-DEC")

In [205]: index
Out[205]:
PeriodIndex(['1959Q1', '1959Q2', '1959Q3', '1959Q4', '1960Q1', '1960Q2',
            '1960Q3', '1960Q4', '1961Q1', '1961Q2',
            ...
            '2007Q2', '2007Q3', '2007Q4', '2008Q1', '2008Q2', '2008Q3',
            '2008Q4', '2009Q1', '2009Q2', '2009Q3'],
           dtype='period[Q-DEC]', length=203)

In [206]: data.index = index

In [207]: data["infl"]
Out[207]:
1959Q1    0.00
1959Q2    2.34
1959Q3    2.74
1959Q4    0.27
1960Q1    2.31
          ...
2008Q3   -3.16
2008Q4   -8.79
2009Q1    0.94
2009Q2    3.37
2009Q3    3.56
Freq: Q-DEC, Name: infl, Length: 203, dtype: float64
```

11.6 리샘플링과 빈도 변환

리샘플링은 시계열의 빈도를 변환하는 과정을 일컫는다. 높은 빈도의 데이터를 낮은 빈도로 집계하는 것을 다운샘플링downsampling이라고 하며 반대 과정을 업샘플링upsampling이라 부른다. 모든 리샘플링이 이 두 가지 범주에 속하는 것은 아니다. 예를 들어 W-WED(수요일을 기준으로 한 주간)를 W-FRI로 변경하는 것은 업샘플링도 다운샘플링도 아니다.

판다스 객체는 resample 메서드를 가지며 빈도 변환과 관련된 모든 작업에서 유용하게 사용된다. resample은 groupby와 비슷한 API를 가지고 있는데 resample을 호출해서 데이터를 그룹 짓고 집계 함수를 적용하는 식이다.

```
In [208]: dates = pd.date_range("2000-01-01", periods=100)

In [209]: ts = pd.Series(np.random.standard_normal(len(dates)), index=dates)

In [210]: ts
Out[210]:
2000-01-01    0.631634
2000-01-02   -1.594313
2000-01-03   -1.519937
2000-01-04    1.108752
2000-01-05    1.255853
                ...
2000-04-05   -0.423776
2000-04-06    0.789740
2000-04-07    0.937568
2000-04-08   -2.253294
2000-04-09   -1.772919
Freq: D, Length: 100, dtype: float64

In [211]: ts.resample("M").mean()
Out[211]:
2000-01-31   -0.165893
2000-02-29    0.078606
2000-03-31    0.223811
2000-04-30   -0.063643
Freq: M, dtype: float64

In [212]: ts.resample("M", kind="period").mean()
Out[212]:
```

```
2000-01   -0.165893
2000-02    0.078606
2000-03    0.223811
2000-04   -0.063643
Freq: M, dtype: float64
```

resample은 유연한 고수준의 메서드로 매우 큰 시계열 데이터를 처리할 수 있다. 예제를 통해 자세한 내용을 살펴보자. resample 메서드 인수 몇 가지를 [표 11-5]에 요약했다.

표 11-5 resample 메서드 인수

인수	설명
rule	원하는 리샘플링 빈도를 지정하는 문자열, DateOffset, timedelta(예를 들면 'M', '5min', Second(15))
axis	리샘플링을 수행할 축. 기본값은 axis="index"다.
closed	다운샘플링 시 각 간격의 어느 쪽을 포함할지 가리킨다. right와 left가 있고 기본값은 right다.
label	다운샘플링 시 집계된 결과의 레이블을 결정한다. right와 left가 있다. 예를 들어 9:30에서 9:35까지 5분 간격이 있을 때 레이블은 9:30 혹은 9:35가 될 수 있다. 기본값은 right다(이 경우에는 9:35가 된다).
limit	보간법을 사용할 때 보간을 적용할 최대 기간이다.
kind	기간(period)별 혹은 타임스탬프(timestamp)별로 집계할 것인지 구분한다. 기본값은 시계열 색인의 종류와 같다.
convention	기간을 리샘플링할 때 하위 빈도 기간에서 상위 빈도로 변환 시의 방식(start 혹은 end). 기본값은 end다.
origin	리샘플링의 각 구간 가장자리를 결정하는 '기준'이 되는 타임스탬프. epoch, start, start_day, end, end_day 중 하나. 자세한 내용은 문서를 참고하자.
offset	origin 추가될 timedelta 오프셋. 기본값은 None이다.

11.6.1 다운샘플링

다운샘플링은 시계열 데이터를 규칙적이고 낮은 빈도로 집계한다. 집계할 데이터는 고정 빈도를 가질 필요가 없으며 잘라낸 시계열 조각의 크기를 원하는 빈도로 정의한다. 예를 들어 "M"이나 "BM" 같은 월간 빈도로 변환하려면 데이터를 1개월 간격으로 나눠야 한다. 각 간격의 한쪽은 열려 있어야 하는데, 즉 하나의 간격에서 양 끝 중 한쪽만 포함된다는 뜻이다. 그러면 각 간격의 모음이 전체 시계열이 된다. resample을 사용해서 데이터를 다운샘플링할 때 고려해야 할 사항이 몇 가지 있다.

- 각 간격의 양 끝 중에서 어느 쪽을 닫아둘지[closed]
- 집계하려는 구간의 레이블을 간격의 시작으로 할지 끝으로 할지

1분 단위 데이터를 통해서 좀 더 알아보자.

```
In [213]: dates = pd.date_range("2000-01-01", periods=12, freq="T")

In [214]: ts = pd.Series(np.arange(len(dates)), index=dates)

In [215]: ts
Out[215]:
2000-01-01 00:00:00     0
2000-01-01 00:01:00     1
2000-01-01 00:02:00     2
2000-01-01 00:03:00     3
2000-01-01 00:04:00     4
2000-01-01 00:05:00     5
2000-01-01 00:06:00     6
2000-01-01 00:07:00     7
2000-01-01 00:08:00     8
2000-01-01 00:09:00     9
2000-01-01 00:10:00    10
2000-01-01 00:11:00    11
Freq: T, dtype: int64
```

이 데이터를 5분 단위로 묶어서 각 그룹의 합을 집계해보자.

```
In [216]: ts.resample("5min").sum()
Out[216]:
2000-01-01 00:00:00    10
2000-01-01 00:05:00    35
2000-01-01 00:10:00    21
Freq: 5T, dtype: int64
```

인수로 넘긴 빈도는 5분 단위로 증가하는 그룹의 경계를 정의한다. 기본적으로 시작값을 그룹의 **왼쪽**[left]에 포함시키므로 00:00의 값은 첫 번째 그룹의 00:00부터 00:05까지의 값을 집계

하고 00:05의 값은 제외한다.[3] 다음 예제처럼 closed="right"를 넘기면 시작값을 그룹 오른쪽에 포함시킨다.

```
In [217]: ts.resample("5min", closed="right").sum()
Out[217]:
1999-12-31 23:55:00     0
2000-01-01 00:00:00    15
2000-01-01 00:05:00    40
2000-01-01 00:10:00    11
Freq: 5T, dtype: int64
```

결과로 반환된 시계열의 레이블은 각 그룹의 왼쪽 타임스탬프로 지정된다. label='right'를 넘겨서 각 그룹의 오른쪽 값을 레이블로 사용할 수 있다.

```
In [218]: ts.resample("5min", closed="right", label="right").sum()
Out[218]:
2000-01-01 00:00:00     0
2000-01-01 00:05:00    15
2000-01-01 00:10:00    40
2000-01-01 00:15:00    11
Freq: 5T, dtype: int64
```

[그림 11-3]은 5분 단위 리샘플링에서의 closed와 lable을 설명했다.

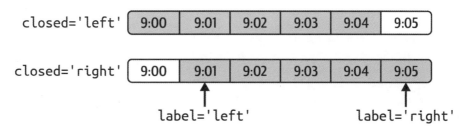

그림 11-3 5분 단위 리샘플링에서의 closed와 label

반환된 결과의 색인을 특정 크기만큼 이동시키고 싶다면 to_offset 메서드를 사용한다. 예를

---

3 closed와 label의 기본값에 대해 의아하게 생각할 수도 있다. 기본은 closed="left"지만 특정 빈도("M", "A", "Q", "BM", "BQ", "W")의 경우에는 기본값이 closed="right"다. 직관적인 결과를 만들도록 기본값이 설정되며 항상 기본값이 하나로 고정되어 있지 않다는 사실을 알고 있어야 한다.

들어 그룹의 오른쪽 끝에서 1초를 빼서 타임스탬프가 참조하는 간격을 좀 더 명확히 보여주고 싶다면 to_offset 메서드에 문자열이나 날짜 오프셋을 넘긴다.

```
In [219]: from pandas.tseries.frequencies import to_offset

In [220]: result = ts.resample("5min", closed="right", label="right").sum()

In [221]: result.index = result.index + to_offset("-1s")

In [222]: result
Out[222]:
1999-12-31 23:59:59     0
2000-01-01 00:04:59    15
2000-01-01 00:09:59    40
2000-01-01 00:14:59    11
Freq: 5T, dtype: int64
```

OHLC 리샘플링

금융 분야에서 시계열 데이터를 집계하는 아주 흔한 방식은 각 버킷에서 네 가지 값을 계산하는 것이다. 네 가지 값은 시가[open], 고가[high], 저가[low], 종가[close] 이며 이를 OHLC라고 한다. ohlc 집계 함수를 사용하면 OHLC 값을 한 열에 담은 DataFrame을 얻을 수 있다.

```
In [223]: ts = pd.Series(np.random.permutation(np.arange(len(dates))), index=dates)

In [224]: ts.resample("5min").ohlc()
Out[224]:
                     open  high  low  close
2000-01-01 00:00:00     8     8    1      5
2000-01-01 00:05:00     6    11    2      2
2000-01-01 00:10:00     0     7    0      7
```

11.6.2 업샘플링과 보간

낮은 빈도에서 높은 빈도로 업샘플링할 때는 집계가 필요하지 않다. 주간 데이터를 담은 DataFrame을 살펴보자.

```
In [225]: frame = pd.DataFrame(np.random.standard_normal((2, 4)),
   .....:                      index=pd.date_range("2000-01-01", periods=2, freq="W-WED"),
   .....:                      columns=["Colorado", "Texas", "New York", "Ohio"])

In [226]: frame
Out[226]:
            Colorado     Texas  New York      Ohio
2000-01-05 -0.896431  0.927238  0.482284 -0.867130
2000-01-12  0.493841 -0.155434  1.397286  1.507055
```

이 데이터에 집계 함수를 사용하면 그룹당 하나의 값이 들어가고 그 사이에는 결측치가 들어간다. asfreq 메서드를 이용해 어떠한 집계 함수도 사용하지 않고 높은 빈도로 리샘플링해보자.

```
In [227]: df_daily = frame.resample("D").asfreq()

In [228]: df_daily
Out[228]:
            Colorado     Texas  New York      Ohio
2000-01-05 -0.896431  0.927238  0.482284 -0.867130
2000-01-06       NaN       NaN       NaN       NaN
2000-01-07       NaN       NaN       NaN       NaN
2000-01-08       NaN       NaN       NaN       NaN
2000-01-09       NaN       NaN       NaN       NaN
2000-01-10       NaN       NaN       NaN       NaN
2000-01-11       NaN       NaN       NaN       NaN
2000-01-12  0.493841 -0.155434  1.397286  1.507055
```

수요일이 아닌 요일에는 이전 값을 채워서 보간을 수행한다고 가정하자. fillna와 reindex 메서드에서 사용했던 보간 메서드를 리샘플링에서도 사용할 수 있다.

```
In [229]: frame.resample("D").ffill()
Out[229]:
            Colorado     Texas  New York      Ohio
2000-01-05 -0.896431  0.927238  0.482284 -0.867130
```

```
2000-01-06 -0.896431  0.927238  0.482284 -0.867130
2000-01-07 -0.896431  0.927238  0.482284 -0.867130
2000-01-08 -0.896431  0.927238  0.482284 -0.867130
2000-01-09 -0.896431  0.927238  0.482284 -0.867130
2000-01-10 -0.896431  0.927238  0.482284 -0.867130
2000-01-11 -0.896431  0.927238  0.482284 -0.867130
2000-01-12  0.493841 -0.155434  1.397286  1.507055
```

마찬가지로 앞으로 특정 기간만 채우도록 설정해 관측값을 계속 사용할 지점을 제한할 수도 있다.

```
In [230]: frame.resample("D").ffill(limit=2)
Out[230]:
             Colorado    Texas  New York      Ohio
2000-01-05 -0.896431  0.927238  0.482284 -0.867130
2000-01-06 -0.896431  0.927238  0.482284 -0.867130
2000-01-07 -0.896431  0.927238  0.482284 -0.867130
2000-01-08       NaN       NaN       NaN       NaN
2000-01-09       NaN       NaN       NaN       NaN
2000-01-10       NaN       NaN       NaN       NaN
2000-01-11       NaN       NaN       NaN       NaN
2000-01-12  0.493841 -0.155434  1.397286  1.507055
```

특히 새로운 날짜 색인은 이전 색인과 일치할 필요가 전혀 없다.

```
In [231]: frame.resample("W-THU").ffill()
Out[231]:
             Colorado    Texas  New York      Ohio
2000-01-06 -0.896431  0.927238  0.482284 -0.867130
2000-01-13  0.493841 -0.155434  1.397286  1.507055
```

11.6.3 기간 리샘플링

기간으로 색인된 데이터를 리샘플링하는 것은 타임스탬프와 유사하다.

```
In [232]: frame = pd.DataFrame(np.random.standard_normal((24, 4)),
   .....:                       index=pd.period_range("1-2000", "12-2001", freq="M"),
```

```
     .....:                        columns=["Colorado", "Texas", "New York", "Ohio"])

In [233]: frame.head()
Out[233]:
        Colorado     Texas  New York      Ohio
2000-01 -1.179442  0.443171  1.395676 -0.529658
2000-02  0.787358  0.248845  0.743239  1.267746
2000-03  1.302395 -0.272154 -0.051532 -0.467740
2000-04 -1.040816  0.426419  0.312945 -1.115689
2000-05  1.234297 -1.893094 -1.661605 -0.005477

In [234]: annual_frame = frame.resample("A-DEC").mean()

In [235]: annual_frame
Out[235]:
      Colorado     Texas  New York      Ohio
2000  0.487329  0.104466  0.020495 -0.273945
2001  0.203125  0.162429  0.056146 -0.103794
```

업샘플링은 리샘플링 전에 새로운 빈도에서 구간의 끝을 어느 쪽에 두어야 할지 미리 결정해야 하므로 조금 미묘한 차이가 있다. convention 인수의 기본값은 "start"이지만 "end"로 지 정할 수도 있다.

```
# Q-DEC: 12월을 연도의 마감으로 하는 분기 주기
In [236]: annual_frame.resample("Q-DEC").ffill()
Out[236]:
       Colorado     Texas  New York      Ohio
2000Q1  0.487329  0.104466  0.020495 -0.273945
2000Q2  0.487329  0.104466  0.020495 -0.273945
2000Q3  0.487329  0.104466  0.020495 -0.273945
2000Q4  0.487329  0.104466  0.020495 -0.273945
2001Q1  0.203125  0.162429  0.056146 -0.103794
2001Q2  0.203125  0.162429  0.056146 -0.103794
2001Q3  0.203125  0.162429  0.056146 -0.103794
2001Q4  0.203125  0.162429  0.056146 -0.103794

In [237]: annual_frame.resample("Q-DEC", convention="end").asfreq()
Out[237]:
       Colorado     Texas  New York      Ohio
2000Q4  0.487329  0.104466  0.020495 -0.273945
2001Q1       NaN       NaN       NaN       NaN
```

```
2001Q2     NaN      NaN      NaN      NaN
2001Q3     NaN      NaN      NaN      NaN
2001Q4  0.203125  0.162429  0.056146 -0.103794
```

기간은 시간 범위를 참조하므로 업샘플링과 다운샘플링 규칙이 조금 더 엄격하다.

- 다운샘플링의 경우 대상 빈도는 반드시 원본 빈도의 **하위 기간**이어야 한다.

- 업샘플링의 경우 대상 빈도는 반드시 원본 빈도의 **상위 기간**이어야 한다.

위 조건을 만족하지 않으면 예외가 발생한다. 이 예외는 주로 분기별, 연간, 주간 빈도에서 발생하며 예를 들어 Q-MAR로 정의된 기간은 A-MAR, A-JUN, A-SEP, A-DEC로만 이뤄진다.

```
In [238]: annual_frame.resample("Q-MAR").ffill()
Out[238]:
        Colorado    Texas  New York      Ohio
2000Q4  0.487329  0.104466  0.020495 -0.273945
2001Q1  0.487329  0.104466  0.020495 -0.273945
2001Q2  0.487329  0.104466  0.020495 -0.273945
2001Q3  0.487329  0.104466  0.020495 -0.273945
2001Q4  0.203125  0.162429  0.056146 -0.103794
2002Q1  0.203125  0.162429  0.056146 -0.103794
2002Q2  0.203125  0.162429  0.056146 -0.103794
2002Q3  0.203125  0.162429  0.056146 -0.103794
```

11.6.4 그룹화된 시간 리샘플링

시계열 데이터의 경우 resample 메서드는 의미론적으로 시간 간격에 기반한 그룹 연산이다. 다음 예제를 살펴보자.

```
In [239]: N = 15

In [240]: times = pd.date_range("2017-05-20 00:00", freq="1min", periods=N)

In [241]: df = pd.DataFrame({"time": times,
   .....:                    "value": np.arange(N)})

In [242]: df
```

```
Out[242]:
                  time  value
0  2017-05-20 00:00:00      0
1  2017-05-20 00:01:00      1
2  2017-05-20 00:02:00      2
3  2017-05-20 00:03:00      3
4  2017-05-20 00:04:00      4
5  2017-05-20 00:05:00      5
6  2017-05-20 00:06:00      6
7  2017-05-20 00:07:00      7
8  2017-05-20 00:08:00      8
9  2017-05-20 00:09:00      9
10 2017-05-20 00:10:00     10
11 2017-05-20 00:11:00     11
12 2017-05-20 00:12:00     12
13 2017-05-20 00:13:00     13
14 2017-05-20 00:14:00     14
```

"time"으로 색인하고 리샘플링을 수행한다.

```
In [243]: df.set_index("time").resample("5min").count()
Out[243]:
                     value
time
2017-05-20 00:00:00      5
2017-05-20 00:05:00      5
2017-05-20 00:10:00      5
```

DataFrame에 추가 그룹 키 열로 표시된 여러 시계열 데이터가 있다고 가정하자.

```
In [244]: df2 = pd.DataFrame({"time": times.repeat(3),
   .....:                     "key": np.tile(["a", "b", "c"], N),
   .....:                     "value": np.arange(N * 3.)})

In [245]: df2.head(7)
Out[245]:
                 time key  value
0 2017-05-20 00:00:00   a    0.0
1 2017-05-20 00:00:00   b    1.0
2 2017-05-20 00:00:00   c    2.0
3 2017-05-20 00:01:00   a    3.0
```

```
4 2017-05-20 00:01:00   b    4.0
5 2017-05-20 00:01:00   c    5.0
6 2017-05-20 00:02:00   a    6.0
```

"key"의 각 값에 대해 동일한 리샘플링을 수행하려면 pandas.Grouper 객체를 사용한다.

```
In [246]: time_key = pd.Grouper(freq="5min")
```

그다음 시간 색인을 설정하고 "key"와 time_key로 그룹화한 다음 집계한다.

```
In [247]: resampled = (df2.set_index("time")
   .....:                 .groupby(["key", time_key])
   .....:                 .sum())

In [248]: resampled
Out[248]:
                            value
key time
a   2017-05-20 00:00:00    30.0
    2017-05-20 00:05:00   105.0
    2017-05-20 00:10:00   180.0
b   2017-05-20 00:00:00    35.0
    2017-05-20 00:05:00   110.0
    2017-05-20 00:10:00   185.0
c   2017-05-20 00:00:00    40.0
    2017-05-20 00:05:00   115.0
    2017-05-20 00:10:00   190.0

In [249]: resampled.reset_index()
Out[249]:
  key                time  value
0   a 2017-05-20 00:00:00   30.0
1   a 2017-05-20 00:05:00  105.0
2   a 2017-05-20 00:10:00  180.0
3   b 2017-05-20 00:00:00   35.0
4   b 2017-05-20 00:05:00  110.0
5   b 2017-05-20 00:10:00  185.0
6   c 2017-05-20 00:00:00   40.0
7   c 2017-05-20 00:05:00  115.0
8   c 2017-05-20 00:10:00  190.0
```

`pandas.Grouper`를 사용할 때 한 가지 제약 사항은 시간이 `Series`나 `DataFrame`의 색인 시간이어야 한다는 점이다.

11.7 이동창 함수

시계열 연산에서 사용되는 배열 변형에서 중요한 요소는 움직이는 창이나 지수 가중과 함께 수행하는 통계와 여타 함수다. 이런 함수를 이용해 누락된 데이터로 인해 매끄럽지 않은 시계열 데이터를 매끄럽게 다듬을 수 있다. 필자는 이를 **이동창 함수**moving window function라 부른다. 여기에는 지수 가중 이동평균처럼 크기가 고정된 창을 갖지 않는 함수도 포함한다. 다른 통계 함수와 마찬가지로 이동창 함수도 누락된 데이터를 자동으로 배제한다.

우선 시계열 데이터를 불러와서 영업일 빈도로 리샘플링하자.

```
In [250]: close_px_all = pd.read_csv("examples/stock_px.csv",
   .....:                             parse_dates=True, index_col=0)

In [251]: close_px = close_px_all[["AAPL", "MSFT", "XOM"]]

In [252]: close_px = close_px.resample("B").ffill()
```

`rolling` 연산은 `resample`, `groupby`와 유사하게 작동한다. `Series`나 `DataFrame`에서 원하는 기간을 나타내는 `window` 값으로 호출할 수 있다. [그림 11-4]는 데이터를 시각화한 것이다.

```
In [253]: close_px["AAPL"].plot()
Out[253]: <AxesSubplot:>

In [254]: close_px["AAPL"].rolling(250).mean().plot()
```

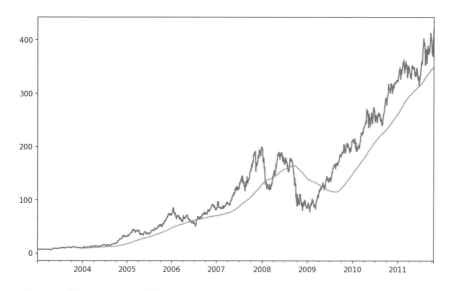

그림 11-4 애플 주가의 250일 이동평균

rolling(250)이라는 표현은 groupby와 비슷해 보이지만 그룹을 생성하는 대신 250일 크기의 움직이는 창을 통해 그룹핑할 수 있는 객체를 생성한다. [그림 11-5]는 250일 일별 수익 표준편차를 나타내는 그래프다.

rolling 함수는 기본적으로 해당 창 내에는 결측치가 없기를 기대하지만 시계열의 시작 지점에서는 필연적으로 window보다 적은 기간의 데이터를 가지므로 이를 처리하기 위해 rolling 함수의 작동 방식이 변경될 수 있다.

```
In [255]: plt.figure()
Out[255]: <Figure size 1000x600 with 0 Axes>

In [256]: std250 = close_px["AAPL"].pct_change().rolling(250, min_periods=10).std()

In [257]: std250[5:12]
Out[257]:
2003-01-09        NaN
2003-01-10        NaN
2003-01-13        NaN
2003-01-14        NaN
2003-01-15        NaN
2003-01-16    0.009628
```

```
2003-01-17    0.013818
Freq: B, Name: AAPL, dtype: float64

In [258]: std250.plot()
```

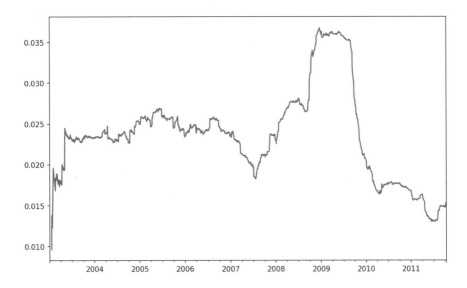

그림 11-5 애플의 250일 일별 수익 표준편차

확장창^{expanding window} 평균을 구하려면 rolling 대신 expanding을 사용한다. 확장창 평균은 시계열의 시작 지점에서부터 창의 크기가 시계열의 전체 크기가 될 때까지 점점 창의 크기를 늘린다. std250 시계열의 확장창 평균은 다음과 같이 구한다.

```
In [259]: expanding_mean = std250.expanding().mean()
```

DataFrame에 대해 이동창 함수를 호출하면 각 열에 변환이 모두 적용된다(그림 11-6).

```
In [261]: plt.style.use('grayscale')

In [262]: close_px.rolling(60).mean().plot(logy=True)
```

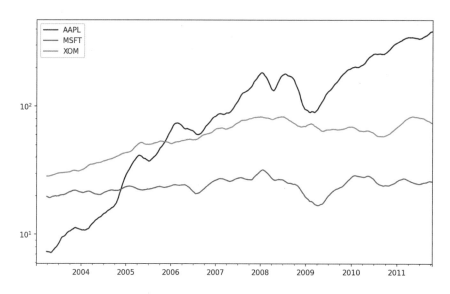

그림 11-6 주가의 60일 이동평균(Y축 로그 스케일)

rolling 함수는 고정된 크기의 기간 지정 문자열을 넘겨서 호출할 수도 있다. 빈도가 불규칙한 시계열일 경우 유용하게 사용할 수 있다. resample 함수에서 사용한 문자열과 동일한 형식이다. 예를 들어 20일 크기의 이동평균은 다음과 같이 구한다.

```
In [263]: close_px.rolling("20D").mean()
Out[263]:
                 AAPL       MSFT       XOM
2003-01-02    7.400000  21.110000  29.220000
2003-01-03    7.425000  21.125000  29.230000
2003-01-06    7.433333  21.256667  29.473333
2003-01-07    7.432500  21.425000  29.342500
2003-01-08    7.402000  21.402000  29.240000
...                ...        ...        ...
2011-10-10  389.351429  25.602143  72.527857
2011-10-11  388.505000  25.674286  72.835000
2011-10-12  388.531429  25.810000  73.400714
2011-10-13  388.826429  25.961429  73.905000
2011-10-14  391.038000  26.048667  74.185333
[2292 rows x 3 columns]
```

11.7.1 지수 가중 함수

균등한 가중치를 갖는 관찰로 크기가 고정된 창을 사용하는 방법 대신, 감쇠 인자$^{decay\ factor}$ 상수에 더 많은 가중치를 주어 더 최근 값을 관찰하는 방법도 있다. 감쇠 인자 상수를 지정하는 여러 방법이 있지만 기간을 이용하는 방법을 많이 사용한다. 이를 통해 창 크기가 기간과 동일한 단순 이동창 함수와 결과를 비교할 수 있다.

지수 가중 통계는 최근 값에 더 많은 가중치를 두는 방법이므로 균등 가중 방식에 비해 더 빠르게 변화를 수용한다.

판다스는 rolling, expanding과 함께 사용할 수 있는 ewm 연산을 제공한다. 다음 예제는 span=30으로 구한 지수 가중 이동평균과 애플 주가 30일 이동평균을 비교한 것이다(그림 11-7).

```
In [265]: aapl_px = close_px["AAPL"]["2006":"2007"]

In [266]: ma30 = aapl_px.rolling(30, min_periods=20).mean()

In [267]: ewma30 = aapl_px.ewm(span=30).mean()

In [268]: aapl_px.plot(style="k-", label="Price")
Out[268]: <AxesSubplot:>

In [269]: ma30.plot(style="k--", label="Simple Moving Avg")
Out[269]: <AxesSubplot:>

In [270]: ewma30.plot(style="k-", label="EW MA")
Out[270]: <AxesSubplot:>

In [271]: plt.legend()
```

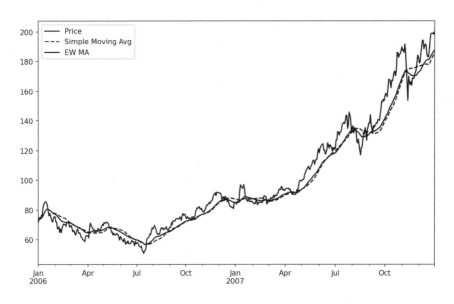

그림 11-7 간단한 이동평균과 지수 가중 이동평균

11.7.2 이진 이동창 함수

상관관계와 공분산 같은 몇몇 통계 연산은 두 개의 시계열이 필요하다. 예를 들어 금융 분석가는 종종 S&P 500 같은 비교 대상이 되는 지수와 주식의 상관관계에 흥미를 가진다. 먼저 관심 있는 모든 시계열에 대한 백분율 변화부터 계산해보자.

```
In [273]: spx_px = close_px_all["SPX"]

In [274]: spx_rets = spx_px.pct_change()

In [275]: returns = close_px.pct_change()
```

rolling 함수에 이어 호출한 corr 집계 함수는 spx_rets와의 상관관계를 계산한다(그림 11-8).

```
In [276]: corr = returns["AAPL"].rolling(125, min_periods=100).corr(spx_rets)

In [277]: corr.plot()
```

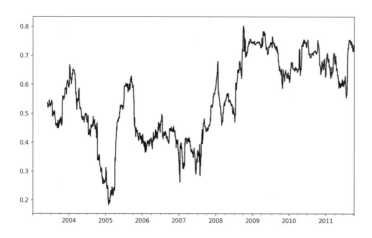

그림 11-8 6개월간 S&P 500 지수와 애플 수익 상관관계

여러 주식과 S&P 500 지수와의 상관관계를 한 번에 계산하고 싶다. 앞서 애플 주식을 계산할 때처럼 반복문으로 새로운 DataFrame을 생성할 수도 있지만 각 주식이 단일 DataFrame의 열로 존재한다면 해당 DataFrame에 대해 rolling을 호출한 후 corr 메서드에 spx_rets Series를 넘기면 된다. 결과는 [그림 11-9]에서 확인할 수 있다.

```
In [279]: corr = returns.rolling(125, min_periods=100).corr(spx_rets)

In [280]: corr.plot()
```

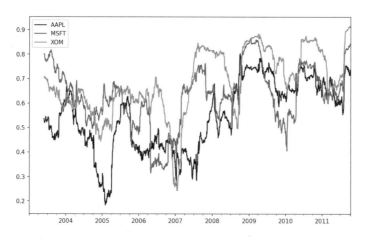

그림 11-9 6개월 수익과 S&P 500 지수의 상관관계

11.7.3 사용자 정의 이동창 함수

rolling이나 다른 관련 메서드에 apply를 호출해 이동창에서 사용자 정의 연산을 수행할 수 있다. 유일한 요구 사항은 사용자 정의 함수가 배열의 각 조각으로부터 단일 값을 반환해야 한다는 것이다. 예를 들어 rolling(...).quantile(q)로 표본 사분위수를 계산할 수 있는 것처럼 전체 표본에서 특정 값이 차지하는 백분위 점수를 구하는 함수를 작성할 수도 있다. scipy.stats.percentileofscore 함수가 이 작업을 수행한다(그림 11-10).

```
In [282]: from scipy.stats import percentileofscore

In [283]: def score_at_2percent(x):
   .....:         return percentileofscore(x, 0.02)

In [284]: result = returns["AAPL"].rolling(250).apply(score_at_2percent)

In [285]: result.plot()
```

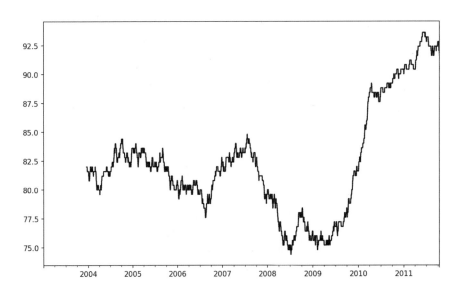

그림 11-10 2%의 연간 애플 수익률에 대한 백분위 점수

사이파이 패키지가 설치되어 있지 않다면 콘다나 **pip**으로 설치하자.

```
conda install scipy
```

11.8 마치며

시계열 데이터에는 앞서 살펴본 데이터 유형과는 다른 종류의 분석과 데이터 변형 도구가 필요하다.

다음 장에서는 statsmodels, 사이킷런 같은 모델링 라이브러리 사용법을 살펴본다.

파이썬 모델링 라이브러리

이 책은 파이썬을 활용한 데이터 분석의 기초 프로그래밍 실력을 키우는 데 초점을 맞췄다. 데이터 분석가와 과학자는 데이터를 정제하고 준비하는 데 너무 많은 시간을 할애하며 이 책에서도 관련 기법을 습득하는 데 많은 지면을 할애했다.

모델을 개발하는 데 사용할 라이브러리는 어떤 애플리케이션에 적용하느냐에 따라 다르다. 여러 통계 문제는 최소제곱법 회귀 같은 단순한 기법으로 해결할 수 있고 고급 머신러닝 방식으로 해결 가능한 문제도 있다. 다행히 파이썬은 이런 분석 기법을 구현할 수 있는 언어이며 이 책을 다 읽은 후에도 더 공부할 만한 도구가 많다.

이번 장에서는 모델 피팅fitting, 스코어링scoring, 판다스를 이용한 데이터 정제 작업 사이에 도움이 될만한 판다스 기능을 살펴본다. 그리고 유명한 모델링 도구인 statsmodels[1]와 사이킷런[2]을 간략히 소개한다. 두 프로젝트는 책 한 권으로 각각 다룰 수 있을 정도로 방대한 프로젝트이므로 여기서 모든 내용을 다루기보다 두 프로젝트의 온라인 문서와 데이터 과학, 통계, 머신러닝을 다루는 파이썬 도서를 소개한다.

---

[1] https://www.statsmodels.org/stable/index.html

[2] https://scikit-learn.org/stable

12.1 판다스와 모델 코드의 인터페이스

일반적으로 모델을 개발할 때 판다스로 데이터를 불러오고 정제한 후 모델링 라이브러리로 넘어간다. 모델을 개발하는 과정에서 중요한 단계는 특징을 선택하고 추출하는 피처 엔지니어링feature engineering이다. 이는 원시 데이터셋으로부터 모델링에서 유용할 만한 정보를 추출하는 변환이나 분석 과정을 일컫는다. 이 책에서 살펴본 데이터 요약이나 groupby 도구가 피처 엔지니어링에 자주 사용된다.

'좋은' 피처 엔지니어링에 관련된 자세한 내용은 이 책의 범위를 벗어나므로 판다스를 이용한 데이터 조작과 모델링 사이를 편리하게 오갈 수 있는 방법을 설명한다.

판다스와 다른 분석 라이브러리는 주로 넘파이 배열을 사용해 연계한다. DataFrame을 넘파이 배열로 변환하려면 to_numpy 메서드를 이용한다.

```
In [12]: data = pd.DataFrame({
   ....:         'x0': [1, 2, 3, 4, 5],
   ....:         'x1': [0.01, -0.01, 0.25, -4.1, 0.],
   ....:         'y': [-1.5, 0., 3.6, 1.3, -2.]})

In [13]: data
Out[13]:
   x0    x1    y
0   1  0.01 -1.5
1   2 -0.01  0.0
2   3  0.25  3.6
3   4 -4.10  1.3
4   5  0.00 -2.0

In [14]: data.columns
Out[14]: Index(['x0', 'x1', 'y'], dtype='object')

In [15]: data.to_numpy()
Out[15]:
array([[ 1.  ,  0.01, -1.5 ],
       [ 2.  , -0.01,  0.  ],
       [ 3.  ,  0.25,  3.6 ],
       [ 4.  , -4.1 ,  1.3 ],
       [ 5.  ,  0.  , -2.  ]])
```

다시 DataFrame으로 되돌리려면 앞서 공부했던 것처럼 2차원 ndarray와 선택적으로 열 이름 리스트를 넘겨서 생성한다.

```
In [16]: df2 = pd.DataFrame(data.to_numpy(), columns=['one', 'two', 'three'])

In [17]: df2
Out[17]:
   one   two  three
0  1.0  0.01   -1.5
1  2.0 -0.01    0.0
2  3.0  0.25    3.6
3  4.0 -4.10    1.3
4  5.0  0.00   -2.0
```

to_numpy 메서드는 데이터가 한 가지 타입(예를 들면 모두 숫자형)으로 이루어져 있다는 가정 하에 사용된다. 만약 데이터 속성이 한 가지가 아니라면 파이썬 객체의 ndarrray가 반환된다.

```
In [18]: df3 = data.copy()

In [19]: df3['strings'] = ['a', 'b', 'c', 'd', 'e']

In [20]: df3
Out[20]:
   x0    x1    y strings
0   1  0.01 -1.5       a
1   2 -0.01  0.0       b
2   3  0.25  3.6       c
3   4 -4.10  1.3       d
4   5  0.00 -2.0       e

In [21]: df3.to_numpy()
Out[21]:
array([[1, 0.01, -1.5, 'a'],
       [2, -0.01, 0.0, 'b'],
       [3, 0.25, 3.6, 'c'],
       [4, -4.1, 1.3, 'd'],
       [5, 0.0, -2.0, 'e']], dtype=object)
```

어떤 모델은 전체 열 중 일부만 사용하고 싶을 수 있다. 이 경우 loc을 이용해서 to_numpy를 사용하자.

```
In [22]: model_cols = ['x0', 'x1']

In [23]: data.loc[:, model_cols].to_numpy()
Out[23]:
array([[ 1.  ,  0.01],
       [ 2.  , -0.01],
       [ 3.  ,  0.25],
       [ 4.  , -4.1 ],
       [ 5.  ,  0.  ]])
```

판다스를 직접 지원하는 일부 라이브러리는 앞서 설명한 과정을 자동으로 처리한다. DataFrame에서 넘파이 배열로 변환하고 모델 매개변수의 이름을 출력 테이블이나 Series의 열로 추가한다. 아니라면 이런 메타데이터 관리를 수동으로 직접 작업해야 한다.

7.5절에서 판다스의 범주형과 pandas.get_dummies 함수를 살펴봤다. 예제 데이터셋에서 숫자가 아닌 열이 있다고 가정하자.

```
In [24]: data['category'] = pd.Categorical(['a', 'b', 'a', 'a', 'b'],
    ....:                                   categories=['a', 'b'])

In [25]: data
Out[25]:
   x0    x1    y category
0   1  0.01 -1.5        a
1   2 -0.01  0.0        b
2   3  0.25  3.6        a
3   4 -4.10  1.3        a
4   5  0.00 -2.0        b
```

만일 'category' 열을 더미 값으로 치환하고 싶다면 더미 값을 생성하고 'category' 열을 삭제한 다음 결과와 합쳐야 한다.

```
In [26]: dummies = pd.get_dummies(data.category, prefix='category', dtype=float)

In [27]: data_with_dummies = data.drop('category', axis=1).join(dummies)

In [28]: data_with_dummies
Out[28]:
   x0    x1    y  category_a  category_b
```

```
0  1  0.01 -1.5        1        0
1  2 -0.01  0.0        0        1
2  3  0.25  3.6        1        0
3  4 -4.10  1.3        1        0
4  5  0.00 -2.0        0        1
```

특정 통계 모델을 더미 값으로 피팅하는 기법도 있다. 단순히 숫자형 열만 가지고 있는 게 아니라면 다음 절에서 살펴볼 patsy를 사용하는 편이 더 단순하고 오류가 발생할 가능성도 낮다.

12.2 patsy로 모델 생성하기

patsy는 통계 모델(특히 선형 모델)을 위한 파이썬 라이브러리이며 R이나 S 통계 프로그래밍 언어에서 사용하는 수식 문법formula syntax과 유사한 형식의 문자열 기반 수식 문법을 제공한다. statsmodels를 설치하면 pasty가 자동으로 함께 설치된다.

```
conda install statsmodels
```

patsy는 통계 모델에서 선형 모델을 잘 지원하므로 시작하는 데 필요한 주요 기능 중 일부만 살펴본다. patsy의 수식 문법은 다음과 같은 특수한 형태의 문자열이다.

```
y ~ x0 + x1
```

a + b 문법은 b에 a를 더하라는 의미가 아니라 모델을 위해 생성된 **배열을 설계**하는 용법이다. **patsy.dmatrices** 함수는 수식 문자열과 데이터셋(**DataFrame** 또는 배열의 딕셔너리)을 함께 받아 선형 모델을 위한 설계 배열을 만들어낸다.

```
In [29]: data = pd.DataFrame({
    ....:     'x0': [1, 2, 3, 4, 5],
    ....:     'x1': [0.01, -0.01, 0.25, -4.1, 0.],
    ....:     'y': [-1.5, 0., 3.6, 1.3, -2.]})

In [30]: data
Out[30]:
```

```
    x0   x1    y
0   1  0.01  -1.5
1   2 -0.01   0.0
2   3  0.25   3.6
3   4 -4.10   1.3
4   5  0.00  -2.0

In [31]: import patsy

In [32]: y, X = patsy.dmatrices('y ~ x0 + x1', data)
```

dmatrices 함수를 실행하면 다음과 같은 결과를 얻는다.

```
In [33]: y
Out[33]:
DesignMatrix with shape (5, 1)
     y
  -1.5
   0.0
   3.6
   1.3
  -2.0
  Terms:
    'y' (column 0)

In [34]: X
Out[34]:
DesignMatrix with shape (5, 3)
  Intercept  x0     x1
          1   1   0.01
          1   2  -0.01
          1   3   0.25
          1   4  -4.10
          1   5   0.00
  Terms:
    'Intercept' (column 0)
    'x0' (column 1)
    'x1' (column 2)
```

patsy의 DesignMatrix 인스턴스는 몇 가지 추가 메타데이터가 포함된 넘파이 ndarray로 볼 수 있다.

```
In [35]: np.asarray(y)
Out[35]:
array([[-1.5],
       [ 0. ],
       [ 3.6],
       [ 1.3],
       [-2. ]])

In [36]: np.asarray(X)
Out[36]:
array([[ 1.  ,  1.  ,  0.01],
       [ 1.  ,  2.  , -0.01],
       [ 1.  ,  3.  ,  0.25],
       [ 1.  ,  4.  , -4.1 ],
       [ 1.  ,  5.  ,  0.  ]])
```

여기서 등장한 **Intercept**는 최소제곱법 회귀와 같은 선형 모델을 위한 표현이다. 모델에 **0**을 더해서 절편intercept을 제거한다.

```
In [37]: patsy.dmatrices('y ~ x0 + x1 + 0', data)[1]
Out[37]:
DesignMatrix with shape (5, 2)
  x0     x1
   1   0.01
   2  -0.01
   3   0.25
   4  -4.10
   5   0.00
  Terms:
    'x0' (column 0)
    'x1' (column 1)
```

pasty 객체는 최소제곱법 회귀 분석을 위해 `numpy.linalg.lstsq` 같은 알고리듬에 바로 넘길 수도 있다.

```
In [38]: coef, resid, _, _ = np.linalg.lstsq(X, y, rcond=None)
```

모델 메타데이터는 `design_info` 속성을 통해 얻을 수 있다. 예를 들어 모델의 열 이름을 피팅된 항에 맞춘 **Series**를 만들 수도 있다.

```
In [39]: coef
Out[39]:
array([[ 0.3129],
       [-0.0791],
       [-0.2655]])

In [40]: coef = pd.Series(coef.squeeze(), index=X.design_info.column_names)

In [41]: coef
Out[41]:
Intercept    0.312910
x0          -0.079106
x1          -0.265464
dtype: float64
```

12.2.1 patsy 용법으로 데이터 변환하기

파이썬 코드를 patsy 용법과 섞어서 사용할 수도 있다. patsy 문법을 해석하는 과정에서 해당 함수를 찾아서 실행한다.

```
In [42]: y, X = patsy.dmatrices('y ~ x0 + np.log(np.abs(x1) + 1)', data)

In [43]: X
Out[43]:
DesignMatrix with shape (5, 3)
  Intercept  x0  np.log(np.abs(x1) + 1)
          1   1                 0.00995
          1   2                 0.00995
          1   3                 0.22314
          1   4                 1.62924
          1   5                 0.00000
  Terms:
    'Intercept' (column 0)
    'x0' (column 1)
    'np.log(np.abs(x1) + 1)' (column 2)
```

자주 사용하는 변수 변환으로는 표준화standardization(평균 0 분산 1)와 중심화centering(평균값을 뺌)가 있는데 pasty에는 이런 목적을 위한 내장 함수가 존재한다.

```
In [44]: y, X = patsy.dmatrices('y ~ standardize(x0) + center(x1)', data)

In [45]: X
Out[45]:
DesignMatrix with shape (5, 3)
  Intercept  standardize(x0)  center(x1)
          1         -1.41421        0.78
          1         -0.70711        0.76
          1          0.00000        1.02
          1          0.70711       -3.33
          1          1.41421        0.77
  Terms:
    'Intercept' (column 0)
    'standardize(x0)' (column 1)
    'center(x1)' (column 2)
```

모델링 과정에서 모델을 어떤 데이터셋에 피팅한 다음 다른 모델을 기반으로 평가하는 경우가 있다. 홀드-아웃hold-out[3]이거나 신규 데이터가 나중에 관측되는 경우가 그렇다. 중심화나 표준화 같은 변환을 적용하는 경우 새로운 데이터 기반으로 예측하는 용도로 모델을 사용한다면 주의해야 한다. 이를 **상태를 가지는**stateful 변환이라고 하는데 새로운 데이터셋을 변경할 때 원본 데이터의 표준편차나 평균 같은 통계를 사용해야 하기 때문이다.

patsy.build_design_matrices 함수는 입력으로 사용되는 원본 데이터셋에서 저장한 정보를 사용해 출력 데이터에 변환을 적용할 수 있는 함수다.

```
In [46]: new_data = pd.DataFrame({
    ....:     'x0': [6, 7, 8, 9],
    ....:     'x1': [3.1, -0.5, 0, 2.3],
    ....:     'y': [1, 2, 3, 4]})

In [47]: new_X = patsy.build_design_matrices([X.design_info], new_data)

In [48]: new_X
Out[48]:
[DesignMatrix with shape (4, 3)
  Intercept  standardize(x0)  center(x1)
          1          2.12132        3.87
          1          2.82843        0.27
```

----

3 옮긴이_ 전체 데이터셋을 학습을 위한 데이터셋과 검증을 위한 데이터셋으로 나누어 모델을 검증하는 방법이다.

```
         1        3.53553      0.77
         1        4.24264      3.07
  Terms:
    'Intercept' (column 0)
    'standardize(x0)' (column 1)
    'center(x1)' (column 2)]
```

patsy 문법에 더하기 기호(+)는 덧셈이 아니므로 데이터셋에서 이름으로 열을 추가하고 싶다면 I 함수라는 특수한 함수로 둘러싸야 한다.

```
In [49]: y, X = patsy.dmatrices('y ~ I(x0 + x1)', data)

In [50]: X
Out[50]:
DesignMatrix with shape (5, 2)
  Intercept   I(x0 + x1)
          1         1.01
          1         1.99
          1         3.25
          1        -0.10
          1         5.00
  Terms:
    'Intercept' (column 0)
    'I(x0 + x1)' (column 1)
```

patsy는 여러 가지 변환을 위한 내장 함수를 `patsy.builtins` 모듈로 제공한다. 자세한 내용은 온라인 문서[4]를 참고하자.

범주형 데이터의 변환은 조금 특별하다. 다음 절에서 자세히 살펴보자.

12.2.2 범주형 데이터와 patsy

숫자가 아닌 데이터는 여러 가지 형태의 모델 설계 배열로 변환할 수 있다. 이 주제에 대한 본격적인 논의는 이 책의 범위를 벗어나므로 통계와 관련된 내용과 함께 살펴보기를 추천한다.

patsy에서 숫자가 아닌 용법을 사용하면 기본적으로 더미 변수로 변환된다. 만약 Intercept

....

4 https://patsy.readthedocs.io/en/latest/builtins-reference.html

가 존재한다면 공선성collinearity을 피하기 위해 레벨 중 하나는 남겨두게 된다.

```
In [51]: data = pd.DataFrame({
   ....:     'key1': ['a', 'a', 'b', 'b', 'a', 'b', 'a', 'b'],
   ....:     'key2': [0, 1, 0, 1, 0, 1, 0, 0],
   ....:     'v1': [1, 2, 3, 4, 5, 6, 7, 8],
   ....:     'v2': [-1, 0, 2.5, -0.5, 4.0, -1.2, 0.2, -1.7]
   ....: })

In [52]: y, X = patsy.dmatrices('v2 ~ key1', data)

In [53]: X
Out[53]:
DesignMatrix with shape (8, 2)
  Intercept  key1[T.b]
          1          0
          1          0
          1          1
          1          1
          1          0
          1          1
          1          0
          1          1
  Terms:
    'Intercept' (column 0)
    'key1' (column 1)
```

모델에서 Intercept를 생략하면 각 범줏값의 열은 모델 설계 배열에 포함된다.

```
In [54]: y, X = patsy.dmatrices('v2 ~ key1 + 0', data)

In [55]: X
Out[55]:
DesignMatrix with shape (8, 2)
  key1[a]  key1[b]
        1        0
        1        0
        0        1
        0        1
        1        0
        0        1
        1        0
```

```
          0        1
   Terms:
     'key1' (columns 0:2)
```

숫자 열은 C 함수를 이용해서 범주형으로 해석할 수 있다.

```
In [56]: y, X = patsy.dmatrices('v2 ~ C(key2)', data)

In [57]: X
Out[57]:
DesignMatrix with shape (8, 2)
  Intercept  C(key2)[T.1]
          1             0
          1             1
          1             0
          1             1
          1             0
          1             1
          1             0
          1             0
   Terms:
     'Intercept' (column 0)
     'C(key2)' (column 1)
```

모델에서 여러 범주형 항을 사용하는 경우 분산분석 모델에서처럼 **key1:key2** 같은 용법을 사용할 수 있게 되므로 더 복잡해진다.

```
In [58]: data['key2'] = data['key2'].map({0: 'zero', 1: 'one'})

In [59]: data
Out[59]:
  key1 key2 v1   v2
0    a zero  1 -1.0
1    a  one  2  0.0
2    b zero  3  2.5
3    b  one  4 -0.5
4    a zero  5  4.0
5    b  one  6 -1.2
6    a zero  7  0.2
7    b zero  8 -1.7
```

```
In [60]: y, X = patsy.dmatrices('v2 ~ key1 + key2', data)

In [61]: X
Out[61]:
DesignMatrix with shape (8, 3)
  Intercept   key1[T.b]   key2[T.zero]
        1          0              1
        1          0              0
        1          1              1
        1          1              0
        1          0              1
        1          1              0
        1          0              1
        1          1              1
  Terms:
    'Intercept' (column 0)
    'key1' (column 1)
    'key2' (column 2)

In [62]: y, X = patsy.dmatrices('v2 ~ key1 + key2 + key1:key2', data)

In [63]: X
Out[63]:
DesignMatrix with shape (8, 4)
  Intercept   key1[T.b]   key2[T.zero]   key1[T.b]:key2[T.zero]
        1          0              1                  0
        1          0              0                  0
        1          1              1                  1
        1          1              0                  0
        1          0              1                  0
        1          1              0                  0
        1          0              1                  0
        1          1              1                  1
  Terms:
    'Intercept' (column 0)
    'key1' (column 1)
    'key2' (column 2)
    'key1:key2' (column 3)
```

patsy는 특정 순서에 따라 데이터를 변환하는 방법과 범주형 데이터를 변환하는 여러 방법을
제공한다. 자세한 내용은 온라인 문서[5]를 참고하자.

----

5 https://patsy.readthedocs.io/en/latest/index.html

12.3 statsmodels 소개

statsmodels[6]는 다양한 종류의 통계 모델 피팅, 통계 테스트 수행, 데이터 탐색, 시각화를 위한 파이썬 라이브러리다. statsmodels는 더 **고전적인**classical 빈도주의적 통계 메서드를 포함하지만 베이지안 메서드나 머신러닝 모델은 다른 라이브러리에서 찾을 수 있다.

statsmodels이 포함하는 모델은 다음과 같다.

- 선형 모델, 일반 선형 모델, 로버스트 선형 모델
- 선형 혼합 효과 모델
- 분산분석ANOVA 메서드
- 시계열 처리 및 상태 공간 모델
- 일반적률추정법Generalized Method of Moments (GMM)

이제 statsmodels의 몇 가지 기본 도구를 사용해보고 patsy와 판다스의 `DataFrame` 객체와 모델링 인터페이스를 어떻게 사용하는지 살펴보자. 앞서 patsy를 소개할 때 statsmodels를 설치하지 않았다면 지금 설치하자.

```
conda install statsmodels
```

12.3.1 선형 모델 예측하기

statsmodels에는 아주 기본적인 선형 회귀 모델(예: 최소제곱법)부터 더 복잡한 선형 회귀 모델(예: 반복 재가중 최소제곱법iteratively reweighted least squares (IRLS))까지 존재한다.

statsmodels의 선형 모델은 두 가지 주요한 인터페이스로 배열 기반과 용법 기반이 있다. 이 인터페이스는 API 모듈을 임포트해 사용한다.

```
import statsmodels.api as sm
import statsmodels.formula.api as smf
```

---

6 http://www.statsmodels.org

사용하는 법을 알아보기 위해 무작위 데이터로 선형 모델을 생성해보자. 다음 코드를 주피터 노트북에서 실행하자.

```
# 동일한 난수 발생을 위해 시드 값 고정
rng = np.random.default_rng(seed=12345)

def dnorm(mean, variance, size=1):
    if isinstance(size, int):
        size = size,
    return mean + np.sqrt(variance) * rng.standard_normal(*size)

N = 100
X = np.c_[dnorm(0, 0.4, size=N),
          dnorm(0, 0.6, size=N),
          dnorm(0, 0.2, size=N)]
eps = dnorm(0, 0.1, size=N)
beta = [0.1, 0.3, 0.5]

y = np.dot(X, beta) + eps
```

여기서는 알려진 매개변수 beta를 이용해서 진짜 모델을 작성했다. dnorm은 특정 평균과 분산을 가지는 정규분포 데이터를 생성하는 헬퍼 함수다. 이제 다음과 같은 데이터셋을 가지게 된다.

```
In [66]: X[:5]
Out[66]:
array([[-0.9005, -0.1894, -1.0279],
       [ 0.7993, -1.546 , -0.3274],
       [-0.5507, -0.1203,  0.3294],
       [-0.1639,  0.824 ,  0.2083],
       [-0.0477, -0.2131, -0.0482]])

In [67]: y[:5]
Out[67]: array([-0.5995, -0.5885,  0.1856, -0.0075, -0.0154])
```

선형 모델은 patsy에서 봤던 것처럼 일반적으로 Intercept와 함께 피팅된다. sm.add_constant 함수로 기존 행렬에 Intercept 열을 더할 수 있다.

```
In [68]: X_model = sm.add_constant(X)
```

```
In [69]: X_model[:5]
Out[69]:
array([[ 1.    , -0.9005, -0.1894, -1.0279],
       [ 1.    ,  0.7993, -1.546 , -0.3274],
       [ 1.    , -0.5507, -0.1203,  0.3294],
       [ 1.    , -0.1639,  0.824 ,  0.2083],
       [ 1.    , -0.0477, -0.2131, -0.0482]])
```

sm.OLS 클래스는 최소제곱법 선형 회귀에 피팅할 수 있다.

```
In [70]: model = sm.OLS(y, X)
```

모델의 fit 메서드는 예측 모델 매개변수와 다른 분석 정보를 포함하는 회귀 결과 객체를 반환한다.

```
In [71]: results = model.fit()

In [72]: results.params
Out[72]: array([0.0668, 0.268 , 0.4505])
```

results의 summary 메서드를 호출해 해당 모델의 자세한 분석 결과를 출력할 수 있다.

```
In [73]: print(results.summary())
OLS Regression Results
==============================================================================
Dep. Variable:                      y   R-squared (uncentered):
0.469
Model:                            OLS   Adj. R-squared (uncentered):
0.452
Method:                 Least Squares   F-statistic:
28.51
Date:                Mon, 15 Aug 2022   Prob (F-statistic):                   2.
66e-13
Time:                        09:17:35   Log-Likelihood:                       -
25.611
No. Observations:                 100   AIC:
57.22
Df Residuals:                      97   BIC:
65.04
```

```
Df Model:                        3

Covariance Type:            nonrobust

=================================================================
                 coef    std err          t      P>|t|      [0.025      0.975]
-----------------------------------------------------------------
x1             0.0668      0.054      1.243      0.217      -0.040       0.174
x2             0.2680      0.042      6.313      0.000       0.184       0.352
x3             0.4505      0.068      6.605      0.000       0.315       0.586
=================================================================
Omnibus:                     0.435   Durbin-Watson:                   1.869
Prob(Omnibus):               0.805   Jarque-Bera (JB):                0.301
Skew:                        0.134   Prob(JB):                        0.860
Kurtosis:                    2.995   Cond. No.                        1.64
=================================================================

Notes:
[1] R² is computed without centering (uncentered) since the model does not contai
n a constant.
[2] Standard Errors assume that the covariance matrix of the errors is correctly
specified.
```

지금까지는 매개변수 이름을 x1, x2 등으로 지었다. 그 대신 모든 모델 매개변수가 하나의 DataFrame에 들어 있다고 가정해보자.

```
In [74]: data = pd.DataFrame(X, columns=['col0', 'col1', 'col2'])

In [75]: data['y'] = y

In [76]: data[:5]
Out[76]:
       col0      col1      col2         y
0 -0.900506 -0.189430 -1.027870 -0.599527
1  0.799252 -1.545984 -0.327397 -0.588454
2 -0.550655 -0.120254  0.329359  0.185634
3 -0.163916  0.824040  0.208275 -0.007477
4 -0.047651 -0.213147 -0.048244 -0.015374
```

이제 statsmodels의 API와 patsy의 문자열 용법을 사용할 수 있다.

```
In [77]: results = smf.ols('y ~ col0 + col1 + col2', data=data).fit()

In [78]: results.params
Out[78]:
Intercept   -0.020799
col0         0.065813
col1         0.268970
col2         0.449419
dtype: float64

In [79]: results.tvalues
Out[79]:
Intercept   -0.652501
col0         1.219768
col1         6.312369
col2         6.567428
dtype: float64
```

statsmodels에서 반환하는 결과 Series가 DataFrame의 열 이름을 사용하고 있는 것을 알 수 있다. 또한 판다스 객체를 이용해서 수식을 사용하는 경우에는 add_constant를 호출할 필요가 없다.

주어진 새로운 샘플 데이터를 통해 예측 모델 매개변수에 전달한 예측값을 계산할 수 있다.

```
In [80]: results.predict(data[:5])
Out[80]:
0   -0.592959
1   -0.531160
2    0.058636
3    0.283658
4   -0.102947
dtype: float64
```

statsmodels에는 선형 모델 결과를 분석, 진단, 시각화하는 여러 도구를 제공한다. 최소제곱법뿐만 아니라 다른 선형 모델을 위한 것도 포함하고 있다.

12.3.2 시계열 처리 예측하기

statsmodels에 포함된 또 다른 모델 클래스로 시계열 분석을 위한 모델이 있다. 시계열 분석 모델에는 자기 회귀^{autoregressive}(AR) 처리, 칼만 필터, 다른 상태 공간 모델, 다변 자기 회귀 모델 등이 있다.

자기 회귀 구조와 노이즈^{noise}를 이용해서 시계열 데이터를 실험해보자. 다음 코드를 주피터 노트북에서 실행한다.

```
init_x = 4

values = [init_x, init_x]
N = 1000

b0 = 0.8
b1 = -0.4
noise = dnorm(0, 0.1, N)
for i in range(N):
    new_x = values[-1] * b0 + values[-2] * b1 + noise[i]
    values.append(new_x)
```

이 데이터는 매개변수가 0.8과 -0.4인 AR(2) 구조(두 개의 지연)다. AR 모델을 피팅할 때는 포함시켜야 할 지연 항을 얼마나 두어야 하는지 모르므로 적당히 큰 값으로 모델을 피팅한다.

```
In [82]: from statsmodels.tsa.ar_model import AutoReg

In [83]: MAXLAGS = 5

In [84]: model = AutoReg(values, MAXLAGS)

In [85]: results = model.fit()
```

결과에서 예측된 첫 번째 매개변수는 Intercept이고 그다음에 두 지연에 대한 예측치를 갖는다.

```
In [86]: results.params
Out[86]: array([ 0.0235,  0.8097, -0.4287, -0.0334,  0.0427, -0.0567])
```

이 모델에 관련된 자세한 내용과 결과를 해석하는 방식은 이 책에서 다루는 내용을 벗어난다.

자세한 내용은 statsmodels 공식 문서[7]를 참고하자.

12.4 사이킷런 소개

사이킷런scikit-learn[8]은 가장 널리 사용되는 범용 파이썬 머신러닝 툴킷이다. 사이킷런은 표준적인 지도 학습과 비지도 학습 메서드를 포함하고 있으며 모델 선택, 평가, 데이터 변형, 데이터 적재, 모델 유지 및 기타 작업을 위한 도구를 제공한다. 이러한 모델은 분류, 클러스터링, 예측, 여러 작업에 사용할 수 있다. 콘다로 사이킷런을 설치한다.

```
conda install scikit-learn
```

머신러닝을 공부하고 실제 문제를 해결하기 위해 사이킷런과 텐서플로를 적용하는 방법을 소개하는 다양한 온라인 자료와 책이 있다. 이번 절에서는 사이킷런 API 스타일에 대해서 간략히 살펴본다.

최근 몇 년 사이에 사이킷런의 판다스 통합 기능이 상당한 수준으로 개선되었고 이 책이 출간될 무렵에는 그보다 더 많이 향상되었을 수 있다. 최신 온라인 문서를 꾸준히 확인하기를 추천한다.

예를 들어 이제는 대표적인 데이터셋이 된 캐글의 1912년 타이태닉 생존자 데이터셋[9]을 사용할 때 판다스를 이용해서 학습 데이터셋을 불러오고 테스트한다.

```
In [87]: train = pd.read_csv('datasets/titanic/train.csv')

In [88]: test = pd.read_csv('datasets/titanic/test.csv')

In [89]: train.head(4)
Out[89]:
   PassengerId  Survived  Pclass  \
0            1         0       3
```

---

7 https://www.statsmodels.org/stable/index.html
8 https://scikit-learn.org/stable
9 https://www.kaggle.com/c/titanic

```
1           2       1       1
2           3       1       3
3           4       1       1
                                           Name    Sex   Age   SibSp  \
0                           Braund, Mr. Owen Harris    male   22.0      1
1   Cumings, Mrs. John Bradley (Florence Briggs Thayer)  female   38.0      1
2                           Heikkinen, Miss. Laina  female   26.0      0
3         Futrelle, Mrs. Jacques Heath (Lily May Peel)  female   35.0      1
   Parch          Ticket      Fare  Cabin  Embarked
0      0       A/5 21171    7.2500    NaN         S
1      0        PC 17599   71.2833    C85         C
2      0  STON/02. 3101282    7.9250    NaN         S
3      0          113803   53.1000   C123         S
```

statsmodels나 사이킷런 라이브러리는 일반적으로 누락된 데이터를 처리하지 못하므로 데이터셋에 누락된 값이 있는지 살펴본다.

```
In [90]: train.isna().sum()
Out[90]:
PassengerId      0
Survived         0
Pclass           0
Name             0
Sex              0
Age            177
SibSp            0
Parch            0
Ticket           0
Fare             0
Cabin          687
Embarked         2
dtype: int64

In [91]: test.isna().sum()
Out[91]:
PassengerId      0
Pclass           0
Name             0
Sex              0
Age             86
SibSp            0
Parch            0
```

```
Ticket          0
Fare            1
Cabin         327
Embarked        0
dtype: int64
```

이와 같은 통계와 머신러닝 예제에서는 데이터에 기술된 특징에 기반해 특정 승객의 생존 여부를 예측하는 것이 일반적인 과제다. 학습 데이터셋에 모델을 피팅하고 테스트 데이터셋으로 검증하는 식이다.

나이(Age)를 기반으로 생존 여부를 예측하고 싶지만 누락된 데이터가 있다. 결측치를 보완하는 여러 방법이 있지만 여기서는 간단히 학습 데이터셋의 중간값을 채워 넣는 것으로 처리한다.

```
In [92]: impute_value = train['Age'].median()

In [93]: train['Age'] = train['Age'].fillna(impute_value)

In [94]: test['Age'] = test['Age'].fillna(impute_value)
```

이제 모델을 명세해야 한다. IsFemale 열을 추가해서 'Sex' 열을 인코딩한다.

```
In [95]: train['IsFemale'] = (train['Sex'] == 'female').astype(int)

In [96]: test['IsFemale'] = (test['Sex'] == 'female').astype(int)
```

몇 가지 모델 변수를 선언하고 넘파이 배열을 생성한다.

```
In [97]: predictors = ['Pclass', 'IsFemale', 'Age']

In [98]: X_train = train[predictors].to_numpy()

In [99]: X_test = test[predictors].to_numpy()

In [100]: y_train = train['Survived'].to_numpy()

In [101]: X_train[:5]
Out[101]:
array([[ 3.,  0., 22.],
       [ 1.,  1., 38.],
```

```
       [ 3.,  1., 26.],
       [ 1.,  1., 35.],
       [ 3.,  0., 35.]])

In [102]: y_train[:5]
Out[102]: array([0, 1, 1, 1, 0])
```

지금 만든 모델이 좋은 모델이라거나 추출한 특징들이 공학적으로 제대로 선택된 것이라고 주장하지는 않겠다. 사이킷런의 **LogisticRegression** 모델을 이용해서 **model** 인스턴스를 생성하자.

```
In [103]: from sklearn.linear_model import LogisticRegression

In [104]: model = LogisticRegression()
```

model의 **fit** 메서드를 이용해서 이 모델을 학습 데이터에 피팅할 수 있다.

```
In [105]: model.fit(X_train, y_train)
Out[105]: LogisticRegression()
```

이제 **model.predict**를 이용해서 테스트 데이터셋으로 예측해보자.

```
In [106]: y_predict = model.predict(X_test)

In [107]: y_predict[:10]
Out[107]: array([0, 0, 0, 0, 1, 0, 1, 0, 1, 0])
```

테스트 데이터셋의 실제 생존 여부 값을 가지고 있다면 다음 코드로 정확도나 기타 오류율을 계산할 수 있다.

```
(y_true == y_predict).mean()
```

실제로는 복잡하고 다양한 단계를 거쳐 모델 학습을 진행한다. 많은 모델은 조절 가능한 매개변수를 가지며 학습 데이터에 오버피팅(과적합)되는 것을 피할 수 있도록 교차 검증^{cross-validation} 같은 기법을 활용하기도 한다. 이는 새로운 데이터에 대해 예측 성능이나 견고함을 높이기도 한다.

교차 검증은 학습 데이터를 분할해 예측을 위한 샘플로 활용하는 방식으로 작동한다. 평균 제곱 오차mean squared error(MSE)와 같은 모델 정확도 점수에 기반해 모델 매개변수에 대한 그리드 검색을 수행한다. 로지스틱 회귀 같은 모델은 교차 검증을 내장한 추정 클래스를 제공하기도 한다. 예를 들어 LogisticRegressionCV 클래스는 모델 정규화 매개변수 C에 대한 그리드 검색을 얼마나 정밀하게 수행할 것인지 나타내는 매개변수와 함께 사용할 수 있다.

```
In [108]: from sklearn.linear_model import LogisticRegressionCV

In [109]: model_cv = LogisticRegressionCV(Cs=10)

In [110]: model_cv.fit(X_train, y_train)
Out[110]: LogisticRegressionCV()
```

직접 교차 검증을 수행하려면 데이터를 분할하는 과정을 도와주는 cross_val_score 헬퍼 함수를 이용한다. 예를 들어 학습 데이터를 겹치지 않는 4개의 그룹으로 나누려면 아래와 같이 수행한다.

```
In [111]: from sklearn.model_selection import cross_val_score

In [112]: model = LogisticRegression(C=10)

In [113]: scores = cross_val_score(model, X_train, y_train, cv=4)

In [114]: scores
Out[114]: array([0.7758, 0.7982, 0.7758, 0.7883])
```

기본 스코어링은 모델 의존적이지만 명시적으로 스코어링 함수를 선택하는 것도 가능하다. 교차 검증된 모델은 학습 시간이 오래 걸리지만 더 나은 성능을 보여주기도 한다.

12.5 마치며

여기서는 파이썬 모델링 라이브러리의 겉만 훑어봤지만, 파이썬으로 구현되었거나 파이썬 사용자 인터페이스를 제공하는 무수히 많은 머신러닝 라이브러리와 통계 모듈이 존재한다.

이 책은 데이터 처리에 초점을 맞춰 작성했다. 모델링과 데이터 과학 도구에 초점을 맞춘 좋은 책이 많지만 여기서는 몇 권만 소개한다.

- 『파이썬 라이브러리를 활용한 머신러닝』(한빛미디어, 2022)
- 『파이썬 데이터 사이언스 핸드북』(위키북스, 2017)
- 『밑바닥부터 시작하는 데이터 과학』(인사이트, 2020)
- 『머신 러닝 교과서 with 파이썬, 사이킷런, 텐서플로』(길벗, 2021)
- 『핸즈온 머신러닝』(한빛미디어, 2020)

책을 통해 공부하는 것은 여전히 의미 있는 일이지만 오픈 소스 소프트웨어는 빠르게 변화하므로 종종 책에 있는 내용이 변화를 따라잡지 못하는 경우도 있다. 최신 기능과 API 변화를 계속 따라가고 싶다면 통계나 머신러닝 프레임워크 공식 문서를 살피는 것에 익숙해져야 한다.

데이터 분석 예제

드디어 마지막 장이다. 이번에는 실제 데이터셋을 살펴본다. 지금까지 책에서 배운 기술을 이용해서 데이터에서 의미 있는 정보를 추출해보자. 여기서 설명하는 기술은 여러분의 데이터셋을 포함해 모든 데이터셋에 적용할 수 있다. 이번 장에 이 책에서 배웠던 도구를 실습할 수 있는 예제 데이터셋을 모아두었다.

책에서 사용한 예제 데이터셋은 이 책의 깃허브 저장소[1]에서 다운로드할 수 있다. 만일 깃허브에 접속할 수 없다면 저장소 미러인 Gitee[2]에서도 다운로드할 수 있다.

13.1 Bitly의 1.USA.gov 데이터

2011년 URL 축약 서비스인 Bitly (비틀리)는 미국 정부 웹사이트인 USA.gov와 제휴해 .gov나 .mil로 끝나는 URL을 축약한 사용자에 관한 익명 정보를 제공했었다. 2011년에는 실시간 피드뿐 아니라 매시간마다 스냅숏을 텍스트 파일로 내려받을 수 있었다. 집필 시점인 2022년에는 해당 서비스가 더 이상 존재하지 않지만 그 당시 제공했던 데이터 파일 중 하나를 살펴본다.

시간별 스냅숏 파일의 각 행은 웹 데이터 형식으로 흔히 사용하는 JSON^{JavaScript Object Notation} 형

---

1 https://github.com/wesm/pydata-book

2 https://gitee.com/wesmckinn/pydata-book

식이다. 스냅숏 파일의 첫 줄을 열어보면 다음과 비슷한 내용을 확인할 수 있다.

```
In [5]: path = "datasets/bitly_usagov/example.txt"

In [6]: with open(path) as f:
   ...: print(f.readline())
   ...:
{ "a": "Mozilla\\/5.0 (Windows NT 6.1; WOW64) AppleWebKit\\/535.11
(KHTML, like Gecko) Chrome\\/17.0.963.78 Safari\\/535.11", "c": "US", "nk": 1,
"tz": "America\\/New_York", "gr": "MA", "g": "A6qOVH", "h": "wfLQtf", "l":
"orofrog", "al": "en-US,en;q=0.8", "hh": "1.usa.gov", "r":
"http:\\/\\/www.facebook.com\\/l\\/7AQEFzjSi\\/1.usa.gov\\/wfLQtf", "u":
"http:\\/\\/www.ncbi.nlm.nih.gov\\/pubmed\\/22415991", "t": 1331923247, "hc":
1331822918, "cy": "Danvers", "ll": [ 42.576698, -70.954903 ] }
```

파이썬에는 JSON 문자열을 파이썬 딕셔너리 객체로 바꿔주는 다양한 내장 모듈과 서드파티 모듈이 있다. 여기서는 json 모듈의 loads 함수를 이용해 내려받은 샘플 파일을 한 줄씩 읽는다.

```
import json
with open(path) as f:
    records = [json.loads(line) for line in f]
```

결과를 담고 있는 records 객체는 파이썬 딕셔너리의 리스트다.

```
In [18]: records[0]
Out[18]:
{'a': 'Mozilla/5.0 (Windows NT 6.1; WOW64) AppleWebKit/535.11 (KHTML, like Gecko)
Chrome/17.0.963.78 Safari/535.11',
 'al': 'en-US,en;q=0.8',
 'c': 'US',
 'cy': 'Danvers',
 'g': 'A6qOVH',
 'gr': 'MA',
 'h': 'wfLQtf',
 'hc': 1331822918,
 'hh': '1.usa.gov',
 'l': 'orofrog',
 'll': [42.576698, -70.954903],
 'nk': 1,
 'r': 'http://www.facebook.com/l/7AQEFzjSi/1.usa.gov/wfLQtf',
```

```
 't': 1331923247,
 'tz': 'America/New_York',
 'u': 'http://www.ncbi.nlm.nih.gov/pubmed/22415991'}
```

13.1.1 순수 파이썬으로 표준 시간대 계산하기

이 데이터에서 가장 빈도가 높은 표준 시간대(tz 필드)를 구한다고 가정하자. 다양한 방법이 있지만 먼저 리스트 표현법을 사용해서 표준 시간대 목록을 가져온다.

```
In [15]: time_zones = [rec["tz"] for rec in records]
---------------------------------------------------------------------------
KeyError                                  Traceback (most recent call last)
<ipython-input-15-abdeba901c13> in <module>
----> 1 time_zones = [rec["tz"] for rec in records]
<ipython-input-15-abdeba901c13> in <listcomp>(.0)
----> 1 time_zones = [rec["tz"] for rec in records]
KeyError: 'tz'
```

하지만 모든 records가 표준 시간대 필드를 가지고 있는 건 아니라는 게 드러났다. 리스트 표기법 뒤에 if "tz" in rec을 추가해 tz 필드가 있는지 검사하면 이 문제를 쉽게 해결할 수 있다.

```
In [16]: time_zones = [rec["tz"] for rec in records if "tz" in rec]

In [17]: time_zones[:10]
Out[17]:
['America/New_York',
 'America/Denver',
 'America/New_York',
 'America/Sao_Paulo',
 'America/New_York',
 'America/New_York',
 'Europe/Warsaw',
 '',
 '',
 '']
```

상위 10개의 표준 시간대를 보면 그중 몇 개는 비어 있어서 뭔지 알 수 없다. 비어 있는 필드를 제거할 수도 있지만 일단은 그냥 두고 표준 시간대를 계산해보자. 여기서는 파이썬 표준 라이브러리만 사용하는 어려운 방식과 판다스를 이용하는 간단한 방법 두 가지를 살펴본다. 표준 시간대를 계산하는 한 가지 방법은 표준 시간대를 반복하면서 딕셔너리를 사용해 수(counts)를 저장하는 방법이다.

```python
def get_counts(sequence):
    counts = {}
    for x in sequence:
        if x in counts:
            counts[x] += 1
        else:
            counts[x] = 1
    return counts
```

파이썬 표준 라이브러리의 고급 도구를 사용하면 다음과 같이 더 간단하게 작성할 수 있다.

```python
from collections import defaultdict

def get_counts2(sequence):
    counts = defaultdict(int) # 값이 0으로 초기화된다.
    for x in sequence:
        counts[x] += 1
    return counts
```

재사용하기 쉽도록 이 로직을 함수로 만들고 time_zones 리스트를 함수에 넘겨서 사용하자.

```
In [20]: counts = get_counts(time_zones)

In [21]: counts["America/New_York"]
Out[21]: 1251

In [22]: len(time_zones)
Out[22]: 3440
```

가장 많이 등장하는 상위 10개의 표준 시간대를 알고 싶다면 튜플의 리스트를 (count, tz)로 만들고 정렬한다.

```
def top_counts(count_dict, n=10):
    value_key_pairs = [(count, tz) for tz, count in count_dict.items()]
    value_key_pairs.sort()
    return value_key_pairs[-n:]
```

이제 상위 10개의 표준 시간대를 구했다.

```
In [24]: top_counts(counts)
Out[24]:
[(33, 'America/Sao_Paulo'),
 (35, 'Europe/Madrid'),
 (36, 'Pacific/Honolulu'),
 (37, 'Asia/Tokyo'),
 (74, 'Europe/London'),
 (191, 'America/Denver'),
 (382, 'America/Los_Angeles'),
 (400, 'America/Chicago'),
 (521, ''),
 (1251, 'America/New_York')]
```

파이썬 표준 라이브러리의 collections.Counter 클래스를 이용하면 지금까지 했던 작업을 훨씬 쉽게 할 수 있다.

```
In [25]: from collections import Counter

In [26]: counts = Counter(time_zones)

In [27]: counts.most_common(10)
Out[27]:
[('America/New_York', 1251),
 ('', 521),
 ('America/Chicago', 400),
 ('America/Los_Angeles', 382),
 ('America/Denver', 191),
 ('Europe/London', 74),
 ('Asia/Tokyo', 37),
 ('Pacific/Honolulu', 36),
 ('Europe/Madrid', 35),
 ('America/Sao_Paulo', 33)]
```

13.1.2 판다스로 표준 시간대 계산하기

records가 담긴 리스트를 pandas.DataFrame에 넘겨서 새로운 DataFrame을 만들자.

```
In [28]: frame = pd.DataFrame(records)
```

frame.info() 함수를 이용하면 새로운 DataFrame의 열 이름, 추론된 열 자료형, 누락된 값 개수 같은 다양한 정보를 살펴볼 수 있다.

```
In [29]: frame.info()
<class 'pandas.core.frame.DataFrame'>
RangeIndex: 3560 entries, 0 to 3559
Data columns (total 18 columns):
 #   Column       Non-Null Count  Dtype
---  ------       --------------  -----
 0   a            3440 non-null   object
 1   c            2919 non-null   object
 2   nk           3440 non-null   float64
 3   tz           3440 non-null   object
 4   gr           2919 non-null   object
 5   g            3440 non-null   object
 6   h            3440 non-null   object
 7   l            3440 non-null   object
 8   al           3094 non-null   object
 9   hh           3440 non-null   object
 10  r            3440 non-null   object
 11  u            3440 non-null   object
 12  t            3440 non-null   float64
 13  hc           3440 non-null   float64
 14  cy           2919 non-null   object
 15  ll           2919 non-null   object
 16  _heartbeat_  120 non-null    float64
 17  kw           93 non-null     object
dtypes: float64(4), object(14)
memory usage: 500.8+ KB

In [30]: frame["tz"].head()
Out[30]:
0    America/New_York
1      America/Denver
2    America/New_York
3    America/Sao_Paulo
```

```
4     America/New_York
Name: tz, dtype: object
```

frame의 출력 결과는 거대한 DataFrame 객체의 **요약 정보**다. Series 객체의 value_counts 메서드를 이용할 수 있다.

```
In [31]: tz_counts = frame["tz"].value_counts()

In [32]: tz_counts.head()
Out[32]:
America/New_York        1251
                         521
America/Chicago          400
America/Los_Angeles      382
America/Denver           191
Name: tz, dtype: int64
```

맷플롯립 라이브러리로 이 데이터를 시각화할 수 있다. records에서 알 수 없거나 누락된 표준 시간대 데이터를 대쳇값으로 채우면 좀 더 근사한 그래프를 그릴 수 있다. records에서 비어 있던 표준 시간대를 fillna 메서드로 누락된 값을 대체하고 불리언 배열 색인으로 빈 문자열을 찾아보자.

```
In [33]: clean_tz = frame["tz"].fillna("Missing")

In [34]: clean_tz[clean_tz == ""] = "Unknown"

In [35]: tz_counts = clean_tz.value_counts()

In [36]: tz_counts.head()
Out[36]:
America/New_York        1251
Unknown                  521
America/Chicago          400
America/Los_Angeles      382
America/Denver           191
Name: tz, dtype: int64
```

이제 시본 패키지[3]를 사용해서 수평 막대그래프를 만들어보자(그림 13-1).

```
In [38]: import seaborn as sns

In [39]: subset = tz_counts.head()

In [40]: sns.barplot(y=subset.index, x=subset.to_numpy())
```

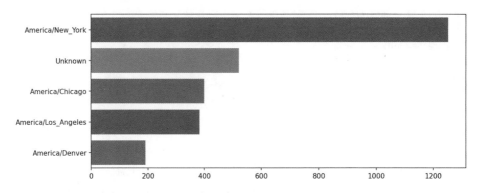

그림 13-1 1.usa.gov 예제 데이터에서 가장 많이 나타난 시간대

a 필드에는 URL 단축을 실행하는 브라우저, 단말기, 애플리케이션에 대한 정보가 들어 있다.

```
In [41]: frame["a"][1]
Out[41]: 'GoogleMaps/RochesterNY'

In [42]: frame["a"][50]
Out[42]: 'Mozilla/5.0 (Windows NT 5.1; rv:10.0.2) Gecko/20100101 Firefox/10.0.2'

In [43]: frame["a"][51][:50]  # 긴 문자열
Out[43]: 'Mozilla/5.0 (Linux; U; Android 2.2.2; en-us; LG-P9'
```

이런 문자열 정보를 agent라고 부른다. 다만 흥미로운 문자열 정보를 분석하는 일이 어려워
보일 수 있다. 문자열을 분석하는 한 가지 전략은 문자열의 첫 번째 토큰을 브라우저 종류를 파
악할 수 있을 만큼만 잘라서 사용자 행동에 대한 또 다른 개요를 만드는 것이다.

----
3 http://seaborn.pydata.org

```
In [44]: results = pd.Series([x.split()[0] for x in frame["a"].dropna()])

In [45]: results.head(5)
Out[45]:
0                Mozilla/5.0
1    GoogleMaps/RochesterNY
2                Mozilla/4.0
3                Mozilla/5.0
4                Mozilla/5.0
dtype: object

In [46]: results.value_counts().head(8)
Out[46]:
Mozilla/5.0                 2594
Mozilla/4.0                  601
GoogleMaps/RochesterNY       121
Opera/9.80                    34
TEST_INTERNET_AGENT           24
GoogleProducer                21
Mozilla/6.0                    5
BlackBerry8520/5.0.0.681       4
dtype: int64
```

이제 표준 시간대 순위표를 윈도우 사용자와 비윈도우 사용자 그룹으로 나눠보자. 문제를 단순화해서 agent 문자열이 Windows를 포함하면 윈도우 사용자라고 가정하고 agent 값이 없는 데이터는 다음 코드를 이용해서 제외한다.

```
In [47]: cframe = frame[frame["a"].notna()].copy()
```

그리고 각 행이 윈도우인지 아닌지 검사한다.

```
In [48]: cframe["os"] = np.where(cframe["a"].str.contains("Windows"),
   ....:                         "Windows", "Not Windows")

In [49]: cframe["os"].head(5)
Out[49]:
0        Windows
1    Not Windows
2        Windows
3    Not Windows
```

```
4         Windows
Name: os, dtype: object
```

그런 다음 데이터를 표준 시간대와 운영체제 기준으로 묶는다.

```
In [50]: by_tz_os = cframe.groupby(["tz", "os"])
```

앞에서 살펴본 value_counts 함수처럼 그룹별 합계는 size 함수를 이용해 계산한다. 결과에 unstack 함수를 적용하면 다음과 같이 표로 재배치된다.

```
In [51]: agg_counts = by_tz_os.size().unstack().fillna(0)

In [52]: agg_counts.head()
Out[52]:
os                   Not Windows   Windows
tz
                          245.0     276.0
Africa/Cairo                0.0       3.0
Africa/Casablanca           0.0       1.0
Africa/Ceuta                0.0       2.0
Africa/Johannesburg         0.0       1.0
```

마지막으로 전체 표준 시간대의 순위를 모아보자. 그러기 위해 agg_counts의 행 개수에서 간접 색인 배열을 구성한다. agg_counts.sum("columns")를 이용해 행 개수를 계산한 후, argsort()를 호출해 오름차순으로 정렬하는 데 사용할 색인 배열을 구한다.

```
In [53]: indexer = agg_counts.sum("columns").argsort()

In [54]: indexer.values[:10]
Out[54]: array([24, 20, 21, 92, 87, 53, 54, 57, 26, 55])
```

agg_counts에 take를 사용해서 정렬된 순서 그대로 행을 선택하고 마지막 10개 행만 잘라낸다.

```
In [55]: count_subset = agg_counts.take(indexer[-10:])

In [56]: count_subset
Out[56]:
```

```
os           Not Windows  Windows
tz
America/Sao_Paulo     13.0     20.0
Europe/Madrid         16.0     19.0
Pacific/Honolulu       0.0     36.0
Asia/Tokyo             2.0     35.0
Europe/London         43.0     31.0
America/Denver       132.0     59.0
America/Los_Angeles  130.0    252.0
America/Chicago      115.0    285.0
                     245.0    276.0
America/New_York     339.0    912.0
```

판다스에는 이와 똑같은 작업을 수행하는 nlargest라는 편리한 메서드가 있다.

```
In [57]: agg_counts.sum(axis="columns").nlargest(10)
Out[57]:
tz
America/New_York     1251.0
                      521.0
America/Chicago       400.0
America/Los_Angeles   382.0
America/Denver        191.0
Europe/London          74.0
Asia/Tokyo             37.0
Pacific/Honolulu       36.0
Europe/Madrid          35.0
America/Sao_Paulo      33.0
dtype: float64
```

이제 윈도우 사용자와 비윈도우 사용자 숫자를 비교하기 위해 시본의 barplot 함수를 이용해서 그룹별 막대그래프를 그린다(그림 13-2). 먼저 count_subset.stack()을 호출하고 색인을 재설정해 데이터가 시본과 더 잘 호환되도록 재정렬한다.

```
In [59]: count_subset = count_subset.stack()

In [60]: count_subset.name = "total"

In [61]: count_subset = count_subset.reset_index()
```

```
In [62]: count_subset.head(10)
Out[62]:
                 tz           os  total
0  America/Sao_Paulo  Not Windows   13.0
1  America/Sao_Paulo      Windows   20.0
2      Europe/Madrid  Not Windows   16.0
3      Europe/Madrid      Windows   19.0
4   Pacific/Honolulu  Not Windows    0.0
5   Pacific/Honolulu      Windows   36.0
6         Asia/Tokyo  Not Windows    2.0
7         Asia/Tokyo      Windows   35.0
8      Europe/London  Not Windows   43.0
9      Europe/London      Windows   31.0

In [63]: sns.barplot(x="total", y="tz", hue="os",  data=count_subset)
```

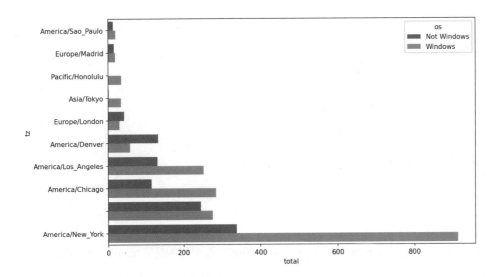

그림 13-2 윈도우 사용자와 비윈도우 사용자별 시간대

위 그래프에서는 작은 그룹의 윈도우 사용자 비율을 확인하기가 어렵다. 하지만 각 행에서 총합을 1로 정규화한 뒤 그래프를 만들면 쉽게 확인할 수 있다.

```
def norm_total(group):
    group["normed_total"] = group["total"] / group["total"].sum()
```

```
        return group

results = count_subset.groupby("tz").apply(norm_total)
```

정규화한 데이터를 그래프로 그려보자(그림 13-3).

```
In [66]: sns.barplot(x="normed_total", y="tz", hue="os", data=results)
```

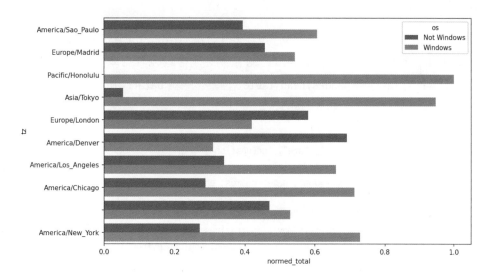

그림 13-3 윈도우 사용자와 비윈도우 사용자별 시간대 비율

groupby와 transform 메서드를 이용해서 정규합을 더 효율적으로 계산할 수도 있다.

```
In [67]: g = count_subset.groupby("tz")
```

```
In [68]: results2 = count_subset["total"] / g["total"].transform("sum")
```

13.2 무비렌즈의 영화 평점 데이터

그룹렌즈 리서치[GroupLens Research][4]는 1990년대 말부터 2000년대 초까지 무비렌즈[MovieLens] 사용자에게서 수집한 방대한 영화 평점 데이터를 제공한다. 이 데이터에는 영화 평점과 영화에 대한 정보(장르, 개봉 연도), 사용자에 대한 정보(나이, 우편번호, 성별, 직업)까지 포함된다. 주로 머신러닝 알고리듬 기반의 추천 시스템을 개발할 때 이런 종류의 데이터를 활용한다. 머신러닝 기법을 여기서 소개하기는 어려우므로 데이터를 요구 사항에 맞춰 잘 쪼개는 방법을 소개한다.

무비렌즈 1M(백만 개) 데이터셋은 약 6,000여 명의 사용자들로부터 수집한 4,000여 편의 영화 평점 백만 개를 담고 있다. 이 데이터셋은 평점, 사용자 정보, 영화 정보, 세 가지 테이블로 나뉘어 있다. 각 테이블을 pandas.read_table 함수를 사용해 DataFrame 객체로 불러오자. 주피터 노트북에서 다음 코드를 실행한다.

```python
unames = ["user_id", "gender", "age", "occupation", "zip"]
users = pd.read_table("datasets/movielens/users.dat", sep="::",
                      header=None, names=unames, engine="python")

rnames = ["user_id", "movie_id", "rating", "timestamp"]
ratings = pd.read_table("datasets/movielens/ratings.dat", sep="::",
                        header=None, names=rnames, engine="python")

mnames = ["movie_id", "title", "genres"]
movies = pd.read_table("datasets/movielens/movies.dat", sep="::",
                       header=None, names=mnames, engine="python")
```

각 DataFrame 객체에 데이터가 제대로 들어갔는지 확인해보자.

```
In [70]: users.head(5)
Out[70]:
   user_id gender  age  occupation    zip
0        1      F    1          10  48067
1        2      M   56          16  70072
2        3      M   25          15  55117
3        4      M   45           7  02460
```

---

[4] https://grouplens.org/datasets/movielens

```
4        5        M    25          20    55455

In [71]: ratings.head(5)
Out[71]:
   user_id  movie_id  rating  timestamp
0        1      1193       5  978300760
1        1       661       3  978302109
2        1       914       3  978301968
3        1      3408       4  978300275
4        1      2355       5  978824291

In [72]: movies.head(5)
Out[72]:
   movie_id                               title                        genres
0         1                    Toy Story (1995)   Animation|Children's|Comedy
1         2                      Jumanji (1995)  Adventure|Children's|Fantasy
2         3             Grumpier Old Men (1995)                Comedy|Romance
3         4            Waiting to Exhale (1995)                  Comedy|Drama
4         5  Father of the Bride Part II (1995)                        Comedy

In [73]: ratings
Out[73]:
         user_id  movie_id  rating  timestamp
0              1      1193       5  978300760
1              1       661       3  978302109
2              1       914       3  978301968
3              1      3408       4  978300275
4              1      2355       5  978824291
...          ...       ...     ...        ...
1000204     6040      1091       1  956716541
1000205     6040      1094       5  956704887
1000206     6040       562       5  956704746
1000207     6040      1096       4  956715648
1000208     6040      1097       4  956715569
[1000209 rows x 4 columns]
```

나이와 직업은 실젯값이 아니라 그룹을 가리키는 코드 번호이며 데이터셋의 **README** 파일에 해당 코드에 대한 설명이 담겨 있다. 세 테이블에 걸쳐 있는 데이터를 분석하는 일은 단순한 작업이 아니다. 나이와 성별에 따른 특정 영화의 평균 평점을 계산한다고 해보자. 다음 코드에서 확인할 수 있겠지만 모든 데이터를 하나의 테이블로 병합해 계산하면 매우 쉽게 처리할 수 있다. 판다스의 merge 함수를 이용해서 ratings 테이블과 users 테이블을 병합하고 그 결과를 다시 movies 테이블과 병합한다. 판다스는 병합하려는 두 테이블에서 중복되는 열의 이름을 키로 사용한다.

```
In [74]: data = pd.merge(pd.merge(ratings, users), movies)

In [75]: data
Out[75]:
         user_id  movie_id  rating   timestamp gender  age  occupation    zip  \
0              1      1193       5   978300760      F    1          10  48067
1              2      1193       5   978298413      M   56          16  70072
2             12      1193       4   978220179      M   25          12  32793
3             15      1193       4   978199279      M   25           7  22903
4             17      1193       5   978158471      M   50           1  95350
...          ...       ...     ...         ...    ...  ...         ...    ...
1000204     5949      2198       5   958846401      M   18          17  47901
1000205     5675      2703       3   976029116      M   35          14  30030
1000206     5780      2845       1   958153068      M   18          17  92886
1000207     5851      3607       5   957756608      F   18          20  55410
1000208     5938      2909       4   957273353      M   25           1  35401

                                               title               genres
0                 One Flew Over the Cuckoo's Nest (1975)         Drama
1                 One Flew Over the Cuckoo's Nest (1975)         Drama
2                 One Flew Over the Cuckoo's Nest (1975)         Drama
3                 One Flew Over the Cuckoo's Nest (1975)         Drama
4                 One Flew Over the Cuckoo's Nest (1975)         Drama
...                                              ...                ...
1000204                           Modulations (1998)          Documentary
1000205                         Broken Vessels (1998)                Drama
1000206                            White Boys (1999)                Drama
1000207                      One Little Indian (1973)  Comedy¦Drama¦Western
1000208  Five Wives, Three Secretaries and Me (1998)          Documentary
[1000209 rows x 10 columns]

In [76]: data.iloc[0]
Out[76]:
user_id                          1
movie_id                      1193
rating                           5
timestamp                978300760
gender                           F
age                              1
occupation                      10
zip                          48067
```

```
title             One Flew Over the Cuckoo's Nest (1975)
genres                                             Drama
Name: 0, dtype: object
```

성별에 따른 각 영화의 평균 평점을 구하려면 pivot_table 메서드를 사용한다.

```
In [77]: mean_ratings = data.pivot_table("rating", index="title",
   ....:                                 columns="gender", aggfunc="mean")

In [78]: mean_ratings.head(5)
Out[78]:
gender                           F         M
title
$1,000,000 Duck (1971)        3.375000  2.761905
'Night Mother (1986)          3.388889  3.352941
'Til There Was You (1997)     2.675676  2.733333
'burbs, The (1989)            2.793478  2.962085
...And Justice for All (1979) 3.828571  3.689024
```

이렇게 하면 매 행마다 성별에 따른 평균 영화 평점 정보를 담고 있는 DataFrame 객체가 만들어진다. 먼저 250건 이상의 평점 정보가 있는 영화만 추려보자. 데이터를 영화 제목으로 그룹화하고 size() 함수를 사용해 제목별 평점 정보 건수를 Series 객체로 얻는다.

```
In [79]: ratings_by_title = data.groupby("title").size()

In [80]: ratings_by_title.head()
Out[80]:
title
$1,000,000 Duck (1971)           37
'Night Mother (1986)             70
'Til There Was You (1997)        52
'burbs, The (1989)              303
...And Justice for All (1979)   199
dtype: int64

In [81]: active_titles = ratings_by_title.index[ratings_by_title >= 250]

In [82]: active_titles
Out[82]:
Index(['', 'burbs, The (1989)', '10 Things I Hate About You (1999)',
```

```
         '101 Dalmatians (1961)', '101 Dalmatians (1996)', '12 Angry Men (1957)',
         '13th Warrior, The (1999)', '2 Days in the Valley (1996)',
         '20,000 Leagues Under the Sea (1954)', '2001: A Space Odyssey (1968)',
         '2010 (1984)',
         ...
         'X-Men (2000)', 'Year of Living Dangerously (1982)',
         'Yellow Submarine (1968)', 'You've Got Mail (1998)',
         'Young Frankenstein (1974)', 'Young Guns (1988)',
         'Young Guns II (1990)', 'Young Sherlock Holmes (1985)',
         'Zero Effect (1998)', 'eXistenZ (1999)'],
        dtype='object', name='title', length=1216)
```

250건 이상의 평점 정보가 있는 영화에 대한 색인은 mean_ratings에서 항목을 선택하기 위해 .loc을 사용한다.

```
In [83]: mean_ratings = mean_ratings.loc[active_titles]

In [84]: mean_ratings
Out[84]:
gender                             F         M
title
'burbs, The (1989)                 2.793478  2.962085
10 Things I Hate About You (1999)  3.646552  3.311966
101 Dalmatians (1961)              3.791444  3.500000
101 Dalmatians (1996)              3.240000  2.911215
12 Angry Men (1957)                4.184397  4.328421
...                                     ...       ...
Young Guns (1988)                  3.371795  3.425620
Young Guns II (1990)               2.934783  2.904025
Young Sherlock Holmes (1985)       3.514706  3.363344
Zero Effect (1998)                 3.864407  3.723140
eXistenZ (1999)                    3.098592  3.289086
[1216 rows x 2 columns]
```

여성에게 높은 평점을 받은 영화 목록을 확인하기 위해 F 열을 내림차순으로 정렬한다.

```
In [86]: top_female_ratings = mean_ratings.sort_values("F", ascending=False)

In [87]: top_female_ratings.head()
Out[87]:
gender                             F         M
```

```
title
Close Shave, A (1995)                                   4.644444  4.473795
Wrong Trousers, The (1993)                              4.588235  4.478261
Sunset Blvd. (a.k.a. Sunset Boulevard) (1950)           4.572650  4.464589
Wallace & Gromit: The Best of Aardman Animation (1996)  4.563107  4.385075
Schindler's List (1993)                                 4.562602  4.491415
```

13.2.1 평점 차이 구하기

이번에는 남녀 간의 호불호가 갈리는 영화를 찾아보자. mean_ratings에 평균 평점의 차이를 담을 수 있는 열을 하나 추가하고, 그 열을 기준으로 정렬한다.

```
In [88]: mean_ratings["diff"] = mean_ratings["M"] - mean_ratings["F"]
```

이제 diff로 정렬하면 여성이 선호하는 영화 순서대로 정렬된다.

```
In [89]: sorted_by_diff = mean_ratings.sort_values("diff")

In [90]: sorted_by_diff.head()
Out[90]:
gender                          F         M        diff
title
Dirty Dancing (1987)       3.790378  2.959596 -0.830782
Jumpin' Jack Flash (1986)  3.254717  2.578358 -0.676359
Grease (1978)              3.975265  3.367041 -0.608224
Little Women (1994)        3.870588  3.321739 -0.548849
Steel Magnolias (1989)     3.901734  3.365957 -0.535777
```

역순으로 정렬한 다음 상위 10개의 행을 잘라내면 남성이 선호하는 영화를 확인할 수 있다.

```
In [91]: sorted_by_diff[::-1].head()
Out[91]:
gender                                      F         M        diff
title
Good, The Bad and The Ugly, The (1966)  3.494949  4.221300  0.726351
Kentucky Fried Movie, The (1977)        2.878788  3.555147  0.676359
Dumb & Dumber (1994)                    2.697987  3.336595  0.638608
```

```
Longest Day, The (1962)          3.411765  4.031447  0.619682
Cable Guy, The (1996)            2.250000  2.863787  0.613787
```

성별에 관계없이 영화에 대한 호불호가 극명하게 나뉘는 영화를 찾아보자. 호불호는 평점의 분산이나 표준편차를 통해 측정할 수 있다. 이를 구하기 위해 영화별로 평점의 표준편차를 계산하고 평점이 250건 이상인 영화만 추려낸다.

```
In [92]: rating_std_by_title = data.groupby("title")["rating"].std()

In [93]: rating_std_by_title = rating_std_by_title.loc[active_titles]

In [94]: rating_std_by_title.head()
Out[94]:
title
'burbs, The (1989)                  1.107760
10 Things I Hate About You (1999)   0.989815
101 Dalmatians (1961)               0.982103
101 Dalmatians (1996)               1.098717
12 Angry Men (1957)                 0.812731
Name: rating, dtype: float64
```

그리고 내림차순으로 정렬해서 상위 10개 행을 선택하면 호불호가 극명하게 갈리는 영화 10개를 확인할 수 있다.

```
In [95]: rating_std_by_title.sort_values(ascending=False)[:10]
Out[95]:
title
Dumb & Dumber (1994)                      1.321333
Blair Witch Project, The (1999)           1.316368
Natural Born Killers (1994)               1.307198
Tank Girl (1995)                          1.277695
Rocky Horror Picture Show, The (1975)     1.260177
Eyes Wide Shut (1999)                     1.259624
Evita (1996)                              1.253631
Billy Madison (1995)                      1.249970
Fear and Loathing in Las Vegas (1998)     1.246408
Bicentennial Man (1999)                   1.245533
Name: rating, dtype: float64
```

데이터 파일을 열어본 독자라면 여러 장르에 속하는 영화일 경우 장르를 수직선(¦)으로 구분해 제공한다는 사실을 확인할 수 있다. 만약 영화 장르에 따라 평점을 그룹화하려면 DataFrame의 explode 메서드를 이용한다. 먼저 Series에 대해서 str.split 메서드를 사용해 장르 문자열을 리스트로 분리한다.

```
In [96]: movies["genres"].head()
Out[96]:
0     Animation¦Children's¦Comedy
1    Adventure¦Children's¦Fantasy
2                  Comedy¦Romance
3                    Comedy¦Drama
4                          Comedy
Name: genres, dtype: object

In [97]: movies["genres"].head().str.split("¦")
Out[97]:
0     [Animation, Children's, Comedy]
1    [Adventure, Children's, Fantasy]
2                   [Comedy, Romance]
3                     [Comedy, Drama]
4                          [Comedy]
Name: genres, dtype: object

In [98]: movies["genre"] = movies.pop("genres").str.split("¦")

In [99]: movies.head()
Out[99]:
   movie_id                          title  \
0         1                Toy Story (1995)
1         2                  Jumanji (1995)
2         3         Grumpier Old Men (1995)
3         4         Waiting to Exhale (1995)
4         5  Father of the Bride Part II (1995)
                              genre
0  [Animation, Children's, Comedy]
1  [Adventure, Children's, Fantasy]
2               [Comedy, Romance]
3                 [Comedy, Drama]
4                        [Comedy]
```

이제 movies.explode("genre")를 호출하면 각 영화 장르별로 하나의 행을 갖는 새로운 DataFrame을 생성한다. 예를 들어 코미디 겸 로맨스 장르로 분류된 영화라면 결과에 genre가 Comedy인 행과 Romance인 행이 모두 들어 있다.

```
In [100]: movies_exploded = movies.explode("genre")

In [101]: movies_exploded[:10]
Out[101]:
   movie_id                 title        genre
0         1       Toy Story (1995)    Animation
0         1       Toy Story (1995)   Children's
0         1       Toy Story (1995)       Comedy
1         2         Jumanji (1995)    Adventure
1         2         Jumanji (1995)   Children's
1         2         Jumanji (1995)      Fantasy
2         3  Grumpier Old Men (1995)      Comedy
2         3  Grumpier Old Men (1995)     Romance
3         4  Waiting to Exhale (1995)      Comedy
3         4  Waiting to Exhale (1995)       Drama
```

이제 세 테이블을 모두 병합하고 장르별로 그룹화할 수 있다.

```
In [102]: ratings_with_genre = pd.merge(pd.merge(movies_exploded, ratings), users)

In [103]: ratings_with_genre.iloc[0]
Out[103]:
movie_id                   1
title          Toy Story (1995)
genre             Animation
user_id                    1
rating                     5
timestamp          978824268
gender                     F
age                        1
occupation                10
zip                    48067
Name: 0, dtype: object

In [104]: genre_ratings = (ratings_with_genre.groupby(["genre", "age"])
   .....:                      ["rating"].mean()
   .....:                      .unstack("age"))
```

```
In [105]: genre_ratings[:10]
Out[105]:
age               1        18        25        35        45        50  \
genre
Action     3.506385  3.447097  3.453358  3.538107  3.528543  3.611333
Adventure  3.449975  3.408525  3.443163  3.515291  3.528963  3.628163
Animation  3.476113  3.624014  3.701228  3.740545  3.734856  3.780020
Children's 3.241642  3.294257  3.426873  3.518423  3.527593  3.556555
Comedy     3.497491  3.460417  3.490385  3.561984  3.591789  3.646868
Crime      3.710170  3.668054  3.680321  3.733736  3.750661  3.810688
Documentary 3.730769 3.865865  3.946690  3.953747  3.966521  3.908108
Drama      3.794735  3.721930  3.726428  3.782512  3.784356  3.878415
Fantasy    3.317647  3.353778  3.452484  3.482301  3.532468  3.581570
Film-Noir  4.145455  3.997368  4.058725  4.064910  4.105376  4.175401
age              56
genre
Action     3.610709
Adventure  3.649064
Animation  3.756233
Children's 3.621822
Comedy     3.650949
Crime      3.832549
Documentary 3.961538
Drama      3.933465
Fantasy    3.532700
Film-Noir  4.125932
```

13.3 신생아 이름

미국 사회보장국(SSA)은 1880년부터 현재까지 가장 큰 인기를 얻은 신생아 이름 정보를 제공한다. 유명한 R 패키지 여러 개를 개발한 해들리 위컴은 R에서 데이터를 다루는 방법을 설명할 때 종종 이 데이터셋을 활용한다.

이 데이터셋을 불러오려면 데이터를 다듬는 과정이 필요한데 일단 정리하고 나면 다음과 같은 DataFrame을 얻을 수 있다.

```
In [4]: names.head(10)
Out[4]:
        name sex  births  year
0        Mary   F    7065  1880
1        Anna   F    2604  1880
2        Emma   F    2003  1880
3   Elizabeth   F    1939  1880
4      Minnie   F    1746  1880
5    Margaret   F    1578  1880
6         Ida   F    1472  1880
7       Alice   F    1414  1880
8      Bertha   F    1320  1880
9       Sarah   F    1288  1880
```

이 데이터를 이용해 여러 가지 분석을 해볼 수 있다.

- 시대별로 특정 이름이 차지하는 비율을 구해 얼마나 흔한 이름인지 알아보기
- 이름의 상대적인 순위 알아보기
- 매년 가장 인기 있는 이름과 순위가 가장 많이 상승/감소한 이름 알아보기
- 모음, 자음, 길이, 전체적인 다양성, 철자 변화, 첫 글자와 마지막 글자 등 이름 유행 분석하기
- 성서에 등장하는 이름, 유명인, 인구통계학적 변화 등 외부 자료를 통한 유행 분석하기

지금까지 살펴본 도구를 이용하면 이 정도 분석은 아주 쉽게 해낼 수 있다. 여러분이 따라 할 수 있도록 차근차근 설명하겠다.

이 책을 집필하는 시점에 미국 사회보장국은 매년 전체 출생에 대한 성별과 이름 정보를 제공한다. 가공되지 않은 데이터 파일은 사회보장국 웹 페이지[5]에서 다운로드할 수 있다.

페이지 주소는 바뀔 수 있으므로 인터넷 검색을 통해 찾아봐도 좋다. 페이지의 National data를 클릭해 `names.zip` 파일을 받은 후 압축을 해제하면 `yob1880.txt` 같은 이름의 파일들이 담긴 디렉터리가 생성된다. 유닉스의 `head` 명령어를 사용해 파일 중 하나를 열고 처음 10줄을 살펴보자(윈도우에서는 `more` 명령어를 사용하거나 텍스트 에디터에서 열 수 있다).

```
In [106]: !head -n 10 datasets/babynames/yob1880.txt
Mary,F,7065
```

---

5 https://www.ssa.gov/oact/babynames/limits.html

```
Anna,F,2604
Emma,F,2003
Elizabeth,F,1939
Minnie,F,1746
Margaret,F,1578
Ida,F,1472
Alice,F,1414
Bertha,F,1320
Sarah,F,1288
```

이미 쉼표로 구분되어 있으니 pandas.read_csv 메서드를 사용해서 DataFrame 객체로 불러오자.

```
In [107]: names1880 = pd.read_csv("datasets/babynames/yob1880.txt",
   .....:                         names=["name", "sex", "births"])

In [108]: names1880
Out[108]:
          name sex  births
0         Mary   F    7065
1         Anna   F    2604
2         Emma   F    2003
3    Elizabeth   F    1939
4       Minnie   F    1746
...        ...  ..     ...
1995    Woodie   M       5
1996    Worthy   M       5
1997    Wright   M       5
1998      York   M       5
1999 Zachariah   M       5
[2000 rows x 3 columns]
```

이 데이터는 각 연도별로 최소 5명 이상 중복되는 이름만 포함한다. 따라서 편의상 성별별 출생 수를 모두 합한 값을 해당 연도의 전체 출생 수로 가정한다.

```
In [109]: names1880.groupby("sex")["births"].sum()
Out[109]:
sex
F     90993
M    110493
```

```
Name: births, dtype: int64
```

자료가 연도별 파일로 나뉘어져 있으니 먼저 모든 데이터를 DataFrame 하나로 모은 다음 year 항목을 추가한다. pandas.concat을 이용하면 이 작업을 쉽게 처리할 수 있다. 다음 코드를 주피터 노트북에서 실행하자.

```python
pieces = []
for year in range(1880, 2011):
    path = f"datasets/babynames/yob{year}.txt"
    frame = pd.read_csv(path, names=["name", "sex", "births"])

    # 연도를 담을 열 추가
    frame["year"] = year
    pieces.append(frame)

# 하나의 DataFrame으로 모두 합치기
names = pd.concat(pieces, ignore_index=True)
```

여기서 짚고 가야 할 두 가지 내용이 있다. 첫째, concat 메서드는 DataFrame 객체를 합쳐준다. 둘째, pandas.read_csv로 읽어온 원래 행 순서는 몰라도 되므로 concat 메서드에 ignore_index=True를 인수로 전달해야 한다. 이렇게 해서 전체 이름 데이터를 담고 있는 거대한 DataFrame 객체를 만들었다.

```
In [111]: names
Out[111]:
              name sex  births  year
0             Mary   F    7065  1880
1             Anna   F    2604  1880
2             Emma   F    2003  1880
3        Elizabeth   F    1939  1880
4           Minnie   F    1746  1880
...            ...  ..     ...   ...
1690779    Zymaire   M       5  2010
1690780     Zyonne   M       5  2010
1690781   Zyquarius  M       5  2010
1690782      Zyran   M       5  2010
1690783      Zzyzx   M       5  2010
[1690784 rows x 4 columns]
```

이제 이 데이터에 groupby나 pivot_table을 이용해서 연도나 성별에 따른 데이터를 수집할 수 있다(그림 13-4).

```
In [112]: total_births = names.pivot_table("births", index="year",
   .....:                                   columns="sex", aggfunc=sum)

In [113]: total_births.tail()
Out[113]:
sex         F        M
year
2006   1896468  2050234
2007   1916888  2069242
2008   1883645  2032310
2009   1827643  1973359
2010   1759010  1898382

In [114]: total_births.plot(title="Total births by sex and year")
```

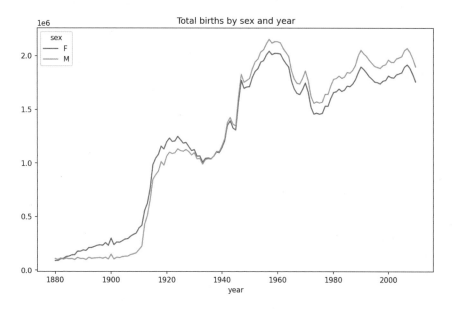

그림 13-4 연도와 성별별 출생 수

다음으로 prop 열을 추가해서 전체 출생 수에서 차지하는 각 이름의 비율을 계산해보자. prop 값이 0.02라면 100명의 아기 중 2명이 이름이 같다는 뜻이다. 데이터를 연도와 성별로 그룹화하고 각 그룹에 새 열을 추가하자.

```python
def add_prop(group):
    group["prop"] = group["births"] / group["births"].sum()
    return group
names = names.groupby(["year", "sex"], group_keys=False).apply(add_prop)
```

names에 새로운 prop 열이 추가되었다.

```
In [116]: names
Out[116]:
              name sex  births  year      prop
0             Mary   F    7065  1880  0.077643
1             Anna   F    2604  1880  0.028618
2             Emma   F    2003  1880  0.022013
3        Elizabeth   F    1939  1880  0.021309
4           Minnie   F    1746  1880  0.019188
...            ...  ..     ...   ...       ...
1690779    Zymaire   M       5  2010  0.000003
1690780     Zyonne   M       5  2010  0.000003
1690781  Zyquarius   M       5  2010  0.000003
1690782      Zyran   M       5  2010  0.000003
1690783      Zzyzx   M       5  2010  0.000003
[1690784 rows x 5 columns]
```

그룹 관련 연산을 수행할 때는 모든 그룹에서 prop 열의 합이 1이 맞는지 확인하는 온전성 검사sanity check를 하는 게 좋다.

```
In [117]: names.groupby(["year", "sex"])["prop"].sum()
Out[117]:
year  sex
1880  F      1.0
      M      1.0
1881  F      1.0
      M      1.0
1882  F      1.0
             ...
```

```
2008  M      1.0
2009  F      1.0
      M      1.0
2010  F      1.0
      M      1.0
Name: prop, Length: 262, dtype: float64
```

이제 모든 준비가 끝났다. 분석에 사용할 각 연도별/성별에 따른 선호하는 이름 1,000개를 추출하자. 이 작업도 또 다른 그룹 연산이다.

```
In [118]: def get_top1000(group):
    .....:     return group.sort_values("births", ascending=False)[:1000]

In [119]: grouped = names.groupby(["year", "sex"])

In [120]: top1000 = grouped.apply(get_top1000)

In [121]: top1000.head()
Out[121]:
                name sex  births  year      prop
year sex
1880 F   0      Mary   F    7065  1880  0.077643
         1      Anna   F    2604  1880  0.028618
         2      Emma   F    2003  1880  0.022013
         3 Elizabeth   F    1939  1880  0.021309
         4    Minnie   F    1746  1880  0.019188
```

분석에 필요 없는 그룹 색인은 삭제할 수 있다.

```
In [122]: top1000 = top1000.reset_index(drop=True)
```

그 결과 데이터셋의 크기가 조금 줄어들었다.

```
In [123]: top1000.head()
Out[123]:
      name sex  births  year      prop
0     Mary   F    7065  1880  0.077643
1     Anna   F    2604  1880  0.028618
2     Emma   F    2003  1880  0.022013
```

```
3  Elizabeth   F    1939   1880   0.021309
4     Minnie   F    1746   1880   0.019188
```

이렇게 추출한 상위 1,000개의 이름 데이터는 이어지는 분석에서도 사용한다.

13.3.1 이름 유행 분석

전체 데이터셋과 상위 1,000개의 이름 데이터로 이름 유행을 분석해보자. 먼저 상위 1,000개의 데이터를 남자아이와 여자아이로 분리하자.

```
In [124]: boys = top1000[top1000["sex"] == "M"]

In [125]: girls = top1000[top1000["sex"] == "F"]
```

John이나 Mary 이름의 연도별 사용 추이를 간단한 시계열 그래프로 만들 수 있는데, 그전에 데이터를 살짝 조작해야 한다. 연도와 이름에 대한 전체 출생 수를 피벗 테이블로 만들자.

```
In [126]: total_births = top1000.pivot_table("births", index="year",
    .....:                                     columns="name",
    .....:                                     aggfunc=sum)
```

이제 DataFrame의 plot 메서드를 사용해서 몇몇 이름의 추이를 그래프로 그려보자(그림 13-5).

```
In [127]: total_births.info()
<class 'pandas.core.frame.DataFrame'>
Int64Index: 131 entries, 1880 to 2010
Columns: 6868 entries, Aaden to Zuri
dtypes: float64(6868)
memory usage: 6.9 MB

In [128]: subset = total_births[["John", "Harry", "Mary", "Marilyn"]]

In [129]: subset.plot(subplots=True, figsize=(12, 10),
    .....:             title="Number of births per year")
```

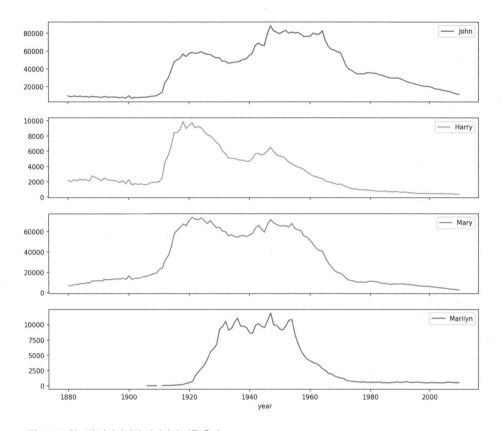

Number of births per year

그림 13-5 연도별 남자아이와 여자아이 이름 추이

그래프를 보면 예로 든 이름들이 최근 미국에서 인기가 없다는 걸 알 수 있다. 하지만 단순히
이렇게 결론짓기에는 조금 복잡하다. 다음 절에서 더 자세히 살펴보자.

이름의 다양성 증가

[그림 13-5]에서 확인한 그래프의 감소 추세는 부모가 아이 이름을 지을 때 흔한 이름은 기피
한다고 해석할 수 있다. 이 가설은 데이터를 통해 살펴볼 수 있고 입증 가능하다. 좀 더 자세히
알아보기 위해 인기 있는 이름 1,000개가 전체 출생 수에서 차지하는 비율을 연도별/성별 그
래프로 그려보자(그림 13-6).

```
In [131]: table = top1000.pivot_table("prop", index="year",
   .....:                              columns="sex", aggfunc=sum)

In [132]: table.plot(title="Sum of table1000.prop by year and sex",
   .....:            yticks=np.linspace(0, 1.2, 13))
```

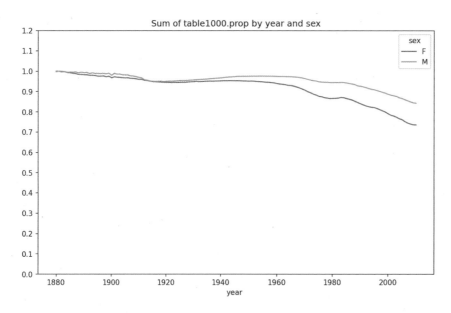

그림 13-6 인기 있는 이름 1,000개의 연도별/성별 비율

그래프에서 확인할 수 있듯이 실제로 이름의 다양성이 증가했다(상위 1,000개의 이름에서 비율의 총합이 감소하고 있다). 또한 전체 출생 수의 50%를 차지하는 인기 있는 이름의 개수도 흥미롭다. 이 숫자는 계산하기 까다롭다. 먼저 2010년의 남자아이 이름만 살펴보자.

```
In [133]: df = boys[boys["year"] == 2010]

In [134]: df
Out[134]:
          name sex  births  year      prop
260877   Jacob   M   21875  2010  0.011523
260878   Ethan   M   17866  2010  0.009411
260879 Michael   M   17133  2010  0.009025
260880  Jayden   M   17030  2010  0.008971
```

```
260881  William  M   16870  2010  0.008887
...         ...  ..     ...   ...       ...
261872   Camilo  M     194  2010  0.000102
261873   Destin  M     194  2010  0.000102
261874   Jaquan  M     194  2010  0.000102
261875   Jaydan  M     194  2010  0.000102
261876   Maxton  M     193  2010  0.000102
[1000 rows x 5 columns]
```

prop을 내림차순으로 정렬하고 전체의 50%가 되기까지 얼마나 많은 이름이 등장하는지 알아
보자. for 문을 사용해서 구현할 수도 있지만, 벡터화된 넘파이를 사용하는 편이 조금 더 편하
다. prop의 누계를 cumsum에 저장하고 searchsorted 메서드를 호출해서 정렬된 상태에서
누계가 0.5가 되는 위치를 구한다.

```
In [135]: prop_cumsum = df["prop"].sort_values(ascending=False).cumsum()

In [136]: prop_cumsum[:10]
Out[136]:
260877    0.011523
260878    0.020934
260879    0.029959
260880    0.038930
260881    0.047817
260882    0.056579
260883    0.065155
260884    0.073414
260885    0.081528
260886    0.089621
Name: prop, dtype: float64

In [137]: prop_cumsum.searchsorted(0.5)
Out[137]: 116
```

배열의 색인은 0부터 시작하기 때문에 결과에 1을 더하면 117이 나온다. 1900년과 비교해보
면 이보다 더 낮은 결과를 확인할 수 있다.

```
In [138]: df = boys[boys.year == 1900]
```

```
In [139]: in1900 = df.sort_values("prop", ascending=False).prop.cumsum()

In [140]: in1900.searchsorted(0.5) + 1
Out[140]: 25
```

이제 이 연산을 각 연도별/성별 조합에 적용할 수 있다. 연도와 성별을 groupby로 묶고 각 그룹에 apply를 사용해서 이 연산을 적용한다.

```
def get_quantile_count(group, q=0.5):
    group = group.sort_values("prop", ascending=False)
    return group.prop.cumsum().searchsorted(q) + 1

diversity = top1000.groupby(["year", "sex"]).apply(get_quantile_count)
diversity = diversity.unstack()
```

연산 결과인 diversity DataFrame은 이제 각 성별에 따라 연도별로 색인된 두 개의 시계열 데이터를 담고 있다(그림 13-7).

```
In [143]: diversity.head()
Out[143]:
sex    F   M
year
1880   38  14
1881   38  14
1882   38  15
1883   39  15
1884   39  16

In [144]: diversity.plot(title="Number of popular names in top 50%")
```

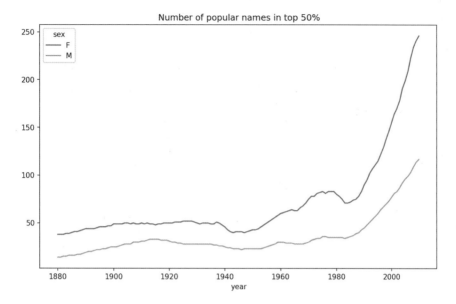

그림 13-7 연도별 이름 다양성 지수

보다시피 여자아이의 이름은 항상 남자아이 이름보다 더 다양하며, 시간이 흐를수록 더욱 다양해지고 있다. 대체되는 철자가 늘어나는 것처럼 이름 다양성을 높이는 요인에 대한 분석은 여러분의 몫으로 남겨두겠다.

마지막 글자의 변화

2007년 아이 이름을 연구하는 로라 와튼버그Laura Wattenberg는 지난 100년 동안 남자아이 이름의 마지막 글자 분포에 중요한 변화가 있었음을 발견했다. 지금부터 전체 데이터셋에서 연도와 성별, 이름의 마지막 글자를 수집해서 이를 확인해보자.

```python
def get_last_letter(x):
    return x[-1]

last_letters = names["name"].map(get_last_letter)
last_letters.name = "last_letter"

table = names.pivot_table("births", index=last_letters,
                          columns=["sex", "year"], aggfunc=sum)
```

전체 기간에서 대표 연도 세 개를 골라 이름의 마지막 글자 몇 개를 출력해보자.

```
In [146]: subtable = table.reindex(columns=[1910, 1960, 2010], level="year")

In [147]: subtable.head()
Out[147]:
sex              F                          M
year          1910      1960      2010      1910      1960      2010
last_letter
a         108376.0  691247.0  670605.0     977.0    5204.0   28438.0
b              NaN     694.0     450.0     411.0    3912.0   38859.0
c              5.0      49.0     946.0     482.0   15476.0   23125.0
d           6750.0    3729.0    2607.0   22111.0  262112.0   44398.0
e         133569.0  435013.0  313833.0   28655.0  178823.0  129012.0
```

그다음 전체 출생 수에서 성별로 각각의 마지막 글자가 차지하는 비율을 계산하기 위해 전체 출생 수로 정규화한다.

```
In [148]: subtable.sum()
Out[148]:
sex  year
F    1910     396416.0
     1960    2022062.0
     2010    1759010.0
M    1910     194198.0
     1960    2132588.0
     2010    1898382.0
dtype: float64

In [149]: letter_prop = subtable / subtable.sum()

In [150]: letter_prop
Out[150]:
sex              F                          M
year          1910      1960      2010      1910      1960      2010
last_letter
a         0.273390  0.341853  0.381240  0.005031  0.002440  0.014980
b              NaN  0.000343  0.000256  0.002116  0.001834  0.020470
c         0.000013  0.000024  0.000538  0.002482  0.007257  0.012181
d         0.017028  0.001844  0.001482  0.113858  0.122908  0.023387
e         0.336941  0.215133  0.178415  0.147556  0.083853  0.067959
```

```
...          ...        ...        ...        ...        ...        ...
v            NaN   0.000060   0.000117   0.000113   0.000037   0.001434
w       0.000020   0.000031   0.001182   0.006329   0.007711   0.016148
x       0.000015   0.000037   0.000727   0.003965   0.001851   0.008614
y       0.110972   0.152569   0.116828   0.077349   0.160987   0.058168
z       0.002439   0.000659   0.000704   0.000170   0.000184   0.001831
[26 rows x 6 columns]
```

이렇게 구한 마지막 글자 비율로 성별과 출생 연도에 대한 막대그래프를 그려보자(그림 13-8).

```
import matplotlib.pyplot as plt

fig, axes = plt.subplots(2, 1, figsize=(10, 8))
letter_prop["M"].plot(kind="bar", rot=0, ax=axes[0], title="Male")
letter_prop["F"].plot(kind="bar", rot=0, ax=axes[1], title="Female",
                      legend=False)
```

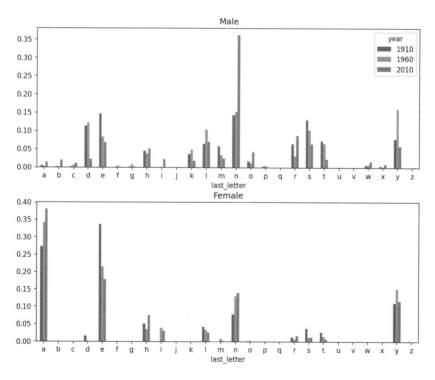

그림 13-8 남자아이와 여자아이 이름의 마지막 글자 사용 비율

그래프에서 확인할 수 있듯이 n으로 끝나는 남자아이 이름의 빈도가 1960년도 이후에 급격하게 증가했다. 이제 전체 테이블로 돌아가서 출생 연도와 성별로 정규화하고, 남자아이 이름에서 몇 가지 글자를 선택한 뒤 각 열을 시계열로 변환한다.

```
In [153]: letter_prop = table / table.sum()

In [154]: dny_ts = letter_prop.loc[["d", "n", "y"], "M"].T

In [155]: dny_ts.head()
Out[155]:
last_letter         d          n          y
year
1880         0.083055   0.153213   0.075760
1881         0.083247   0.153214   0.077451
1882         0.085340   0.149560   0.077537
1883         0.084066   0.151646   0.079144
1884         0.086120   0.149915   0.080405
```

이 시계열 데이터에 plot 메서드를 이용해서 연도별 그래프를 만들어보자(그림 13-9).

```
In [158]: dny_ts.plot()
```

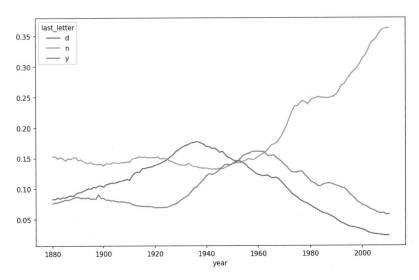

그림 13-9 d, n, y로 끝나는 이름을 가진 남자아이의 연도별 출생 비율

남자 이름과 여자 이름이 서로 바뀐 경우

또 다른 재미있는 경향은 예전에는 남자 이름으로 선호하다가 현재는 여자 이름으로 선호하는 경우다. 예를 들면 Lesley나 Leslie 이름이 그렇다. top1000 데이터로 Lesl로 시작하는 이름을 목록으로 만들어보자.

```
In [159]: all_names = pd.Series(top1000["name"].unique())

In [160]: lesley_like = all_names[all_names.str.contains("Lesl")]

In [161]: lesley_like
Out[161]:
632      Leslie
2294     Lesley
4262     Leslee
4728      Lesli
6103      Lesly
dtype: object
```

이제 이 이름들만 걸러내서 이름별로 출생 수를 구하고 상대도수를 확인해보자.

```
In [162]: filtered = top1000[top1000["name"].isin(lesley_like)]

In [163]: filtered.groupby("name")["births"].sum()
Out[163]:
name
Leslee      1082
Lesley     35022
Lesli        929
Leslie    370429
Lesly      10067
Name: births, dtype: int64
```

그리고 성별과 연도별로 모은 다음, 출생 연도로 정규화한다.

```
In [164]: table = filtered.pivot_table("births", index="year",
    .....:                              columns="sex", aggfunc="sum")

In [165]: table = table.div(table.sum(axis="columns"), axis="index")
```

```
In [166]: table.tail()
Out[166]:
sex     F   M
year
2006  1.0 NaN
2007  1.0 NaN
2008  1.0 NaN
2009  1.0 NaN
2010  1.0 NaN
```

마지막으로 시대별로 성별에 따른 비율을 그래프로 그려보자(그림 13-10).

```
In [168]: table.plot(style={"M": "k-", "F": "k--"})
```

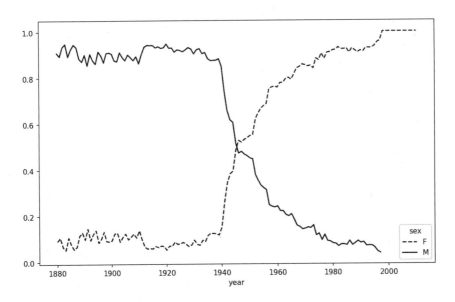

그림 13-10 Lesley와 비슷한 이름의 연도별 사용 비율

13.4 미국 농무부 영양소 정보

미국 농무부는 음식의 영양소 정보 데이터베이스를 제공한다. 개발자인 애슐리 윌리엄스는 해당 데이터베이스를 다음과 같은 JSON 형식으로 제공한다.

```json
{
  "id": 21441,
  "description": "KENTUCKY FRIED CHICKEN, Fried Chicken, EXTRA CRISPY,
Wing, meat and skin with breading",
  "tags": ["KFC"],
  "manufacturer": "Kentucky Fried Chicken",
  "group": "Fast Foods",
  "portions": [
    {
      "amount": 1,
      "unit": "wing, with skin",
      "grams": 68.0
    },

    ...
  ],
  "nutrients": [
    {
      "value": 20.8,
      "units": "g",
      "description": "Protein",
      "group": "Composition"
    },

    ...
  ]
}
```

각 음식은 숫자로 된 고유 ID와 영양소와 제공량을 담은 리스트 두 개를 갖는다. 이러한 데이터 형식은 분석하기 편하지 않으므로 데이터 모양을 더 나은 형태로 바꿔보자.

선호하는 JSON 라이브러리를 사용해서 파이썬으로 이 파일을 읽어오자. 여기서는 파이썬에 내장된 json 모듈을 사용한다.

```
In [169]: import json

In [170]: db = json.load(open("datasets/usda_food/database.json"))

In [171]: len(db)
Out[171]: 6636
```

db에 있는 각 엔트리는 한 가지 음식에 대한 모든 정보를 담고 있는 딕셔너리다. "nutrients" 필드는 딕셔너리의 리스트이며 각 항목은 한 가지 영양소에 대한 정보를 담고 있다.

```
In [172]: db[0].keys()
Out[172]: dict_keys(['id', 'description', 'tags', 'manufacturer', 'group', 'porti
ons', 'nutrients'])

In [173]: db[0]["nutrients"][0]
Out[173]:
{'value': 25.18,
 'units': 'g',
 'description': 'Protein',
 'group': 'Composition'}

In [174]: nutrients = pd.DataFrame(db[0]["nutrients"])

In [175]: nutrients.head(7)
Out[175]:
    value units                 description        group
0   25.18     g                     Protein  Composition
1   29.20     g            Total lipid (fat)  Composition
2    3.06     g  Carbohydrate, by difference  Composition
3    3.28     g                         Ash        Other
4  376.00  kcal                      Energy       Energy
5   39.28     g                       Water  Composition
6 1573.00    kJ                      Energy       Energy
```

딕셔너리의 리스트를 DataFrame으로 바꿀 때 추출할 필드 목록을 지정할 수 있다. 여기서는 음식의 이름과 그룹, ID, 제조사를 추출한다.

```
In [176]: info_keys = ["description", "group", "id", "manufacturer"]

In [177]: info = pd.DataFrame(db, columns=info_keys)
```

```
In [178]: info.head()
Out[178]:
                          description                 group    id  \
0                     Cheese, caraway  Dairy and Egg Products  1008
1                     Cheese, cheddar  Dairy and Egg Products  1009
2                        Cheese, edam  Dairy and Egg Products  1018
3                        Cheese, feta  Dairy and Egg Products  1019
4  Cheese, mozzarella, part skim milk  Dairy and Egg Products  1028
  manufacturer
0
1
2
3
4


In [179]: info.info()
<class 'pandas.core.frame.DataFrame'>
RangeIndex: 6636 entries, 0 to 6635
Data columns (total 4 columns):
 #   Column        Non-Null Count  Dtype
---  ------        --------------  -----
 0   description   6636 non-null   object
 1   group         6636 non-null   object
 2   id            6636 non-null   int64
 3   manufacturer  5195 non-null   object
dtypes: int64(1), object(3)
memory usage: 207.5+ KB
```

info.info() 출력에서 manufacturer 열에 누락된 값이 있는 것을 확인할 수 있다. value_counts 메서드를 이용하면 음식 그룹의 분포를 확인할 수 있다.

```
In [180]: pd.value_counts(info["group"])[:10]
Out[180]:
Vegetables and Vegetable Products   812
Beef Products                       618
Baked Products                      496
Breakfast Cereals                   403
Legumes and Legume Products         365
Fast Foods                          365
Lamb, Veal, and Game Products       345
Sweets                              341
Fruits and Fruit Juices             328
```

```
Pork Products                              328
Name: group, dtype: int64
```

모든 영양소 정보를 분석해보자. 먼저 분석을 쉽게 하기 위해 각 음식의 영양소 정보를 거대한 테이블 하나에 담아보자. 그러려면 사전에 몇 가지 과정을 거쳐야 한다. 음식의 영양소 리스트를 하나의 DataFrame으로 변환하고, 음식의 id를 위한 열을 하나 추가한다. 그리고 이 DataFrame을 리스트에 추가한 후 concat 메서드를 사용해 하나로 합친다. 다음 코드를 주피터 노트북에서 실행하자.

```python
nutrients = []

for rec in db:
    fnuts = pd.DataFrame(rec["nutrients"])
    fnuts["id"] = rec["id"]
    nutrients.append(fnuts)

nutrients = pd.concat(nutrients, ignore_index=True)
```

문제없이 잘 실행되었다면 nutrients 결과는 다음과 같다.

```
In [182]: nutrients
Out[182]:
          value units                          description        group     id
0        25.180     g                              Protein  Composition   1008
1        29.200     g                      Total lipid (fat)  Composition   1008
2         3.060     g           Carbohydrate, by difference  Composition   1008
3         3.280     g                                  Ash        Other   1008
4       376.000  kcal                               Energy       Energy   1008
...         ...   ...                                  ...          ...    ...
389350    0.000   mcg                      Vitamin B-12, added     Vitamins  43546
389351    0.000    mg                          Cholesterol        Other  43546
389352    0.072     g          Fatty acids, total saturated        Other  43546
389353    0.028     g     Fatty acids, total monounsaturated        Other  43546
389354    0.041     g     Fatty acids, total polyunsaturated        Other  43546
[389355 rows x 5 columns]
```

이 DataFrame에 중복된 데이터가 보인다. 제거해주자.

```
In [183]: nutrients.duplicated().sum()  # 중복 확인
Out[183]: 14179

In [184]: nutrients = nutrients.drop_duplicates()
```

"group"과 "description"은 모두 DataFrame 객체이므로 뭐가 뭔지 쉽게 알아볼 수 있도록
이름을 바꿔주자.

```
In [185]: col_mapping = {"description" : "food",
   .....:                "group"       : "fgroup"}

In [186]: info = info.rename(columns=col_mapping, copy=False)

In [187]: info.info()
<class 'pandas.core.frame.DataFrame'>
RangeIndex: 6636 entries, 0 to 6635
Data columns (total 4 columns):
 #   Column        Non-Null Count  Dtype
---  ------        --------------  -----
 0   food          6636 non-null   object
 1   fgroup        6636 non-null   object
 2   id            6636 non-null   int64
 3   manufacturer  5195 non-null   object
dtypes: int64(1), object(3)
memory usage: 207.5+ KB

In [188]: col_mapping = {"description" : "nutrient",
   .....:                "group" : "nutgroup"}

In [189]: nutrients = nutrients.rename(columns=col_mapping, copy=False)

In [190]: nutrients
Out[190]:
         value units                       nutrient     nutgroup    id
0       25.180     g                        Protein  Composition  1008
1       29.200     g              Total lipid (fat)  Composition  1008
2        3.060     g        Carbohydrate, by difference  Composition  1008
3        3.280     g                            Ash        Other  1008
4      376.000  kcal                         Energy       Energy  1008
...        ...   ...                            ...          ...   ...
389350   0.000   mcg              Vitamin B-12, added     Vitamins  43546
389351   0.000    mg                    Cholesterol        Other  43546
```

```
389352    0.072    g         Fatty acids, total saturated        Other  43546
389353    0.028    g     Fatty acids, total monounsaturated      Other  43546
389354    0.041    g     Fatty acids, total polyunsaturated      Other  43546
[375176 rows x 5 columns]
```

여기까지 했으면 info 객체를 nutrients 객체로 병합하자.

```
In [191]: ndata = pd.merge(nutrients, info, on="id")

In [192]: ndata.info()
<class 'pandas.core.frame.DataFrame'>
Int64Index: 375176 entries, 0 to 375175
Data columns (total 8 columns):
 #   Column        Non-Null Count     Dtype
---  ------        --------------     -----
 0   value         375176 non-null    float64
 1   units         375176 non-null    object
 2   nutrient      375176 non-null    object
 3   nutgroup      375176 non-null    object
 4   id            375176 non-null    int64
 5   food          375176 non-null    object
 6   fgroup        375176 non-null    object
 7   manufacturer  293054 non-null    object
dtypes: float64(1), int64(1), object(6)
memory usage: 25.8+ MB

In [193]: ndata.iloc[30000]
Out[193]:
value                                          0.04
units                                             g
nutrient                                    Glycine
nutgroup                                Amino Acids
id                                             6158
food            Soup, tomato bisque, canned, condensed
fgroup                      Soups, Sauces, and Gravies
manufacturer
Name: 30000, dtype: object
```

이제 음식 그룹과 영양소 종류별 중앙값을 그래프로 그릴 수 있다(그림 13-11).

```
In [195]: result = ndata.groupby(["nutrient", "fgroup"])["value"].quantile(0.5)

In [196]: result["Zinc, Zn"].sort_values().plot(kind="barh")
```

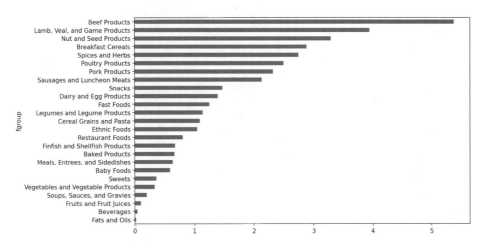

그림 13-11 음식 그룹별 아연 함량의 중앙값

idxmax 또는 argmax Series 메서드를 사용하면 각 영양소가 어떤 음식에 가장 많이 들어 있는지 찾아볼 수 있다. 다음 코드를 주피터 노트북에서 실행하자.

```
by_nutrient = ndata.groupby(["nutgroup", "nutrient"])

def get_maximum(x):
    return x.loc[x.value.idxmax()]

max_foods = by_nutrient.apply(get_maximum)[["value", "food"]]

# 음식 종류를 50개로 제한
max_foods["food"] = max_foods["food"].str[:50]
```

결과 DataFrame을 이 책에 다 신기에는 너무 방대하므로 아미노산^Amino Acid에 대한 내용만 여기에 담았다.

```
In [198]: max_foods.loc["Amino Acids"]["food"]
Out[198]:
nutrient
Alanine                      Gelatins, dry powder, unsweetened
Arginine                       Seeds, sesame flour, low-fat
Aspartic acid                       Soy protein isolate
Cystine              Seeds, cottonseed flour, low fat (glandless)
Glutamic acid                       Soy protein isolate
Glycine                      Gelatins, dry powder, unsweetened
Histidine                Whale, beluga, meat, dried (Alaska Native)
Hydroxyproline    KENTUCKY FRIED CHICKEN, Fried Chicken, ORIGINAL RE
Isoleucine        Soy protein isolate, PROTEIN TECHNOLOGIES INTERNAT
Leucine           Soy protein isolate, PROTEIN TECHNOLOGIES INTERNAT
Lysine               Seal, bearded (Oogruk), meat, dried (Alaska Native
Methionine                 Fish, cod, Atlantic, dried and salted
Phenylalanine     Soy protein isolate, PROTEIN TECHNOLOGIES INTERNAT
Proline                      Gelatins, dry powder, unsweetened
Serine            Soy protein isolate, PROTEIN TECHNOLOGIES INTERNAT
Threonine         Soy protein isolate, PROTEIN TECHNOLOGIES INTERNAT
Tryptophan            Sea lion, Steller, meat with fat (Alaska Native)
Tyrosine          Soy protein isolate, PROTEIN TECHNOLOGIES INTERNAT
Valine            Soy protein isolate, PROTEIN TECHNOLOGIES INTERNAT
Name: food, dtype: object
```

13.5 2012년 연방선거관리위원회 데이터베이스

미국 연방선거관리위원회(FEC)는 정치 활동 후원금과 관련된 데이터를 공개했다. 데이터에는 기부자의 이름, 직업, 고용 형태, 주소, 기부 금액이 포함되어 있다. 그중 2012년 미국 대통령 선거 데이터를 살펴본다. 2012년 미국 대통령 선거 기부금 데이터의 파일 이름은 P00000001-ALL.csv이며(이 책의 깃허브 저장소에서 내려받을 수 있다) 150MB의 CSV 파일이다. 이를 pandas.read_csv 함수로 불러온다.

```
In [199]: fec = pd.read_csv("datasets/fec/P00000001-ALL.csv", low_memory=False)

In [200]: fec.info()
<class 'pandas.core.frame.DataFrame'>
RangeIndex: 1001731 entries, 0 to 1001730
```

```
Data columns (total 16 columns):
 #   Column             Non-Null Count      Dtype
---  ------             --------------      -----
 0   cmte_id            1001731 non-null    object
 1   cand_id            1001731 non-null    object
 2   cand_nm            1001731 non-null    object
 3   contbr_nm          1001731 non-null    object
 4   contbr_city        1001712 non-null    object
 5   contbr_st          1001727 non-null    object
 6   contbr_zip         1001620 non-null    object
 7   contbr_employer    988002 non-null     object
 8   contbr_occupation  993301 non-null     object
 9   contb_receipt_amt  1001731 non-null    float64
 10  contb_receipt_dt   1001731 non-null    object
 11  receipt_desc       14166 non-null      object
 12  memo_cd            92482 non-null      object
 13  memo_text          97770 non-null      object
 14  form_tp            1001731 non-null    object
 15  file_num           1001731 non-null    int64
dtypes: float64(1), int64(1), object(14)
memory usage: 122.3+ MB
```

NOTE_ 2012년 선거 데이터가 아닌 2016년이나 2020년 선거 데이터로 업데이트해달라고 요청한 이들이 몇몇 있었다. 하지만 연방선거관리위원회에서 제공하는 최신 데이터셋은 점점 방대하고 복잡해지고 있어서 이 책에서 설명하려는 분석 기법을 익히는 데 방해가 된다고 판단했고, 여전히 2012년 선거 데이터를 사용한다.

DataFrame에는 다음과 같은 형태로 데이터가 저장되어 있다.

```
In [201]: fec.iloc[123456]
Out[201]:
cmte_id                       C00431445
cand_id                       P80003338
cand_nm                    Obama, Barack
contbr_nm                     ELLMAN, IRA
contbr_city                         TEMPE
contbr_st                              AZ
contbr_zip                      852816719
contbr_employer    ARIZONA STATE UNIVERSITY
contbr_occupation                 PROFESSOR
```

```
contb_receipt_amt                    50.0
contb_receipt_dt                01-DEC-11
receipt_desc                          NaN
memo_cd                               NaN
memo_text                             NaN
form_tp                             SA17A
file_num                           772372
Name: 123456, dtype: object
```

기부자와 선거 자금에서 찾을 수 있는 패턴에 대한 통계를 추출하기 위해 데이터를 적당한 크기로 쪼개서 나누는 다양한 방법을 떠올릴 수 있을 것이다. 지금까지 배운 내용을 적용한 여러 분석 방법을 지금부터 살펴보자.

여기에는 정당 가입 여부와 관련된 데이터가 없으므로 추가해주는 것이 유용하다. unique 메서드를 이용해서 모든 정당의 후보자 목록을 얻자.

```
In [202]: unique_cands = fec["cand_nm"].unique()

In [203]: unique_cands
Out[203]:
array(['Bachmann, Michelle', 'Romney, Mitt', 'Obama, Barack',
       "Roemer, Charles E. 'Buddy' III", 'Pawlenty, Timothy',
       'Johnson, Gary Earl', 'Paul, Ron', 'Santorum, Rick',
       'Cain, Herman', 'Gingrich, Newt', 'McCotter, Thaddeus G',
       'Huntsman, Jon', 'Perry, Rick'], dtype=object)

In [204]: unique_cands[2]
Out[204]: 'Obama, Barack'
```

소속 정당은 딕셔너리를 사용해서 표시한다.[6]

```
parties = {"Bachmann, Michelle": "Republican",
           "Cain, Herman": "Republican",
           "Gingrich, Newt": "Republican",
           "Huntsman, Jon": "Republican",
           "Johnson, Gary Earl": "Republican",
           "McCotter, Thaddeus G": "Republican",
```

---

6 게리 존슨(Johnson, Gary Earl)은 나중에 자유당 후보로 지명되긴 했지만 여기서는 공화당원으로 간주한다.

```
          "Obama, Barack": "Democrat",
          "Paul, Ron": "Republican",
          "Pawlenty, Timothy": "Republican",
          "Perry, Rick": "Republican",
          "Roemer, Charles E. 'Buddy' III": "Republican",
          "Romney, Mitt": "Republican",
          "Santorum, Rick": "Republican"}
```

이제 딕셔너리 정보와 Series 객체에 map 메서드를 사용해 후보 이름으로부터 정당 배열을 계산한다.

```
In [206]: fec["cand_nm"][123456:123461]
Out[206]:
123456    Obama, Barack
123457    Obama, Barack
123458    Obama, Barack
123459    Obama, Barack
123460    Obama, Barack
Name: cand_nm, dtype: object

In [207]: fec["cand_nm"][123456:123461].map(parties)
Out[207]:
123456    Democrat
123457    Democrat
123458    Democrat
123459    Democrat
123460    Democrat
Name: cand_nm, dtype: object

# party 열로 추가
In [208]: fec["party"] = fec["cand_nm"].map(parties)

In [209]: fec["party"].value_counts()
Out[209]:
Democrat      593746
Republican    407985
Name: party, dtype: int64
```

분석을 하기 전에 데이터를 다듬어야 한다. 우선 이 데이터에는 기부 금액과 환급 금액(기부 금액이 마이너스인 경우)이 함께 포함되어 있다.

```
In [210]: (fec["contb_receipt_amt"] > 0).value_counts()
Out[210]:
True     991475
False     10256
Name: contb_receipt_amt, dtype: int64
```

분석을 단순화하기 위해 기부 금액이 양수인 데이터만 골라낸다.

```
In [211]: fec = fec[fec["contb_receipt_amt"] > 0]
```

버락 오바마Barack Obama와 밋 롬니Mitt Romney가 양대 후보이므로 두 후보의 기부금 정보만 따로 추려보자.

```
In [212]: fec_mrbo = fec[fec["cand_nm"].isin(["Obama, Barack", "Romney, Mitt"])]
```

13.5.1 직업과 고용주에 따른 기부 통계

직업에 따른 기부 내역 통계는 흔한 조사 방법이다. 예를 들어 변호사는 민주당에 더 많은 돈을 기부하는 경향이 있고 기업 임원은 공화당에 더 많은 돈을 기부하는 경향이 있다. 하지만 이를 그대로 받아들이기보다 데이터를 통해 직접 확인해보자. 직업별 전체 기부 숫자는 쉽게 구할 수 있다.

```
In [213]: fec["contbr_occupation"].value_counts()[:10]
Out[213]:
RETIRED                               233990
INFORMATION REQUESTED                  35107
ATTORNEY                               34286
HOMEMAKER                              29931
PHYSICIAN                              23432
INFORMATION REQUESTED PER BEST EFFORTS 21138
ENGINEER                               14334
TEACHER                                13990
CONSULTANT                             13273
PROFESSOR                              12555
Name: contbr_occupation, dtype: int64
```

결과를 보면 데이터베이스에 일반적인 직업 유형을 기재했거나 동일한 직업을 다른 이름으로 기재한 경우가 있다는 것을 확인할 수 있다. 다음 코드를 이용해서 하나의 직업을 다른 직업으로 매핑해 앞서 발생한 문제를 제거하자. dict.get을 사용하는 꼼수를 써서 매핑 정보가 없는 직업은 그대로 사용한다.

```
occ_mapping = {
    "INFORMATION REQUESTED PER BEST EFFORTS" : "NOT PROVIDED",
    "INFORMATION REQUESTED" : "NOT PROVIDED",
    "INFORMATION REQUESTED (BEST EFFORTS)" : "NOT PROVIDED",
    "C.E.O.": "CEO"
}

def get_occ(x):
    # 매핑이 없다면 x를 반환한다.
    return occ_mapping.get(x, x)

fec["contbr_occupation"] = fec["contbr_occupation"].map(get_occ)
```

고용주에 대해서도 동일한 방식으로 처리한다.

```
emp_mapping = {
    "INFORMATION REQUESTED PER BEST EFFORTS" : "NOT PROVIDED",
    "INFORMATION REQUESTED" : "NOT PROVIDED",
    "SELF" : "SELF-EMPLOYED",
    "SELF EMPLOYED" : "SELF-EMPLOYED",
}

def get_emp(x):
    # 매핑이 없다면 x를 반환한다.
    return emp_mapping.get(x, x)

fec["contbr_employer"] = fec["contbr_employer"].map(get_emp)
```

이제 pivot_table을 사용해서 정당과 직업별로 데이터를 집계한 다음 최소한 2백만 불 이상 기부한 직업만 골라내자.

```
In [216]: by_occupation = fec.pivot_table("contb_receipt_amt",
    .....:                                 index="contbr_occupation",
```

```
     .....:                              columns="party", aggfunc="sum")

In [217]: over_2mm = by_occupation[by_occupation.sum(axis="columns") > 2000000]

In [218]: over_2mm
Out[218]:
party                  Democrat    Republican
contbr_occupation
ATTORNEY            11141982.97    7477194.43
CEO                  2074974.79    4211040.52
CONSULTANT           2459912.71    2544725.45
ENGINEER              951525.55    1818373.70
EXECUTIVE            1355161.05    4138850.09
HOMEMAKER            4248875.80   13634275.78
INVESTOR              884133.00    2431768.92
LAWYER               3160478.87     391224.32
MANAGER               762883.22    1444532.37
NOT PROVIDED         4866973.96   20565473.01
OWNER                1001567.36    2408286.92
PHYSICIAN            3735124.94    3594320.24
PRESIDENT            1878509.95    4720923.76
PROFESSOR            2165071.08     296702.73
REAL ESTATE           528902.09    1625902.25
RETIRED             25305116.38   23561244.49
SELF-EMPLOYED         672393.40    1640252.54
```

이런 종류의 데이터는 막대그래프("barh"는 수평 막대그래프를 의미한다)를 통해 시각화하는 편이 보기 좋다(그림 13-12).

```
In [220]: over_2mm.plot(kind="barh")
```

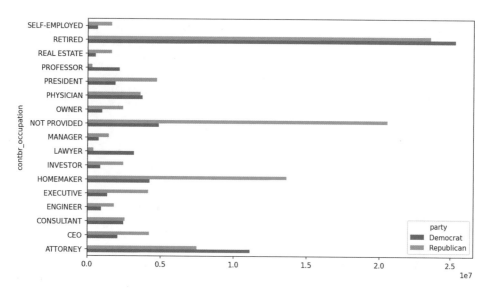

그림 13-12 최다 기부자의 직업과 정당별 기부금

오바마 후보와 롬니 후보별로 가장 많은 금액을 기부한 직군을 알아보자. 이 통계를 구하려면 후보 이름으로 그룹을 묶고 이번 장의 앞에서 사용했던 변형된 top 메서드를 사용한다.

```python
def get_top_amounts(group, key, n=5):
    totals = group.groupby(key)["contb_receipt_amt"].sum()
    return totals.nlargest(n)
```

그리고 직업과 고용주에 따라 집계한다.

```
In [222]: grouped = fec_mrbo.groupby("cand_nm")

In [223]: grouped.apply(get_top_amounts, "contbr_occupation", n=7)
Out[223]:
cand_nm         contbr_occupation
Obama, Barack   RETIRED                  25305116.38
                ATTORNEY                 11141982.97
                INFORMATION REQUESTED     4866973.96
                HOMEMAKER                 4248875.80
                PHYSICIAN                 3735124.94
                LAWYER                   3160478.87
                CONSULTANT               2459912.71
```

```
Romney, Mitt   RETIRED                                    11508473.59
               INFORMATION REQUESTED PER BEST EFFORTS     11396894.84
               HOMEMAKER                                   8147446.22
               ATTORNEY                                    5364718.82
               PRESIDENT                                   2491244.89
               EXECUTIVE                                   2300947.03
               C.E.O.                                      1968386.11
Name: contb_receipt_amt, dtype: float64

In [224]: grouped.apply(get_top_amounts, "contbr_employer", n=10)
Out[224]:
cand_nm          contbr_employer
Obama, Barack    RETIRED                                  22694358.85
                 SELF-EMPLOYED                            17080985.96
                 NOT EMPLOYED                              8586308.70
                 INFORMATION REQUESTED                     5053480.37
                 HOMEMAKER                                 2605408.54
                 SELF                                      1076531.20
                 SELF EMPLOYED                              469290.00
                 STUDENT                                    318831.45
                 VOLUNTEER                                  257104.00
                 MICROSOFT                                  215585.36
Romney, Mitt     INFORMATION REQUESTED PER BEST EFFORTS   12059527.24
                 RETIRED                                  11506225.71
                 HOMEMAKER                                 8147196.22
                 SELF-EMPLOYED                             7409860.98
                 STUDENT                                    496490.94
                 CREDIT SUISSE                              281150.00
                 MORGAN STANLEY                             267266.00
                 GOLDMAN SACH & CO.                         238250.00
                 BARCLAYS CAPITAL                           162750.00
                 H.I.G. CAPITAL                             139500.00
Name: contb_receipt_amt, dtype: float64
```

13.5.2 기부 금액 통계

이 데이터를 효과적으로 분석하려면 cut 함수를 사용해서 기부 규모별로 버킷을 만들고 기부자 수를 분할해야 한다.

```
In [225]: bins = np.array([0, 1, 10, 100, 1000, 10000,
   .....:                  100_000, 1_000_000, 10_000_000])

In [226]: labels = pd.cut(fec_mrbo["contb_receipt_amt"], bins)

In [227]: labels
Out[227]:
411          (10, 100]
412        (100, 1000]
413        (100, 1000]
414          (10, 100]
415          (10, 100]
                ...
701381       (10, 100]
701382     (100, 1000]
701383         (1, 10]
701384       (10, 100]
701385     (100, 1000]
Name: contb_receipt_amt, Length: 694282, dtype: category
Categories (8, interval[int64, right]): [(0, 1] < (1, 10] < (10, 100] < (100, 1000] <
                                         (1000, 10000] < (10000, 100000] <
                                         (100000, 1000000] < (1000000, 10000000]]
```

이제 오바마와 롬니 후보 데이터를 이름과 버킷 이름으로 그룹지어 기부 금액 규모에 따른 히스토그램을 그릴 수 있다.

```
In [228]: grouped = fec_mrbo.groupby(["cand_nm", labels])

In [229]: grouped.size().unstack(level=0)
Out[229]:
cand_nm                 Obama, Barack  Romney, Mitt
contb_receipt_amt
(0, 1]                            493            77
(1, 10]                         40070          3681
(10, 100]                      372280         31853
(100, 1000]                    153991         43357
(1000, 10000]                   22284         26186
(10000, 100000]                     2             1
(100000, 1000000]                   3             0
(1000000, 10000000]                 4             0
```

이 데이터를 보면 오바마는 롬니보다 작은 금액의 기부를 훨씬 많이 받았다. 기부 금액을 모두 더한 후 버킷별로 정규화해서 후보별 전체 기부 금액 비율을 시각화해보자(그림 13-13).

```
In [231]: bucket_sums = grouped["contb_receipt_amt"].sum().unstack(level=0)

In [232]: normed_sums = bucket_sums.div(bucket_sums.sum(axis="columns"),
   .....:                               axis="index")

In [233]: normed_sums
Out[233]:
cand_nm                 Obama, Barack  Romney, Mitt
contb_receipt_amt
(0, 1]                       0.805182      0.194818
(1, 10]                      0.918767      0.081233
(10, 100]                    0.910769      0.089231
(100, 1000]                  0.710176      0.289824
(1000, 10000]                0.447326      0.552674
(10000, 100000]              0.823120      0.176880
(100000, 1000000]            1.000000      0.000000
(1000000, 10000000]          1.000000      0.000000

In [234]: normed_sums[:-2].plot(kind="barh")
```

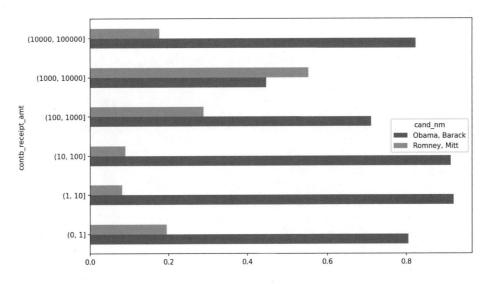

그림 13-13 후보별 전체 기부 금액 비율

기부 금액이 가장 큰 버킷 두 개는 개인 후원이 아니므로 그래프에서 제외했다.

물론 지금 살펴본 분석을 더 개선할 수 있다. 예를 들어 기부자 이름과 우편번호를 이용해 작은 금액을 자주 기부한 사람과 큰 금액을 한 번 기부한 사람별로 데이터를 집계할 수 있다. 여러분이 데이터를 직접 내려받아 탐색해보기를 추천한다.

13.5.3 주별 기부 통계

후보자와 주(州)별로 데이터를 집계해보자.

```
In [235]: grouped = fec_mrbo.groupby(["cand_nm", "contbr_st"])

In [236]: totals = grouped["contb_receipt_amt"].sum().unstack(level=0).fillna(0)

In [237]: totals = totals[totals.sum(axis="columns") > 100000]

In [238]: totals.head(10)
Out[238]:
cand_nm    Obama, Barack  Romney, Mitt
contbr_st
AK            281840.15      86204.24
AL            543123.48     527303.51
AR            359247.28     105556.00
AZ           1506476.98    1888436.23
CA          23824984.24   11237636.60
CO           2132429.49    1506714.12
CT           2068291.26    3499475.45
DC           4373538.80    1025137.50
DE            336669.14      82712.00
FL           7318178.58    8338458.81
```

각 행을 전체 기부 금액으로 나누면 각 후보에 대한 주별 전체 기부 금액의 상대적인 비율을 얻을 수 있다.

```
In [239]: percent = totals.div(totals.sum(axis="columns"), axis="index")

In [240]: percent.head(10)
Out[240]:
```

```
cand_nm    Obama, Barack  Romney, Mitt
contbr_st
AK              0.765778      0.234222
AL              0.507390      0.492610
AR              0.772902      0.227098
AZ              0.443745      0.556255
CA              0.679498      0.320502
CO              0.585970      0.414030
CT              0.371476      0.628524
DC              0.810113      0.189887
DE              0.802776      0.197224
FL              0.467417      0.532583
```

13.6 마치며

이제 책의 모든 내용이 끝났다. 추가적으로 살펴보면 유용한 내용은 부록에 실어두었다.

이 책의 초판이 출판되고 10년 동안 파이썬은 데이터 분석에서 가장 많이 쓰이는 최고의 인기 언어로 자리 잡았다. 이 책을 통해 익힌 프로그래밍 실력은 앞으로도 오랫동안 유효할 것이다. 아무쪼록 이 책에서 소개한 도구와 라이브러리가 업무에 도움이 되기를 바란다.

고급 넘파이

부록에서는 배열 계산을 위한 넘파이 라이브러리를 더 자세히 알아본다. ndarray 자료형의 내부 구조를 상세히 알아보고 고급 배열 조작 기법과 알고리듬을 살펴보자.

부록은 여러 가지 주제를 다루며 순서대로 꼭 읽어야 할 필요는 없다. 여기서 사용하는 랜덤 데이터는 numpy.random 모듈의 기본 난수 생성기로 만들었다.

```
In [11]: rng = np.random.default_rng(seed=12345)
```

A.1 ndarray 객체 구조

넘파이의 ndarray는 연속적이든 아니든 단일 형태의 데이터 블록을 다차원 배열 객체의 형태로 해석할 수 있는 수단을 제공한다. dtype이라고 하는 자료형은 데이터가 실수, 정수, 불리언 혹은 다른 형인지 알려준다.

ndarray가 유연한 까닭은 모든 배열 객체가 띄엄띄엄 떨어진 데이터 블록에 대한 뷰이기 때문이다. 예를 들어 arr[::2, ::-1] 배열은 어째서 데이터 복사가 일어나지 않는 것인지 의아할 수 있다. ndarray는 단순한 메모리 덩어리와 dtype만을 갖는 것이 아니고 다양한 너비로 메모리 사이를 건너뛸 수 있는 보폭stride 정보도 포함하고 있기 때문이다. 좀 더 설명하자면

ndarray의 내부는 다음과 같이 구성된다.

- **데이터 포인터**: RAM이나 메모리 맵 파일에서 데이터의 블록을 가리킨다.

- **자료형(dtype)**: 배열 내에서 값을 담는 고정된 크기를 나타낸다.

- **튜플**: 배열의 모양을 알려준다.

- **보폭(stride)을 담고 있는 튜플**: 하나의 차원을 따라 다음 원소로 몇 바이트 이동해야 하는지 나타낸다.

[그림 A-1]은 간략한 ndarray의 내부 구조다.

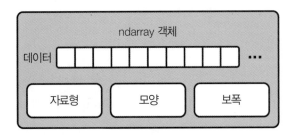

그림 A-1 넘파이 ndarray 객체

예를 들어 10×5 크기의 배열의 모양은 (10, 5)로 표현된다.

```
In [12]: np.ones((10, 5)).shape
Out[12]: (10, 5)
```

C 언어 형식의 3×4×5 크기의 float64(8바이트) 배열은 (160, 40, 8)의 stride 값을 갖는다. stride 정보를 알고 있으면 편리하다. 일반적으로 stride 값이 클수록 해당 축을 따라 연산을 수행하는 비용이 많이 든다.

```
In [13]: np.ones((3, 4, 5), dtype=np.float64).strides
Out[13]: (160, 40, 8)
```

일반적인 넘파이 사용자는 배열의 stride 값에 흥미를 갖는 경우가 드물다. 하지만 stride 값은 복사가 이루어지지 않는 배열의 뷰를 생성하는 데 중요한 역할을 한다. stride 값은 음수일 수도 있으며 메모리 상에서 뒤로 이동해야 한다는 의미다. 예를 들어 배열을 obj[::-1] 또는 obj[:, ::-1] 형태로 잘라내는 경우다.

A.1.1 넘파이 자료형 구조

종종 배열에 담긴 값이 정수, 실수, 문자열, 파이썬 객체인지 확인하는 코드를 작성할 경우가 있다. 실수에도 다양한 형태(float16부터 float128까지)가 있고, 리스트를 따라 dtype을 확인하는 과정은 꽤나 번거롭기 때문이다. 다행히도 dtype은 np.issubdtype 함수와 결합해 사용할 수 있는 np.integer나 np.floating 같은 부모 클래스를 갖는다.

```
In [14]: ints = np.ones(10, dtype=np.uint16)
In [15]: floats = np.ones(10, dtype=np.float32)
In [16]: np.issubdtype(ints.dtype, np.integer)
Out[16]: True

In [17]: np.issubdtype(floats.dtype, np.floating)
Out[17]: True
```

특정 자료형의 모든 부모 클래스는 mro 메서드를 이용해서 확인할 수 있다.

```
In [18]: np.float64.mro()
Out[18]:
[numpy.float64,
 numpy.floating,
 numpy.inexact,
 numpy.number,
 numpy.generic,
 float,
 object]
```

따라서 아래와 같이 ints가 np.number 자료형임을 확인할 수 있다.

```
In [19]: np.issubdtype(ints.dtype, np.number)
Out[19]: True
```

대부분의 넘파이 사용자가 이런 내용까지 알아야 필요는 없지만 가끔 도움이 되는 경우도 있다. [그림 A-2]는 자료형의 부모-자식 클래스 관계다.[1]

----

1 몇몇 자료형은 이름 뒤에 _로 끝나기도 하는데 이는 넘파이에서 사용하는 자료형과 파이썬 내장 자료형 간의 충돌을 피하기 위해서다.

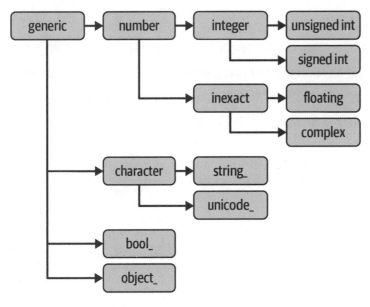

그림 A-2 넘파이 dtype 클래스 계층

A.2 고급 배열 조작 기법

배열을 세련된 방법으로 색인하고, 나누고, 불리언으로 값의 일부를 취하는 방법에는 여러 가지가 있다. 데이터 분석 애플리케이션에서 까다로운 작업 대부분은 판다스의 상위 레벨 함수에서 처리하지만 라이브러리에 존재하지 않는 데이터 알고리듬을 직접 작성해야 하는 경우도 있다.

A.2.1 배열 재구성하기

지금까지 넘파이 배열에 대해 배운 내용을 활용해 배열의 데이터를 복사하지 않고 다른 모양으로 변환할 수 있다는 점은 약간 놀라운 점이다. 배열의 모양을 변환하려면 배열의 인스턴스 메서드인 reshape 메서드에 새로운 모양을 나타내는 튜플을 넘긴다. 예를 들어 1차원 배열을 행렬로 바꾸려 한다고 가정해보자(결과는 [그림 A-3] 참조).

```
In [20]: arr = np.arange(8)

In [21]: arr
Out[21]: array([0, 1, 2, 3, 4, 5, 6, 7])

In [22]: arr.reshape((4, 2))
Out[22]:
array([[0, 1],
       [2, 3],
       [4, 5],
       [6, 7]])
```

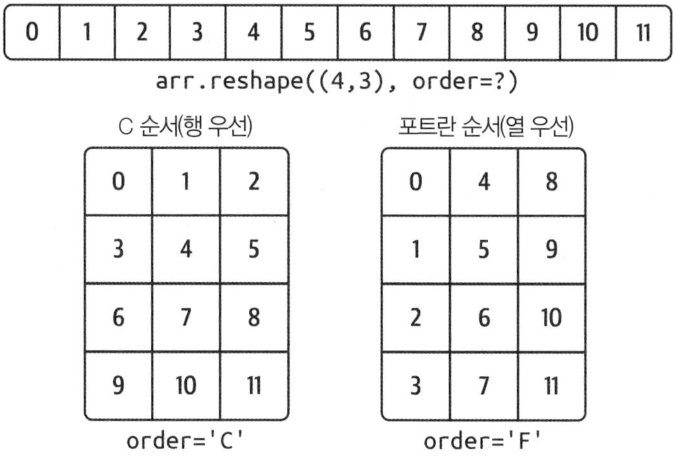

0	1	2	3	4	5	6	7	8	9	10	11

arr.reshape((4,3), order=?)

C 순서(행 우선)

0	1	2
3	4	5
6	7	8
9	10	11

order='C'

포트란 순서(열 우선)

0	4	8
1	5	9
2	6	10
3	7	11

order='F'

그림 A-3 행 우선, 열 우선 재구성하기

다차원 배열 또한 재구성 가능하다.

```
In [23]: arr.reshape((4, 2)).reshape((2, 4))
Out[23]:
array([[0, 1, 2, 3],
       [4, 5, 6, 7]])
```

reshape에 넘기는 값 중 하나가 –1이 될 수도 있는데 이 경우에는 원본 데이터를 참조해서 적절한 값을 추론한다.

```
In [24]: arr = np.arange(15)

In [25]: arr.reshape((5, -1))
Out[25]:
array([[ 0,  1,  2],
       [ 3,  4,  5],
       [ 6,  7,  8],
       [ 9, 10, 11],
       [12, 13, 14]])
```

배열의 shape 속성은 튜플이므로 reshape 메서드에 이를 직접 넘기는 것도 가능하다.

```
In [26]: other_arr = np.ones((3, 5))

In [27]: other_arr.shape
Out[27]: (3, 5)

In [28]: arr.reshape(other_arr.shape)
Out[28]:
array([[ 0,  1,  2,  3,  4],
       [ 5,  6,  7,  8,  9],
       [10, 11, 12, 13, 14]])
```

다차원 배열을 낮은 차원으로 변환하는 것은 **평탄화**flattening, raveling라고 한다.

```
In [29]: arr = np.arange(15).reshape((5, 3))

In [30]: arr
Out[30]:
array([[ 0,  1,  2],
       [ 3,  4,  5],
       [ 6,  7,  8],
       [ 9, 10, 11],
       [12, 13, 14]])

In [31]: arr.ravel()
Out[31]: array([ 0,  1,  2,  3,  4,  5,  6,  7,  8,  9, 10, 11, 12, 13, 14])
```

ravel 메서드는 결괏값이 원래 배열에 연속되는 경우 원본 데이터의 복사본을 생성하지 않는다.

flatten 메서드는 ravel 메서드와 유사하게 작동하지만 항상 데이터의 복사본을 반환한다.

```
In [32]: arr.flatten()
Out[32]: array([ 0,  1,  2,  3,  4,  5,  6,  7,  8,  9, 10, 11, 12, 13, 14])
```

데이터를 다른 순서로 재구성하거나 평탄화할 수 있다. 이 주제는 초보 넘파이 사용자에게는 약간 설명하기 어려운 주제이므로 다음 절에서 별도로 살펴본다.

A.2.2 C 순서와 포트란 순서

넘파이는 메모리상의 데이터를 배치하는 유연하고 다양한 제어 기능을 제공한다. 기본적으로 넘파이 배열은 **행 우선 순서**로 생성된다. 즉, 만약 2차원 배열이 있다면 배열의 각 행에 해당하는 데이터는 공간적으로 인접한 메모리에 적재된다는 뜻이다. 행 우선 순서가 아니면 **열 우선 순서**를 갖게 되며 각 열에 담긴 데이터들이 인접한 메모리에 적재되는 방식이다.

역사적으로 보면 행, 열 우선 순서는 각각 C 순서, 포트란 순서로 알려져 있다. 고전 프로그래밍 언어인 포트란 77의 경우 배열은 열 우선 순서로 저장된다.

reshape나 ravel 같은 함수는 배열에서 데이터 순서를 나타내는 인수를 받는다. 대부분 'C' 아니면 'F' 값을 받는데 아주 드물게 'A'나 'K'를 사용하기도 한다. 자세한 내용은 넘파이 문서를 참고하자. 앞서 [그림 A-3]에 이 내용을 그림으로 표현했다.

```
In [33]: arr = np.arange(12).reshape((3, 4))

In [34]: arr
Out[34]:
array([[ 0,  1,  2,  3],
       [ 4,  5,  6,  7],
       [ 8,  9, 10, 11]])

In [35]: arr.ravel()
Out[35]: array([ 0,  1,  2,  3,  4,  5,  6,  7,  8,  9, 10, 11])

In [36]: arr.ravel('F')
Out[36]: array([ 0,  4,  8,  1,  5,  9,  2,  6, 10,  3,  7, 11])
```

배열을 2차원 이상으로 재구성하려면 혼란스러울 수 있다. C와 포트란 순서의 핵심적인 차이
는 어느 차원부터 처리하느냐다.

- **C/행 우선 순서**: 상위 차원을 먼저 탐색한다(1번 축을 0번 축보다 우선 탐색한다).
- **포트란/열 우선 순서**: 상위 차원을 나중에 탐색한다(0번 축을 1번 축보다 우선 탐색한다).

A.2.3 배열 이어 붙이고 나누기

numpy.concatenate는 배열의 목록(튜플, 리스트 등)을 받아서 주어진 axis에 따라 하나의
배열로 합친다.

```
In [37]: arr1 = np.array([[1, 2, 3], [4, 5, 6]])

In [38]: arr2 = np.array([[7, 8, 9], [10, 11, 12]])

In [39]: np.concatenate([arr1, arr2], axis=0)
Out[39]:
array([[ 1,  2,  3],
       [ 4,  5,  6],
       [ 7,  8,  9],
       [10, 11, 12]])

In [40]: np.concatenate([arr1, arr2], axis=1)
Out[40]:
array([[ 1,  2,  3,  7,  8,  9],
       [ 4,  5,  6, 10, 11, 12]])
```

vstack과 hstack 함수를 이용하면 일반적인 이어 붙이기 작업은 쉽게 처리할 수 있다. 이 연
산은 vstack과 hstack 메서드를 사용해서 다음처럼 표현할 수 있다.

```
In [41]: np.vstack((arr1, arr2))
Out[41]:
array([[ 1,  2,  3],
       [ 4,  5,  6],
       [ 7,  8,  9],
       [10, 11, 12]])

In [42]: np.hstack((arr1, arr2))
```

```
Out[42]:
array([[ 1,  2,  3,  7,  8,  9],
       [ 4,  5,  6, 10, 11, 12]])
```

반면 split 메서드를 사용하면 하나의 배열을 축에 따라 여러 개의 배열로 나눌 수 있다.

```
In [43]: arr = rng.standard_normal((5, 2))

In [44]: arr
Out[44]:
array([[-1.4238,  1.2637],
       [-0.8707, -0.2592],
       [-0.0753, -0.7409],
       [-1.3678,  0.6489],
       [ 0.3611, -1.9529]])

In [45]: first, second, third = np.split(arr, [1, 3])

In [46]: first
Out[46]: array([[-1.4238,  1.2637]])

In [47]: second
Out[47]:
array([[-0.8707, -0.2592],
       [-0.0753, -0.7409]])

In [48]: third
Out[48]:
array([[-1.3678,  0.6489],
       [ 0.3611, -1.9529]])
```

np.split에 전달된 값 [1, 3]은 배열을 나눌 때 기준이 되는 위치를 나타낸다.

[표 A-1]에 관련 함수 목록을 정리했다. 그중 일부 함수는 아주 일반적인 목적의 이어 붙이기 작업을 간단하게 처리하기 위해 제공한다.

표 A-1 배열 이어 붙이기 함수

함수	설명
concatenate	가장 대표적인 함수로, 하나의 축을 따라 배열을 이어 붙인다.
vstack, row_stack	행(axis=0)을 따라 배열을 쌓는다.
hstack	열(axis=1)을 따라 배열을 쌓는다.
column_stack	hstack과 동일하지만 1차원 배열을 2차원 열 벡터로 먼저 변환한다.
dstack	깊이(axis=2)에 따라 배열을 쌓는다.
split	특정 축을 따라 지정된 위치를 기점으로 배열을 나눈다.
hsplit, vsplit	각각 axis=0과 axis=1을 따라 배열을 나눈다.

배열 쌓기 도우미: r_과 c_

넘파이의 네임스페이스에는 r_과 c_라는 두 가지 특수한 객체가 있는데 배열을 조금 더 편리하게 쌓을 수 있도록 한다.

```
In [49]: arr = np.arange(6)

In [50]: arr1 = arr.reshape((3, 2))

In [51]: arr2 = rng.standard_normal((3, 2))

In [52]: np.r_[arr1, arr2]
Out[52]:
array([[ 0.    ,  1.    ],
       [ 2.    ,  3.    ],
       [ 4.    ,  5.    ],
       [ 2.3474,  0.9685],
       [-0.7594,  0.9022],
       [-0.467 , -0.0607]])

In [53]: np.c_[np.r_[arr1, arr2], arr]
Out[53]:
array([[ 0.    ,  1.    ,  0.    ],
       [ 2.    ,  3.    ,  1.    ],
       [ 4.    ,  5.    ,  2.    ],
       [ 2.3474,  0.9685,  3.    ],
       [-0.7594,  0.9022,  4.    ],
```

```
         [-0.467 , -0.0607,  5.    ]])
```

또한 슬라이스를 배열로 변환할 수도 있다.

```
In [54]: np.c_[1:6, -10:-5]
Out[54]:
array([[  1, -10],
       [  2,  -9],
       [  3,  -8],
       [  4,  -7],
       [  5,  -6]])
```

c_와 r_로 할 수 있는 자세한 내용은 문서[2]를 참고하자.

A.2.4 원소 반복하기: tile과 repeat

큰 배열을 만들기 위해서 배열을 반복하거나 복제하는 함수로 repeat과 tile이 있다. repeat 은 한 배열의 각 원소를 원하는 만큼 복제해서 큰 배열을 생성한다.

```
In [55]: arr = np.arange(3)

In [56]: arr
Out[56]: array([0, 1, 2])

In [57]: arr.repeat(3)
Out[57]: array([0, 0, 0, 1, 1, 1, 2, 2, 2])
```

> **NOTE_** 넘파이를 사용하면서 배열을 반복하거나 같은 배열을 복제하는 일은 매트랩 같은 유명한 다른 배열 처리 언어에 비하면 흔치 않다. 주된 이유는 다음 절에서 다룰 브로드캐스팅이 훨씬 더 적합하기 때문이다.

기본적으로 정수를 넘기면 각 배열은 그 수만큼 반복된다. 만약 정수의 배열을 넘긴다면 각 원소는 배열에 담긴 정수만큼 다르게 반복된다.

----

2 https://numpy.org/doc/stable/reference/arrays.indexing.html

```
In [58]: arr.repeat([2, 3, 4])
Out[58]: array([0, 0, 1, 1, 1, 2, 2, 2, 2])
```

다차원 배열의 경우에는 특정 축을 따라 각 원소가 반복된다.

```
In [59]: arr = rng.standard_normal((2, 2))

In [60]: arr
Out[60]:
array([[ 0.7888, -1.2567],
       [ 0.5759,  1.399 ]])

In [61]: arr.repeat(2, axis=0)
Out[61]:
array([[ 0.7888, -1.2567],
       [ 0.7888, -1.2567],
       [ 0.5759,  1.399 ],
       [ 0.5759,  1.399 ]])
```

다차원 배열에서 만약 axis 인수를 넘기지 않으면 배열은 평탄화되므로 주의하자. repeat 메서드에 정수의 배열을 넘기면 축을 따라 배열에서 지정한 횟수만큼 원소가 반복된다.

```
In [62]: arr.repeat([2, 3], axis=0)
Out[62]:
array([[ 0.7888, -1.2567],
       [ 0.7888, -1.2567],
       [ 0.5759,  1.399 ],
       [ 0.5759,  1.399 ],
       [ 0.5759,  1.399 ]])

In [63]: arr.repeat([2, 3], axis=1)
Out[63]:
array([[ 0.7888,  0.7888, -1.2567, -1.2567, -1.2567],
       [ 0.5759,  0.5759,  1.399 ,  1.399 ,  1.399 ]])
```

tile 메서드는 축을 따라 배열을 복사해서 쌓는 함수다. 타일을 이어 붙이듯이 같은 내용의 배열을 이어 붙인다고 생각하면 된다.

```
In [64]: arr
Out[64]:
array([[ 0.7888, -1.2567],
       [ 0.5759,  1.399 ]])

In [65]: np.tile(arr, 2)
Out[65]:
array([[ 0.7888, -1.2567,  0.7888, -1.2567],
       [ 0.5759,  1.399 ,  0.5759,  1.399 ]])
```

tile 메서드의 두 번째 인수는 타일의 개수이며 스칼라 값이다. 열 대 열이 아니라 행 대 행으로 타일을 이어 붙인다. tile 메서드의 두 번째 인수는 타일을 이어 붙인 모양을 나타내는 튜플이 될 수 있다.

```
In [66]: arr
Out[66]:
array([[ 0.7888, -1.2567],
       [ 0.5759,  1.399 ]])

In [67]: np.tile(arr, (2, 1))
Out[67]:
array([[ 0.7888, -1.2567],
       [ 0.5759,  1.399 ],
       [ 0.7888, -1.2567],
       [ 0.5759,  1.399 ]])

In [68]: np.tile(arr, (3, 2))
Out[68]:
array([[ 0.7888, -1.2567,  0.7888, -1.2567],
       [ 0.5759,  1.399 ,  0.5759,  1.399 ],
       [ 0.7888, -1.2567,  0.7888, -1.2567],
       [ 0.5759,  1.399 ,  0.5759,  1.399 ],
       [ 0.7888, -1.2567,  0.7888, -1.2567],
       [ 0.5759,  1.399 ,  0.5759,  1.399 ]])
```

A.2.5 팬시 색인: take와 put

4장에서 배운 내용을 떠올려보면 정수 배열을 사용한 팬시 색인[fancy indexing] 기능을 통해서 배열의 일부 값을 지정하거나 가져올 수 있었다.

```
In [69]: arr = np.arange(10) * 100

In [70]: inds = [7, 1, 2, 6]

In [71]: arr[inds]
Out[71]: array([700, 100, 200, 600])
```

ndarray에는 단일 축에 대한 값을 선택할 때만 사용할 수 있는 유용한 메서드가 있다.

```
In [72]: arr.take(inds)
Out[72]: array([700, 100, 200, 600])

In [73]: arr.put(inds, 42)

In [74]: arr
Out[74]: array([  0,  42,  42, 300, 400, 500,  42,  42, 800, 900])

In [75]: arr.put(inds, [40, 41, 42, 43])

In [76]: arr
Out[76]: array([  0,  41,  42, 300, 400, 500,  43,  40, 800, 900])
```

다른 축에 take 메서드를 적용하려면 axis 인수를 넘긴다.

```
In [77]: inds = [2, 0, 2, 1]

In [78]: arr = rng.standard_normal((2, 4))

In [79]: arr
Out[79]:
array([[ 1.3223, -0.2997,  0.9029, -1.6216],
       [-0.1582,  0.4495, -1.3436, -0.0817]])

In [80]: arr.take(inds, axis=1)
Out[80]:
```

```
array([[ 0.9029,  1.3223,  0.9029, -0.2997],
       [-1.3436, -0.1582, -1.3436,  0.4495]])
```

put 메서드는 axis 인수를 받지 않고 평탄화된 배열 (1차원, C 순서)에 대한 색인을 받는다 (변경 가능성이 있다). 따라서 다른 축에 대한 색인 배열을 사용해서 배열의 원소에 값을 넣으려면 [] 방식의 색인을 이용하는 편이 좋다.

A.3 브로드캐스팅

브로드캐스팅은 다른 모양의 배열 간의 산술 연산을 어떻게 수행해야 하는지 설명한다. 매우 강력한 기능이지만 넘파이의 오랜 사용자들도 흔히 잘못 이해하고 있는 기능이다. 브로드캐스팅의 가장 단순한 예제는 하나의 배열에서 스칼라 값을 합칠 때 발생한다.

```
In [81]: arr = np.arange(5)

In [82]: arr
Out[82]: array([0, 1, 2, 3, 4])

In [83]: arr * 4
Out[83]: array([ 0,  4,  8, 12, 16])
```

여기서 스칼라 값 4는 곱셈 연산 과정에서 배열의 모든 원소로 전파^{broadcast}되었다.

예를 들어 배열의 각 열에서 열 평균값을 뺀다면 다음과 같이 간단하게 처리할 수 있다. 이 경우에는 각 열의 평균값을 담고 있는 배열을 빼기만 하면 된다.

```
In [84]: arr = rng.standard_normal((4, 3))

In [85]: arr.mean(0)
Out[85]: array([0.1206, 0.243 , 0.1444])

In [86]: demeaned = arr - arr.mean(0)

In [87]: demeaned
Out[87]:
```

```
array([[ 1.6042,  2.3751,  0.633 ],
       [ 0.7081, -1.202 , -1.3538],
       [-1.5329,  0.2985,  0.6076],
       [-0.7793, -1.4717,  0.1132]])

In [88]: demeaned.mean(0)
Out[88]: array([ 0., -0.,  0.])
```

[그림 A-4]에 이 과정을 묘사했다. 브로드캐스팅 연산을 행에서 수행할 경우에는 조금 더 주의를 기울여야 한다. 다행히도 브로드캐스팅 규칙을 따르기만 한다면 잠재적으로 더 낮은 차원의 값을 배열의 다른 차원으로 브로드캐스팅하는 것도 가능하다.

브로드캐스팅 규칙

만일 이어지는 각 차원(예를 들어 시작부터 끝까지)에 대해 축의 길이가 일치하거나 둘 중 하나의 길이가 1이라면 두 배열은 브로드캐스팅 호환이다. 브로드캐스팅은 누락되거나 길이가 1인 차원에 대해서 수행된다.

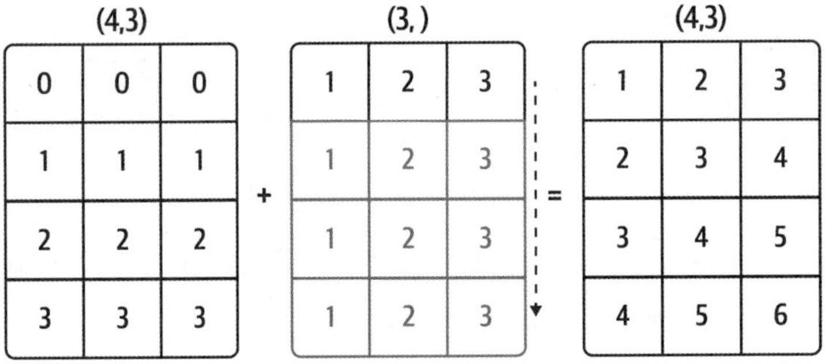

그림 A-4 1차원 배열로 0번 축에 대해 브로드캐스팅하기

필자처럼 넘파이에 익숙한 사용자일지라도 가끔 작업을 멈추고 브로드캐스팅 규칙에 대해 생각한 것을 그림으로 그려보곤 한다. 이전 예제에서 열이 아니라 각 행에서 평균값을 뺀다고 가정해보자. arr.mean(0)은 길이가 3이고 arr의 이어지는 크기 역시 3이므로 0번 축에 대해 브로드캐스팅이 가능하다. 브로드캐스팅 규칙에 따라 1번 축에 대해 뺄셈을 하려면(즉, 각 행에서 행 평균값을 빼려면) 작은 크기의 배열은 (4, 1)의 크기를 가져야 한다.

```
In [89]: arr
Out[89]:
array([[ 1.7247,  2.6182,  0.7774],
       [ 0.8286, -0.959 , -1.2094],
       [-1.4123,  0.5415,  0.7519],
       [-0.6588, -1.2287,  0.2576]])

In [90]: row_means = arr.mean(1)

In [91]: row_means.shape
Out[91]: (4,)

In [92]: row_means.reshape((4, 1))
Out[92]:
array([[ 1.7068],
       [-0.4466],
       [-0.0396],
       [-0.5433]])

In [93]: demeaned = arr - row_means.reshape((4, 1))

In [94]: demeaned.mean(1)
Out[94]: array([-0.,  0.,  0.,  0.])
```

[그림 A-5]에 이 과정을 묘사했다.

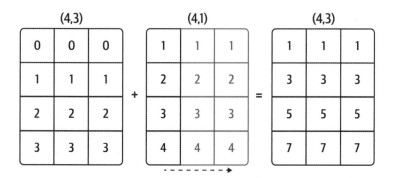

그림 A-5 2차원 배열의 1번 축에 대한 브로드캐스팅

[그림 A-6]은 3차원 배열의 0번 축에 대해 2차원 배열의 값을 더하는 과정이다.

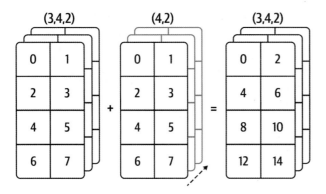

그림 A-6 3차원 배열의 0번 축에 대한 브로드캐스팅

A.3.1 다른 축에 대해서 브로드캐스팅하기

다차원 배열에서의 브로드캐스팅은 머리에 쥐가 나는 어려운 작업이지만 규칙을 잘 따르기만 하면 된다. 규칙을 지키지 못하면 다음과 같은 오류가 발생한다.

```
In [95]: arr - arr.mean(1)
---------------------------------------------------------------------------
ValueError                                Traceback (most recent call last)
<ipython-input-95-8b8ada26fac0> in <module>
----> 1 arr - arr.mean(1)
ValueError: operands could not be broadcast together with shapes (4,3) (4,)
```

낮은 차원의 배열로 0번 축이 아닌 다른 축에 대해서 산술 연산을 수행하는 일은 흔히 생길 수 있는 일이다. 브로드캐스팅 규칙을 따르자면 작은 배열에서 전파되는 차원은 반드시 1이어야 한다. 행에서 평균값을 빼는 앞선 예제에서 행 평균은 (4,)가 아니라 (4, 1)로 재구성한다는 의미다.

```
In [96]: arr - arr.mean(1).reshape((4, 1))
Out[96]:
array([[ 0.018 ,  0.9114, -0.9294],
       [ 1.2752, -0.5124, -0.7628],
       [-1.3727,  0.5811,  0.7915],
       [-0.1155, -0.6854,  0.8009]])
```

3차원의 경우 세 가지 차원 중 어느 하나에 대한 브로드캐스팅은 호환되는 모양으로 데이터를 재구성하면 된다. [그림 A-7]을 보면 3차원 배열의 각 축에 대해 브로드캐스팅하는 데 필요한 2차원 배열의 모습이다.

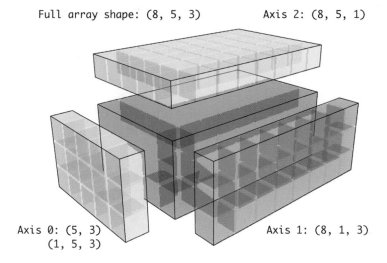

그림 A-7 3차원 배열에 대한 브로드캐스팅에 호환되는 2차원 배열의 모양

따라서 아주 일반적인 문제는 브로드캐스팅 전용 목적으로 길이가 1인 새로운 축을 추가하는 것이다. reshape을 사용하는 것도 한 가지 방법이지만 축을 하나 새로 추가하려면 새로운 모양을 나타낼 튜플을 하나 생성해야 한다. 이는 꽤 지루한 작업이므로 넘파이 배열은 색인으로 새로운 축을 추가하는 특수한 문법을 제공한다. np.newaxis라는 이 특수한 속성을 배열의 전체 슬라이스와 함께 사용하면 새로운 축을 추가할 수 있다.

```
In [97]: arr = np.zeros((4, 4))

In [98]: arr_3d = arr[:, np.newaxis, :]

In [99]: arr_3d.shape
Out[99]: (4, 1, 4)

In [100]: arr_1d = rng.standard_normal(3)

In [101]: arr_1d[:, np.newaxis]
Out[101]:
array([[ 0.3129],
```

```
       [-0.1308],
       [ 1.27   ]])

In [102]: arr_1d[np.newaxis, :]
Out[102]: array([[ 0.3129, -0.1308,  1.27   ]])
```

이렇게 해서 만약 3차원 배열에서 2번 축에 대해 평균값을 빼고 싶다면 다음과 같이 작성하면 된다.

```
In [103]: arr = rng.standard_normal((3, 4, 5))

In [104]: depth_means = arr.mean(2)

In [105]: depth_means
Out[105]:
array([[ 0.0431,  0.2747, -0.1885, -0.2014],
       [-0.5732, -0.5467,  0.1183, -0.6301],
       [ 0.0972,  0.5954,  0.0331, -0.6002]])

In [106]: depth_means.shape
Out[106]: (3, 4)

In [107]: demeaned = arr - depth_means[:, :, np.newaxis]

In [108]: demeaned.mean(2)
Out[108]:
array([[ 0., -0.,  0., -0.],
       [ 0., -0., -0., -0.],
       [ 0.,  0.,  0.,  0.]])
```

성능 저하 없이 한 축에 대해 평균값을 빼는 과정을 일반화하는 방법은 없는지 궁금한 독자도 있을 것이다. 사실 방법이 존재하긴 하지만 색인을 이용한 약간의 서커스 작업이 필요하다.

```
def demean_axis(arr, axis=0):
    means = arr.mean(axis)

    # 이렇게 n차원에 대해 [:, :, np.newaxis]를 수행하는 과정을 일반화할 수 있다.
    indexer = [slice(None)] * arr.ndim
    indexer[axis] = np.newaxis
    return arr - means[indexer]
```

A.3.2 브로드캐스팅으로 배열에 값 대입하기

배열의 색인을 통해 값을 대입할 때도 산술 연산에서의 브로드캐스팅 규칙이 적용된다. 간단하게는 다음과 같이 할 수 있다.

```
In [109]: arr = np.zeros((4, 3))

In [110]: arr[:] = 5

In [111]: arr
Out[111]:
array([[5., 5., 5.],
       [5., 5., 5.],
       [5., 5., 5.],
       [5., 5., 5.]])
```

하지만 만약 값이 담긴 1차원 배열이 있고 그 배열의 열에 값을 대입하고 싶다면 배열의 모양이 호환되는 한 그렇게 하는 것이 가능하다.

```
In [112]: col = np.array([1.28, -0.42, 0.44, 1.6])

In [113]: arr[:] = col[:, np.newaxis]

In [114]: arr
Out[114]:
array([[ 1.28,  1.28,  1.28],
       [-0.42, -0.42, -0.42],
       [ 0.44,  0.44,  0.44],
       [ 1.6 ,  1.6 ,  1.6 ]])

In [115]: arr[:2] = [[-1.37], [0.509]]

In [116]: arr
Out[116]:
array([[-1.37 , -1.37 , -1.37 ],
       [ 0.509,  0.509,  0.509],
       [ 0.44 ,  0.44 ,  0.44 ],
       [ 1.6  ,  1.6  ,  1.6  ]])
```

A.4 고급 ufunc 사용법

많은 넘파이 사용자는 유니버설 함수로 제공되는 빠른 원소별 연산만을 주로 사용한다. 하지만 반복문을 작성하지 않고 더 간결한 코드를 작성할 수 있는 다양한 부가적인 기능도 있다.

A.4.1 ufunc 인스턴스 메서드

넘파이의 이항 ufunc는 특수한 벡터 연산을 수행하는 특수한 메서드를 제공한다. 이번 절 마지막 부분의 [표 A-2]에 ufunc의 메서드를 정리해두었다. 몇 가지 예제를 통해 이들의 작동 방식을 익혀보자.

reduce는 하나의 배열을 받아서 순차적인 이항 연산을 통해 축에 따라 그 값을 집계한다. 예를 들어 배열의 모든 원소를 더하는 방법으로 np.add.reduce를 사용한다.

```
In [117]: arr = np.arange(10)

In [118]: np.add.reduce(arr)
Out[118]: 45

In [119]: arr.sum()
Out[119]: 45
```

시작값(예를 들어 add에서는 0)은 ufunc에 의존적이다. 만약 axis 인수가 넘어오면 reduce는 그 축을 따라 수행된다. 이를 통해 축약된 방법으로 어떤 질문에 대한 답을 구할 수 있다. 약간 평범하지 않은 예제를 살펴보자. np.logical_and를 사용해서 배열의 각 행에 있는 값이 정렬된 상태인지 검사해보자.

```
In [120]: my_rng = np.random.default_rng(12346)   # 동일한 난수 발생을 위해 시드 값 고정

In [121]: arr = my_rng.standard_normal((5, 5))

In [122]: arr
Out[122]:
array([[-0.9039,  0.1571,  0.8976, -0.7622, -0.1763],
       [ 0.053 , -1.6284, -0.1775,  1.9636,  1.7813],
       [-0.8797, -1.6985, -1.8189,  0.119 , -0.4441],
```

```
      [ 0.7691, -0.0343,  0.3925,  0.7589, -0.0705],
      [ 1.0498,  1.0297, -0.4201,  0.7863,  0.9612]])

In [123]: arr[::2].sort(1) # 일부 행 정렬

In [124]: arr[:, :-1] < arr[:, 1:]
Out[124]:
array([[ True,  True,  True,  True],
       [False,  True,  True, False],
       [ True,  True,  True,  True],
       [False,  True,  True, False],
       [ True,  True,  True,  True]])

In [125]: np.logical_and.reduce(arr[:, :-1] < arr[:, 1:], axis=1)
Out[125]: array([ True, False,  True, False,  True])
```

logical_and.reduce는 all 메서드와 동일하다.

accumulate는 cumsum 메서드와 sum 메서드처럼 reduce 메서드와 관련이 있다. accumulate 메서드는 누계를 담고 있는 같은 크기의 배열을 생성한다.

```
In [126]: arr = np.arange(15).reshape((3, 5))

In [127]: np.add.accumulate(arr, axis=1)
Out[127]:
array([[ 0,  1,  3,  6, 10],
       [ 5, 11, 18, 26, 35],
       [10, 21, 33, 46, 60]])
```

outer 메서드는 두 배열 간의 벡터곱(외적)을 계산한다.

```
In [128]: arr = np.arange(3).repeat([1, 2, 2])

In [129]: arr
Out[129]: array([0, 1, 1, 2, 2])

In [130]: np.multiply.outer(arr, np.arange(5))
Out[130]:
array([[0, 0, 0, 0, 0],
       [0, 1, 2, 3, 4],
       [0, 1, 2, 3, 4],
```

```
       [0, 2, 4, 6, 8],
       [0, 2, 4, 6, 8]])
```

outer 메서드 결과의 차원은 입력된 차원의 합이 된다.

```
In [131]: x, y = rng.standard_normal((3, 4)), rng.standard_normal(5)

In [132]: result = np.subtract.outer(x, y)

In [133]: result.shape
Out[133]: (3, 4, 5)
```

마지막으로 reduceat 메서드는 로컬 reduce를 수행하며 본질적으로 배열의 groupby 연산으로 배열의 슬라이스를 모두 집계한다. reduceat 메서드는 값을 어떻게 나누고 집계할지 나타내는 경계 목록을 인수로 받는다.

```
In [134]: arr = np.arange(10)

In [135]: np.add.reduceat(arr, [0, 5, 8])
Out[135]: array([10, 18, 17])
```

결과는 arr[0:5], arr[5:8], arr[8:]에 대한 수행 결과(여기서는 합)다. 다른 메서드와 마찬가지로 axis 인수를 넘겨줄 수 있다.

```
In [136]: arr = np.multiply.outer(np.arange(4), np.arange(5))

In [137]: arr
Out[137]:
array([[ 0,  0,  0,  0,  0],
       [ 0,  1,  2,  3,  4],
       [ 0,  2,  4,  6,  8],
       [ 0,  3,  6,  9, 12]])

In [138]: np.add.reduceat(arr, [0, 2, 4], axis=1)
Out[138]:
array([[ 0,  0,  0],
       [ 1,  5,  4],
       [ 2, 10,  8],
```

```
     [ 3, 15, 12]])
```

[표 A-2]에 일부 ufunc 메서드를 정리했다.

표 A-2 ufunc 메서드

메서드	설명
accumulate(x)	모든 부분적인 집곗값을 유지한 채 값을 집계한다.
at(x, indices, b=None)	지정된 색인의 x 위치에서 제자리 연산을 수행한다. 인수 b는 두 개의 배열 입력이 필요한 ufuncs를 위한 두 번째 입력이다.
reduce(x)	연산의 연속된 적용으로 값을 집계한다.
reduceat(x, bins)	로컬 reduce 또는 groupby. 연속된 데이터 슬라이스를 집계된 배열로 축소한다.
outer(x, y)	x와 y의 모든 원소 조합에 대해 연산을 적용한다. 결과 배열은 x.shape + y.shape의 모양을 갖는다.

A.4.2 파이썬으로 사용자 정의 ufunc 작성하기

ufunc와 유사한 사용자 함수를 만드는 몇 가지 기능이 있다. 일반적으로 넘파이의 C API를 이용하는 방법이 있지만 이 책에서 다룰 내용은 아니므로 여기서는 순수 파이썬 ufunc만 살펴본다.

numpy.frompyfunc는 입력과 출력에 대한 표준과 함께 파이썬 함수를 인수로 취한다. 예를 들어 원소별 합을 구하는 함수는 다음과 같이 작성한다.

```
In [139]: def add_elements(x, y):
   .....:     return x + y

In [140]: add_them = np.frompyfunc(add_elements, 2, 1)

In [141]: add_them(np.arange(8), np.arange(8))
Out[141]: array([0, 2, 4, 6, 8, 10, 12, 14], dtype=object)
```

frompyfunc를 이용해서 생성한 함수는 항상 파이썬 객체가 담긴 배열을 반환하는데 이는 그다지 유용하지 않다. 다행히 대안이 있는데 numpy.vectorize를 사용하면 반환 자료형을 지정할 수 있는 이점이 있다.

```
In [142]: add_them = np.vectorize(add_elements, otypes=[np.float64])

In [143]: add_them(np.arange(8), np.arange(8))
Out[143]: array([ 0.,  2.,  4.,  6.,  8., 10., 12., 14.])
```

이 두 함수는 ufunc 스타일의 함수를 만드는 방법을 제공한다. 하지만 각 원소를 계산하기 위해서 파이썬 함수를 호출하게 되므로 넘파이의 C 기반 ufunc 반복문보다 많이 느리다.

```
In [144]: arr = rng.standard_normal(10000)

In [145]: %timeit add_them(arr, arr)
2.52 ms +- 50.9 us per loop (mean +- std. dev. of 7 runs, 100 loops each)

In [146]: %timeit np.add(arr, arr)
2.84 us +- 118 ns per loop (mean +- std. dev. of 7 runs, 100000 loops each)
```

A.7절에서는 넘바Numba 라이브러리[3]를 이용해 파이썬으로 빠르게 작동하는 ufunc를 작성하는 방법을 살펴본다.

A.5 구조화된 배열과 레코드 배열

지금까지 ndarray는 **단일** 데이터 저장소라는 사실을 눈치챘을 것이다. 즉, 각 원소는 자료형에 의해서 결정된 동일한 크기의 메모리를 차지하고 있다는 뜻이다. 표면적으로는 다중 데이터나 표현식의 데이터를 표현할 수 없는 것처럼 보인다. **구조화된**structured 배열은 배열의 각 원소가 C의 **구조체** 혹은 다양한 이름의 필드를 갖는 SQL 테이블의 한 행으로 표현되는 것으로 생각할 수 있는 ndarray다(그래서 구조화된 배열이라고 부른다).

```
In [147]: dtype = [('x', np.float64), ('y', np.int32)]

In [148]: sarr = np.array([(1.5, 6), (np.pi, -2)], dtype=dtype)

In [149]: sarr
```

---

3 http://numba.pydata.org

```
Out[149]: array([(1.5    , 6), (3.1416, -2)], dtype=[('x', '<f8'), ('y', '<i4')])
```

구조화된 자료형을 지정하는 방법은 여러 가지다(넘파이 문서[4]를 참고하자). 한 가지 일반적인 방법은 튜플(field_name, field_data_type)을 이용하는 방법이다. 이제 sarr의 각 원소는 딕셔너리처럼 접근할 수 있는 튜플 같은 객체다.

```
In [150]: sarr[0]
Out[150]: (1.5, 6)

In [151]: sarr[0]['y']
Out[151]: 6
```

필드 이름은 dtype.names 속성에 저장된다. 구조화된 배열의 필드에 접근하면 데이터의 뷰가 반환되며 그러므로 아무것도 복사되지 않는다.

```
In [152]: sarr['x']
Out[152]: array([1.5    , 3.1416])
```

A.5.1 중첩된 자료형과 다차원 필드

구조화된 자료형을 지정할 때 추가적으로 그 모양(정수나 튜플)을 전달할 수 있다.

```
In [153]: dtype = [('x', np.int64, 3), ('y', np.int32)]

In [154]: arr = np.zeros(4, dtype=dtype)

In [155]: arr
Out[155]:
array([([0, 0, 0], 0), ([0, 0, 0], 0), ([0, 0, 0], 0), ([0, 0, 0], 0)],
      dtype=[('x', '<i8', (3,)), ('y', '<i4')])
```

이 경우 x 필드는 각 원소에 대해 길이가 3인 배열을 참조한다.

----

4 https://numpy.org/doc/stable/user/basics.rec.html#structured-datatypes

```
In [156]: arr[0]['x']
Out[156]: array([0, 0, 0])
```

편리하게도 arr['x']로 접근하면 이전 예제에서처럼 1차원 배열 대신 2차원 배열이 반환된다.

```
In [157]: arr['x']
Out[157]:
array([[0, 0, 0],
       [0, 0, 0],
       [0, 0, 0],
       [0, 0, 0]])
```

이를 통해 좀 더 복잡한 중첩 구조를 하나의 배열 안에서 단일 메모리로 표현할 수 있다. 자료형을 중첩시키면 자료형을 더 복잡하게 만들 수도 있다. 간단한 예제를 살펴보자.

```
In [158]: dtype = [('x', [('a', 'f8'), ('b', 'f4')]), ('y', np.int32)]

In [159]: data = np.array([((1, 2), 5), ((3, 4), 6)], dtype=dtype)

In [160]: data['x']
Out[160]: array([(1., 2.), (3., 4.)], dtype=[('a', '<f8'), ('b', '<f4')])

In [161]: data['y']
Out[161]: array([5, 6], dtype=int32)

In [162]: data['x']['a']
Out[162]: array([1., 3.])
```

판다스 DataFrame의 계층적 색인은 이와 유사하지만 이 기능을 직접 지원하지는 않는다.

A.5.2 구조화된 배열을 사용해야 하는 이유

판다스의 DataFrame과 비교해보면 넘파이의 구조화된 배열은 상대적으로 저수준의 도구다. 구조화된 배열은 메모리 블록을 복잡하게 중첩된 열이 있는 표 형식처럼 해석하는 방법을 제공한다. 배열의 각 원소는 메모리상에서 고정된 크기의 바이트로 표현되기 때문에 구조화된 배열은 데이터를 디스크에서 읽거나 쓰고(나중에 살펴볼 메모리 맵을 포함해) 네트워크을 통해 전

송할 때 효율적인 방법을 제공한다. 구조화된 배열 안에 담긴 각 값의 메모리 배치는 C 언어의 구조체 자료형의 이진 표현에 기반한다.

구조화된 배열의 또 다른 일반적인 사용 방법은 데이터 파일을 고정된 크기의 레코드 바이트 스트림으로 기록하는 것이다. 이는 C나 C++ 코드에서 데이터를 직렬화하는 일반적인 방법이다. 파일의 포맷을 알고 있다면(즉, 각 레코드의 크기와 순서, 바이트 크기, 각 원소의 자료형을 알고 있다면) np.fromfile을 사용해서 데이터를 메모리로 읽어들일 수 있다. 이와 같은 특수한 사용법은 이 책에서 다루는 내용의 범주를 벗어나지만 그런 방법이 가능하다는 것을 알아두는 것도 가치 있는 일이다.

A.6 정렬 더 알아보기

파이썬의 내장 리스트와 마찬가지로 ndarray의 **sort** 인스턴스 메서드는 새로운 배열을 생성하지 않고 해당 배열의 요소를 직접 정렬한다.

```
In [163]: arr = rng.standard_normal(6)

In [164]: arr.sort()

In [165]: arr
Out[165]: array([-1.1553, -0.9319, -0.5218, -0.4745, -0.1649,  0.03  ])
```

배열을 그대로 정렬할 때는 배열이 다른 ndarray의 뷰일 경우, 원본 배열의 값이 변경된다는 점을 꼭 기억하자.

```
In [166]: arr = rng.standard_normal((3, 5))

In [167]: arr
Out[167]:
array([[-1.1956,  0.4691, -0.3598,  1.0359,  0.2267],
       [-0.7448, -0.5931, -1.055 , -0.0683,  0.458 ],
       [-0.07  ,  0.1462, -0.9944,  1.1436,  0.5026]])

In [168]: arr[:, 0].sort()  # 첫 번째 열의 값을 정렬함
```

```
In [169]: arr
Out[169]:
array([[-1.1956,  0.4691, -0.3598,  1.0359,  0.2267],
       [-0.7448, -0.5931, -1.055 , -0.0683,  0.458 ],
       [-0.07  ,  0.1462, -0.9944,  1.1436,  0.5026]])
```

다른 한편으로는 numpy.sort를 사용해서 정렬된 배열의 복사본을 생성할 수 있다. 그 외에는 ndarray.sort와 같은 인수(kind 같은)를 받는다.

```
In [170]: arr = rng.standard_normal(5)

In [171]: arr
Out[171]: array([ 0.8981, -1.1704, -0.2686, -0.796 ,  1.4522])

In [172]: np.sort(arr)
Out[172]: array([-1.1704, -0.796 , -0.2686,  0.8981,  1.4522])

In [173]: arr
Out[173]: array([ 0.8981, -1.1704, -0.2686, -0.796 ,  1.4522])
```

여기서 소개한 모든 정렬 메서드는 전달된 축에 독립적으로 정렬을 수행하기 위해 axis 인수를 받는다.

```
In [174]: arr = rng.standard_normal((3, 5))

In [175]: arr
Out[175]:
array([[-0.2535,  2.1183,  0.3634, -0.6245,  1.1279],
       [ 1.6164, -0.2287, -0.6201, -0.1143, -1.2067],
       [-1.0872, -2.1518, -0.6287, -1.3199,  0.083 ]])

In [176]: arr.sort(axis=1)

In [177]: arr
Out[177]:
array([[-0.6245, -0.2535,  0.3634,  1.1279,  2.1183],
       [-1.2067, -0.6201, -0.2287, -0.1143,  1.6164],
       [-2.1518, -1.3199, -1.0872, -0.6287,  0.083 ]])
```

어떠한 정렬 메서드도 내림차순 정렬을 지정하는 옵션이 없음을 알 수 있다. 배열의 슬라이스는 복사본을 만들거나 어떠한 연산도 수행하지 않고 그저 뷰를 생성하기 때문에 이는 사실 큰 문제가 아니다. 파이썬 사용자 대부분은 values[::-1]을 통해 순서가 뒤집어진 리스트를 얻어오는 트릭에 익숙하다. ndarray에서도 마찬가지로 이 방식을 사용할 수 있다.

```
In [178]: arr[:, ::-1]
Out[178]:
array([[ 2.1183,  1.1279,  0.3634, -0.2535, -0.6245],
       [ 1.6164, -0.1143, -0.2287, -0.6201, -1.2067],
       [ 0.083 , -0.6287, -1.0872, -1.3199, -2.1518]])
```

A.6.1 간접 정렬: argsort와 lexsort

데이터 분석에서 하나 이상의 키를 기준으로 데이터를 정렬하는 작업은 아주 흔하다. 예를 들어 학생 데이터를 성last name으로 정렬한 다음, 다시 이름first name으로 정렬해야 할 수 있다. 이는 간접indirect 정렬의 한 예이며 판다스 관련 내용에서 이미 고수준의 다양한 예제를 살펴봤다. 주어진 단일 키나 여러 개의 키(배열이나 여러 개의 값)를 가지고 데이터를 정렬하려면 어떤 순서로 나열해야 하는지 알려주는 정수 색인이 담긴 배열을 얻고자 할 경우가 있다(색인을 돌려준다는 의미로 indexer라고 부르겠다). 이를 위한 두 가지 메서드가 있는데 바로 argsort와 numpy.lexsort다. 다음 예제를 살펴보자.

```
In [179]: values = np.array([5, 0, 1, 3, 2])

In [180]: indexer = values.argsort()

In [181]: indexer
Out[181]: array([1, 2, 4, 3, 0])

In [182]: values[indexer]
Out[182]: array([0, 1, 2, 3, 5])
```

다음은 조금 더 복잡한 예제로 2차원 배열을 첫 번째 행 순서대로 정렬하는 코드다.

```
In [183]: arr = rng.standard_normal((3, 5))

In [184]: arr[0] = values

In [185]: arr
Out[185]:
array([[ 5.    ,  0.    ,  1.    ,  3.    ,  2.    ],
       [-0.7503, -2.1268, -1.391 , -0.4922,  0.4505],
       [ 0.8926, -1.0479,  0.9553,  0.2936,  0.5379]])

In [186]: arr[:, arr[0].argsort()]
Out[186]:
array([[ 0.    ,  1.    ,  2.    ,  3.    ,  5.    ],
       [-2.1268, -1.391 ,  0.4505, -0.4922, -0.7503],
       [-1.0479,  0.9553,  0.5379,  0.2936,  0.8926]])
```

lexsort는 argsort와 유사하지만 다중 키 배열에 대해서 간접 사전 순 정렬을 수행한다. 성과 이름으로 구분되는 다음 데이터를 정렬한다고 가정하자.

```
In [187]: first_name = np.array(['Bob', 'Jane', 'Steve', 'Bill', 'Barbara'])

In [188]: last_name = np.array(['Jones', 'Arnold', 'Arnold', 'Jones', 'Walters'])

In [189]: sorter = np.lexsort((first_name, last_name))

In [190]: sorter
Out[190]: array([1, 2, 3, 0, 4])

In [191]: list(zip(last_name[sorter], first_name[sorter]))
Out[191]:
[('Arnold', 'Jane'),
 ('Arnold', 'Steve'),
 ('Jones', 'Bill'),
 ('Jones', 'Bob'),
 ('Walters', 'Barbara')]
```

lexsort를 처음 접하면 약간 혼란스러울 수 있는다. 나중에 넘겨준 배열이 데이터를 정렬하는 데 먼저 사용되기 때문이다. 여기서도 last_name이 first_name보다 먼저 정렬되었다.

A.6.2 대안 정렬 알고리듬

견고한stable 정렬 알고리듬은 동일한 원소의 상대적인 위치를 그대로 둔다. 이는 상대적인 순서가 의미 있는 간접 정렬에서 매우 중요한 기능이다.

```
In [192]: values = np.array(['2:first', '2:second', '1:first', '1:second',
   .....:                     '1:third'])

In [193]: key = np.array([2, 2, 1, 1, 1])

In [194]: indexer = key.argsort(kind='mergesort')

In [195]: indexer
Out[195]: array([2, 3, 4, 0, 1])

In [196]: values.take(indexer)
Out[196]:
array(['1:first', '1:second', '1:third', '2:first', '2:second'],
      dtype='<U8')
```

이런 경우 사용 가능한 정렬 알고리듬은 O(n log n)의 시간 복잡도를 갖는 합병 정렬mergesort이 유일하다. 하지만 성능은 기본값인 퀵 정렬quicksort보다 떨어진다.

[표 A-3]에 상대적인 성능 순서와 견고한 정렬 유무, 시간 복잡도를 정리해두었다. 이 부분을 고려할 필요가 없는 독자가 대부분이겠지만 이런 게 존재한다는 것을 알아두면 유용하다.

표 A-3 배열 정렬 메서드

종류	속도	견고함	공간 복잡도	시간 복잡도
'quicksort'	1	X	0	O(n^2)
'mergesort'	2	O	n / 2	O(n log n)
'heapsort'	3	X	0	O(n log n)

A.6.3 배열 일부만 정렬하기

정렬의 목적 중 하나는 배열에서 가장 크거나 작은 값을 찾기 위함이다. 넘파이는 k번째 작은 원소를 기준으로 배열을 나누기 위해 최적화된 메서드인 numpy.partition과 numpy.argpartition을 제공한다.

```
In [197]: rng = np.random.default_rng(12345)

In [198]: arr = rng.standard_normal(20)

In [199]: arr
Out[199]:
array([-1.4238,  1.2637, -0.8707, -0.2592, -0.0753, -0.7409, -1.3678,
        0.6489,  0.3611, -1.9529,  2.3474,  0.9685, -0.7594,  0.9022,
       -0.467 , -0.0607,  0.7888, -1.2567,  0.5759,  1.399 ])

In [200]: np.partition(arr, 3)
Out[200]:
array([-1.9529, -1.4238, -1.3678, -1.2567, -0.8707, -0.7594, -0.7409,
       -0.0607,  0.3611, -0.0753, -0.2592, -0.467 ,  0.5759,  0.9022,
        0.9685,  0.6489,  0.7888,  1.2637,  1.399 ,  2.3474])
```

partition(arr, 3)을 호출하면 반환된 결과 배열의 처음 세 원소는 해당 배열에서 가장 작은 값이다. numpy.argpartition은 numpy.argsort와 유사하게 해당 원소의 위치를 반환한다.

```
In [201]: indices = np.argpartition(arr, 3)

In [202]: indices
Out[202]:
array([ 9,  0,  6, 17,  2, 12,  5, 15,  8,  4,  3, 14, 18, 13, 11,  7, 16,
        1, 19, 10])

In [203]: arr.take(indices)
Out[203]:
array([-1.9529, -1.4238, -1.3678, -1.2567, -0.8707, -0.7594, -0.7409,
       -0.0607,  0.3611, -0.0753, -0.2592, -0.467 ,  0.5759,  0.9022,
        0.9685,  0.6489,  0.7888,  1.2637,  1.399 ,  2.3474])
```

A.6.4 numpy.searchsorted: 정렬된 배열에서 원소 찾기

searchsorted는 정렬된 배열에서 이진 탐색을 수행해 새로운 값을 삽입할 때 정렬된 상태를 계속 유지하기 위한 위치를 반환하는 메서드다.

```
In [204]: arr = np.array([0, 1, 7, 12, 15])

In [205]: arr.searchsorted(9)
Out[205]: 3
```

값이 담긴 배열을 넘기면 해당 원소별 알맞은 위치를 담은 배열을 반환한다.

```
In [206]: arr.searchsorted([0, 8, 11, 16])
Out[206]: array([0, 3, 3, 5])
```

결과를 살펴보면 searchsorted 메서드가 0번째 원소에 대해 0을 반환했다. 이는 기본적으로 동일한 값 그룹의 왼쪽에서부터 색인을 반환하기 때문이다.

```
In [207]: arr = np.array([0, 0, 0, 1, 1, 1, 1])

In [208]: arr.searchsorted([0, 1])
Out[208]: array([0, 3])

In [209]: arr.searchsorted([0, 1], side='right')
Out[209]: array([3, 7])
```

searchsorted의 다른 활용법으로 0부터 10,000까지의 값을 특정 구간별로 나눈 배열을 살펴보자.

```
In [210]: data = np.floor(rng.uniform(0, 10000, size=50))

In [211]: bins = np.array([0, 100, 1000, 5000, 10000])

In [212]: data
Out[212]:
array([ 815., 1598., 3401., 4651., 2664., 8157., 1932., 1294.,  916.,
       5985., 8547., 6016., 9319., 7247., 8605., 9293., 5461., 9376.,
       4949., 2737., 4517., 6650., 3308., 9034., 2570., 3398., 2588.,
```

```
       3554.,    50., 6286., 2823.,   680., 6168., 1763., 3043., 4408.,
       1502., 2179., 4743., 4763., 2552., 2975., 2790., 2605., 4827.,
       2119., 4956., 2462., 8384., 1801.])
```

그리고 각 데이터가 어떤 구간에 속해야 하는지 알아보기 위해 searchsorted 메서드를 사용한다(여기서 1은 [0, 100)까지의 구간을 의미한다).

```
In [213]: labels = bins.searchsorted(data)

In [214]: labels
Out[214]:
array([2, 3, 3, 3, 3, 4, 3, 3, 2, 4, 4, 4, 4, 4, 4, 4, 4, 4, 3, 3, 3, 4,
       3, 4, 3, 3, 3, 3, 1, 4, 3, 2, 4, 3, 3, 3, 3, 3, 3, 3, 3, 3, 3, 3,
       3, 3, 3, 3, 4, 3])
```

이를 판다스의 groupby와 조합하면 해당 구간의 데이터를 쉽게 구할 수 있다.

```
In [215]: pd.Series(data).groupby(labels).mean()
Out[215]:
1      50.000000
2     803.666667
3    3079.741935
4    7635.200000
dtype: float64
```

A.7 넘바를 이용해 빠른 넘파이 함수 작성하기

넘바Numba[5]는 CPU, GPU 또는 기타 하드웨어를 이용해 넘파이와 유사한 데이터를 다루는 빠른 함수를 작성하도록 돕는 오픈 소스 프로젝트다. 파이썬 코드를 컴파일된 기계 코드로 변환하기 위해 LLVM 프로젝트[6]를 사용한다.

넘바를 설명하기 위해 for 문으로 (x-y).mean()을 계산하는 순수 파이썬 코드를 작성해보자.

---

5 http://numba.pydata.org

6 https://llvm.org

```
import numpy as np

def mean_distance(x, y):
    nx = len(x)
    result = 0.0
    count = 0
    for i in range(nx):
        result += x[i] - y[i]
        count += 1
    return result / count
```

이 함수는 무척 느리다.

```
In [209]: x = rng.standard_normal(10_000_000)

In [210]: y = rng.standard_normal(10_000_000)

In [211]: %timeit mean_distance(x, y)
1 loop, best of 3: 2 s per loop

In [212]: %timeit (x - y).mean()
100 loops, best of 3: 14.7 ms per loop
```

넘파이로 작성된 코드는 100배 이상 빠르다. 이제 numba.jit 함수를 이용해 이 함수를 컴파일된 넘바 함수로 바꿔보자.

```
In [213]: import numba as nb

In [214]: numba_mean_distance = nb.jit(mean_distance)
```

장식자^{decorator}를 사용할 수도 있다.

```
@nb.jit
def numba_mean_distance(x, y):
    nx = len(x)
    result = 0.0
    count = 0
    for i in range(nx):
        result += x[i] - y[i]
```

```
        count += 1
    return result / count
```

이렇게 만들어진 함수는 넘파이 버전보다 조금 더 빠르게 작동한다.

```
In [215]: %timeit numba_mean_distance(x, y)
100 loops, best of 3: 10.3 ms per loop
```

넘바를 이용해서 모든 파이썬 코드를 컴파일할 수는 없지만 순수 파이썬 코드의 많은 부분을
지원하며 산술 알고리듬을 작성할 경우 특히 유용하다.

넘바는 심오한 라이브러리로 다양한 하드웨어를 지원하며 컴파일 모드와 사용자 확장을 지원
한다. 명시적인 for 문에 기대지 않고 상당수의 넘파이 파이썬 API를 컴파일할 수 있다. 넘바
는 컴파일할 수 없는 함수는 C파이썬^{CPython} API로 대체하고, 기계 코드로 컴파일 가능한 함수
를 구별할 수 있다. 넘바의 jit 함수는 nopython=True 옵션을 통해 파이썬 C API를 호출하
지 않고 LLVM으로 컴파일할 파이썬 코드를 제한할 수 있다. jit(nopython=True)는 numba.
njit으로 줄여 쓸 수 있다.

위 예제는 아래와 같이 작성할 수도 있다.

```
from numba import float64, njit

@njit(float64(float64[:], float64[:]))
def mean_distance(x, y):
    return (x - y).mean()
```

넘바 공식 문서[7]를 더 읽어보기를 추천한다. 이어서 사용자 정의 넘파이 ufunc를 작성하는 방
법을 살펴보자.

---

7 http://numba.pydata.org

A.7.1 넘바를 이용한 사용자 정의 numpy.ufunc 만들기

numba.vectorize 함수는 내장 ufunc처럼 작동하는 컴파일된 넘파이 ufunc를 생성한다. 파이썬으로 구현한 numpy.add를 살펴보자.

```
from numba import vectorize

@vectorize
def nb_add(x, y):
    return x + y
```

이 함수는 다음과 같이 사용할 수 있다.

```
In [13]: x = np.arange(10)

In [14]: nb_add(x, x)
Out[14]: array([  0.,   2.,   4.,   6.,   8.,  10.,  12.,  14.,  16.,  18.])

In [15]: nb_add.accumulate(x, 0)
Out[15]: array([  0.,   1.,   3.,   6.,  10.,  15.,  21.,  28.,  36.,  45.])
```

A.8 고급 배열 입출력

4장에서 np.save와 np.load를 사용해서 배열을 이진 형식으로 디스크에 저장하는 방법을 소개했다. 이를 좀 더 우아하게 사용할 수 있는 몇 가지 부가적인 옵션이 있다. 특히 메모리 맵은 RAM에 적재할 수 없는 데이터를 다룰 때 추가적인 이점을 얻을 수 있다.

A.8.1 메모리 맵 파일

메모리 맵 파일memory-mapped file은 디스크에 저장된 아주 큰 이진 데이터를 메모리에 적재된 배열처럼 취급한다. 넘파이에는 ndarray와 유사한 memmap 객체가 있는데, 배열 전체를 메모리에 적재하지 않고 큰 파일의 작은 부분을 읽고 쓸 수 있도록 한다. 게다가 memmap 객체는 메모리에 적재된 배열에서 제공하는 것과 동일한 메서드를 제공하기 때문에 ndarray를 사용해야 하는 많은 알고리듬에서 ndarray의 대체제로 사용할 수 있다.

새로운 memmap 객체를 생성하려면 np.memmap 함수에 파일 경로와 dtype, 모양, 파일의 모드를 전달한다.

```
In [217]: mmap = np.memmap('mymmap', dtype='float64', mode='w+',
    .....:                     shape=(10000, 10000))

In [218]: mmap
Out[218]:
memmap([[0., 0., 0., ..., 0., 0., 0.],
        [0., 0., 0., ..., 0., 0., 0.],
        [0., 0., 0., ..., 0., 0., 0.],
        ...,
        [0., 0., 0., ..., 0., 0., 0.],
        [0., 0., 0., ..., 0., 0., 0.],
        [0., 0., 0., ..., 0., 0., 0.]])
```

memmap 객체의 슬라이스는 디스크에 있는 데이터의 뷰를 반환한다.

```
In [219]: section = mmap[:5]
```

여기에 데이터를 대입하면 파이썬의 파일 객체처럼 메모리에 잠시 보관했다가 flush를 호출해 디스크에 기록한다. 즉, 다른 애플리케이션에서 파일을 읽더라도 변경 사항이 즉시 디스크에 반영되지 않으므로 flush를 호출해 디스크에 기록해야 한다.

```
In [220]: section[:] = rng.standard_normal((5, 10000))

In [221]: mmap.flush()

In [222]: mmap
Out[222]:
memmap([[-0.9074, -1.0954,  0.0071, ...,  0.2753, -1.1641,  0.8521],
        [-0.0103, -0.0646, -1.0615, ..., -1.1003,  0.2505,  0.5832],
        [ 0.4583,  1.2992,  1.7137, ...,  0.8691, -0.7889, -0.2431],
        ...,
        [ 0.    ,  0.    ,  0.    , ...,  0.    ,  0.    ,  0.    ],
        [ 0.    ,  0.    ,  0.    , ...,  0.    ,  0.    ,  0.    ],
```

```
         [ 0.  , 0.  , 0.  , ..., 0.  , 0.  , 0.  ]])

In [223]: del mmap
```

메모리 맵은 스코프를 벗어나서 메모리가 회수되면^{garbage-collected} 디스크에 변경 사항이 기록된다. 기존의 메모리 맵 파일을 열 때 메타데이터 없이 디스크에 저장된 이진 데이터 파일처럼 자료형과 모양, stride를 지정할 수 있다.

```
In [224]: mmap = np.memmap('mymmap', dtype='float64', shape=(10000, 10000))

In [225]: mmap
Out[225]:
memmap([[-0.9074, -1.0954,  0.0071, ...,  0.2753, -1.1641,  0.8521],
        [-0.0103, -0.0646, -1.0615, ..., -1.1003,  0.2505,  0.5832],
        [ 0.4583,  1.2992,  1.7137, ...,  0.8691, -0.7889, -0.2431],
        ...,
        [ 0.  , 0.  , 0.  , ..., 0.  , 0.  , 0.  ],
        [ 0.  , 0.  , 0.  , ..., 0.  , 0.  , 0.  ],
        [ 0.  , 0.  , 0.  , ..., 0.  , 0.  , 0.  ]])
```

메모리 맵은 디스크 상의 ndarray이므로 A.5절에서 설명한 것처럼 구조화된 자료형을 사용해도 문제가 없다.

컴퓨터에서 다음 예제를 실행하면 앞서 만든 큰 파일을 삭제할 수 있다.

```
In [226]: %xdel mmap

In [227]: !rm mymmap
```

A.8.2 HDF5와 기타 배열 저장 옵션

PyTables와 h5py는 효율적이고 압축 가능한 HDF5 형식(HDF는 Hierarchical Data Format의 약어로 계층적 데이터 형식을 의미한다)으로 배열 데이터를 저장할 수 있게 지원하는 넘파이 친화적인 인터페이스의 파이썬 프로젝트다. 수백 기가바이트 혹은 수 테라바이트의 데이터를 HDF5 형식으로 안전하게 저장할 수 있다. 파이썬을 이용한 HDF5 사용법은 판다스 공식 문서[8]를 참고하기 바란다.

A.9 유용한 성능 팁

데이터 처리 코드에 넘파이를 활용하면 상대적으로 매우 느린 순수 파이썬 반복문을 배열 연산으로 대체해 성능이 훨씬 빨라진다. 다음은 염두에 두면 좋은 간략한 팁이다.

- 파이썬 반복문과 조건문을 배열 연산과 불리언 배열 연산으로 변환한다.
- 가능하면 브로드캐스팅을 사용한다.
- 배열의 뷰(슬라이스)를 사용해서 데이터를 복사하는 것을 피한다.
- ufunc 메서드를 활용한다.

넘파이만으로 원하는 성능을 이끌어내지 못한다면 코드를 C나 포트란으로 작성하거나 사이썬Cython을 사용해 성능을 높일 수 있다. 필자는 개인적으로 사이썬[9]을 자주 사용하며 최소한의 개발 노력으로 C 수준의 성능을 쉽게 이끌어낼 수 있다.

A.9.1 인접 메모리의 중요성

이 주제와 관련된 전체적인 내용은 이 책의 범위를 벗어나는데, 어떤 애플리케이션에서는 메모리상에 배치된 배열 모양에 따라 연산 속도가 영향을 받는다. 이는 부분적으로 CPU의 캐시 구조에 의한 성능 차이에 기반하며 연속된 메모리에 접근하는 연산(예를 들어 C 순서로 저장된 배열에서 행을 합산하는)의 경우, 메모리 서브시스템이 적절한 메모리 블록을 매우 빠른 CPU의 L1이나 L2에 저장하게 되므로 가장 빠르다. 또한 넘파이의 C 코드 기반 내부의 특정 코드는 연속된 메모리일 경우에 최적화되어 인접하지 않은 메모리를 읽는 문제를 회피할 수 있다.

배열이 메모리상에 연속적으로 존재한다는 의미는 배열의 원소가 실제 배열상에서 나타나는 모습대로(포트란의 열 우선 순서, C의 행 우선 순서) 메모리에 저장되었다는 의미다. 기본적으로 넘파이 배열은 메모리에 C 순서 혹은 단순히 연속적인 순서대로 생성된다. C 순서로 저장

---

8 http://pandas.pydata.org

9 https://cython.org

된 배열의 전치 배열 같은 열 우선 순서 배열은 포트란 순서 배열이라고 할 수 있다. 이 속성은 ndarray의 **flags** 속성을 통해 명시적으로 확인할 수 있다.

```
In [228]: arr_c = np.ones((100, 10000), order='C')

In [229]: arr_f = np.ones((100, 10000), order='F')

In [230]: arr_c.flags
Out[230]:
  C_CONTIGUOUS : True
  F_CONTIGUOUS : False
  OWNDATA : True
  WRITEABLE : True
  ALIGNED : True
  WRITEBACKIFCOPY : False
  UPDATEIFCOPY : False

In [231]: arr_f.flags
Out[231]:
  C_CONTIGUOUS : False
  F_CONTIGUOUS : True
  OWNDATA : True
  WRITEABLE : True
  ALIGNED : True
  WRITEBACKIFCOPY : False
  UPDATEIFCOPY : False

In [232]: arr_f.flags.f_contiguous
Out[232]: True
```

예제에서 배열의 행의 합은 메모리에 행이 연속적으로 존재하므로 이론적으로 arr_c가 arr_f 보다 빠르게 계산된다. **%timeit**을 사용해 성능 차이를 확인할 수 있다.

```
In [233]: %timeit arr_c.sum(1)
418 us +- 15.8 us per loop (mean +- std. dev. of 7 runs, 1000 loops each)

In [234]: %timeit arr_f.sum(1)
563 us +- 6.87 us per loop (mean +- std. dev. of 7 runs, 1000 loops each)
```

이는 넘파이에서 성능을 더 짜내야 할 때 더 많은 노력을 기울이게 되는 부분이다. 원하는 메모리 순서로 저장되지 않은 배열이 있다면 그 배열을 'C'나 'F' 순서로 복사해서 사용할 수 있다.

```
In [235]: arr_f.copy('C').flags
Out[235]:
  C_CONTIGUOUS : True
  F_CONTIGUOUS : False
  OWNDATA : True
  WRITEABLE : True
  ALIGNED : True
  WRITEBACKIFCOPY : False
  UPDATEIFCOPY : False
```

한 배열에 대한 뷰를 생성할 때 그 결과가 항상 연속된 메모리에 할당되지 않을 수 있다는 점을 기억하자.

```
In [236]: arr_c[:50].flags.contiguous
Out[236]: True

In [237]: arr_c[:, :50].flags
Out[237]:
  C_CONTIGUOUS : False
  F_CONTIGUOUS : False
  OWNDATA : False
  WRITEABLE : True
  ALIGNED : True
  WRITEBACKIFCOPY : False
  UPDATEIFCOPY : False
```

IPython 시스템 더 알아보기

2장에서는 IPython 셸과 주피터 노트북의 기본 사용법을 살펴봤다. 이번 장에서는 주피터 노트북이나 콘솔에서 사용할 수 있는 IPython 시스템의 세부 기능을 살펴본다.

B.1 터미널 키보드 단축키

IPython은 이맥스Emacs 편집기나 유닉스 배시Bash 셸 사용자에게 친숙한 프롬프트 단축키를 제공하며 이전에 입력한 셸의 명령어 히스토리도 사용할 수 있다. [표 B-1]에 주로 사용하는 단축키를 요약했다. [그림 B-1]은 커서 이동 같은 몇 가지 단축키 사용법을 묘사한 그림이다.

표 B-1 표준 IPython 키보드 단축키

키보드 단축키	설명
Ctrl + P 또는 ↑	명령어 히스토리에서 현재 입력된 텍스트로 시작하는 명령어를 뒷부분에서 검색
Ctrl + N 또는 ↓	명령어 히스토리에서 현재 입력된 텍스트로 시작하는 명령어를 앞부분에서 검색
Ctrl + R	readline 스타일의 역방향 히스토리 검색(부분 일치)
Ctrl + Shift + V	클립보드에서 텍스트 붙여 넣기
Ctrl + C	현재 실행 중인 코드 중지
Ctrl + A	커서를 줄의 맨 앞으로 이동
Ctrl + E	커서를 줄 끝으로 이동

키보드 단축키	설명
Ctrl + K	커서부터 줄 끝까지 텍스트 삭제
Ctrl + U	현재 줄의 모든 텍스트 삭제
Ctrl + F	커서를 한 문자 앞으로 이동
Ctrl + B	커서를 한 문자 뒤로 이동
Ctrl + L	화면 지우기

```
                Ctrl + B ◄──► Ctrl + F
In [27]: a_variable              In [27]: a_vari   Ctrl + K
          ▲         ▲            In [27]:          Ctrl + U
       Ctrl + A   Ctrl + E
```

그림 B-1 IPython 셀의 키보드 단축키 설명

주피터 노트북은 편집과 이동에 관련된 단축키를 분리해서 제공한다. 단축키가 IPython보다 더 빠르게 진화하고 있으므로 주피터 노트북 메뉴의 [Help] 탭을 살펴보기를 권장한다.

B.2 매직 명령어

IPython은 파이썬 자체에는 존재하지 않는 **매직**magic 명령어라 부르는 여러 가지 특수한 명령어를 제공한다. 이 매직 명령어는 일반적인 작업이나 IPython 시스템의 동작을 쉽게 제어할 수 있도록 설계된 특수한 명령어다. 매직 명령어는 앞에 % 기호를 붙이는 형식이며 예를 들어 IPython에서 행렬 곱셈 같은 코드가 실행된 시간을 측정하고 싶을 때는 **%timeit** 매직 함수를 이용해 값을 얻을 수 있다.

```
In [20]: a = np.random.standard_normal((100, 100))

In [20]: %timeit np.dot(a, a)
92.5 µs ± 3.43 µs per loop (mean ± std. dev. of 7 runs, 10000 loops each)
```

IPython 시스템 안에서 실행되는 명령줄 프로그램으로 매직 명령어를 확인할 수 있다. 매직 명령어 대부분은 추가적인 명령줄 옵션이 필요하며 ?를 이용해서 전체 옵션을 살펴볼 수 있다.

```
In [21]: %debug?
    Docstring:
    ::

    %debug [--breakpoint FILE:LINE] [statement [statement ...]]

    Activate the interactive debugger.

    This magic command support two ways of activating debugger.
    One is to activate debugger before executing code.  This way, you
    can set a break point, to step through the code from the point.
    You can use this mode by giving statements to execute and optionally
    a breakpoint.

    The other one is to activate debugger in post-mortem mode.  You can
    activate this mode simply running %debug without any argument.
    If an exception has just occurred, this lets you inspect its stack
    frames interactively.  Note that this will always work only on the last
    traceback that occurred, so you must call this quickly after an
    exception that you wish to inspect has fired, because if another one
    occurs, it clobbers the previous one.

    If you want IPython to automatically do this on every exception, see
    the %pdb magic for more details.

    .. versionchanged:: 7.3
    When running code, user variables are no longer expanded,
    the magic line is always left unmodified.

    positional arguments:
    statement              Code to run in debugger. You can omit this in cell
    magic mode.

    optional arguments:
    --breakpoint <FILE:LINE>, -b <FILE:LINE>
    Set break point at LINE in FILE.
```

매직 함수와 동일한 이름의 변수가 선언되어 있지 않다면 기본적으로 **%** 기호 없이 매직 함수를 사용할 수 있다. 이를 오토매직^{automagic}이라고 하는데 **%automagic**을 이용해서 이 기능을 활성화/비활성화할 수 있다.

일부 매직 함수는 파이썬 함수처럼 작동하며 결과를 변수에 대입할 수도 있다.

```
In [22]: %pwd
Out[22]: '/home/wesm/code/pydata-book'

In [23]: foo = %pwd

In [24]: foo
Out[24]: '/home/wesm/code/pydata-book'
```

IPython 도움말은 시스템에서 쉽게 접근할 수 있으니 **%quickref**나 **%magic** 명령을 이용해서 사용 가능한 모든 특수 명령어를 살펴보는 것도 좋다. 이 정보는 콘솔 화면에서 따로 출력된다. 정보 화면을 나가려면 'q'를 입력한다. IPython에서 파이썬 개발을 하거나 대화형 컴퓨팅 환경을 생산적으로 활용할 수 있는 중요한 명령어 몇 가지를 [표 B-2]에 요약해두었다.

표 B-2 자주 사용하는 IPython 매직 명령어

명령어	설명
%quickref	IPython의 빠른 도움말 표시
%magic	모든 매직 명령어에 대한 자세한 도움말 출력
%debug	최근 예외 트레이스백의 하단에서 대화형 디버거로 진입
%hist	명령어 입력(그리고 선택적 출력) 히스토리 출력
%pdb	예외가 발생하면 자동으로 디버거로 진입
%paste	클립보드에서 들여쓰기된 채로 파이썬 코드 가져오기
%cpaste	실행할 파이썬 코드를 수동으로 붙여 넣을 수 있는 프롬프트 표시
%reset	대화형 네임스페이스에 정의된 모든 변수와 이름 삭제
%page OBJECT	객체를 pager를 통해 보기 좋게 출력
%run script.py	IPython 내에서 파이썬 스크립트 실행
%prun statement	cProfile을 이용해 statement를 실행하고 프로파일 결과 출력
%time statement	statement의 단일 실행 시간 출력

명령어	설명
%timeit statement	statement를 여러 차례 실행한 후 평균 실행 시간 출력. 매우 짧은 시간 안에 끝나는 코드의 시간을 측정할 때 유용함
%who, %who_ls, %whos	대화형 네임스페이스 내에 정의된 변수를 다양한 방법으로 표시
%xdel variable	variable을 삭제하고 IPython 내부적으로 해당 객체에 대한 모든 참조를 제거

B.2.1 %run 명령어

%run 명령어를 사용하면 IPython 세션 안에서 파이썬 프로그램 파일을 불러와서 실행할 수 있다. 다음과 같은 ipython_script_test.py 스크립트 파일이 있다.

```python
def f(x, y, z):
    return (x + y) / z

a = 5
b = 6
c = 7.5

result = f(a, b, c)
```

이 스크립트 파일은 다음과 같이 %run 명령을 사용해서 실행할 수 있다.

```
In [14]: %run script.py
```

스크립트 파일은 빈 네임스페이스(다른 변수가 선언되지 않았거나 아무것도 임포트되지 않은 상태)에서 실행되므로 명령줄에서 python script.py 명령을 실행한 것과 동일하게 작동한다. 스크립트 파일에 정의된 모든 변수(임포트, 함수, 전역 변수)는 실행된 후에 IPython에서 접근 가능하다.

```
In [15]: c
Out [15]: 7.5

In [16]: result
Out[16]: 1.4666666666666666
```

만약 파이썬 스크립트에 명령줄 인수(sys.argv에 저장되는)를 넘겨야 한다면 명령줄에서 실행하는 것처럼 파일 경로 다음에 필요한 인수를 넘기면 된다.

> **NOTE_** 실행하려는 스크립트 파일에서 대화형 IPython 네임스페이스에 미리 선언된 변수에 접근해야 한다면 **%run** 대신 **%run -i** 명령을 사용한다.

주피터 노트북에서는 스크립트 파일을 코드 셀로 불러오는 **%load** 매직 함수를 사용할 수도 있다.

```
In [16]: %load script.py

    def f(x, y, z):
        return (x + y) / z

    a = 5
    b = 6
    c = 7.5

    result = f(a, b, c)
```

실행 중인 코드 중지하기

%run을 통해 스크립트를 실행하거나 오랜 실행 시간이 필요한 코드가 실행 중일 때 [Ctrl + C]를 누르면 KeyboardInterrupt 예외가 발생한다. 이 예외는 몇몇 특수한 경우를 제외하고는 거의 모든 파이썬 프로그램을 즉시 멈춘다.

> **WARNING_** 실행 중인 파이썬 코드가 컴파일된 확장 모듈에서 호출된 경우에는 [Ctrl + C]를 눌러도 프로그램이 즉각 멈추지 않는데, 이런 경우에는 프로그램의 제어권이 파이썬 인터프리터로 되돌아올 때까지 기다리거나 심각한 경우에는 운영체제의 작업 관리자 메뉴를 이용해 파이썬 프로세스를 강제 종료해야 한다.

B.2.2 클립보드에 있는 코드 실행하기

주피터 노트북을 사용하고 있다면 아무 코드 셀에나 코드를 붙여 넣고 실행할 수 있다. IPython 셸에서도 클립보드에 담긴 코드를 실행할 수 있다. 다른 애플리케이션에서 사용 중인 다음 코드가 있다고 하자.

```
x = 5
y = 7
if x > 5:
    x += 1
    y = 8
```

이 경우 %paste나 %cpaste 매직 함수를 이용할 수 있다(주피터 노트북에서는 코드 셀에 직접 복사/붙여 넣기가 가능하기 때문에 이 매직 함수는 작동하지 않는다).

%paste는 클립보드에 있는 텍스트를 셀에서 단일 블록으로 실행한다.

```
In [17]: %paste
x = 5
y = 7
if x > 5:
    x += 1

    y = 8
## -- End pasted text --
```

%cpaste는 %paste와 유사하지만 코드를 붙여 넣을 때 특수한 프롬프트를 제공한다.

```
In [18]: %cpaste
Pasting code; enter '--' alone on the line to stop or use Ctrl-D.
:x = 5
:y = 7
:if x > 5:
:    x += 1
:
:    y = 8
:--
```

%cpaste 블록을 사용하면 실행 전에 코드를 마음껏 붙여 넣을 수 있다. 붙여 넣은 코드를 실행하기 전에 한 번 살펴보기 위해 %cpaste 기능을 사용할 수 있다. 실수로 잘못된 코드를 붙여넣었다면 [Ctrl + C]를 눌러 %cpaste 프롬프트를 빠져나올 수 있다.

B.3 명령어 히스토리 사용하기

IPython은 이전에 실행했던 명령어를 디스크에 작은 데이터베이스 형식으로 보관하며 다음과 같은 목적으로 사용한다.

- 검색, 자동 완성, 최소한의 입력으로 이전에 실행했던 명령 재실행하기
- 세션 간의 명령어 히스토리 유지하기
- 입출력 히스토리를 파일에 기록하기

노트북은 각각의 코드 셀에서 입력과 출력을 기록하도록 설계되었으므로 노트북보다는 셀에서 히스토리 기능이 더 유용하다.

B.3.1 명령어 검색과 재사용

IPython 셀에서는 이전에 실행했던 코드나 명령을 검색하고 실행할 수 있다. %run 명령어나 코드를 반복 사용하는 경우가 잦기 때문에 이 기능은 무척 유용하다. 다음 코드를 실행했다고 가정하자.

```
In[7]: %run first/second/third/data_script.py
```

그리고 스크립트 실행 결과를 보니 틀린 계산이 있었다고 해보자. 문제의 원인을 밝혀낸 다음 data_script.py를 수정하고 %run 명령어의 첫 일부를 입력한 다음 [Ctrl + P] 단축키를 누르거나 위쪽 화살표 키를 누르면 방금 입력한 명령어와 맞아떨어지는 가장 최근에 입력한 명령어 히스토리를 검색한다. [Ctrl + P]나 위쪽 화살표 키를 여러 번 누르면 계속해서 더 이전 히스토리를 검색한다. 만일 실행하려는 명령어를 지나쳤다면 [Ctrl + N]이나 아래쪽 화살표를 눌러서 다시 돌아갈 수 있다. 이 기능을 몇 번 사용해보면 어느 순간 의도하지 않고도 이 기능

을 자연스럽게 사용하는 자신을 발견할 것이다.

[Ctrl + R] 단축키를 사용하면 배시 같은 유닉스의 셸의 readline 명령어처럼 부분 순차 검색을 할 수 있다. 윈도우에서는 IPython이 readline 기능을 흉내 내도록 한다. [Ctrl + R]을 누르고 검색하려는 글자를 입력 줄에 입력하면 이 기능을 사용할 수 있다.

```
In [1]: a_command = foo(x, y, z)

(reverse-i-search)`com': a_command = foo(x, y, z)
```

[Ctrl + R]을 누르면 방금 입력한 글자와 맞아떨어지는 줄을 계속해서 반복적으로 찾는다.

B.3.2 입출력 변수

함수의 실행 결과를 변수에 저장하는 것을 잊으면 매우 귀찮아진다. 다행히 IPython은 입력한 명령과 출력된 결과물인 반환된 객체를 특수한 변수에 저장한다. 마지막 두 개의 결과를 각각 _ 변수와 __ 변수에 저장한다.

```
In [18]: 'input1'
Out[18]: 'input1'

In [19]: 'input2'
Out[19]: 'input2'

In [20]: __
Out[20]: 'input1'

In [21]: 'input3'
Out[21]: 'input3'

In [22]: _
Out[22]: 'input3'
```

입력 변수는 _iX 변수(X는 입력 줄 번호)에 저장된다. 이와 유사하게 출력 변수는 _X 변수에 저장된다. 따라서 27번 줄을 입력한 후에는 출력 결과를 저장하는 _27 변수와 입력 변수인 _i27이 생겨난다.

```
In [26]: foo = 'bar'

In [27]: foo
Out[27]: 'bar'

In [28]: _i27
Out[28]: u'foo'

In [29]: _27
Out[29]: 'bar'
```

입력 변수는 문자열이기 때문에 다음처럼 파이썬의 eval 예약어를 사용해서 실행한다.

```
In [30]: eval(_i27)
Out[30]: 'bar'
```

여기서 _i27은 In [27]에 입력한 코드를 나타낸다.

몇 가지 매직 함수를 사용하면 입출력 히스토리를 사용해 작업할 수 있다. %hist는 전체 혹은 일부 입력 히스토리를 줄 번호와 함께 또는 줄 번호 없이 출력한다. %reset은 대화형 네임스페이스와 선택적으로 입출력 캐시를 비운다. %xdel은 IPython 내에서 특정한 객체에 대한 참조를 삭제해 그 객체가 사용한 메모리를 해제하는 함수다. 이 매직 함수에 대한 자세한 내용은 문서를 참고하자.

> **WARNING_** 매우 큰 데이터로 작업할 때는 del 예약어를 사용해서 대화형 네임스페이스에서 어떤 변수를 지웠다고 해도 IPython의 입출력 히스토리가 메모리 정리를 방해할 수 있다는 점을 기억하자. 그런 경우에는 %xdel과 %reset을 신중하게 사용해서 메모리 문제를 피할 수 있다.

B.4 운영체제와 함께 사용하기

IPython의 또 다른 중요한 기능은 운영체제 셸과 파일 시스템에 강력하게 통합되어 있다는 점이다. 즉, IPython을 종료하지 않고도 윈도우나 유닉스(리눅스, macOS) 셸에서 일반적인 명령줄에서 할 수 있는 작업이 가능하다는 뜻이다. 여기에는 셸 명령어를 실행하거나, 디렉터리를 옮기거나, 명령어의 결과를 파이썬 객체(리스트나 문자열)에 저장하는 기능이 포함된다. 또한 간단한 셸 명령어 에일리어싱aliasing과 디렉터리 북마크 기능도 제공한다.

[표 B-3]에 매직 함수를 요약해두었다. 기능은 나중에 다시 간단히 살펴본다.

표 B-3 IPython의 시스템 관련 명령어

명령	설명
!cmd	시스템 셸에서 cmd 명령어를 실행한다.
output = !cmd args	cmd 명령어를 실행하고 표준 출력(stdout) 결과를 output에 저장한다.
%alias alias_name cmd	시스템(셸) 명령어의 별칭을 정의한다.
%bookmark	IPython의 디렉터리 북마크 시스템 활용한다.
%cd directory	시스템의 작업 디렉터리를 directory로 변경한다.
%pwd	현재 시스템의 작업 디렉터리를 반환한다.
%pushd directory	현재 디렉터리를 스택에 추가하고 새로운 디렉터리로 이동한다.
%popd	스택에 저장된 디렉터리를 꺼내서 해당 디렉터리로 이동한다.
%dirs	현재 디렉터리 스택에 저장된 디렉터리 목록을 보여준다.
%dhist	접근했던 디렉터리 히스토리를 출력한다.
%env	시스템 환경 변수를 딕셔너리 타입으로 출력한다.
%matplotlib	맷플롯립 통합 옵션을 설정한다.

B.4.1 셸 명령어와 별칭

IPython에서 느낌표(!)로 시작하는 줄은 느낌표 다음에 있는 내용을 시스템 셸에서 실행하라는 의미다. 즉, rm이나 del 명령어를 사용해서 파일을 지우거나, 디렉터리를 옮기거나, 다른 프로세스를 실행할 수 있다는 뜻이다.

셸 명령어의 콘솔 출력은 !를 이용해서 변수에 저장할 수 있다. 예를 들어 인터넷에 연결되어 있는 자신의 리눅스에서 IP 주소를 얻어서 파이썬 변수에 대입할 수도 있다.

```
In [1]: ip_info = !ifconfig wlan0 | grep "inet "

In [2]: ip_info[0].strip()
Out[2]: 'inet addr:10.0.0.11  Bcast:10.0.0.255  Mask:255.255.255.0'
```

반환된 파이썬 객체 `ip_info`는 콘솔 출력의 다양한 버전을 포함하고 있는 사용자 정의 리스트 타입이다.

IPython은 !를 사용해서 현재 환경에 정의되어 있는 파이썬 값을 대체하기도 한다. 변수 이름 앞에 달러 기호 $를 붙여 구현한다.

```
In [3]: foo = 'test*'

In [4]: !ls $foo
test4.py  test.py  test.xml
```

%alias 매직 함수는 셸 명령어에 대한 사용자 단축키(별칭)를 정의한다. 다음 간단한 예제를 보자.

```
In [1]: %alias ll ls -l

In [2]: ll /usr
total 332
drwxr-xr-x   2 root root  69632 2012-01-29 20:36 bin/
drwxr-xr-x   2 root root   4096 2010-08-23 12:05 games/
drwxr-xr-x 123 root root  20480 2011-12-26 18:08 include/
drwxr-xr-x 265 root root 126976 2012-01-29 20:36 lib/
drwxr-xr-x  44 root root  69632 2011-12-26 18:08 lib32/
lrwxrwxrwx   1 root root      3 2010-08-23 16:02 lib64 -> lib/
drwxr-xr-x  15 root root   4096 2011-10-13 19:03 local/
drwxr-xr-x   2 root root  12288 2012-01-12 09:32 sbin/
drwxr-xr-x 387 root root  12288 2011-11-04 22:53 share/
drwxrwsr-x  24 root src    4096 2011-07-17 18:38 src/
```

여러 개의 명령어를 세미콜론(;)으로 구분하면 한 번에 실행할 수 있다.

```
In [558]: %alias test_alias (cd examples; ls; cd ..)

In [559]: test_alias
macrodata.csv  spx.csv  tips.csv
```

IPython은 세션이 종료되면 즉시 정의해놓은 별칭을 잊어버린다. 영구적인 별칭을 만들고 싶다면 설정 시스템을 사용해야 한다.

B.4.2 디렉터리 북마크 시스템

IPython은 간단한 디렉터리 북마크 시스템을 제공한다. 자주 사용하는 디렉터리를 별칭으로 저장해두고 쉽게 이동할 수 있다. 예를 들어 이 책의 예제 코드를 모아둔 디렉터리로 쉽게 이동하기 위해서 다음과 같이 북마크를 정의한다.

```
In [6]: %bookmark py4da /home/wesm/code/pydata-book
```

북마크를 해두면 **%cd** 매직 함수를 이용할 때 사용할 수 있다.

```
In [7]: cd py4da
(bookmark:py4da) -> /home/wesm/code/pydata-book
/home/wesm/code/pydata-book
```

만약 북마크 이름이 현재 작업 디렉터리에 있는 이름과 충돌한다면 -b 플래그를 사용해서 오버라이드하고 북마크 위치를 사용한다. **%bookmak**에 -l 옵션을 사용하면 모든 북마크가 나타난다.

```
In [8]: %bookmark -l
Current bookmarks:
py4da -> /home/wesm/code/pydata-book-sourc
```

별칭과 다르게 IPython이 종료되어도 북마크는 유지된다.

B.5 소프트웨어 개발 도구

지금까지 살펴본 데이터 조회와 계산에 편리한 대화형 환경에 덧붙여서 IPython은 소프트웨어 개발 환경으로도 손색이 없다. 데이터 분석 애플리케이션에서는 **올바른 코드**를 작성하는 일이 가장 중요하다. 다행히 IPython은 향상된 파이썬 **pdb** 디버거를 내장하고 있고 빠른 코드 실행을 지원하는 편리한 코드 타이밍과 프로파일링 도구를 포함한다. 여기서는 이 도구를 자세히 살펴본다.

B.5.1 대화형 디버거

IPython의 디버거는 탭 자동 완성 기능과 문법 강조, 예외 트레이스백에서 각 줄에 해당하는 컨텍스트를 통해 pdb를 개선했다. 코드를 디버깅하기 가장 최적인 시점은 오류가 발생한 직후다. 예외가 발생한 뒤 %debug 명령어를 사용하면 사후 분석post-mortem 디버거가 실행되고 예외가 발생한 시점의 스택 프레임 정보를 보여준다.

```
In [2]: run examples/ipython_bug.py
---------------------------------------------------------------------------
AssertionError                            Traceback (most recent call last)
/home/wesm/code/pydata-book/examples/ipython_bug.py in <module>()
     13         throws_an_exception()
     14
---> 15 calling_things()

/home/wesm/code/pydata-book/examples/ipython_bug.py in calling_things()
     11 def calling_things():
     12         works_fine()
---> 13         throws_an_exception()
     14
     15 calling_things()

/home/wesm/code/pydata-book/examples/ipython_bug.py in throws_an_exception()
      7         a = 5
      8         b = 6
----> 9         assert(a + b == 10)
     10
     11 def calling_things():

AssertionError:

In [3]: %debug
> /home/wesm/code/pydata-book/examples/ipython_bug.py(9)throws_an_exception()
      8         b = 6
----> 9         assert(a + b == 10)
     10

ipdb>
```

디버거 안에서는 아무 파이썬 코드나 실행해볼 수 있고 각 스택 프레임의 인터프리터 안에서 유지되고 있는 모든 객체와 데이터를 살펴볼 수 있다. 기본값으로 오류가 발생한 가장 아래 레벨에서부터 시작한다. u(up), d(down)를 입력해 스택 트레이스 사이를 이동할 수 있다.

```
ipdb> u
> /home/wesm/code/pydata-book/examples/ipython_bug.py(13)calling_things()
     12        works_fine()
---> 13        throws_an_exception()
     14
```

%pdb 명령어를 실행하면 예외가 발생했을 때 IPython이 자동으로 디버거를 실행하므로 많은 사용자가 아주 유용하게 사용할 수 있는 모드다.

개발 과정에서 스크립트나 함수를 실행할 때 각 단계를 하나씩 검증하거나 브레이크포인트 breakpoint를 설정하고 싶을 때 디버거가 유용하다. 디버거를 실행하는 몇 가지 방법이 있는데 **%run** 명령에 –d 옵션을 사용하면 스크립트를 실행하기 전에 디버거가 먼저 실행된다. 그리고 바로 s(step)를 누르면 스크립트로 진입한다.

```
In [5]: run -d examples/ipython_bug.py
Breakpoint 1 at /home/wesm/code/pydata-book/examples/ipython_bug.py:1
NOTE: Enter 'c' at the ipdb>  prompt to start your script.
> <string>(1)<module>()

ipdb> s
--Call--
> /home/wesm/code/pydata-book/examples/ipython_bug.py(1)<module>()
1---> 1 def works_fine():
      2      a = 5
      3      b = 6
```

여기서부터 스크립트 파일을 어떤 식으로 작성할지는 여러분의 몫이다. 예를 들어 앞선 예제에서 `works_fine` 메서드를 호출하기 바로 직전에 브레이크포인트를 걸고 c(continue)를 눌러서 브레이크포인트에서 멈출 때까지 스크립트를 실행할 수 있다.

```
ipdb> b 12
ipdb> c
> /home/wesm/code/pydata-book/examples/ipython_bug.py(12)calling_things()
     11 def calling_things():
2--> 12        works_fine()
     13        throws_an_exception()
```

이제 s를 눌러 works_fine() 안으로 진입하거나, n(next)을 눌러서 works_fine()을 실행하고 다음 줄로 진행할 수도 있다.

```
ipdb> n
> /home/wesm/code/pydata-book/examples/ipython_bug.py(13)calling_things()
2   12       works_fine()
---> 13      throws_an_exception()
    14
```

이제 throws_an_exception까지 진입했다. 오류가 발생하는 다음 줄로 진행한 후 해당 범위 내에 있는 변수를 살펴보자. 디버거 명령어는 변수 이름보다 우선이므로 디버거 명령과 동일한 이름의 변수가 있다면 !를 변수 이름 앞에 붙여서 내용을 확인할 수 있다.

```
ipdb> s
--Call--
> /home/wesm/code/pydata-book/examples/ipython_bug.py(6)throws_an_exception()
     5
----> 6 def throws_an_exception():
     7     a = 5

ipdb> n
> /home/wesm/code/pydata-book/examples/ipython_bug.py(7)throws_an_exception()
     6 def throws_an_exception():
----> 7     a = 5
     8     b = 6

ipdb> n
> /home/wesm/code/pydata-book/examples/ipython_bug.py(8)throws_an_exception()
     7     a = 5
----> 8     b = 6
     9     assert(a + b == 10)

ipdb> n
> /home/wesm/code/pydata-book/examples/ipython_bug.py(9)throws_an_exception()
     8     b = 6
----> 9     assert(a + b == 10)
    10

ipdb> !a
5
```

```
ipdb> !b
6
```

대화형 디버거는 많은 연습과 경험을 통해서만 익숙해질 수 있다. [표 B-4]에 디버거에서 사용할 수 있는 명령어를 모두 정리했다. IDE를 사용한다면 처음에는 터미널 기반의 디버거가 익숙하지 않겠지만 차츰 익숙해질 것이다. 대부분의 파이썬 IDE는 훌륭한 GUI 디버거를 제공하므로 여러분에게 적합한 도구를 찾을 수 있을 것이다.

표 B-4 파이썬 디버거 명령어

명령어	실행
h(elp)	명령어 목록을 보여준다.
Help command	command에 대한 문서를 보여준다.
c(ontinue)	프로그램의 실행을 재개한다.
q(uit)	더 이상 코드를 실행하지 않고 디버거를 종료한다.
b(reak) number	현재 파일의 number 번째 줄에 브레이크포인트를 설정한다.
b path/to/file.py:number	지정한 파일의 number 번째 줄에 브레이크포인트를 설정한다.
s(tep)	함수 호출 안으로 진입한다.
n(ext)	현재 줄을 실행하고 같은 레벨의 다음 줄로 진행한다.
u(p)/d(own)	함수 콜 스택(호출 정보)의 위아래로 이동한다.
a(rgs)	현재 함수의 인수를 보여준다.
debug statement	statement 문장을 새로운 (재귀적) 디버거에서 실행한다.
l(ist) statement	현재 위치와 스택의 현재 레벨에 대한 문맥을 보여준다.
w(here)	현재 위치에 대한 문맥과 함께 전체 스택 정보를 출력한다.

디버거를 사용하는 다른 방법

디버거를 실행하는 몇 가지 다른 유용한 방법이 있다. set_trace 함수(pdb.set_trace에서 유래한 이름)를 이용하는 것이 그중 하나인데, 이를 '가난뱅이의 브레이크포인트'라고 부른다. 다음은 짧은 예제로 이 코드를 범용으로 사용하기 위해 여기서는 IPython 프로파일에 추가해서 사용한다.

```
from IPython.core.debugger import Pdb

def set_trace():
    Pdb(.set_trace(sys._getframe().f_back)

def debug(f, *args, **kwargs):
    pdb = Pdb()
    return pdb.runcall(f, *args, **kwargs)
```

첫 번째 함수인 set_trace는 매우 간단하다. set_trace()를 코드의 아무 곳에나 넣으면 그
곳에서 실행을 멈추고 살펴볼 수 있다(예외가 발생하기 바로 전 위치 같은 곳이 적절하다).

```
In [7]: run examples/ipython_bug.py
> /home/wesm/code/pydata-book/examples/ipython_bug.py(16)calling_things()
     15         set_trace()
---> 16         throws_an_exception()
     17
```

c(cotinue)를 입력하면 아무런 부작용 없이 정상적으로 코드가 다시 실행된다.

debug 함수는 어떤 함수 호출에서라도 대화형 디버거를 쉽게 실행할 수 있도록 해주는데 다음
과 같은 함수를 작성했다고 가정하고 내부 로직을 탐험해보자.

```
def f(x, y, z=1):
    tmp = x + y
    return tmp / z
```

보통 f 함수는 f(1, 2, z=3) 같은 식으로 호출한다. f 함수의 내부로 진입하기 위해서 f를
debug 함수의 첫 번째 인수로 넘기고 그다음에 f 함수의 인수를 차례대로 써넣는다.

```
In [6]: debug(f, 1, 2, z=3)
> <ipython-input>(2)f()
      1 def f(x, y, z):
----> 2     tmp = x + y
      3     return tmp / z

ipdb>
```

이 두 가지 짧은 코드 덕분에 수년간 많은 시간을 절약할 수 있었다.

마지막으로 디버거를 **%run** 명령어와 결합해 사용하는 방법을 알아보자. **%run –d**를 이용해서 스크립트를 실행하면 바로 디버거가 실행되며 브레이크포인트를 설정하고 스크립트를 시작할 수 있다.

```
In [1]: %run -d examples/ipython_bug.py
Breakpoint 1 at /home/wesm/code/pydata-book/examples/ipython_bug.py:1
NOTE: Enter 'c' at the ipdb>  prompt to start your script.
> <string>(1)<module>()

ipdb>
```

-b에 행 번호를 붙여서 넘기면 디버거가 시작하면서 브레이크포인트가 미리 설정된다.

```
In [2]: %run -d -b2 examples/ipython_bug.py
Breakpoint 1 at /home/wesm/code/pydata-book/examples/ipython_bug.py:2
NOTE: Enter 'c' at the ipdb>  prompt to start your script.
> <string>(1)<module>()

ipdb> c
> /home/wesm/code/pydata-book/examples/ipython_bug.py(2)works_fine()
      1 def works_fine():
1---> 2     a = 5
      3     b = 6

ipdb>
```

B.5.2 실행 시간 측정: %time과 %timeit

대규모 분석 작업이나 시간이 오래 걸리는 데이터 분석 애플리케이션에서는 컴포넌트나 함수 호출, 단일 명령 실행 시간이 어느 정도 걸리는지 측정해야 하는 경우가 있다. 전체 처리 과정에서 어떤 함수가 가장 오랫동안 실행되었는지에 대한 보고서가 필요할 수도 있다. 다행히도 IPython에서는 코드를 개발하고 테스트하는 중간에 이런 정보를 매우 쉽게 얻을 수 있다.

내장 time 모듈을 이용해서 time.clock과 time.time 함수로 직접 시간 측정 코드를 작성하는 일은 재미없는 코드를 반복적으로 계속 써넣어야 하기 때문에 지루하고 유쾌하지 않은 작업이다.

```
import time
start = time.time()
for i in range(iterations):
    # 여기서 실행될 코드
elapsed_per = (time.time() - start) / iterations
```

이 코드는 시간을 측정하는 아주 흔한 방법이며 IPython에는 %time과 %timeit 매직 함수를 이용해 간단히 구현할 수 있다. %time은 한 문장을 실행하고 소요된 전체 실행 시간을 알려준다. 문자열을 담고 있는 큰 리스트가 있고 특정 글자로 시작하는 문자열을 비교하는 함수를 작성한다고 가정해보자. 다음 예제에는 600,000개의 문자열을 담고 있는 리스트가 있고 'foo'로 시작하는 문자열을 선택하는 두 메서드가 있다.

```
# 문자열을 담은 매우 큰 리스트
In [11]: strings = ['foo', 'foobar', 'baz', 'qux',
    ....:            'python', 'Guido Van Rossum'] * 100000

In [12]: method1 = [x for x in strings if x.startswith('foo')]

In [13]: method2 = [x for x in strings if x[:3] == 'foo']
```

두 메서드의 성능은 비슷할 것으로 예상된다. %time을 이용해서 확인해보자.

```
In [14]: %time method1 = [x for x in strings if x.startswith('foo')]
CPU times: user 51.6 ms, sys: 1.36 ms, total: 52.9 ms
Wall time: 52.6 ms

In [15]: %time method2 = [x for x in strings if x[:3] == 'foo']
CPU times: user 67.3 ms, sys: 47 us, total: 67.3 ms
Wall time: 67.1 ms
```

여기서 Wall time 값을 눈여겨봐야 한다. 결과를 보면 첫 번째 메서드가 두 번째 메서드보다 두 배 가량 오래 걸렸지만, 여러 번 측정했을 때 결괏값이 약간 다르게 나오는 것을 보면 이 값이 정확한 값은 아니라는 것을 알 수 있다. 더 정확한 측정을 위해 이번에는 %timeit 매직 함

수를 사용해보자. %timeit은 임의의 한 문장을 여러 번 실행해보고 조금 더 정확한 평균 실행
시간을 구한다(여러분의 결괏값은 예제와 다를 수 있다).

```
In [563]: %timeit [x for x in strings if x.startswith('foo')]
10 loops, best of 3: 159 ms per loop

In [564]: %timeit [x for x in strings if x[:3] == 'foo']
10 loops, best of 3: 59.3 ms per loop
```

이 정도면 앞으로 이 책에서 사용할 파이썬 표준 라이브러리, 넘파이, 판다스, 그 외 다른 라이
브러리의 성능상의 특징을 이해하기에 충분했으리라 생각한다. 앞선 예제에서는 밀리초 단위
였지만 대규모의 데이터 분석 애플리케이션에서는 더 큰 단위가 등장할 것이다.

%timeit은 마이크로초(100만분의 1초) 또는 나노초(10억분의 1초) 단위의 매우 짧은 실행
시간을 가지는 함수나 문장을 분석하는 데 매우 유용하다. 아주 짧은 시간처럼 보이지만 20마
이크로초가 걸리는 함수를 백만 번 수행하면 5마이크로초가 걸리는 함수보다 15초 더 걸린다.
앞선 예제에서 사용한 문자열 연산의 성능상 특징을 이해하기 위해 더 자세히 비교해볼 수도
있다.

```
In [565]: x = 'foobar'

In [566]: y = 'foo'

In [567]: %timeit x.startswith(y)
1000000 loops, best of 3: 267 ns per loop

In [568]: %timeit x[:3] == y
10000000 loops, best of 3: 147 ns per loop
```

B.5.3 기본적인 프로파일링: %prun과 %run -p

코드 프로파일링profiling은 코드의 어떤 부분에서 시간이 얼마나 걸렸는지를 측정한다. 주로 사
용되는 파이썬 프로파일링 도구는 cProfile 모듈인데 IPython에만 국한된 도구는 아니다.
cProfile은 프로그램이나 임의의 코드 블록을 실행하면서 각 함수에서 소요된 시간을 계속
기록한다.

명령줄에서 cProfile을 사용하는 일반적인 방법은 프로그램 전체를 실행하고 각 함수별로 수집된 시간 정보를 출력하는 방식이다. 100×100 크기의 행렬에서 최대 고유치를 구하는 스크립트가 있다.

```python
import numpy as np
from numpy.linalg import eigvals

def run_experiment(niter=100):
    K = 100
    results = []
    for _ in range(niter):
        mat = np.random.standard_normal((K, K))
        max_eigenvalue = np.abs(eigvals(mat)).max()
        results.append(max_eigenvalue)
    return results
some_results = run_experiment()
print('Largest one we saw: {0}'.format(np.max(some_results)))
```

명령줄에서 cProfile으로 스크립트를 실행해보자.

```
python -m cProfile cprof_example.py
```

실행해보면 함수 이름순으로 정렬된 결과가 출력된다. 이대로는 시간이 가장 많이 소요된 부분을 알아보기 힘들기 때문에 -s 옵션으로 정렬 순서를 지정해야 한다.

```
$ python -m cProfile -s cumulative cprof_example.py
Largest one we saw: 11.923204422
    15116 function calls (14927 primitive calls) in 0.720 seconds

Ordered by: cumulative time

ncalls  tottime  percall  cumtime  percall filename:lineno(function)
     1    0.001    0.001    0.721    0.721 cprof_example.py:1(<module>)
   100    0.003    0.000    0.586    0.006 linalg.py:702(eigvals)
   200    0.572    0.003    0.572    0.003 {numpy.linalg.lapack_lite.dgeev}
     1    0.002    0.002    0.075    0.075 __init__.py:106(<module>)
   100    0.059    0.001    0.059    0.001 {method 'randn')
     1    0.000    0.000    0.044    0.044 add_newdocs.py:9(<module>)
     2    0.001    0.001    0.037    0.019 __init__.py:1(<module>)
```

```
       2    0.003    0.002    0.030     0.015 __init__.py:2(<module>)
       1    0.000    0.000    0.030     0.030 type_check.py:3(<module>)
       1    0.001    0.001    0.021     0.021 __init__.py:15(<module>)
       1    0.013    0.013    0.013     0.013 numeric.py:1(<module>)
       1    0.000    0.000    0.009     0.009 __init__.py:6(<module>)
       1    0.001    0.001    0.008     0.008 __init__.py:45(<module>)
     262    0.005    0.000    0.007     0.000 function_base.py:3178(add_newdoc)
     100    0.003    0.000    0.005     0.000 linalg.py:162(_assertFinite)
   ...
```

실제 결과에서 상위 15줄만 옮겨왔다. cumtime 열을 훑어보면 각 함수 안에서 얼마나 많은 시간이 소요되었는지 확인할 수 있다. 만약 어떤 함수가 다른 함수를 호출한다고 해도 그 함수에 대한 시간 측정이 멈추지 않는다는 점을 기억하자. cProfile은 각 함수의 시작과 끝 시간을 기록하면서 시간을 측정한다.

방금 살펴본 명령줄 사용법에 덧붙여 cProfile은 프로그램을 따로 실행하지 않고도 임의의 코드 블록을 프로그램적으로 프로파일링하기 위해 사용할 수도 있다. IPython은 이 기능을 %prun 명령과 %run –p 옵션으로 편리하게 제공한다. %prun은 cProfile에 사용하는 명령줄 옵션을 그대로 받아서 .py 파일 대신 임의의 파이썬 문장을 프로파일링한다.

```
In [4]: %prun -l 7 -s cumulative run_experiment()
        4203 function calls in 0.643 seconds

Ordered by: cumulative time
List reduced from 32 to 7 due to restriction <7>

ncalls  tottime  percall  cumtime  percall filename:lineno(function)
     1    0.000    0.000    0.643     0.643 <string>:1(<module>)
     1    0.001    0.001    0.643     0.643 cprof_example.py:4(run_experiment)
   100    0.003    0.000    0.583     0.006 linalg.py:702(eigvals)
   200    0.569    0.003    0.569     0.003 {numpy.linalg.lapack_lite.dgeev}
   100    0.058    0.001    0.058     0.001 {method 'randn'}
   100    0.003    0.000    0.005     0.000 linalg.py:162(_assertFinite)
   200    0.002    0.000    0.002     0.000 {method 'all' of 'numpy.ndarray'}
```

이와 유사하게 %run –p –s cumulative cprof_example.py를 실행하면 IPython을 종료할 필요 없이 조금 전에 살펴본 명령줄을 이용한 방법과 동일한 결과를 제공한다.

주피터 노트북에서는 **%%prun** 매직 함수를 사용해서 전체 코드 블록을 프로파일링할 수 있다. 이 매직 함수를 실행하면 새로운 창을 띄워 프로파일링한 결과를 보여준다. 실행이 왜 이렇게 오래 걸리는지 의문이 들 때 간단하게 실행해볼 수 있어서 유용하다.

IPython이나 주피터 노트북을 사용할 때 프로파일을 쉽게 이해할 수 있도록 돕는 여러 도구가 있다. 대표적으로는 D3.js를 이용해서 프로파일 결과를 시각화하는 SnakeViz[1]가 있다.

B.5.4 함수의 줄마다 프로파일링하기

어떤 경우에는 **%prun**이나 다른 **cProfile** 기반의 프로파일링 방법을 통해 얻은 정보로는 함수의 실행 시간에 대한 전체 상황을 파악하기 힘들거나 함수 이름을 기준으로 수집된 결과가 너무 복잡해 분석하기 어려울 수 있다. 이때는 **line_profiler**(PyPI나 다른 패키지 관리 도구를 이용해서 얻을 수 있다)라는 작은 라이브러리를 사용하면 된다. 이 라이브러리는 IPython 확장을 포함하며 하나 이상의 함수를 줄마다 프로파일링할 수 있는 **%lprun** 매직 함수를 제공한다. IPython 설정을 변경해 이 확장을 활성화할 수 있다(IPython 공식 문서[2]나 부록 뒷부분에서 소개하는 설정 부분을 참고하자).

```
# 불러올 IPython 확장 모듈 이름
c.InteractiveShellApp.extensions = ['line_profiler']
```

다음 명령으로 실행할 수도 있다.

```
%load_ext line_profiler
```

line_profiler는 프로그램적으로도 사용할 수 있는데(공식 문서 참고) IPython을 통해서 대화형으로 사용할 경우 매우 강력한 도구가 된다. **prof_mod**라는 모듈이 있고 다음 코드로 넘파이 배열 연산을 수행한다고 해보자(이번 예제를 따라 하려면 다음 코드를 **prof_mod.py**라는 파일명으로 저장해야 한다).

---

1 https://github.com/jiffyclub/snakeviz
2 https://jupyter-tutorial.readthedocs.io/en/stable/performance/ipython-profiler.html

```
from numpy.random import randn

def add_and_sum(x, y):
    added = x + y
    summed = added.sum(axis=1)
    return summed

def call_function():
    x = randn(1000, 1000)
    y = randn(1000, 1000)
    return add_and_sum(x, y)
```

이제 add_and_sum 함수의 성능을 **%prun**으로 확인해보자.

```
In [569]: %run prof_mod

In [570]: x = randn(3000, 3000)

In [571]: y = randn(3000, 3000)

In [572]: %prun add_and_sum(x, y)
        4 function calls in 0.049 seconds
   Ordered by: internal time
   ncalls  tottime  percall  cumtime  percall filename:lineno(function)
        1    0.036    0.036    0.046    0.046 prof_mod.py:3(add_and_sum)
        1    0.009    0.009    0.009    0.009 {method 'sum' of 'numpy.ndarray'}
        1    0.003    0.003    0.049    0.049 <string>:1(<module>)
```

결과가 알아보기 쉬운 모양은 아니다. `line_profiler`의 IPython 확장을 활성화하면 **%lprun** 명령어를 사용할 수 있다. 사용상의 차이는 프로파일링하려는 함수를 명시해줘야 한다는 점 하나뿐이다. 일반적인 문법은 다음과 같다.

```
%lprun -f func1 -f func2 statement_to_profile
```

예제에서 add_and_sum 함수를 프로파일링하고 싶으니 다음과 같이 실행하자.

```
In [573]: %lprun -f add_and_sum add_and_sum(x, y)
Timer unit: 1e-06 s
```

```
File: prof_mod.py
Function: add_and_sum at line 3
Total time: 0.045936 s

Line #      Hits         Time  Per Hit   % Time  Line Contents
==============================================================
     3                                           def add_and_sum(x, y):
     4         1        36510  36510.0     79.5      added = x + y
     5         1         9425   9425.0     20.5      summed = added.sum(axis=1)
     6         1            1      1.0      0.0      return summed
```

이렇게 하면 훨씬 결과가 알아보기 쉬워졌다. 여기서는 문장에서 사용했던 함수와 동일한 함수를 프로파일링했는데 앞서 작성한 모듈 코드에 있는 call_function을 호출하고 add_and_sum과 함께 프로파일링하면 코드 성능에 대한 전체적인 그림을 얻을 수 있다.

```
In [574]: %lprun -f add_and_sum -f call_function call_function()
Timer unit: 1e-06 s
File: prof_mod.py
Function: add_and_sum at line 3
Total time: 0.005526 s

Line #      Hits         Time  Per Hit   % Time  Line Contents
==============================================================
     3                                           def add_and_sum(x, y):
     4         1         4375   4375.0     79.2      added = x + y
     5         1         1149   1149.0     20.8      summed = added.sum(axis=1)
     6         1            2      2.0      0.0      return summed
File: prof_mod.py
Function: call_function at line 8
Total time: 0.121016 s

Line #      Hits         Time  Per Hit   % Time  Line Contents
==============================================================
     8                                           def call_function():
     9         1        57169  57169.0     47.2      x = randn(1000, 1000)
    10         1        58304  58304.0     48.2      y = randn(1000, 1000)
    11         1         5543   5543.0      4.6      return add_and_sum(x, y)
```

필자는 경험적으로 전체를 프로파일링할 때는 %prun(cProfile)을 선호하고 세세하게 프로파일링할 때는 %lprun(line_profiler)를 선호한다. 두 가지 도구를 잘 이해해두면 나중에 분명 도움이 될 것이다.

B.6 IPython을 이용한 생산적인 코드 개발 팁

개발과 디버깅이 쉽고, 궁극적으로 인터렉티브하게 사용할 수 있도록 코드를 작성하는 것은 많은 사용자에게 패러다임 전환paradigm shift이 될 것이다. 코딩 스타일과 더불어 약간의 수정이 필요한 코드 리로딩 같은 절차적인 세부 사항이 있다.

지금 다루려는 내용 대부분은 과학보다는 기술에 가깝고 자신에게 적합한 효율적이면서 생산적인 파이썬 코드 작성법을 고르기 위해서는 여러 시도가 필요하다. 대부분 재사용하기 쉽고 가능한 한 노력을 들이지 않고 함수나 프로그램 실행 결과를 확인할 수 있는 방식으로 코드를 구조화하고 싶을 것이다. 필자는 독립적으로 실행되는 명령줄 애플리케이션만을 위한 코드보다 IPython에서 실행되는 것을 염두에 두고 개발한 소프트웨어가 작업하기 훨씬 더 수월하다는 것을 발견했다. 이는 여러분이 몇 달, 심지어는 몇 년 전에 작성한 코드에서 발생한 오류를 분석해야 할 때 특히 중요한 문제다.

B.6.1 모듈 의존성 리로딩하기

파이썬에서 import some_lib을 입력하면 some_lib에 있는 코드가 실행되고 모든 변수와 함수, 그 안에 있는 import는 새로 생성된 some_lib 모듈의 네임스페이스 안에 저장된다. 그 후에 다시 import some_lib을 입력하면 이미 존재하는 모듈 네임스페이스에 대한 참조를 얻는다. IPython에서 대화형 코드를 개발할 때 여러분이 변경한 다른 모듈에 의존성을 갖는 스크립트를 %run으로 실행했을 때 어려움을 겪게 된다. 다음과 같은 test_script.py 파일이 있다고 가정해보자.

```
import some_lib

x = 5
y = [1, 2, 3, 4]
result = some_lib.get_answer(x, y)
```

%run test_script.py를 실행하고 some_lib.py 파일을 변경한 다음 다시 %run test_
script.py를 실행하면 변경되기 전의 some_lib을 참조하게 되는데 이는 파이썬이 모듈을 한
번만 로딩하기 때문이다. 이런 작동 방식은 자동적으로 코드 변경을 전파하는 매트랩 같은 다
른 데이터 분석 환경과는 다르다.[3] 이런 문제에 대응할 수 있는 몇 가지 옵션이 있다. 첫 번째
방법은 파이썬의 내장 reload 함수를 이용하도록 다음 예제처럼 test_script.py를 변경하
는 것이다.

```
import some_lib
import importlib

importlib.reload(some_lib)
```

이렇게 하면 test_script.py를 실행할 때마다 항상 새롭게 some_lib의 복사본을 얻을 수
있다. 당연히 의존성이 깊어질수록 모든 곳에 reload를 사용하도록 추가해야 하는 번거로움
이 있다. 이런 문제 때문에 IPython는 dreload 함수를 제공한다. dreload는 매직 함수는 아
니며 깊은 (재귀적으로) 모듈을 리로딩하게 해준다. 만일 import some_lib이라고 하지 않고
dreload(some_lib)이라고 입력하면 some_lib과 some_lib에 의존하는 다른 모든 모듈을
새로 읽어오려고 한다. 아쉽지만 모든 경우에 이 방법을 적용할 수는 없지만 IPython을 재시
작해야 하는 번거로움은 해결할 수 있다.

B.6.2 코드 설계 팁

코드를 설계하는 간단한 방법은 없지만 작업할 때 도움이 된 몇 가지 상위 수준의 원칙을 몇 가
지 소개한다.

---

3 모듈이나 패키지는 한 프로그램 안에서도 다양한 곳에서 임포트할 수 있기 때문에 파이썬은 모듈이 임포트될 때마다 코드를 실행하지 않
고 최초에 모듈이 임포트되었을 때 모듈의 코드를 캐시에 담아둔다. 그렇지 않으면 모듈 방식과 훌륭한 코드 구성이 애플리케이션의 효
율을 떨어뜨릴 수 있다.

관련 있는 객체와 데이터는 유지하자

다음의 간단한 예제와 비슷한 구조를 갖는 명령줄 기반의 프로그램은 흔히 볼 수 있다.

```
from my_functions import g

def f(x, y):
    return g(x + y)

def main():
    x = 6
    y = 7.5
    result = x + y

if __name__ == '__main__':
    main()
```

이 프로그램을 IPython에서 실행하면 어떤 문제가 발생할까? 프로그램의 실행이 끝나면 IPython에서는 main 함수 안에서 선언된 어떠한 결과나 객체에도 접근할 수 없다. 더 나은 방법은 main 함수 안에서 실행되는 코드를 모듈의 글로벌 네임스페이스에서 직접 실행되도록 고치는 것이다(혹은 모듈을 임포트 가능하게 만들고 싶다면 if __name__ == '__main__': 블록 안에서 실행되도록 한다). 이렇게 하면 %run으로 프로그램을 실행해도 main 함수에서 정의된 모든 변수를 살펴볼 수 있다. 이는 주피터 노트북에서 최상위 변수를 정의해두는 것과 동일하다.

중첩을 피하자

여러 단계로 중첩된 코드를 보면 까도 까도 끝이 없는 양파가 떠오른다. 함수를 테스트하거나 디버깅할 때 확인해야 할 코드를 보기 위해서 몇 겹의 양파 껍질을 벗겨야 할까? '중첩을 피하자'는 Zen of Python(파이썬의 선(禪), PEP 20)에 나오는 구절인데, 대화형 방식을 위한 코드를 개발할 때도 적용 가능한 원칙이다. 함수와 클래스를 작성할 때, 가능한 한 결합도를 낮추고 모듈화하면 테스트(단위 테스트를 작성한다면), 디버깅이 쉬워질 뿐만 아니라 대화형 방식으로 사용하기도 쉬워진다.

긴 파일에 대한 두려움을 버리자

이전에 자바나 다른 유사한 언어를 접해본 경험이 있다면 파일 크기를 작게 유지하라는 이야기를 들어봤을 것이다. 여러 언어에 적용 가능한 백 번 지당한 충고다. 너무 긴 코드는 일반적으로 나쁜 코드 냄새를 풍기며, 리팩터링의 대상이거나 새롭게 분리할 필요가 있다. 하지만 IPython에서 10개의 작고 서로 연관된 파일(각각 100여 줄 이하인)을 사용해서 개발을 진행한다면 한두 개의 긴 파일로 작업할 때보다 더 골치가 아플 것이다. 파일 개수가 적다는 말은 곧 리로드할 모듈이 적다는 의미고 이 파일 저 파일 편집하는 일이 줄어든다는 뜻이다. 필자는 내부적으로 높은 결합도를 갖는 큰 모듈을 유지하는 것이 훨씬 유용하고 '파이썬스럽다^{Pythonic}'는 사실을 깨달았다. 해법을 위해 반복하다 보면 가끔은 큰 파일을 작은 파일로 쪼개는 것이 자연스러운 경우를 발견하기도 한다.

물론 이 주장을 지나치게 받아들여서 하나짜리 파일에 모든 코드를 다 집어넣으라는 것이 아니다. 큰 코드 기반에 어울리는 합리적이고 직관적인 모듈과 패키지 구조를 찾는 일은 약간의 수고가 필요하지만 제대로 일하려면 특히 중요한 과정이다. 각각의 모듈은 내부적으로 응집해야 하고 각 기능을 위한 클래스와 함수를 찾는 일이 최대한 분명해야 한다.

B.7 IPython 고급 기능

IPython 시스템의 모든 기능을 사용하려면 코드를 작성하는 방식이 조금 바뀌거나 환경 설정을 깊이 파헤쳐보고 싶을 수 있다.

B.7.1 프로파일과 설정

색상, 프롬프트, 줄 간격 등의 외형과 IPython 셸의 동작에 관한 대부분의 항목은 확장 설정 시스템을 통해 변경 가능하다. 다음은 설정을 통해 조작할 수 있는 항목이다.

- 색상 스키마 변경
- 입출력 프롬프트 모양 변경, Out 프롬프트와 그다음 In 프롬프트 사이의 빈 줄 제거

- 여러 개의 임의의 파이썬 코드 실행. 이 설정을 통해 항상 사용하는 모듈을 임포트하거나 IPython을 실행할 때마다 실행되기를 원하는 코드를 추가할 수 있다.

- line_profiler의 %lprun 같은 IPython 확장 활성화

- 주피터 노트북 확장 활성화

- 사용자 정의 매직 함수와 시스템 별칭 정의

이 모든 설정 옵션은 사용자의 홈 디렉터리에 있는 ipython_config.py 파일에 저장된다. 설정은 특정 프로파일에 기반해서 수행하는데, 일반적으로 IPython을 실행하면 기본적으로 profile_default 디렉터리에 저장된 default 프로파일을 불러온다. 필자의 리눅스 환경에서 기본 IPython 설정 파일은 다음 경로에 위치한다.

```
/home/wesm/.ipython/profile_default/ipython_config.py
```

이 파일을 초기화하려면 터미널에서 다음 명령을 입력한다.

```
ipython profile create default
```

이 설정 파일에 어떤 내용이 있는지 자세히 설명하지는 않겠다. 다행히 각 설정 항목마다 어떤 내용인지 설명해주는 주석이 달려 있기 때문에 여러분이 직접 고쳐볼 수 있게 남겨두겠다. 여러 개의 프로파일을 만드는 유용한 기능도 있다. 특정 애플리케이션이나 프로젝트를 위한 IPython 설정이 필요하다면 새로운 프로파일을 다음과 같이 생성한다.

```
ipython profile create secret_project
```

이렇게 새로운 프로파일을 생성하면 profile_secret_project 디렉터리가 만들어지며 그 안에 있는 설정 파일을 고친 후 IPython을 다음 코드로 실행한다.

```
$ ipython --profile=secret_project
Python 3.8.0 | packaged by conda-forge | (default, Nov 22 2019, 19:11:19)
Type 'copyright', 'credits' or 'license' for more information
IPython 7.22.0 -- An enhanced Interactive Python. Type '?' for help.

IPython profile: secret_project
```

항상 그러하듯이 프로파일과 설정에 대해 자세히 알아볼 수 있는 최고의 문서는 IPython 온라인 문서다. 주피터 노트북에서는 파이썬이 아닌 다른 언어도 지원하므로 설정 방법이 조금 다르다. 주피터 노트북 설정 파일을 생성하려면 다음과 같이 입력한다.

```
jupyter notebook --generate-config
```

이렇게 하면 홈 디렉터리에 .jupyter/jupyter_notebook_config.py 파일이 생성된다. 입맛에 맞게 설정 파일을 고치고 다음과 같이 다른 이름으로 저장한다.

```
$ mv ~/.jupyter/jupyter_notebook_config.py ~/.jupyter/my_custom_config.py
```

주피터 노트북을 실행할 때 -config 인수와 함께 실행하면 해당 설정을 사용할 수 있다.

```
jupyter notebook --config=~/.jupyter/my_custom_config.py
```

B.8 마치며

이 책에서 소개한 예제 코드를 따라 하다 보면 어느새 파이썬에 익숙해질 것이다. 계속해서 IPython과 주피터 노트북 생태계에 대해 공부하기를 추천한다. 이 도구들은 사용자의 생산성을 높이기 위해 설계되었으며 익숙해질수록 파이썬 언어와 계산 라이브러리를 직접 사용하는 것보다 필요한 작업을 더 쉽게 수행할 수 있다는 사실을 발견하게 될 것이다.

nbviewer 웹사이트[4]를 통해 다양한 주피터 노트북 예제를 찾아볼 수도 있다.

---

4 https://nbviewer.org

INDEX

ㄱ

감마 분포 158
객체 112
계층적 색인 339
공분산 239

ㄴ

날짜 오프셋 483
넘바 28, 648
넘파이 29, 131, 613

ㄷ

다운샘플링 506
덕 타이핑 62
독스트링 55
딕셔너리 94
딕셔너리 표기법 97

ㄹ

람다 함수 114
리샘플링 506
리스트 88
리스트 표기법 105

ㅁ

막대그래프 402
매직 명령어 658
맷플롯립 31, 382, 417, 559
메서드 58, 62
문자열 68, 314
물음표(?) 54
미니콘다 34

ㅂ

바이트 72, 127
버킷 분석 442
범주형 299, 325, 530
범주형 데이터 414
벡터화 141
불리언 73, 149
브로드캐스팅 142, 223, 627
빈도 483

ㅅ

사이파이 32, 410,525
사이킷런 32, 33, 410, 525, 546
산포도 411
상관관계 239
색인 142, 197
서브플롯 383
속성 62
순차 자료형 83
숫자 자료형 67
스칼라 자료형 67
슬라이싱 92, 142
시계열 467
시본 398

ㅇ

업샘플링 506
연쇄 색인 217
유니버설 함수 158, 226, 634
유니코드 72, 127
이동창 517
이터레이터 115
익명 함수 114
인터프리터 46

INDEX

ㅈ

자기관찰(인트로스펙션) 54, 55

정규 표현식 317

제너레이터 115

제너레이터 표현식 117

주피터 노트북 31, 45, 381, 657

중복 색인 233

중첩된 리스트 표기법 107

지수 가중 함수 521

ㅌ

튜플 83

ㅍ

판다스 29, 181

패싯 그리드 414

팬시 색인 152, 626

평탄화 618

피겨 383

피벗 368

ㅎ

함수 108

해시 맵 94

확장 519

A

abs 160

accumulate 635, 637

add 161

add_subplot 384

agg 433

aggregate 433

all 432

anonymous function 114

any 432

append 89, 199

apply 226, 439

applymap 227

arange 137

argsort 643

array 135

asfreq 497

astype 139

at 637

AxesSubplot 386, 391

axis 202

B

barplot 560

beta 158

binomial 158

BooleanDtype 312

broadcating 142

C

Categorical 299, 327, 443

CategoricalDtype 312

categories 328

catplot 414

ceil 160

chisquare 158

chunksize 256

codes 328

collections 98

columns 190

combine_first 347, 367

conda—forge 34, 37

contains 321

corr 239, 522

count 88, 238, 315, 432

cov 239

cumprod 168, 239, 432

cumsum 168, 239, 432

D

DataFrame 182, 188

datetime 75, 468

DatetimeIndex 473, 480

DatetimeTZDtype 312

dateutil.parser 472

decode 72

def 108

del 95, 193

delete 199

describe 237, 238, 433

difference 199

divide 161

dot 173

drop 199, 203

drop_duplicates 292

dropna 285, 286, 445

dtype 134, 138, 613

duplicated 292

E

empty 137

encode 72

encoding 256

endswith 316

enumerate 103

ewm 521

exp 160

expanding 519

explode 573

extend 91

F

fabs 160

False 73

ffill 200

figure 383

fillna 285, 289, 445

finally 121

find 315

first 432

flatten 619

floor 160

floor_divide 161

G

gamma 158

groupby 330, 419, 425, 431, 438, 454, 479

H

hash 99

head 190

histplot 410

I

idxmax 238

idxmin 238

iloc 192, 208, 211

import 63

in 90, 315

index 198, 315

info 452

insert 89, 199

integers 158

INDEX

intersection 100, 199

introspection 55

IPython 31, 45, 381, 657

is_monotonic 199

is_unique 199, 233

isin 199, 242, 244

isinstance 61

isna 286

isnan 160

isnull 186

items 96

itertools 118

J

join 314, 358

JSON 262

json.dumps 263

json.loads 263, 554

K

keep_default_na 254

keys 96

L

lambda 114, 436

lambda function 114

last 432

legend 394

level 237

lexsort 643

loc 192, 206, 211

logical_and 161

logical_not 161

logical_or 161

logical_xor 161

lower 316

lxml 267

M

map 106, 294, 603

Matplotlib 31

max 168, 238, 432

maximum 161

mean 168, 238, 432

median 238

memmap 651

min 168, 238, 432

Miniconda 34

minimum 161

mod 161

modf 160

MultiIndex 340

multiply 161

N

NA 284

na_values 253

NaN 186

ndarray 131, 133, 613

None 74

normal 158

notna 286

notnull 186

np.nan 220

nrows 255

nsmallest 432

nth 432

Numba 28, 648

NumPy 29, 131

numpy.concatenate 620

numpy.dot 155

numpy.linalg 174

numpy.random 156, 176

numpy.sort 170

numpy.unique 171

numpy.where 164, 367

O

ohlc 432, 510

ones 137

open 122

openpyxl 272

outer 637

P

pairplot 412

pandas 29

pandas.concat 347, 361, 440, 578

pandas.crosstab 464

pandas.cut 298, 442

pandas.date_range 480

pandas.ExcelFile 272

pandas.get_dummies 306, 337, 530

pandas.melt 377

pandas.merge 347

pandas.Period 496

pandas.PeriodIndex 373

pandas.pivot_table 460

pandas.qcut 300, 442

pandas.read_csv 434, 577, 600

pandas.read_excel 272

pandas.read_html 265

pandas.read_json 264

pandas.read_pickle 271

pandas.read_table 566

pandas.read_xml 270

pandas.Timestamp 474

pandas.to_datetime 471

pass 80

patsy 531

pct_change 239, 452

period_range 496

PeriodIndex 497, 504

permutation 158, 303

pickle 270

pivot 375

pivot_table 569

plot 399, 582

plot.bar 402

plot.barh 402

plot.density 409

plot.hist 409

plt.figure 383

pop 90, 95

power 161

prod 238, 432

pytz 489

pytz.timezone 490

Q R

quantile 238, 432

range 80, 137

rank 231, 432

ravel 618

re 317

read 124

read_clipboard 248

read_csv 247, 248

read_excel 248

read_feather 248

read_hdf 248

read_html 248

read_json 248

INDEX

read_pickle 248

read_sql 248, 281

read_stata 248

read_xml 248

reduce 637

reduceat 637

regex 317

regplot 412

reindex 200

remove 90

rename 298

repeat 623

replace 295, 315

requests 276

resample 480, 506

reset_index 347, 439

reshape 616, 631

return 108

reversed 104

rint 160

rolling 517

S

sample 305, 448

savefig 397

scikit-learn 33, 546

SciPy 32

seaborn.barplot 408

seaborn.set_style 408

seek 124

Series 182

set 99

set_index 346

set_title 392

set_xlabel 392

set_xticklabels 392

set_xticks 392

shape 134

shift 485

shuffle 158

size 432

skipna 236

skiprows 252

sort 91, 169

sort_index 228, 344

sort_values 229

sorted 103, 170

split 314

SQLAlchemy 281

sqlite3 279

sqrt 160

square 160

stack 341, 368

standard_normal 158

startswith 316

statsmodels 33, 454, 540

std 168, 238, 432

strftime 76, 470

strip 314

strptime 76, 471

subplots_adjust 387

subtract 161

sum 168, 238, 432

swapaxes 156

swaplevel 344

T

T 154

tail 190

tell 124

tile 623

timedelta 76, 468

to_csv 258
to_dict 185
to_excel 273
to_json 265
to_numpy 528
to_offset 509
to_period 502
to_pickle 270
to_timestamp 501, 503
transform 455
transpose 154
True 73
truncate 477
try/except 119
tz_convert 492
tz_localize 491

U

ufunc 158, 634
uniform 158
union 100, 199
unique 199, 241, 244, 602
unstack 341, 368
update 96
upper 316

V

value_counts 242, 244
values 96
var 168, 238, 432

W

with 123
write 126

X

xlim 391
xlrd 272
xticklabels 391
xticks 391

Z

zeros 137
zip 103

기타

_iX 변수 665
%automagic 660
%cd 667
%cpaste 660, 663
%debug 122, 660, 670
%hist 660
%magic 660
%matplotlib 382, 667
%paste 660, 663
%pdb 660, 671
%prun 660, 677
%pwd 667
%reset 660, 666
%run 660, 661
%time 660, 675
%timeit 661, 675
%xdel 661, 666